法政文丛

华东政法大学法律史国家重点学科建设项目

Jeffrey Toobin
[美] 杰弗里 · 图宾 著
于 霄 译

THE OATH

誓言

奥巴马与最高法院

The Obama White House
and the Supreme Court

上海三联书店

《誓言：奥巴马与最高法院》

[美]杰弗里·图宾 著　于 霄 译

2009 年 1 月 20 日，国会大厦，首席大法官约翰·罗伯茨主持巴拉克·奥巴马总统的宣誓就职仪式。誓言中的失误导致奥巴马总统在第二天“重新举行”宣誓，这在美国历史上是没有先例的。

2009 年 1 月 21 日，白宫地图室，首席大法官约翰·罗伯茨重新主持巴拉克·奥巴马总统的宣誓就职仪式。肖像画上的人物是国会大厦建筑师本杰明·拉特罗布。

PRESIDENT'S OATH

I, BARACK HUSSEIN OBAMA,
DO SOLEMNLY SWEAR //

THAT I WILL FAITHFULLY EXECUTE
THE OFFICE OF PRESIDENT OF
THE UNITED STATES, //

AND WILL TO THE BEST OF
MY ABILITY, //

PRESERVE, PROTECT AND DEFEND
THE CONSTITUTION OF THE
UNITED STATES. //

SO HELP YOU GOD? //

首席大法官约翰·罗伯茨在就职典礼前准备了指导宣誓应如何进行的卡片。（罗伯茨在“能力”一词后加了个逗号。）罗伯茨的助手把这张卡片发送给了国会就职典礼委员会，但它从未到达奥巴马的幕僚手中。

2009年1月14日，应首席大法官之邀，当选总统和当选副总统拜访联邦最高法院。八位大法官欢迎他们的到访，而塞缪尔·阿利托选择了不参加这次会面。从左至右：巴拉克·奥巴马、约翰·罗伯茨、约翰·保罗·史蒂文斯、克拉伦斯·托马斯、鲁斯·巴德·金斯伯格、戴维·苏特、约瑟夫·拜登。

2009年1月29日，白宫东厅，奥巴马签署《莉莉·莱德贝特法案》，他背后站着面带微笑的莱德贝特本人（图片中央戴金色胸针的金发女子）。这是奥巴马以总统身分签署的首部法案，该法案推翻了塞缪尔·阿利托在莱德贝特诉固特异轮胎橡胶公司案中的法律意见。

2011年，安东宁·斯卡利亚（右）与斯蒂芬·布雷耶一同出席国会听证会。数十年来，斯卡利亚一直是联邦最高法院保守派的主要代言人。

迪克·海勒是哥伦比亚特区的一名警官，他挑战哥伦比亚特区所制定的一项阻止个人拥有私人手枪的法案。在联邦最高法院判决第二修正案赋予美国人在家持有枪支的权利后，海勒在法院门前签名。

确认提名听证会后，2009年8月12日，在白宫东厅举行的招待会上，索尼娅·索托马约尔与她的母亲塞莉娜·索托马约尔紧紧拥抱在一起。

在联邦最高法院，目前保守派与自由派维持着四票对四票的格局，这就使得肯尼迪成为数十年来最有权力的大法官。他手中所持的摇摆票主导着包括联合公民案在内的诸多案件的结果。

奥巴马班子对联邦最高法院在联合公民案中的判决很愤怒，这促使奥巴马在 2010 年 1 月 27 日发表国情咨文演讲时对大法官们提出了批评。

当奥巴马在 2010 年国情咨文演讲中描述联合公民案的后果时，阿利托大法官摇了摇头，从唇语判断是在说“根本不对”。六位大法官出席了那天的参众两院联席会议。照片中，后排左起是阿利托、索托马约尔，前排左起是罗伯茨、肯尼迪。

2010年，埃琳娜·卡根的大法官提名公布后，《华尔街日报》刊登了卡根打垒球的这张照片，照片拍摄于卡根任芝加哥大学法学院教授期间。《纽约邮报》也在头版刊登了同一照片，暗示卡根是同性恋。

埃琳娜·卡根是奥巴马提名的第二位联邦最高法院大法官人选。2010年，在奥巴马和首席大法官罗伯茨面前，卡根宣告就任联邦最高法院第112位大法官。

从左至右依次是：索尼娅·索托马约尔、鲁斯·巴德·金斯伯格、埃琳娜·卡根。这是美国历史上第一次有三位女大法官同时任职于联邦最高法院。

在众议院投票通过医疗保险改革法案后，奥巴马总统与希拉里·克林顿国务卿拥抱，庆祝这一历史性胜利。

2010 年，在国会大厦外举行的一次茶党集会上，克拉伦斯·托马斯的妻子弗吉尼娅·托马斯公开反对医疗保险改革法案。她所从事的活动引发关切，媒体讨论大法官的配偶在政治运动中担任领袖是否合适。

2007 年，克拉伦斯和弗吉尼娅一同参加联邦党人协会在华盛顿举行的一次会议。

2012年，在医保改革案言词辩论的短暂休庭期间，首席政府律师唐纳德·维里利坐在联邦最高法院大楼的台阶上。大法官们很是为难了一番维里利，但最终以有利于政府一方的判决支持了他的辩护。

美国联邦最高法院现任成员：（后排左起）索尼娅·索托马约尔、斯蒂芬·布雷耶、塞缪尔·阿利托、埃琳娜·卡根，（前排左起）克拉伦斯·托马斯、安东宁·斯卡利亚、约翰·罗伯茨、安东尼·肯尼迪、鲁斯·巴德·金斯伯格。

“法政文丛”序言

“法政”一词由来已久。在古典文献中，“法政”多指法律与政令，如“法政独出于主，则天下服德”(《管子·明法解》)。但“法政”一词的流行，却是在近代之后。受日本学制影响，我国清末法律教育多以法学和政治学并列，称为“政法科”或“法政科”。尤其在1905年立宪之议兴起后，出于对法律的强调，“法政”逐渐取代“政法”，成为当时通行的称谓。这一时期的北洋法政学堂、京师法政学堂等均以“法政”为名。1910年京师大学堂办分科大学，也以“法政科”作为学科名称。名为《法政杂志》、《法政学报》的报刊更是层出不穷。

但在新中国成立后，由于历史原因和对政治优先性的强调，在表达法律与政治的合称时，“政法”一词取代“法政”成为通行的官方用语，“政法机关”、“政法院校”、“政法战线”等词汇应运而生，并沿用至今。应当看到的是，近年来，随着依法治国与法治观念的深入，原本已被遗忘的“法政”一词，又开始焕发出新的生命力，重新回到学界的用语之中。就本套丛书而言，著译内容主要涵盖法律与政治的领域，因此即以“法政文丛”命名之。

自近代以来，翻译作品就在我国的法学教育和法学研究中扮演了重要角色，对于学术视野的开阔与研究方法的拓展，都具有十分重要的作用。在学术著作出版繁荣的今天，法律翻译作品的出版也达到了百年来的高潮，林林总总的丛书令人眼花缭乱。以翻译作品为主的“法政文丛”与众不同的特点在于：

首先，这是一次跨地域的、有意义的合作。我们三位主编虽都曾主持多种丛书的出版、参与多部著作的翻译，但这种远距离的双城合作还是第一次。编委会成员更是分布于全国各地乃至国外，在不同的院校或研究、出版机构工作，但他们之间的一个共同点在于，他们都是法学院的毕业生，并且正从事着与法学相关的职业。

这一具有空间跨度的合作有可能把更多有着共同志趣的同仁团结在一起，更好地取长补短。

其次，本丛书的编委会成员大多为70后乃至80后。他们出自不同专业，有法律史、法理学、宪法，也有行政法等部门法学。这些非常优秀的青年学者已经用各自的著述证明了自己的实力。尤其值得一提的是，他们中的很多人曾在上海三联书店出版过自己的著译作品，因而具有很好的合作基础。青年人之间思想的交流与碰撞，必将让这套丛书更具活力与创造力。

第三，本丛书有望成为培养青年学术人才的一个平台。通过它的出版，应该能够锻炼一批年轻人，他们将在对优秀学术作品的精读和翻译中，提升自己的学术品位、夯实学术研究的基本功。编委会将不定期召开小型研讨会，集合众人的智慧，确定未来的书目，以加强学术共同体的凝聚力，相互学习与砥砺。这些青年学者会具有广阔的学术前景，会不断延续薪火相传的学术理想。

本丛书第一辑的书目中包括《论美国新民主》、《誓言：奥巴马与最高法院》和《伦奎斯特谈最高法院》等几部著作，它们不仅仅反映出我们对法律史、法理学、比较法、司法制度等领域一以贯之的研究旨趣，而且都共同涉及“法律与政治”的主题。这些著作都是从顶级的出版社引进，代表了当今世界法政出版的最新成果、最高水准。在阅读经典的同时，熟悉现实世界的情形也是极为必要的。而它们所讲述的正是正在发生的故事，将带领读者去了解域外法律、政治内部运作的真实情况，深化已有的理解。

“法政文丛”主编：何勤华　贺卫方　李秀清

2013年7月5日

理所当然,献给我的妻子埃米·麦金托什(Amy McIntosh)

目 录 CONTENTS

中文版序言

1830年代，亚力西斯·德·托克维尔在美国旅行，他对当时的美国作了一个极为贴切的评论，时至今日依然有效。“美国发生的所有政治问题，或早或晚，终将转化为司法问题。”从那时到现在，不可避免地，这些政治问题都会诉至美国联邦最高法院。《誓言：奥巴马与最高法院》所讲述的就是联邦最高法院最近这喧嚣的六年，以及它的大法官们。这是一个关于法律与政治的故事。

美国人很不愿意从政治角度来看待他们的联邦最高法院。人们心中预期，或至少希望，大法官们能仅以法律为依据作出判决，而不考虑当时的政治纷争。然而，《誓言》的主题却是，这样的希望正在落空——最高法院所践行的美国法正是美国政治。在最高法院中所发生的民主党与共和党之争，与在国会或白宫中发生的没什么两样。

表面上看，最高法院的大法官们没有政治压力。大法官是一种终身职位；非经国会大多数议员同意，他们不被免职。（罢免大法官的事情在美国从未发生过。）他们可以依据自己所理解的是非曲直和法律理念来作出判决，所有的大法官都忠于法治。这是美国制度最值得骄傲的一面。最高法院的案件依据宽泛的（有时难以界定的）原则来判决，大法官们的判决可能对也可能错，但正因为判决是他们在免于政治压力的条件下作出的，所以为人们信服。

然而，如果说美国最高法院的大法官独立于政治，则是一种误解。正如《誓言》中的故事所述，最高法院大法官的提名和确认程序都与政治紧密关联。总统总是试图把与自己政治和法律观点一致的人送入最高法院。巴拉克·奥巴马之所以会提名索尼娅·索托马约尔和埃琳娜·卡根，就是因为她们和总统一样属于民主党，并且她们在投票的时候会倾向于总统一方。她们如此行事，并不是出于总统的命令——这在美国制度下是不可能的——而是因为她们自身就具备了与总统相同的政治倾向。政治倾向才是奥巴马提名她们的真正原因。出于同样的理由，一般情况下，首席大法官约翰·罗伯茨和塞缪尔·阿利托会遵从共和党的路线投票。这不是因为乔治·W. 布什给他们施压，而是因为他们自己的司法哲学倾向，这个倾向也是布什选择他们的原因。

《誓言》在核心部分讲述了美国社会生活中一个根本性而经久不息的争议：政府权力的范围。美国宪法对联邦政府的权力作出了明确限制。本书中最具戏剧性的案例是全国独立企业联合会诉西贝利厄斯案，这个案例事关奥巴马总统签署的医疗保险法案的合宪性。2009 年，国会通过了《可负担医保法案》，法案强制要求美国公民购买医疗保险。（当然，政府会为买不起医保的人们提供补贴。）而在最后一刻，首席大法官罗伯茨改变了投票，转而支持医保法案，让（通常是罗伯茨对手的）奥巴马赢得了总统任期内在最高法院所取得的最重要胜利。

首席大法官在医保案中改变投票，此举也凸显了本书另一个最重要的主题：大法官也是凡人，他们对问题有着复杂的、不可预知的见解。在美国（以及作为我们法律传统来源地的英国），法官都身着黑色法袍。如此安排，背后的理念是：让所有法官看起来都相近，几乎不可分辨，这样他们就更容易被假定为中立的法律适用者。“法官皆同”在理论上是可能的，但现实却并非如此，且有趣得多。

尽管大法官们都博学多识、成就卓著，但他们是九个极为不同的人。六名男性，三位女性；六位天主教徒，三个犹太人；有一个非裔，还有一个拉美裔（索尼娅·索托马约尔，美国历史上第一位拉美裔大法官）；四位大法官在纽约市度过青少年时代，他们是安东宁·斯卡利亚、鲁斯·巴德·金斯伯格、索托马约尔和埃琳娜·卡根。六位大法官是哈佛出品，另三位是耶鲁毕业生，别的法学院的一个也没有。他们性格迥异：金斯伯格和阿利托羞涩；斯卡利亚和布雷耶外向；虽然罗伯茨和卡根聪明绝顶，但或许手握摇摆票的安东尼·肯尼迪才是最重要的那个人，因为他控制着许多案件的结果。

正如书中所展现的那样，今天的美国联邦最高法院是大趋势与个人气质合力作用的产物。生活和人同样不可预知，它们永远都会有令人惊奇之处。《誓言》所要传达的是，现实生活中蕴含的那种混乱的真实，而人们也正是在这种条件下，为了最高的政治利益展开法律斗争。我希望，其中的趣味与深意能让中国读者有所启发。

杰弗里·图宾

2013年5月于美国纽约市

每个社会都需要终结的力量[1]

我是图宾，很抱歉我今天未能来到现场，亲自参加这次会议。但是，我想我很快就可以到达中国。

我现在想谈一下美国联邦最高法院，它对今天的中国可以提供怎样的经验，不能提供怎样的经验。我非常了解美国最高法院，但一点也不了解中国和它的司法制度，我当然非常尊重中国，知道你们正在经历巨大的变化。中国的司法制度也在改革。这给了中国一个改变司法制度、乃至整个社会的很好机会。

让我们从一些比较基本的方面谈起。

最高法院有九名成员，他们任命的方式，我相信在座的很多人都了解，就是首先由美国总统提名，然后由数百个议员组成的美国国会确认或否决这项提名。所以，我们最先可以看到的是，最高法院与政治的联系非常密切。

最高法院在美国社会极为重要，而且总统认为提名最高法院的大法官是自己的重要贡献，所以，他们会提名一个与自己意识形态相似的人。我相信你们也知道，美国社会有着明显的意识形态划分：民主党对共和党，自由主义对保守主义。这些斗争在很大程度上反映在最高法院。

虽然在很多时候，人们认为大法官应当独立于政治，甚至与政治隔离，但我认为，他们在很大程度上参与了当前的政治。正如你们所知，很多年来，我们的政治对抗双方势均力敌。

---

[1] 2013年8月12至13日，上海市法学会外国法与比较法研究会、上海师范大学法政学院与上海三联书店联合在上海师范大学举办“法律与政治”小型学术研讨会。来自北京大学法学院、中国人民大学法学院、中国社科院法学研究所、上海市各高校法学院以及上海师范大学法学专业的近四十位专家学者参加了会议。本书作者杰弗里·图宾以视频的方式作了会议发言。

本文即根据视频翻译的演讲稿，发表于《东方早报》2013年8月14日。

今年是奥巴马任总统的第五年，他是一个民主党，在此之前，我们有八年是小布什当政，他是共和党。而在小布什之前的八年，总统是比尔·克林顿，他是民主党；在他之前的十二年，是共和党总统执政，前八年是里根，后四年是老布什。所以，我们的共和党总统比民主党总统要多。而最近我们的民主党总统更多一些，而这也反映在最高法院里。五位现任大法官是由共和党总统任命的：首席罗伯茨和阿利托由小布什任命，斯卡利亚和肯尼迪由里根任命，托马斯由老布什任命，在民主党方面，金斯伯格和布雷耶由克林顿任命，索马托约尔和卡根由奥巴马任命。五名大法官是由共和党任命的，四名是由民主党任命的。

这表明了最高法院里的势力多么的均衡。四位共和党大法官，首席大法官罗伯茨，噢，我忽略了一个，阿利托，由小布什任命，他们非常保守。首席罗伯茨、斯卡利亚、阿利托和托马斯是确定的保守派。而四位民主党大法官，布雷耶、金斯伯格、索马托约尔和卡根是确定的自由派。而肯尼迪，他在1987年得到任命，他是我们所称的“摇摆派大法官”。他是在很多重要问题上有可能倒向任何一方的大法官。他一般站在保守派、共和党这一边，但并不必然如此。我认为这表明，最高法院与政府的其他分支不同，与总统不同，与国会也不同，他们不面临选举的压力。

一旦得到国会的确认，大法官可以终身任职，他们不面临选民的选择，他们不对公众负责。这表面看起来将他们与政治压力隔离，事实上，让他们获此职位的意识形态背景，为他们自身已经建立了一个政治形象。

最高法院的一个悖论在于，它本应当与政治隔绝，应当与政治不同，因为大法官终身任职，他们不面临选举的压力。但我们看到的是，特别是在最近，大法官的政治性是非常明显的。这反映在一些问题的投票上。正如我说过的，四个确定的保守派，四个确定的自由派，而肯尼迪一般偏向保守派。我想这让我们认识到最高法院处理问题的方式。

我想关于最高法院最重要的一件事是，他们的决定是最终的。他们的判决无法推翻，总统不行，国会也不行。根本没有任何办法可以推翻最高法院的判决。他们的决定是最终的。如果你在最高法院败诉，则没有任何救济。我认为这是最高法院为什么可以在如此长的时间担当美国司法核心的原因，这一点很重要是因为，每个社会，这里包括中国，都需要一个可以最终解决问题的途径。

很多时候，有人会激烈地反对最高法院的行为，我自己也经常反对最高法院的判决。但最高法院得到了整个国家的信任和尊重。即使我们可以反对他们判决的结果，我们也尊重他们的决定。

我认为这是最高法院持续如此之久的原因。每个社会都需要终结的力量。比如说一个建设项目，它应当建设，还是不应当建设，它应当在这里建设，还是应当在别处建设，会不会对环境有什么破坏，或者，这个项目是否应当继续。这些都是非常困难的问题，事实上，我也没有对这些问题的答案。但是，它们需要一个答案。每个社会都需要一个答案，也许一个不正确的答案也比没有答案要好。

我们的最高法院，每年判决大约八十个案件。虽然美国不像中国那么大，但也是一个非常大的国家，它有三亿人口。在一个三亿人口的国家，八十个案件确实不是很多。因此，另一个重要的方面是最高法院确立先例，也就是所有下级法院都要遵循的规则。要知道我们的司法制度是建立在英国司法制度基础上的普通法系统，司法判决建立在此前的判决之上，判决通常、虽然并不总是必然遵循先例。

最高法院的重要权力之一是推翻先例，只有最高法院可以推翻自己的先例，其他法院都必须遵循这些规则和先例。这是美国司法制度的重要组成部分，因为它确立了一定的可预见性，人们可以在某一特定案件中预见到法院会如何判决。我认为这是美国商业成功的重要因素。商业人士知道他们可以投资，他们可以相互签订协议，并且他们知道，如果纠纷出现，有一定的规则可以解决这些纠纷。我认为这是法院最重要的功能之一——可预见性和终局性。这也普通法的重要部分。

最高法院的另一个重要问题是少数人的权利。在此，最高法院处理的是我们所称的“政治失效”，有时我们也称其为“多数人暴政”。自从 1776 年建国以来，在美国历史的大部分时间里，少数人权利一直是很受争议的问题，因为这是通过司法系统解决政治问题。

我们曾经有过奴隶制，在美国宣布独立的时候。大约一百年之后，1861 年，美国爆发了一场激烈的内战，持续到 1865 年。这场战争很大程度上是因为奴隶制。北方没有奴隶制，而南方有，我很高兴地告诉你们，北方取得了内战的胜利，奴隶制在美国最终消失了。但这并没有完全解决黑人，非裔美国人，遭受的歧视。

最高法院存在的一个重要原因是保护少数人的利益。这里体现了司法系统和政治系统的区别，政治系统反映了多数人的权力、多数人的统治。多数人的投票赢得参议院和众议院的选举，赢得总统的选举。政客的工作就是取得多数人的好感。但这导致了一个潜在的问题：少数人的利益怎样保护？如果多数人不尊重少数人怎么办，这经常在美国发生。这在内战后会发生，即使今天也会发生。谁去保护少数人，这是最高法院很重要的功能。在 20 世纪五六十年代，有一位伟大的首席大法官，沃伦，他将自己的重要努力放在了结束种族隔离上，这就是 1954 年的布朗诉教育委员会案，它判决，公立学校必须黑人和白人在一起接受教育。这是一个非常重要的判决。20 世纪六七十年代，妇女开始发起诉讼，希望司法可以保护她们的权利。现任大法官金斯伯格曾经就是代理这些诉讼的律师之一。女性与男性是否真的平等是另外一个问题，但至少在法律书上，女性与男性的法律平等的确是一个问题。

当前一个重要的问题是同性恋问题，在美国，同性恋者受到了很多不平等待遇，今年早些时候，最高法院以 5∶4 的投票结果，宣布国会不久前通过的一项法案违宪，法案规定，联邦政府永远不得承认同性婚姻。那个案件是美国诉温莎案，法案的名称是《婚姻保护法》。最高法院宣布它违宪是因为它歧视了同性恋者。很重要的一个判决。这是最高法院保护少数人利益的很好例证。这部法案通过的时间并不长，我想它或许是在 1996 年通过的。

我不想让你们有这样的印象，最高法院受到美国人的广泛爱戴。一个最具争议的案件发生在 2000 年。我相信很多人都知道，在 2000 年的选举中，小布什，当时的德州州长，戈尔，当时的副总统，选票非常相近，最后差别集中于一个州，佛罗里达州。于是出现了投票应当如何计算的纠纷，最高法院认为小布什主张的方式是正确的，所以小布什应当成为总统。

很多人，包括我自己，认为那是一个非常错误的判决。但是每个人，我是说每个人——要知道人们在很多问题上有争议，但这个问题不是个争议性问题——都很尊重这个判决，包括戈尔，失败的那一方。戈尔说，他不同意最高法院的判决，但尊重它作出判决的权利。当然，他也接受了判决的结果。最后，小布什成为总统。

最后一点是透明度。现在最高法院的运行是不透明的，我们不知道大法官是如何在幕后作出判决的，作为一个记者，我试图揭示一些东西，有时我也的确找出了一些东西，并写进了书里。之前一本书是《九人》，它是关于九个大法官的；另一本书是《誓言》，它关于更近期的最高法院。

最高法院不会把内部的审议公开，但是，只要最高法院作出任何判决，他们都会撰写法律意见，有时候这些法律意见非常长，它们有时可以长达几百页。最高法院要解释判决的理由，这非常重要，因为这给法院施加了压力，使它必须以一种有逻辑的、可解释的方式来处理问题，同时它也让公众了解，最高法院为什么这样做，如果只是判决一方胜诉、一方败诉，它就不会受到信任。

所有九位大法官都非常有智慧，所有九位大法官都知道如何撰写一份有说服力的法律意见。但他们不总是可以达成一致，我相信你们知道，最高法院的传统是，失败一方的大法官，可以撰写我们所称的异议意见，这些意见也会公开。异议意见有时以一种苛刻、不友好甚至攻击性的方式批评多数意见。多数派不得不看到这一点。即使存在不同意见，但我们知道这些异议的性质。事实上，法律理由，对理由的批评，以及它们的公开，是最高法院获得公众信任的重要原因。

这是对最高法院的一些想法，我希望对你们有些帮助。我想我可能会见到你们，因为我很快也会到上海，能够发表上述演讲，是我的荣幸。

序篇 誓言

“我来问你个问题，”格雷格·克雷格[1]说，“你觉得有人认为他**不是**总统吗？” 1

那是2009年1月21日上午9:30。克雷格在担任总统法律顾问一职的第一天，就接到了一个突如其来的电话。

打电话来的是戴维·巴伦[2]。巴伦也是刚刚到任，担任法律顾问办公室的二把手，法律顾问办公室是司法部长的内部法律团队，而即将上任的司法部长是埃里克·霍尔德(Eric Holder)。

前一天是在兴奋和喧嚣中度过的，奥巴马宣示就任美国第44任总统，克雷格和巴伦都没太在意首席大法官罗伯特·罗伯茨主持总统宣誓仪式的方式有什么特别。翌日一早，巴伦看到报纸上几篇报道都说宣誓仪式搞砸了，决定弄个明白。他对自己的发现有些忧心，决定给克雷格打个电话。

那么，奥巴马现在实际上是总统吗？

巴伦的回答是，嗯，这个相当复杂。

---

〔1〕格雷格·克雷格(Greg Craig)：生于1945年，作为华盛顿律师，他代理过许多知名度颇高的客户，其中有行刺里根总统却因精神状况被判无罪的小约翰·欣克利，也曾在2010年代理过高盛公司。作为克林顿时期的总统助理和白宫特别顾问，克雷格领导一个团队反对针对总统的弹劾。他也曾任爱德华·肯尼迪参议员和奥尔布赖特国务卿的外交政策顾问。

说明：本书中的页下注均为译者注，以下不再一一标明，这些注释主要是基于谷歌、维基百科、www.answers.com等网络资源以及《牛津美国联邦最高法院指南》，特此致谢。

〔2〕戴维·巴伦(David Barron)：哈佛大学法学院教授，致力于宪法、行政法、分权理论的研究。巴伦担任过史蒂文斯大法官的助理。他是中央与地方政府关系、地方政府地位等领域的专家。巴伦是美国法学院联合会地方政府法部主任，学术著作见于《哈佛法律评论》、《斯坦福法律评论》和《最高法院法律评论》等，著有《城市结构》等。

美国宪法的大部分内容都是宏大、概括的，仅在一个条款中用了第一人称“我”和“我的”。那是第二条第一款：“在他就职之前，他应宣誓或誓愿如下：‘我郑重宣
2 誓(或确认)我必忠诚地执行合众国总统的职务，并尽我最大的能力，维持、保护和捍卫(preserve, protect and defend)合众国宪法。’”

宪法第一条界定了国会权力，其篇幅是第二条的两倍多。这一差异反映了制宪者的信念：政府的立法分支[3]享有最大权力。(第三条创设了司法分支，但全文仅376个单词，是第二条长度的一半。)但宪法文本中完整收入一份正式誓言这种安排还是反映出总统职位、更具体地说就是总统的重要性。它也是宪法中惟一出现的誓言。相形之下，副总统的誓言由国会法案确立，而且现行版本是从1884年才开始适用的。

美国制宪者在拟定誓言文本时所借鉴的是英格兰加冕礼誓言，加冕礼誓言颁行于1689年，[4]但两份誓言的差异也同样显著。国王必须在一位英格兰国教会主教或大主教的面前宣誓；美国并无这样的规定，而乔治·华盛顿在1789年开创了法官主持宣誓的传统。纽约州的大法官(Chancellor)罗伯特·利文斯顿主持了美国历史上第一次总统就职仪式。(当然，那时华盛顿还没机会提名任何人去联邦最高法院做大法官，四年后，威廉·库欣[William Cushing]大法官主持了华盛顿第二个任期的宣誓就职仪式。)总统誓言的教会起源也反映在“宣誓(或确认)”这一选项中。某些基督教教派，比如教友会(Quakers)不认同“宣誓”(swearing)一词的用法，因此宪法要确保不把他们排除在外。(只有富兰克林·皮尔斯总统在1853年选择了确认誓言的做法。)

与就职仪式有关的多项传统都始于华盛顿，身为第一任总统，华盛顿预见到了这个结果。“作为**我们迎来**的第一件事，它会确立一个先例，站在我的角度，我希望这些先例会固定为真正的原则。”就职典礼后，华盛顿在致詹姆斯·麦迪逊的信中写道。典礼在1789年4月30日举行，地点是位于曼哈顿下城的联邦

---

[3] 立法分支(the legislative branch)是指美国国会。所有立法都须经参众两院通过，并由总统签字才可生效。

[4]《英格兰加冕礼誓言法案》(The Coronation Oath Act 1688)确立了其后国王加冕礼上的统一誓言。这一誓言与传统的加冕礼誓言有根本性的区别，它体现的理念是国王的统治应依据议会认同的法律，而传统誓言认为法律是国王的赐予。1689年誓言比1660年的简短，其中一个显著的变化是，规定了维护“福音书的主旨和法律确立的新教”，删除了模糊不清的承诺“在我的治理下，保护和捍卫主教和教会”。该法案迄今仍具有部分效力。

厅[5]的台阶上，华盛顿在一位法官而非神职人员的引领下宣誓；他穿的是平民服装，而不是军事制服；当他宣读誓词的时候，他把手放在圣经上；仪式一结束，他发表了一个简短而鼓舞人心的演讲；他保证每位热切盼望的公民都能参加和观看到宣誓仪式。1789 年，华盛顿·欧文（Washington Irving）6 岁，但他显然也是 3
就职典礼的观礼者之一，他在 1850 年代回忆道，新总统在结束誓言之际说，“愿上帝帮助我”（So help me God.）。当时的记录并未提及华盛顿说过这句话，他是否说过至今仍存有疑问。无论如何，现代的历任总统都选择在宣誓后加上这一句。

就像美国政府的其他方面一样，总统宣誓仪式的演化也充满了偶然因素。1797 年，奥利弗·埃尔斯沃斯（Oliver Ellsworth）成为第一位领誓的首席大法官，宣誓就职的是约翰·亚当斯，此后，由美国最高级别的法律官员执掌典礼便成为传统。但有时候也不是由首席大法官出面。（约翰·泰勒[6]和米勒德·菲尔莫尔[7]就是在下级法院法官面前宣誓就任的。）暗杀行为导致了就职典礼中的急就章。在詹姆斯·A. 加菲尔德（James A. Garfield）于 1881 年遇刺后，切斯特·A. 阿瑟（Chester A. Arthur）在纽约州最高法院一位法官的主持下宣誓；威廉·麦金莱[8] 1901 年去世，西奥多·罗斯福跟随一位联邦地区法院的法官宣誓。最广为人知的一次宣誓仪式要属 1963 年 11 月 22 日联邦地区法院法官萨拉·T. 休斯

---

[5] 联邦厅（Federal Hall）：建于 1700 年，为纽约市政厅，后被用作美国第一座国会大厦。1789 年 3 月 4 日，第一届国会在此召开，《权利法案》也是在此加入到宪法。联邦厅毁于 1812 年。为纪念发生于此地的历史事件，美国国家公园署在原址华尔街 26 号建成了联邦国家纪念堂（Federal Hall National Memorial）。

[6] 约翰·泰勒（John Tyler，1790－1862）：美国第 10 任总统，辉格党人，是第一个因在任总统逝世而以副总统身分继任为总统的人。在任期间，他改组美国海军、建立美国气象局、结束了佛罗里达州的第二次塞诺米尔战争。1845 年 3 月 3 日，就在泰勒卸任总统的前一天，国会按照两院各三分之二多数议员的决议，推翻了泰勒此前对一项立法案的否决。这是美国国会历史上首次推翻总统的否决决定。

[7] 米勒德·菲尔莫尔（Millard Fillmore，1800－1874）：美国第 13 任总统。任内最著名的事迹是派遣美国东印度舰队前往日本，并由舰队司令马修·培理向幕府送出其亲笔国书，促成日本之开国，史称“黑船事件”。

[8] 威廉·麦金莱（William McKinley，1843－1901）：美国第 25 任总统，共和党人。麦金莱曾发动美西战争，占领古巴和菲律宾。他对中国实行门户开放政策，加入八国联军入侵中国。在他的带领下，美国开始了内战后的大规模对外扩张，进入帝国主义时期。在经济方面，他实行金本位制度，让美国经济得以繁荣，被称为“繁荣总统”。1901 年，遭无政府主义者枪杀身亡。

(Sarah T. Hughes)在得克萨斯州、空军一号上为林登·B. 约翰逊(Lyndon B. Johnson)总统主持的那一次。情感因素有时也会起作用。卡尔文·柯立芝[9]在一名地位较低的公证人约翰·C. 柯立芝面前宣誓,因为约翰是他的父亲。1933年,富兰克林·D. 罗斯福在未被首席大法官查尔斯·埃文斯·休斯(Charles Evans Hughes)打断的情况下宣读完了全部誓词。

尽管宪法文本规定得很清楚,但誓词的实际措辞却在不断变化。首席大法官威廉·霍华德·塔夫特(William Howard Taft)1929年为赫伯特·胡佛[10]主持宣誓仪式时说的是"维持、维护和捍卫"(preserve, maintain, and defend)宪法。当时的大多数人没留意这个错误,但守在收音机旁收听典礼的一个13岁的小姑娘听出来了,并写信给首席大法官告知此事。塔夫特回了信,还披露了早前发生的另一个错误。"当我在首席大法官富勒的引领下宣誓的时候,他发生了类似的口误,"塔夫特在给这个名叫海伦·特威利格(Helen Terwilliger)的女孩的回信中写道,"但那个年代没有收音机,只有坐在举办宣誓仪式的参议院会议厅的人才能察觉到这个错误……你记错了我说的话,我说的是'维持、维护和保护'(preserve, maintain and protect)……你可以把措辞上的这种改变归因于一个老人家的记忆失误。"1945年,哈兰·菲斯克·斯通(Harlan Fiske Stone)在领誓时起头"我,哈里·希普·杜鲁门(Harry Shipp Truman)……"杜鲁门名字中间有字母,但他没有中间名,他回应道:"我,哈里·S. 杜鲁门(Harry S Truman)……"二十年后,林
4 登·约翰逊直至宣誓中途才想起应举起右手。而首席大法官沃伦说的是"总统职位"而非"总统"。

2009年1月21日,戴维·巴伦只能大概地回想一下美国历史上的这一独特困境。比这些历史上的趣闻轶事更重要的是法律,而法律的规定……并不全然是清晰明了的。像奥巴马班子的多位成员一样,巴伦是哈佛法学院的一名教授,他正

[9] 小约翰·卡尔文·柯立芝(John Calvin Coolidge, Jr., 1872－1933):美国第30任总统,共和党人。佛蒙特州律师出身。1920年大选时作为沃伦·哈定的竞选伙伴当选第29任副总统。1923年,哈定在任内病逝,柯立芝随即递补为总统,1924年连任成功。他在政治上主张小政府,以古典自由派保守主义闻名。

[10] 赫伯特·克拉克·胡佛(Herbert Clark Hoover, 1874－1964):美国第31任总统,共和党人。除从事政治外,还是采矿工程师和作家。曾任哈定和柯立芝总统的商务部长,其间打出"经济现代化"的旗号,推动政府干预经济。1928年当选总统。

在休假，并很快意识到没有哪份权威资料可以在誓词的法律意义上给他以指导。对新手来说，就连誓词究竟是否重要都不甚明了。根据第二十修正案，乔治·W. 布什的任期于1月20日中午结束。选举团已经举行会议，确认奥巴马是大选的获胜者。那么，奥巴马可能在前一天中午就已成为总统，就算那时他尚未宣誓。但是宪法也规定“在他就职**之前**，他**应**”宣誓。当然了，诸如此类的暧昧不明在宪法中比比皆是。

接下来，就像所有优秀律师会做的那样，巴伦着手寻找先例。最高法院未就这个问题作过判决，但法律顾问办公室在有关总统继任的很多问题上发表过正式意见，巴伦就找到了一份1985年的意见。各州于1967年批准的第二十五修正案[11]规定了在总统亡故或丧失履职能力的情况下应该怎样做。法律顾问办公室的意见提及，虽然宪法“规定了总统誓言，但在宣誓的效力上并未作出全然清晰的规定，且历史经验和权威理论表明，宣誓并不是就职之前必不可少的步骤，也不是总统权力的独立来源。尽管如此，宣誓是宪法对总统规定的一项义务，而且应是新任总统最早履行的一个行为”。

对巴伦及其法律顾问办公室的同事来说，这不仅仅是一个抽象的法律问题，其中也有政治维度。奥巴马在选战中打出的一张王牌就是信守法治。如果他回避了宣誓规则中的疑难问题，会让人们有怎样的感受？也许更重要的是，奥巴马的政治对手们将会怎样做？第二条还规定“只有出生时为合众国公民的人”可被选为总统，而一群坚持不懈的批评者声称，奥巴马1961年出生于夏威夷并非事实。挑起另外一场针对奥巴马总统任职资格的潜在宪法争论，这是否 5
明智？

巴伦也从宪法发展的大背景中去理解誓言问题。自1960年代始，联邦最高法院及其他领域的自由主义者发展出一种基于“未列举权利”理念的理论。即便一项权利未在宪法中明确规定，联邦最高法院也可以依据宪法明文规定的意涵、先前的

---

〔11〕第二十五修正案前三款的内容是：第一款，如遇总统被免职、亡故或辞职，副总统应成为总统。第二款，凡当副总统职位出缺时，总统应提名一名副总统，经国会两院都以过半数票批准后就职。第三款，凡当总统向参议院临时议长和众议院议长提交书面声明，称他不能够履行其职务的权力和责任，直至他向他们提交一份内容与此相反的声明为止，其权力和责任应由副总统作为代理总统履行。

判决和美国社会的大发展来扩张美国人的自由。这一时期最著名(或者说最被人诟病)的是，最高法院承认了宪法上的隐私权，该项权利成为保护女性选择堕胎之权利的基础。

然而，近些年来，“未列举权利”理论一直受到保守主义者的猛烈抨击。在最高法院，主导这一批评的是安东宁·斯卡利亚和克拉伦斯·托马斯，他们的立场被称为“文本主义”，也就是说，如果宪法未明确创设一项权利，该权利就是不存在的。文本主义的近亲是原旨主义，它所主张的是，必须按照当初制定和批准宪法的人们的理解去解释宪法。无论是根据文本主义还是原旨主义，隐私权、当然还有宪法上的堕胎权都是不存在的。

如巴伦所知，文本主义当时正占上风，而这一点对总统誓言事件是有影响的。在就职宣誓问题上，也许会有法官采取字面、即文本的分析方法。如果奥巴马没有严谨地按照宪法第二条的规定宣誓，有可能也仅仅是有可能，奥巴马实际上还不是总统。而如果以此为依据，那么奥巴马采取的任何正式行动都可能在法庭上被质疑。至少，某位联邦法官可能会忍不住就此问题举行一场听证。至少，启动这种法律程序会让人心烦意乱。无疑，刚上任的奥巴马可不想这样开始自己的任期。

说一千道一万，巴伦对克雷格说，让罗伯茨和奥巴马重新进行一次完美无误的宣誓也许不失是个好主意呢。

在巴伦说出他的忧虑时，格雷格·克雷格听得懵了。正是在此时，克雷格意识到自己错过了一个关键的事实。前一天，在奥巴马宣誓的时刻，克雷格站在国会大
6 厦的门口，等待着新任总统，他会在午餐之前签署一个仪式性的宣言。克雷格那会儿心不在焉，几乎没听宣誓环节和奥巴马的就职演说。

那么，差不多 24 小时过去了，克雷格自问道：奥巴马和罗伯茨到底说了些什么？

又到了这个时候！

2008 年 9 月，就在选举日前，卡米·莫里森(Cami Morrison)给瓦妮莎·亚纳

尔(Vanessa Yarnall)发了这条短信。莫里森平日里是为参议院纠仪长[12]工作的一名职员,但她此时正在新组成的国会就职典礼联合委员会(Joint Congressional Inaugural Committee)中忙碌。亚纳尔是杰弗里·迈尼尔(Jeffrey Minear)的助理,而迈尼尔则是首席大法官的顾问及其在所有非提名事务上的首席助手。莫里森和亚纳尔曾一同为2005年的总统就职典礼工作,现在他们正着手准备2009年1月20日的各项事宜。

亚纳尔知道,刚刚过世的首席大法官威廉·H. 伦奎斯特对待宣誓仪式一丝不苟、有条不紊,于是她着手整理伦奎斯特参加最后一次仪式时所使用的文件资料。伦奎斯特主持了五位总统的宣誓仪式,他极其认真,确保自己和总统保持同步、完全一致。在典礼即将开始前的那段时期,伦奎斯特还会给白宫法律顾问寄去一张卡片,说明他是怎样划分词句的。在2001年,卡片上写道:

总统誓词

我,乔治·沃克·布什,郑重宣誓//
我必忠诚地执行合众国总统的职务//
并尽我最大的能力//
维持、保护和捍卫合众国宪法。//
愿上帝帮助我。

2008年12月10日,亚纳尔给莫里森发送了伦奎斯特制作的誓词卡片的PDF 7
版。她删去了布什的名字,留下空格以供填上奥巴马的名字。在邮件中,亚纳尔问,罗伯茨会怎样表述新总统的名字:说不说中间名?仅仅用中间字母?还是仅用名和姓?亚纳尔及其上司迈尼尔都认为,莫里森会将卡片转交给当选总统的代表。

---

〔12〕纠仪长(Sergeant at Arms):美国国会参众两院各有纠仪长一人。1789年第一届国会集会时,即成立门禁官(Doorkeeper)一职,在当时其主要职责是保证让大多数参议员到国会来开会议事。其后会议对大众开放,门禁官就负责维持参院议场及旁听席的秩序。到了1798年,就加上纠仪长这个头衔。纠仪长由参议院选举产生,其地位与参议院秘书长相等。纠仪长是参议院负责接待外宾、执法及行政事务之首席官员。见陈锡藩:"美国国会的纠仪长",载台湾地区"《中央日报》"2003年7月6日第9版。

他们错了。莫里森没注意到那份 PDF 文件，他也许是弄丢了或忽略了，或者根本就是忘了这回事。无论如何，誓词卡片从未到过巴拉克·奥巴马的人手里。

12 月 15 日，国会就职典礼联合委员会主席、参议员戴安娜·范斯坦（Dianne Feinstein）正式邀请罗伯茨主持奥巴马就职宣誓典礼。首席大法官当即表示接受，而且范斯坦在信中督促他与迈尼尔谈谈，开展关于仪式的第一次讨论。他们认真探讨了伦奎斯特所做的誓言卡片。他们在"能力"一词后加了个逗号，并讨论了"愿上帝帮助你"是一个问句还是陈述句。鉴于亚纳尔的问题没得到回答，他们困惑于奥巴马希望怎样表述自己的名字，12 月 17 日，迈尼尔发电邮给格雷格·克雷格，做了番自我介绍，并询问有关奥巴马姓名和"愿上帝帮助我"的事宜，克雷格回信说当选总统正在度假，也许要过几天才能回复。

12 月 30 日，迈克尔·纽道（Michael Newdow）在位于华盛顿的联邦地区法院提起诉讼，试图阻止罗伯茨在就职典礼誓词后使用"上帝"一词。2002 年，纽道在第九巡回上诉法院赢得了诉讼，法院判决公立学校的效忠誓词不得包含"上帝保佑"（under God）的言词，他也由此成名。（联邦最高法院后来以先例为据推翻了该判决。）处理纽道最新案件的司法部律师让迈尼尔提交一份关于首席大法官将怎样主持宣誓仪式的文件。但迈尼尔此时还没收到克雷格的回音。这一次，迈尼尔拨通了克雷格的手机，克雷格说奥巴马希望在誓词中加入他的中间名，并且罗伯茨应该将"愿上帝帮助你"读成问句。2009 年 1 月 8 日，迈尼尔将克雷格的回复写入了纽道诉讼的书面证言，而这起诉讼不久后即被当地的联邦法官驳回。

有了克雷格的回复，迈尼尔拟好了罗伯茨手中的总统誓词卡片的定稿。内容如下：

8 **总统誓词**

我，巴拉克·侯赛因·奥巴马，郑重宣誓//

我必忠诚地执行合众国总统的职务//

并尽我最大的能力，//

维持、保护和捍卫合众国宪法。//

愿上帝帮助你？

瓦妮莎·亚纳尔将修订后的誓词版本用电邮发送给了卡米·莫里森，而莫里森又一次未能把誓词转交给当选总统的团队。事实上，在就职典礼即将到来的日子里，奥巴马本人、克雷格或与他们有联系的任何人都不知道卡片的存在。

而在这个时候，罗伯茨按照定稿文本，开始背诵誓词。

印第安纳州的拉波特县是密歇根湖边的一个宁静城镇，位于芝加哥的远郊。在那里的拉路米亚中学，罗伯茨是独一无二的学生。拉路米亚是一所天主教中学，但它独立于任何教派或教区；学校的创始人都是平信徒，他们基于追求卓越学业的理念建立了这所学校。

罗伯茨不仅仅是在毕业典礼上致辞的1973届优秀毕业生，他还担任过足球队队长、校队的摔跤选手，并且是学生委员会(the student council)和戏剧俱乐部的会员。(罗伯茨在《查理·布朗》和《你是一个好人》中饰演少女派伯敏特·佩蒂[13]；在他就读期间，拉路米亚仅招男生。)在拉丁文不再是必修课后，他继续上辅导课学习拉丁文。拉路米亚的课程安排较为传统，但也有一个不大的创新之举。每年，学生们都要参加演讲比赛，他们撰写并背诵自己的演讲稿。罗伯茨在这方面表现突出。

多年后，罗伯茨的记忆力之好是出了名的。他做律师的时候，无论是在首席政 *9*
府律师办公室工作还是私人执业期间，或许都称得上是他那一代人中在联邦最高法院的法庭上表现得最好的律师。令人叹服的不仅仅是他的辩词。罗伯茨所表现出的特质让人们心怀信任，尤其是在他走向讲台、在大法官们面前作言词辩论的时候，他什么都不带，没有便签本也没有便条。他把每一个案件的事实和法律都装进了脑海。

罗伯茨凭借超人的记忆力，以及一以贯之的勤奋来准备领誓工作。他排练

---

[13] 派伯敏特·佩蒂(Peppermint Patty)：漫画家查尔斯·舒兹从1950年代起连载的漫画作品《花生漫画》中的重要角色之一。佩蒂与主角查理·布朗同一年级，不过不同班。她是个运动少女，个性豪放随和，假小子一个。上课时必打瞌睡，因此常遭老师责骂。但对于运动却极有天分，她自己组建棒球队，在各个球季无往不利，与布朗那支只败不胜的球队形成鲜明对比。

了许多遍。他在位于马里兰州郊区的家中频繁背诵誓词的内容，甚至给他的妻子造成了困扰。“现在咱家的狗认定自己就是总统。”简·罗伯茨跟她丈夫抱怨说。

2009年1月13日傍晚，罗伯茨来到国会大厦西门，步行前往就职典礼现场。几位国会工作人员引他到安排好的座位就坐，并告诉他何时应起立，及站在何处。在会议的末尾，一位助手给了罗伯茨一张印有誓词文本的卡片，问他是否需要再排练一遍。

“准备好了，”罗伯茨拒绝了这张卡片，“我对誓词一清二楚。”

一个星期后，在举行就职典礼的那个早晨，大法官们在最高法院集合，准备一起穿过第一大街前往国会大厦。对于大多数美国人来说，除了这每四年一次的露面，首席大法官在相当程度上是个隐身人。在等待期间，罗伯茨显得十分顺从，这并不符合他平日的风格。从国家广场到华盛顿纪念碑，这一路上聚集了一百多万民众。中午十二点一到，戴安娜·范斯坦请罗伯茨上台并要求观众们起立。（范斯坦正确无误地说出了罗伯茨的职务，美利坚合众国首席大法官；四年前，她的前任特伦特·洛特[Trent Lott]在不到一分钟的时间里两次失礼。错误地把伦奎斯特称为联邦最高法院首席大法官，接着又在请伦奎斯特上台时称他为“伦奎斯特大法官”。伦奎斯特纠正说自己是“首席大法官”。）

“去吧。”奥巴马低声对妻子米歇尔说，示意她打开“林肯圣经”，从第16任总统林肯将手放在这部圣经上开始，它被沿用至今。

“你准备好宣誓了吗，参议员？”罗伯茨说。

10 “我准备好了。”奥巴马说。

罗伯茨举起右手，将手臂弯成一个清晰的直角。与伦奎斯特的做法不同的是，罗伯茨左手中并未拿誓词。首席大法官开始说：“我，巴拉克·侯赛因·奥巴马，郑重……”

奥巴马插话进来，复述道：“我，巴拉克……”

显然，关于“郑重宣誓”是否应出现在第一行，奥巴马和罗伯茨有不同的想法。罗伯茨拿到的誓词卡片第一行有“郑重宣誓”的字样，但奥巴马从未见过这个版本。

奥巴马意识到了自己打断了罗伯茨，于是停下来让罗伯茨继续说。随后奥巴马正确地复述道：“我，巴拉克·侯赛因·奥巴马，郑重宣誓。”

但罗伯茨表现出慌乱，这在他是极不寻常的，他认为奥巴马操之过急并打断了自己，他接着说道：“我必忠诚地执行合众国总统的职务。”（That I will execute the office of President to the United States faithfully.）“美国”之前是介词“to”？“美国”之后是副词“忠诚地”？奥巴马轻轻地微笑了一下。他判断罗伯茨是出错了。

“我必执行……”奥巴马说，但他看到罗伯茨再一次试图说些什么，努力摆脱眼下的窘境。

“职务——”罗伯茨再一次磕巴了，“合众国总统的职务。”这一次他漏掉了“执行”。

奥巴马十分困惑。他说，“合众国总统的职务，忠诚地”。他错误地把“忠诚”放在了句末。两人终于熬过了那句引起麻烦的话。

“并尽我最大的能力，”罗伯茨说。

“并尽我最大的能力，”奥巴马重复道。

“维持、保护和捍卫合众国宪法。”罗伯茨语速颇快，试图尽快完成仪式，不再出什么状况。

奥巴马重复了这一句。

“愿上帝帮助你？”

“愿上帝帮助我。”

“祝贺，总统先生，”罗伯茨伸出手来，“致以最美好的祝愿。”

现在怎么样？克雷格满心困惑。

2009 年 1 月 21 日晚些时候，事实上，几分钟后，奥巴马就要签署一系列有关 11

政府道德[14]的行政命令和总统备忘录。他将冻结年薪 10 万美元以上的白宫工作人员的薪水，设立新规则，限制前政府官员从事游说活动。但真正让克雷格担心的是奥巴马要在 1 月 22 日做的事情。奥巴马计划签署一个内容详尽的行政命令，启动关闭关塔那摩湾拘押中心的进程。无论是作为一名私人执业律师、爱德华·肯尼迪参议员的顾问，还是克林顿时代美国国务院的官员，克雷格长期以来始终致力于国际人权事业。正是奥巴马对国际人权事业所表现出的热情打动了克雷格，才使得他在民主党初选中选择支持这位年轻的参议员，而不是希拉里·克林顿，尽管克雷格与希拉里有数十年的交情，并曾在克林顿班子里服务过。在选战中，奥巴马多次呼吁关闭关塔那摩。克雷格最不愿意看到的事情就是，奥巴马采取这一行动的权威受损。

克雷格的助手丹尼尔·梅尔策(Daniel Meltzer)也是哈佛法学院教授，此时尚未抵达华盛顿，于是克雷格打电话给正在坎布里奇的丹尼尔，征求他的建议。考虑到在华盛顿，政治上的紧张对立无处不在，尤其是在关塔那摩问题上，有可能会有人站出来要求就奥巴马是否已任总统、乃至是否有权关闭关塔那摩湾拘押中心举行听证。最后，新班子可能会赢得这样一场听证会，但法律程序总有办法不受控于任何人。他们怎么“证明”奥巴马当时已是总统？他们是不是得传唤证人？整个过程费时多少？对方会不会提起上诉？在此期间，还会发生什么？

梅尔策认同的是，更安全的做法是重新宣誓。但是，那会不会引发其他问题？怎样重新宣誓，定于何时、何地？或许最重要的是，谁来主持？他们想到去请一位联邦地区法官快速而私密地主持宣誓。克雷格曾是埃伦·西格尔·霍维勒(Ellen Segal Huvelle)的合伙人，霍维勒眼下在华盛顿做法官，克雷格想是否可以邀请霍维勒来趟白宫。但他和梅尔策在做了更深层的思考之后，认定更好的做法是在整

[14] 根据 1978 年《政府道德法案》，美国成立了政府道德办公室(the U. S. Office of Government Ethics，简称 OGE，官网是 http://www.oge.gov/)，该机构的目标是培养行政分支雇员，使之遵守较高的道德标准，强化公众的信心，即政府事务得到无偏、公正的处理。OGE 对行政分支的政策进行全面的指引、监督和问责，旨在预防和解决利益冲突。具体说来，OGE 负责如下事务：(1)针对 130 多个行政分支机构中的 400 余万公务员和现役军人，推行和维护切实可定的道德行为标准。(2)监督财务资料披露系统，涉及 28000 份以上公开资料和 32500 份以上保密资料。(3)保证行政分支的道德项目符合法律法规。(4)向一般公众、私人领域和公民社会提供延伸服务。(5)与各州、地方和国外政府及国际组织分享经验，提供技术支持。

个程序上保持公开和坦荡，请首席大法官再次主持宣誓。（司法部的戴维·巴伦在很大程度上已撤出了这场讨论。他后来用黑色幽默的口吻说，他在上班第一天就成功地同时得罪了**两个人**，那就是总统和首席大法官。）

克雷格来到白宫西翼的楼下，与总统的首席政治顾问戴维·阿克塞尔罗德 12
（David Axelrod）进行讨论。在重新宣誓的必要性方面，阿克塞尔罗德同意克雷格的法律判断，他也认同宣誓程序应当公开，应当让首席大法官参加，如果有可能的话。当然，他们两人都希望降低事件的关注度。阿克塞尔罗德想到了一句话，足以解释他们所做的事情，即“慎之又慎”。大约在午餐时间，克雷格和阿克塞尔罗德上楼来到起居室，奥巴马正在那里招待客人，他们向总统简短汇报了此事，并请他批准他们的计划。

下午 13:18，奥巴马来到了艾森豪威尔行政办公楼（它是白宫建筑群的一部分）礼堂的 450 房间。当奥巴马和副总统约瑟夫·拜登走进房间的时候，约三十名新被任命的官员起身站立，这也是人们看到总统走进房间时的惯例。但此时，这阵势让奥巴马微吃了一惊。“请坐，”奥巴马的笑容显得有些窘迫，“我还在学习适应这一切。请坐下吧。”

奥巴马此刻本应签署有关政府道德的命令，但他来到了讲台上，介绍拜登，“乔，你想主持宣誓吗？”

面对这一请求，拜登既惊讶又困惑，“我是要重新来过吗？”他问。然后他被告知，他将引领高级幕僚宣誓。“高级幕僚，好的呀，”拜登说。拜登从来都不是那种会让现场冷场的人，他补充道：“我的记性可没有罗伯茨大法官、罗伯茨首席大法官好。”

所有人都明白拜登所指为何。幕僚们齐声叹道“哦”，随后爆发出一阵笑声。拜登微笑了一下，要来载有誓词的卡片。

奥巴马此时已确立起沉着冷静的公众形象，赢得了十分帖切的昵称“淡定奥巴马”（No Drama Obama）。但拜登此举惹恼了奥巴马。总统沉下脸来，摇头，明显表现出不赞同，然后走向拜登，几乎要将他从麦克风边推过去。奥巴马明白，而拜登不明白的是，总统宣誓已经搞得一塌糊涂，奥巴马的幕僚那时正在请首席大法官重新领誓。奥巴马不想让任何人在这个时候拿罗伯茨取笑。更进一步说，他比拜登更为讲究礼节。这种玩笑是新任总统绝不会开的。（拜登后来打电话向罗伯茨致歉。）

---

13 格雷格·克雷给首席大法官罗伯茨的助手迈尼尔打了那个令人尴尬的电话，迈尼尔掩饰不住惊讶之情。你想做**什么**？你想**何时**举行？克雷格说得很清楚，他们希望首席大法官尽快来白宫。迈尼尔说他得核实一下，但很快回电说，首席大法官很愿意在下班回家时在白宫稍作停留。

换句话说，罗伯茨马上就来。克雷格打电话给白宫新闻秘书罗伯特·吉布斯（Robert Gibbs），告诉他罗伯茨即刻就来白宫重新领誓。

“你他妈的在说什么？”这就是吉布斯的回答。

克雷格重述了一遍这个新闻。

吉布斯吓坏了。记者们一直询问宣誓中的磕巴、中断是怎么回事，他已指示工作人员与法律顾问办公室核实情况。一圈电话打下来，吉布斯得到的说法是，白宫认为宣誓仪式中的失仪不是什么大事。在过去 24 小时中，对那些询问的人，吉布斯一直是按此原则答复的。

现在，克雷格告诉他，他们打算重新举行总统宣誓，这在美国历史上显然是头一遭。新闻秘书吉布斯对克雷格狂怒不已。你认为那具有新闻价值吗？你觉得你何时方便抽出时间来向我解释一下这件事？

吉布斯赶紧飞奔到白宫幕僚长拉姆·伊曼纽尔（Rahm Emanuel）的办公室，告诉幕僚长，他们需要决定，怎样把正在发生的事情告知媒体，以及仪式在哪儿举行。而且必须得快。

吉布斯、克雷格、阿克塞尔罗德和伊曼纽尔作出了决定。他们的想法是：不应对重新宣誓作以保密，但也不能让这事引起太多关注。他们一致同意在地图室举行仪式，地图室在名义上是白宫起居区的一部分，而不是像椭圆办公室那样属于工作区。长期以来，总统们把地图室当作混合区来使用，操办那些他们不愿承认为总统事务但也不属私人事务的事情。出于这个原因，十年前，比尔·克林顿选择在地图室就肯尼斯·斯塔尔(Kenneth Starr)调查陈述大陪审团证言。日后,奥巴马将在这里会见某敏感人士。

七点整,克雷格等到了首席大法官的汽车。罗伯茨和迈尼尔走下了车,迈尼尔 14
拿着罗伯茨的法袍。克雷格毫不吝惜地表达感激之情,而罗伯茨也回赠以同样的慷慨大方。“我总是信任安全带和背带,”罗伯茨说,“这绝对是正确的事情。”

吉布斯决定不邀请电视台的记者,而仅仅邀请了一些纸媒人士作为目击证人。他们由来自美联社、路透社、彭博社的代表和一位值班的报纸记者(那天正好是《圣彼得堡时报》的韦斯·艾利森[Wes Allison])组成。吉布斯赋予这件事一种神秘的氛围。他让记者们跟随自己从他那位于西翼的办公室、经过柱廊去往白宫的起居区,直至众人来到地图室,方才说明原因。

吉布斯在地图室停下来,拿出克雷格和阿克塞尔罗德拟好的声明。声明内容是,白宫认为宣誓在前一天已“有效”举行,但“为了慎之又慎”,罗伯茨将再次主持宣誓。记者们都懵了,无言以对,然后奥巴马和克雷格出来欢迎大家。总统笑得很灿烂:“嗨,伙计们,我们认为,你们懂的,我们重新宣誓这件事很搞笑。”奥巴马开始问记者们一些关于就职典礼舞会上舞池人数的事情。“你们待到多晚?”他问,“说实话。”一位记者问奥巴马他那时是否开心。“我与我妻子度过了美好的时光。”他说,“但她不得不应付高跟鞋。那种感觉是我没法想象的。”韦斯·艾利森比较镇定,他打开了自己的松下 RR－US 361 数码录音笔,这里所保存的音频文件将成为有关重新宣誓程序的惟一完整材料。

罗伯茨穿上了法袍,吉布斯和白宫摄影师皮特·索萨(Pete Souza,他也是那天惟一在场的摄影师)引导奥巴马和首席大法官来到壁炉前。奥巴马此前尚未有机会在起居室留下自己的印记,因此壁炉架上方的肖像画仅仅起个预留位置的作用,还没来得及替换上对第一家庭来说有特殊意义的物品。那张画上的人物是国会大厦的建筑师本杰明·拉特罗布(Benjamin Latrobe)。

奥巴马仍在试图保持轻松的气氛:“我没有圣经,不过那也没关系。”

然后,他又表现出犹疑的神色。克雷格拿来一份誓词,他确信罗伯茨会照着誓词念。奥巴马等着首席大法官拿出自己的那一份,或从克雷格那里拿走一份。

罗伯茨曾考虑过带一份誓词文本。为谨慎起见,也的确应该这样做。但首席 15

大法官是个骄傲的人。除了自己，他不曾公开批评任何人搞糟了最初的仪式。然而，他不想承认自己的挫败并照着誓词念。

奥巴马感觉到了这一点，说道："我们慢慢来。"几位观礼者好奇地面面相觑。新任总统的确彬彬有礼，但他说给首席大法官的话……暗藏机锋。

第二次宣誓顺利完成，没出任何事故。

此时此刻，站在壁炉前的巴拉克·奥巴马和约翰·罗伯茨两人有许多共同之处。他们一个 47 岁，一个 53 岁，他们称得上是他们那一代人中最有成就的，他们都到达了权力的巅峰。就连他们的竞争对手也不得不承认，他们智识过人、极具魅力。某些相同的影响因素和经验塑造了第 44 任总统和第 17 任首席大法官。奥巴马在芝加哥奋斗多年，而罗伯茨则在芝加哥郊区长大，那些岁月极大地影响了他们的人生，他们都是哈佛法学院的毕业生，甚至都曾在学生主管的学术杂志《哈佛法律评论》任职过。（奥巴马当过主编，罗伯茨则做过事实上的二把手，即管理编辑。）他们两位都已婚，之前都不曾有过婚姻，而且他们都有两个年幼的孩子。

但是，说到底，奥巴马与罗伯茨之间的差异远比其相似性大得多。罗伯茨来自一个稳定、传统和富裕的家庭，他的父亲是一家钢厂的管理人员，母亲则是一位家庭主妇。奥巴马的父亲是肯尼亚人，他在儿子尚蹒跚学步时就抛弃了家庭，后来也只见过儿子一次，当时奥巴马十岁；奥巴马的母亲，终生追求自由和知识，她在堪萨斯州长大，在夏威夷生下了奥巴马，带着儿子在印度尼西亚过了几年，然后把他交给了住在檀香山一座高层建筑里的双亲。奥巴马先是去了洛杉矶的一所学院求学，后从纽约的哥伦比亚大学毕业，然后来到芝加哥奋斗，成为一名社区组织者（community organizer）。

16 芝加哥在两个男人身上留下了完全不同的印迹。奥巴马住在内城区，与穷人、绝望的人和民主党人为邻；罗伯茨则在中产阶级的共和党人中间长大，他们住在又大又坚固的房子里，足以隔绝密歇根湖吹来的风。两人在哈佛法学院的经历也是不同的；从罗伯茨所在的 1979 届到奥巴马所在的 1991 届，哈佛发生了改变。谈到他们在法学院期间最大的差异，要追溯到奥巴马作为内城区社会活动家的岁月；难

以想象罗伯茨会在那个领域花费时间。罗伯茨把时间花在了私营部门领域，在实力雄厚的霍金·豪森律师事务所（Hogan & Hartson）为公司谋取利益。

然而，两人之间最显著、当然也是最重要的差异与联邦最高法院的工作相关。两人都对宪法作过相当深入的思考，并对宪法目前的发展轨迹得出了不同的结论：

- 一个相信改变；另一个信仰的是稳定性。
- 一个向前看；另一个向后看。
- 一个是真正意义上的梦想家（visionary）；另一个，在谈到法律时，是保守主义者。

在这个至关重要的领域，两个人的角色与公众心目中的普遍印象是相反的。罗伯茨决心运用自己首席大法官的职位来倡导变革。他就是那种想引领宪法理念新潮流的人，那将对法律和大社会产生重大影响。奥巴马则决心捍卫有关宪法含义的旧有观点。奥巴马，用一位著名的保守主义者的话说，他"站在历史的对立面，呼喊着'停下'"。〔15〕

在2008年之前的十二年间，美国经历了恐怖主义袭击、经济灾难和数场战争。但联邦最高法院的诸多判决仍是重要的遗产。政治、商业、公共安全、个人自由的未来，所有这一切都取决于大法官们的衡量。我们的选举应当怎样进行？种族在美国社会中的地位为何？在这些问题和许多其他问题上，联邦最高法院的影响力远大于政府的行政或立法分支。

那些年里，最高法院被重构美国政治的发展趋势所改变，这种趋势就是共和党的演化。在首席大法官厄尔·沃伦（Earl Warren）的主导下，自由主义如日中天，从那以后的两代人以来，最高法院在很大程度上是被共和党人中的温和派所控制。 *17*

〔15〕语出小威廉·法兰克·巴克利（William Frank Buckley Jr.，1925－2008），他在《国家评论》的发刊词中写道："它站在历史的对立面，呼喊着'停下'。"巴克利是美国编辑、作家和演讲家。他是保守主义观点的发言人，机敏而又辩才无碍。他帮助开创了现代保守主义运动，并在20世纪后半叶为促进保守主义在美国的发展起了重要作用。巴克利于1955年创办了《国家评论》，该杂志很快成为美国保守主义的顶级期刊。1969至1999年间，他担任获得艾美奖的公共事务电视节目《火线》（*Firing Line*）的主持人。

在这个时期，首先是路易斯·鲍威尔，接下来是桑德拉·戴·奥康纳，他们自觉地将最高法院约束在政治光谱中的中间位置。那些大法官，事实上是共和党中的这部分成员，现在都看不见了。目前主导最高法院的是罗伯茨、安东尼·M. 肯尼迪、安东宁·斯卡利亚、克拉伦斯·托马斯和小塞缪尔·A. 阿利托，他们所代表的是当代的共和党。

即便在这个稳定的组合中，论见识、理解力及对联邦最高法院在美国生活中的地位的研判，罗伯茨也比他那些保守主义和自由主义的同事站得高看得远。这一点在以下案例中表现得尤为明显，在最高法院2011—2012年开庭期那个令人头晕目眩的结尾，首席大法官加入了最高法院四位自由派的阵营，支持《可负担医保法案》(the Affordable Care Act)——巴拉克·奥巴马总统的标志性立法成就。罗伯茨的投票，至少从短期来看，令包括他四位持异议的同事在内的保守主义者极度失望。尽管罗伯茨作出了这样的投票，但他仍然相信改变——不总是相信、也不追求一蹴即就。罗伯茨明白，权力有时候应充分运用，有时候也应被看管起来。世易时移，2012年的全国独立企业联盟诉西贝利厄斯(*National Federation of Independent Business v. Sebelius*)一案的判决将会给罗伯茨、给保守主义事业以回报。作为一个正当年的法官，又有着终身职位，罗伯茨有的是时间，可以打一场漫长的比赛，而他也正是这样做的。

保守主义之所以在最高法院占优势，在很大程度上要归因于共和党在总统选举中的胜利，以及那些资金充足的支持者，但也源于观念的力量。在上一代，最大的保守主义项目是原旨主义，即按照所谓制宪者们的理解来解释宪法。在这一进程中，保守主义的拦路虎是"活的宪法"，这一观念在起源上据说属于自由主义，它认为宪法的意义随着时代的变迁而改变。但保守主义者如此强调原旨主义，又取得了如此大的成功，他们或许无意间证明了，宪法的确是活的，它回应并改变着当代政治。

奥巴马与罗伯茨之间的差异是自由主义与保守主义之间大冲突的体现。他们都受人尊敬的、智慧过人，但他们对宪法的理解不同。他们之间这场斗争中惟一确定的一件事是：谁的筹码更高，谁的赢面就更大。

第一部分

第一章 政治家的道路

2008年2月14日，斯蒂文·卡兹麦尔扎克[1]在位于伊利诺伊州迪卡尔布市 21
的北伊利诺伊大学的校园开火，造成5人死亡，21人受伤，他自己则自杀身亡。第二天，在一个新闻发布会上，伊利诺伊州年资尚浅的参议员、总统候选人巴拉克·奥巴马被问及枪击事件。有鉴于这起悲剧的发生，奥巴马对枪支控制问题怎么看呢，尤其是当控枪与第二修正案联系在一起的时候。

宪法第二修正案规定："纪律良好的民兵队伍，对于一个自由国家的安全实属必要；故人民持有和携带武器的权利，不受侵犯。"人们曾经、并至今仍一致认为第二修正案的文本是不合乎语法的。一个多世纪以来，人们对第二修正案的意义也已达成共识。根据这种理解，第二修正案只与民兵的权利有关，对枪支控制不曾设置障碍。换句话说，第二修正案并未赋予私人个人持有武器的权利。

奥巴马的观点与此不同。

"我相信第二修正案是有意义的。我的确认为，它谈的是个人权利。"奥巴马在校园大屠杀之后的新闻发布会上说。"长期以来，宪法学者们一直争论纷纭，第二修正案涉及的仅仅是民兵，还是为个人持有武器的权利而设。我认为后者是一个更合理的主张，"他接着说，"个人享有持有武器的权利，但受制于常识性的规范，一如我们的大多数权利都受制于常识性的规范。我想，在你跳起来反对这个宪法规 22

[1] 斯蒂文·卡兹麦尔扎克(Steven Kazmierczak, 1980－2008)：曾是北伊利诺伊州大学社会学专业的学生，于2001年应征入伍，后因在申请时隐瞒精神疾病状况而被开除。他成绩优异，并无不良记录，曾撰文研究美国的矫正制度(尤其是监狱)及精神健康问题。

定前，还有很大的回转空间。”

奥巴马的评论如果放在几年前说，就显得有些奇怪。自从联邦最高法院1939年判决美国诉米勒案（*United States v. Miller*）以来，数以百计的法院已拒斥了从个人权利角度看第二修正案的观点。但是，全国来福枪协会（NRA）、共和党及其同盟投入了时间、金钱和精力，来创造一种有关第二修正案的新理解。事实上，在奥巴马就大屠杀接受采访之时，最高法院正准备审理哥伦比亚特区诉海勒案（*District of Columbia v. Heller*），案件本身就是为构建对第二修正案的新解释而作出的长期努力的结果。保守主义者改变制宪者言词既有含义的工作做得太成功了，就连奥巴马这位芝加哥的自由主义者都站在了他们的阵营中，而他是民主党总统被提名人的最有力竞争者。

这并不令人惊讶。奥巴马是一位非常成功的法律人。1990年，时年28岁的奥巴马当选《哈佛法律评论》主席，是第一个获此职位的非裔美国人，从此成为公众人物。奥巴马执律师业12年，并在芝加哥法学院执教近12年。但到他竞选总统的时候，他的首要身分是政治家、一位谨慎的政治家。奥巴马崇敬包括法律人在内的民权英雄们，但并不准备在事业上效法他们。奥巴马不认为法院是促进社会和政治变革的主要工具。选举，而非诉讼，才是他选择的战场，时间到了2008年，他明白，在某种意义上，要赢得总统职位，就得支持第二修正案的个人权利说。

奥巴马33岁时出版了回忆录《我父亲的梦想》，在书的结尾，他反思了自己在哈佛法学院所接受的教育。他显得有些矛盾：“学习法律有时是令人失望的，法律谈的是，如何将严格规则和神秘程序适用于并不合作的现实；法律是一种美化的描述，用以调整掌握权力等资源的人的事务，他们试图跟无权无势的人解释终极的智
23 慧和自身处境的正当性。”接下来，奥巴马以一种在本书及他本人性格中常见的调子，讲述了故事的另一面。“但是，那并非法律的全貌，”他接着写道，“法律也是记忆；法律记录了一场长期的对话，一个国家与它的良知之间的对话。”

奥巴马与自己的对话仍在继续：“我们责任的边界在哪里？我们如何将权力转变为正义，将情感转变为爱？我在法律书中找到的答案并不总能令我满意——每

当我看到一个布朗诉教育委员会案，我总能看到一打别的案件，在那里良知输给了私利或贪婪。”一如既往，奥巴马给这段透着绝望的话加了一个光明的结语：“但是，在对话中，在发声的过程中，我发现自己稍许受到了鼓舞，相信只要问题仍被提出，那些将我们联系在一起的事物或许最终会在某个时刻胜出。”

就读哈佛前，奥巴马在芝加哥做了三年社区组织者。他领导一个小组开展了一系列的斗争，对手通常是市政府，他们诉求的是改善住房、消减石棉、给南区增加工作岗位。如同许多致力于组织穷人的人士一样，奥巴马的工作很难做，而且也并不特别成功；朋友和同事们发现奥巴马更擅长分析而不是对峙。最终，当挫折连连来袭的时候，奥巴马开始筹划去法学院的事情。在某种意义上，奥巴马只是想找到一个途径，去过上体面的生活，而法律职业看起来也很契合他的才智与抱负。他被哈佛录取，于 1988 年秋开始求学。

奥巴马那时刚满 27 岁，日后证明这是一个挺重要的事实。他的大多数同学都比他年轻得多，而他的成熟既体现在年龄上，也体现在气质上，这让他显得与众不同。无论是读法学院，还是做别的事情，他始终抱有某种疏离之感，既身在其中，又抱着观察的态度。法学院和哈佛大学会对奥巴马施以影响，但他的核心特质从不曾改变。

传统观点认为，哈佛法学院的学位是进入华尔街律师事务所的通行证，这确属实情。但法学院也输出了其他类型的模范人物，比如像奥巴马这样鼓舞人心的改革者。1877 届的路易斯・布兰代斯[2]实际上做了一个创新，将联邦最高法院的

---

[2] 路易斯・布兰代斯(Louis Brandeis, 1856－1941)：1877 至 1916 年在波士顿执业，被称为“人民的律师”，因为他为规定工作时间和薪水的州法的合宪性而辩护，他为劳动人民发明了储蓄银行人寿保险，并致力于强化政府的反垄断权力。他所做的工作推动了《克莱顿反垄断法案》和《联邦贸易委员会法案》于 1914 年通过。他还发明了“布兰代斯辩护法”，罗列经济和社会学数据、历史资料和专家意见以支持某一法律主张。

布兰代斯于 1916 年被任命为最高法院大法官，是第一位犹太裔大法官。与霍姆斯一样，他被称为异议者，他任职期间共撰写了 528 份意见，其中 454 份是异议。布兰代斯明白自己精心写作的异议是有价值的，他曾对费利克斯・弗兰克福特说，“我对时间的信念非常强大”。

布兰代斯在公众场合严格遵守法官的行为标准，拒绝评论最高法院的工作。他是最高法院历史上最伟大的大法官之一，布兰代斯大学正是以他的名字命名。他对言论自由和隐私权的辩护后来在法院得到接受和发展；他主张司法克制，尊重立法分支在经济问题上的决定，这些也得到了认可；他生前看到了法院不再用实质正当程序打压改革措施；他通过事实和法律之外的资料来理解法律对社会和经济学的影响，也已成为普及的思路。但或许最重要的是，他在界定和阐释法律时表现出的司法技艺为所有追随者树立了标竿。

24 诉讼变为社会改革的工具，他在发表于《哈佛法律评论》的一篇论文中第一次提出了隐私权。1906 届的费利克斯·弗兰克福特[3]在追随布兰代斯进入最高法院前，与罗斯福的诸多支持者一道为新政出谋划策、尽心尽力。1937 届的阿奇博尔德·考克斯(Archibald Cox)留在法学院任教，而后担任肯尼迪总统的首席政府律师，后又担任水门事件的特别检察官。随后的几十年中，不计其数的哈佛法学院毕业生走向华盛[illegible]走向全美各地，对所处时代的政策发挥着影响。

[illegible]段时期，观念与人一道从常春藤盟校去往华盛顿。在沃伦法院时期或者说布朗案时期，顶级法学院为最高法院作出的那些最自由主义的判决提供了智慧资源(intellectual firepower)。在 1970 年的戈德堡诉凯利案(*Goldberg v. Kelly*)[4]中，最高法院首次提出，政府[illegible]止一个人的福利权益前，必须为他举行听证会。否则，小威廉·J. 布伦南说，即是未经正当程序剥夺个人“财产”，就违反了第十四修正案。但福利权益构成“财产”吗？在判决书的关键部分，布伦南写道，“在今天，将福利权益(entitlements)视为‘财产’而非‘恩惠’(gratuity)是务实的。我国现有的相当一部分财富所表征的权利，不为传统的[illegible]通法财产权概念所涵盖”。为了支持这种新观念，布伦南援引了耶鲁法学院教授查尔斯·A. 赖克的著作及其发表于《耶鲁法律期刊》(*Yale Law Journal*)的论文。差不多与此同时，哈佛教授弗兰克·I. 米歇尔曼(后来教过奥巴马)提出，第十四修正案规定的不仅仅

---

〔3〕费利克斯·弗兰克福特(Felix Frankfurter, 1882－1965)：美国法学家、官员。12 岁时从奥地利移民美国。1914 至 1935 年任教于哈佛法学院。1911 至 1913 年任塔夫特总统的战争部长，1919 年巴黎和会期间任威尔逊总统的顾问，1933 至 1939 年任罗斯福总统在新政时期立法事项上的法律顾问。弗兰克福特推进了美国的犹太复国主义运动，帮助成立了美国公民自由联盟(ACLU)。

1939 年，罗斯福任命弗兰克福特出任最高法院大法官，他任职至 1962 年。他主张司法克制，认为法官应当严格遵循先例，尽力排除个人观点。

〔4〕约翰·凯利为纽约州居民，是联邦资助项目“家庭援助计划”的领受者。根据房东提供的信息，纽约州认为凯利现有同居男友，因此不具备只针对单身母亲的福利项目的领受资格。根据传统的特权观念，福利津贴领受被认为是一项特权而不是权利，因此不能接受依据宪法第十四修正案即正当程序条款的保障。由此，纽约州未采取听证程序即终止了凯利的福利津贴发放。

凯利向南纽约地区法院提起诉讼，诉称纽约州和纽约市执行这些计划的官员终止或打算终止这样的援助时，没有给予当事人事前的通知或听证的机会，因而剥夺了他们享有的法定正当程序权利。地区法院判定，惟有事前听证才能满足正当程序的要求，由此，拒绝对州和市镇官员事后所作的“公正听证”进行审查。随后，该案被上诉至联邦最高法院，布伦南大法官代表多数意见作出了判决。

本注释基于胡敏洁：“戈德博格诉凯利案述评——兼论对我国的启示”，载《中国社会科学评论》第 4 卷，法律出版社 2005 年 6 月版。

是免于歧视的权利，还包括经济平等权。最高法院并不曾走那么远，但至少在一段时间内，这个观念让人觉得很有道理。那个时期，给法律评论写文章可以被视为一个真正具有政治意义的行动。然而，合久必分，当美国及其最高法院在1970年代向右转的时候，哈佛的影响力进入低谷，这也正是1979届的约翰·G.罗伯茨在法学院就读的时期。理查德·尼克松说过一句很著名的话，他形容哈佛是“查尔斯河上的克里姆林宫”(Kremlin on the Charles)，所以总的来说，哈佛的老师们在他的班子中是不怎么受欢迎的。最高法院的保守派大法官们不需要自由主义的学术为他们指引方向。在那段时期，哈佛的老师们依然偏左，但法学院回归到职业学院这一最初的目标。作为《哈佛法律评论》的管理编辑，在同事们的认知中，罗伯茨是政 *25*
治上的保守主义者(这在编辑们中并不常见)，但更被看作是一名熟练的、有完美主义倾向的监工。

自由主义者也许依然掌控着坎布里奇，但其他地方都是保守主义者的天下。罗伯茨以极优成绩(magna cum laude)毕业后，开始了在共和党党内的晋升之路。他先是在纽约做亨利·J.弗兰德利的助理，弗兰德利是第二巡回上诉法院一位秉持温和共和主义观点的传奇法官。然后在1980年做威廉·伦奎斯特的助理，伦奎斯特那时还是一位联席大法官。接下来，罗伯茨去了司法部和里根的白宫班子。显而易见，“查尔斯河上的克里姆林宫”也可以成为保守主义者辉煌事业的起点，一如它对自由主义者的成就。

再谈谈法学院吧，在1980年代，法学院的政治发生了转向。在经历了一场名为“批判法学”的运动之后，法学院的师生激烈地分为两个阵营，其中学生受到的影响较轻。批判法学(CLS)是传统马克思主义与当代文学理论的复合，意图解释内在于法律一切方面的矛盾和阶级偏见。时间回溯到1920年代，“法律现实主义”在很大程度上为新政提供了思想基础，也揭示出大多数法律规则的政治性质。但是批判法学家(Crits)操练起法律现实主义来就跟打了激素似的，他们在展示法律无意义性的过程中找到了几近虚无主义的快乐。根据他们的描述，法律首先并主要是一种压迫无权者的工具，他们的行文既热情四溢又语焉不详，随处可见对“解构主义者”(比如雅克·德里达[Jacques Derrida])著作的引用。法学院里的批判法学家和保守主义者争夺着法学院的终身教职，而且他们之间的斗争有时不免延伸到课堂、乃至法庭。“查尔斯河上的克林姆林宫”现在成了“查尔斯河上的贝鲁特”。

罗伯茨读哈佛时，批判法学尚未展开。奥巴马来到哈佛时，批判法学的鼎盛期已过。所以，值得注意的是，奥巴马一年级时就去找了劳伦斯·却伯，做了他的研究助理。对一个年轻学生来说，这个选择很有意思。却伯是自由主义者，但并未参加批判法学运动，这个概括也很适用于他的得意门生。却伯成功地避开了法学院的批判法学家与保守主义者之战，这在很大程度上是因为，他是走在从坎布里奇到华盛顿这个轴线上的最重要的榜样。在完成一篇论美国宪法的最佳论文之后，却伯华丽转身，做起了成功的最高法院出庭律师、民主党政治家们的顾问。1987 年，
26 却伯在参议院司法委员会[5]前作证，发出致命一击，反对里根提名的罗伯特·博克进入最高法院。这一立场让却伯成为共和党的靶子，也让他无缘赢得最高法院大法官的提名。无论如何，却伯不仅仅是学者；他是更大的舞台、那真实世界的玩家。

奥巴马学业优秀(他也将以极优成绩毕业)，而且在写作竞赛中胜出，加入了《哈佛法律评论》。在法律评论工作的学生们编辑全国的法学教授们提交的论文；每一届的学生约为五百人，其中四十人编辑法律评论。每年二月，法律评论选举产生第二年的杂志主席或者主编。奥巴马赢得了广泛支持。保守派学生在哈佛影响力日增，他们被证明是奥巴马获胜的关键。联邦党人协会是一个全国性的保守主义法律组织，1982 年成立于耶鲁，但哈佛分会不久后就组建起来，其成员成为法律评论中不容小觑的少数派(a vocal minority)。保守主义者认识到，奥巴马并不属于他们的阵营，但他们觉得奥巴马会给他们一个公平的机会，尤其是在决定发表哪些文章的问题上。奥巴马之所以赢得保守主义者的信任，靠的是成熟这一绝佳品质。在哈佛那个众声喧哗的时期，奥巴马始终远离战线，他习惯性地平衡着观察者

---

[5] 参议院司法委员会(Senate Judiciary Committee)：成立于 1816 年 12 月 10 日，是美国参议院中历史最悠久的常设委员会之一。在 19 世纪，司法委员会的工作重点是与刑事司法有关的立法、在新的领地和州建立司法系统、及法官薪酬等问题。今天，司法委员会的管辖范围已扩展至反恐、人权、移民法、知识产权、反垄断法和互联网隐私等领域。委员会还负责考量总统对(包括联邦最高法院大法官在内的)联邦法官的提名。委员会最重要的职能之一在于，监督包括联邦调查局在内的司法部。以上基于其官网信息。

与参与者的双重角色。奥巴马与生俱来地拥有政治家的天赋，政治家总能在不做任何明确承诺的情况下说服你，让你赞同他。奥巴马表现出的真诚招来朋友们的嘲笑。其中一个人告诉戴维·雷姆尼克[6]，一群人会在去看电影时拿奥巴马的真挚品性打趣，模仿他说："你想给你的爆米花加点盐吗？你究竟**想吃**爆米花不？"

在当选《哈佛法律评论》主席后，巴拉克·奥巴马一下子差不多算是名人了。《纽约时报》采访了他。特纳广播公司(Turner Broadcasting)请奥巴马录制了一期"黑人历史一分钟"(Black History Minute)节目，年轻的奥巴马在讲词提示器的帮助下，对瑟古德·马歇尔的导师查尔斯·汉密尔顿·休斯敦进行简短致敬。《名利场》杂志一般不关心谁是学术刊物的负责人，此番也用一整版报道了奥巴马的当选。《纽约时报》推出了"第一位黑人"的头条，这不会是媒体最后一次给巴拉克·奥巴马 27 贴上这样的标签，埃莉斯·奥肖内西(Elise O'Shaughnessy)在结语处写道："有关他本人是否会竞选公职的问题，奥巴马回答得小心翼翼。'如果我投身政治，那也应该是凭借我在地方上所做的工作，而不是因为我是媒体的宠儿。'尽管媒体的确在造星，但他的确是挺不错的。"除此之外，在这段时间，纽约的一位文学代理人简·迪斯特尔(Jane Dystel)也与奥巴马接触，建议他写书。奥巴马同意了，并与西蒙与舒斯特出版公司的一个分公司签了合约。(当时，那些热情支持奥巴马的人其实对他知之甚少。有个出版商还以为他是在芝加哥的贫民区长大的；《名利场》也弄错了，说他成长于新加坡，其实是印度尼西亚。似乎没人知道他真正的家乡是檀香山。)

媒体如此关注法学院的一名学生是极其不同寻常的，但在以公众人物形象出现的首秀中，奥巴马表现出相当老练的政治技巧。"我当选《评论》主席的事实表征了重大的进步，"他告诉《纽约时报》的福克斯·巴特菲尔德(Fox Butterfield)，"但重要的是，人们不能拿像我这样的故事来说明黑人现在的状况一切都好。"同样地，奥巴马总是谨慎地表现出对民权运动先驱者们的尊重，他说，是他们作出的牺牲令

[6] 戴维·雷姆尼克(David Remnick)：曾担任《华盛顿邮报》记者十年，期间四年常驻莫斯科。1992 年加盟《纽约客》杂志，1998 年以来任主编。1994 年凭借《列宁墓：苏联最后的日子》一书获普利策奖。雷姆尼克是本书作者杰弗里·图宾的上司与好友。

他的成功成为可能。他告诉《波士顿环球报》(*Boston Globe*)："在某种程度上，我不过是已经发生的诸多变革的一个象征。"

然而，尽管奥巴马表现出对马歇尔、休斯敦及其同志的尊重，他也用自己的方式表明了他对当代法律制度的期望：那就是不抱太多期望。前辈们用法院来打破压迫非裔美国人的法律障碍。但是，到奥巴马就读哈佛时，该项事业已进行得差不多了。奥巴马这般年纪的法律进步主义者的任务是，守住前辈们在法院中奋斗得来的成功，而这个任务并不容易，也不是奥巴马特别感兴趣的。1991年，奥巴马从哈佛法学院毕业，伦奎斯特法院时代开始了，在这个法院，社会变革的议程(几乎总是)朝着保守主义方向。如果说右翼处于上升时期，左翼则正被批判法学各种奇特的思想弄得找不到北。至于奥巴马，他已为芝加哥穷人在真实世界遇到的问题工作有年，不接地气的理论吸引不了他这样的人。

日后，当奥巴马任参议员时，他解释了自己为何感到运用法院促进社会变革不
28 切实际。不仅仅是因为这种理想在伦奎斯特法院没有前景，"我想我们对法院的依赖是否不仅仅侵害了我们的权利，而且侵蚀了我们的价值观，进步主义者对民主的信念已失落大半，"他在《无畏的希望》(*The Audacity of Hope*)中写道。奥巴马指出，是的，他信奉隐私权，也为布朗案留给民权领域的遗产欢欣鼓舞，但守护那些权利并不是法律人的责任。"有一种方式可以保证审判席上的法官能反映我们的价值观，那就是赢得选票。"与那些尊敬的前辈们不同的是，奥巴马将投身于选举、而不是诉讼。

法学院的学生一旦当选《哈佛法律评论》的主席或管理层的其他职位，大多数会立即转而考虑怎样才能当上法官助理。许多人寻求给巡回上诉法院的一些法官做助理的机会，因为他们以最高法院法官助理"输送者"(feeders)的称号闻名。芝加哥前议员阿伯纳·米克瓦(Abner Mikva)那时是哥伦比亚特区巡回法院的法官，在奥巴马当选主席后，他邀请奥巴马做自己的助理。米克瓦正是一位输送者，事实上《哈佛法律评论》的历任主席都选择毕业后去最高法院做助理。但奥巴马拒绝了米克瓦。这一举动进一步证明奥巴马的兴趣不在法律制度上。

奥巴马当选主席的事情尤其令他的第二故乡芝加哥关注。《芝加哥太阳报》(*the Sun-Times*)上的一篇文章引起了本地律师贾德森·迈纳(Judson Miner)的兴趣。迈纳属于左翼的芝加哥律师小圈子,他们致力于与戴利王朝(the Daley machine)及芝加哥各种各样的种族歧视作斗争。迈纳是白人,他在给芝加哥的首位黑人市长哈罗德·华盛顿(Harold Washington,1987年突然离世)做了一段时间首席律师之后,回到了自己创办的小型律所。迈纳心血来潮地致电《哈佛法律评论》,想和奥巴马聊聊。接线员纠正了迈纳有关奥巴马姓名的发音错误,然后告诉他,“你排在第643位”。但奥巴马当天就给迈纳回了电话。(迈纳的女儿没搞清楚状况,她对自己的父亲说:“一个名字很逗的人打电话找你。”)

奥巴马在芝加哥的政治世界又不是待了一天两天,就算没见过迈纳本人,也听说过他的大名。奥巴马对迈纳说,他很快就到芝加哥来,并很愿意接受迈纳的邀请。奥巴马此番到芝加哥来,差旅费由招聘他的盛德律师事务所(Sidley & 29
Austin)承担,盛德是芝加哥的主要律所之一。(奥巴马前一年的夏季已在此工作过,而且表现出对大所环境的不以为意。当然,那个夏天并不完全是虚度,因为他认识了律所一位名叫米歇尔·罗宾逊[Michelle Robinson]的律师,他们相识后不久即坠入情网。)此时,奥巴马面临毕业,正在找工作,他想和迈纳谈谈,加入他的律所,当时它还叫戴维斯、迈纳、巴恩希尔与加兰德律师事务所(Davis, Miner, Barnhill & Galland)。迈纳的律所从事的正是奥巴马感兴趣的民权和政治业务,而且这家律所工作时间灵活、架构也是非正式的,他可以去做些别的事情。奥巴马以其典型的为人处世风格与迈纳谈到这个话题,两人共进了六七次午餐,他们以某种方式打量着彼此,奥巴马在毕业后签约该所,成为该所十二位律师中的一员。

奥巴马从来不是那种传统律师。入职后不久,他就请假去经营“投票项目”(Project Vote),这是一个旨在推动1992年选举的选民登记计划。又过了不久,奥巴马再次请假,完成了《我父亲的梦想》书稿。(完稿时间大大超出了与出版商的约定。)迈纳带着奥巴马做一些民权案件,例如一宗要求伊利诺伊州遵守汽车选民法(the motor voter law)的诉讼。奥巴马也接手一些常规的商业纠纷和少量刑事案件。没多久,奥巴马又请假了。奥巴马在主持《哈佛法律评论》期间,曾编辑过芝加哥法学院一位保守派教授迈克尔·麦康奈尔(Michael McConnell)的论文。(乔治·W.布什总统后来任命麦康奈尔担任第十巡回法院的法官。)奥巴马对那篇关于宗教自由的论文所做的工作给麦康奈尔留下了深刻的印象,他建议芝加哥法学院聘任委员会的负责人考虑一下奥巴马。

奥巴马告诉委员会主席道格拉斯·贝尔德[7],他无意于获得一份预备终身教职的工作(tenure-track job)。但芝加哥大学殷切地想招募奥巴马,法学院提供给他一间办公室和一个研究员职位,让他去好好写书。两年后的1993年,奥巴马开始给法学院的学生讲课。奥巴马实际上是一名兼任教授,因此他被聘为讲师,并在接下来的十年时间坚持每个学期上一个班级的课。他在海德公园非常低调,一般上完课就离开。法学院并不指望他从事写论文之类的学术工作,他也从不参加法
30 学院的各种会议。芝加哥大学以保守主义著称于世,尤其是在经济学领域,法学院差不多也是这样。理查德·波斯纳和弗兰克·伊斯特布鲁克[8]这两位著名的保守主义者是里根总统任命的联邦法官,他们也一直与法学院保持联系。奥巴马在法学院工作期间,自由主义者在法学院也有其核心人物,如戴安·伍德(Diane Wood)和埃琳娜·卡根(Elena Kagan)。奥巴马与所有派别保持同样的关系:友好但疏离。

如果说奥巴马有学术专长的话,那就是投票权,考虑到他对政治学的兴趣和他在选民登记方面的经验,这并不令人讶异。1990年代中期,奥巴马听说,包括时为密歇根法学院教授的理查德·皮德斯[9]在内的一群教授正在编写一本他们自称为"民主法"的案例集。奥巴马找到皮德斯,要了该书的草稿,用于自己的教学。两人结下了友谊,因为他们都对一个那时还不明朗的领域有兴趣。(在2000年的布什诉戈尔案之后,选举法吸引了公众和学术界的更大关注。)

无论是在最高法院,还是在学术界,投票权中的热门问题都是种族不公(racial gerrymandering)。1965年《选举权法案》(The Voting Rights Act of 1965)及其后续的重新授权要求各州在划分选区界线的时候,保证非裔美国人能够在国会和州

---

〔7〕道格拉斯·贝尔德(Douglas Baird):生于1953年,美国法学家,专长于破产法。1979年毕业于斯坦福法学院,1980年加入芝加哥法学院,1994至1999年间任院长,著有《契约的重构》等书。

〔8〕弗兰克·伊斯特布鲁克(Frank Easterbrook):生于1948年,1985年加入第七巡回上诉法院,2006年至今任首席法官。伊斯特布鲁克以运用法律的经济分析而著名,他是美国被引用次数最高的上诉法院法官之一,著有《公司法的经济结构》等。1978年至今执教于芝加哥法学院。

〔9〕理查德·皮德斯(Richard Pildes):生于1957年,美国最顶尖的公法学者、积极的公共知识分子、活跃的公法律师。曾做过阿伯纳·米克瓦的法官助理。现任教于纽约大学法学院。

立法机关赢得一定的席位。许多传统的民权团体、黑人政治家促成了这一神圣的事业，创造了这些“多数-少数选区”。在他们看来，这正是《选举权法案》的核心目的：让更多的黑人当选、掌握公职。

奥巴马对此持怀疑态度。根据1990年的一份调查，共和党人、尤其是南方的共和党人承认，他们也会让《选举权法案》为己所用。于是，大佬党[10]战略家与民主党的一些黑人成员并肩战斗，创造出极多的少数选区。结果，黑人政治家在好几个州赢得了席位，那是他们自重建时期以来从未获得过的胜利。与此同时，这些新选区吸干了其他选区的民主党选票，使得后者成为共和党唾手可得的收成。少数几位黑人政治家得到了令人称羡的闲职，但整个民主党却在为之买单。事实上，1994年共和党之所以在众议院占据主导地位，在某种程度上正是因为温和的民主党人在南方的失利，他们的选区被非裔美国人选民给剥夺了。

在奥巴马看来，民权团体在选举权问题上犯了错。当然，奥巴马并不反对黑人 31
赢得选举，但此种胜利仅仅是象征符号而已。他认为，政治的要务在于切切实实地成事，通过制定法律来维护民主（和民主党）的价值观。如果黑人政治家吸引民主党选民的目的只是为了待在办公室中，他们在赢得职位之后也会一事无成。不进行联合共建[11]，奥巴马告诉皮德斯，进步主义的事业是注定要失败的。

1996年，在从法学院毕业五年后，奥巴马赢得了州参议院的席位，开始了其政治生涯。就像伊利诺伊州的大多数州议员一样，奥巴马将部分时间用于州的工作，他与迈纳的律所保持联系，并依然每学期在法学院教一门课。至少在一开始，斯普林菲尔德的职位带给奥巴马的是失望。作为一个由共和党执掌的机构中的一名资历尚浅的民主党人，他几乎没有任何权力。他很快就开始寻找出路。1999年，奥巴马决定在民主党初选中挑战在职的国会议员博比·拉什（Bobby Rush）。芝加哥选区正是奥巴马所反感的那种种族不公的选区，而拉什这样的候选人在那种选区

---

〔10〕大佬党（Grand Old Party）：共和党的别称。

〔11〕联合共建（Coalition building）：不同党派（个人、组织或国家）合作形成一个联盟的过程。与具有相似价值观、利益和目标的群体形成联盟能使成员联合其资源，比他们单独行动时更有力量。

游刃有余。作为前黑豹党[12]成员，拉什非常可靠，但在实际成就上乏善可陈。然而，（包括比尔·克林顿在内的）民主党大佬仍然支持在职的拉什，奥巴马在2000年的初选中惨败，以30票比61票的结果落后。

上述失败把奥巴马带向了人生和职业的十字路口。（在妻子的鼓励下，）他认真地考虑了彻底退出政治这个选项。他有机会去一家本地的基金会做主席。但奥巴马还是第一次决定致力于成为一名立法者。正如他在接受芝加哥地方上的一家公共电台的采访中所明确指出的，以法院为主导的社会变革对他来说仍然不具任何吸引力。许多自由主义者多年来尝试着说服最高法院再往前一步，超越废除种族隔离的措施，指引公立学校得到同等程度的资助。奥巴马解释了他为何认为那种方式已告失败，他援引的是1973年的圣安东尼奥独立学区诉罗德里格斯案（*San Antonio Independent School District v. Rodriguez*）。在罗德里格斯案中，最高法院以5∶4的投票结果判定，不平等地资助同一州的不同学区这一做法并不构成对第
32 十四修正案平等保护条款的违反。奥巴马这样描述该案的判决，最高法院"基本上是压制了那种主张，并说'你们知道什么——我们是法院，无权检视与学校有关的再分配和财富不平等问题。那并不是种族问题，那是财富问题，那是我们不能涉足的领域'"。最高法院指出，作出有关财富再分配方面的决断，是立法机关而非法院的职责，此等说法是奥巴马所认同的。"在这个问题上，也许我表现出了一个立法者、也是一名法学教授的偏见，"他接着说，但"体制不是那样建构起来的"。

这可以说是奥巴马的一个信条。在他看来，法院在保护基本权利方面是（或者说应该是）静态的，而他也并不打算敦促法官和大法官们去创设新的基本权利。在这个意义上，奥巴马区别于瑟古德·马歇尔那样的自由主义英雄，及安东宁·斯卡利亚那样的保守主义偶像；这些英雄人物都认为法院可以发起社会变革。奥巴马却不这么想，对法院作用所持的这一观点形塑了他的职业生涯，以及日后的总统任期。

---

〔12〕黑豹党（Black Panther Party）：一个由非裔美国人组织起来的团体，其宗旨主要为促进非裔美国人的民权，另外也主张非裔美国人应该有更为积极的正当防卫权利，即使使用武力也是合理的。黑豹党在20世纪六七十年代极为活跃。

奥巴马 2000 年在国会选举中失败，但他的运气随之转好。就在他开始将更多注意力投向在斯普林菲尔德的州议员工作时，民主党于 2002 年在州参议院取得了控制权，于是他有机会去做成一些事了。他一连支持或联合支持了 26 个成功的提案，包括为中产阶层减税、为贫穷的孩子提供医保、禁止生产含有麻黄碱的膳食补充剂的提案，以及有关警方进行种族调查方面的一个审慎的妥协方案。（提案规定，警察有权记录和报告每一名被拦下的机动车主的种族。）2004 年，奥巴马决定竞选联邦参议院的一个空缺席位。他的好运简直挡也挡不住。他在民主党初选中的主要竞争对手深陷性丑闻，更不可思议的是，共和党最初提名来应战他的候选人也因性丑闻不战而败。搞到最后，奥巴马在普选中仅遭到了象征性的反对，尽管他那时还仅仅是一名州参议员，但却在 2004 年的民主党大会上做基调发言，就此扬名立万。他的回忆录此时也重印了，成了畅销书。

等奥巴马 2005 年到华盛顿的时候，他已闻名全美——以他自有的风格。当 33
然，他在当时是唯一的非裔美国人联邦参议员，但他也以自己的方式在其他方面界定自己。他加入了外交关系委员会（the Committee on Foreign Relations），而并未选择司法委员会，司法委员会是守护民权法的主要卫士（principal guardian），也是人们预期这位唯一的黑人参议员可能会选择的席位。奥巴马的确对立法有所涉猎，但基本上是在运用参议院的这个职位来为竞选总统做准备。他写了一份竞选风格的宣言《无畏的希望》，并把巡回售书活动变成了竞选试水之旅。（书名出自他在芝加哥的牧师小杰里迈亚·莱特[Jeremiah Wright Jr.]的一次布道。）

奥巴马开始在全州乃至全国范围内面向公众，他对自己在一些问题上的立场做了些调整，典型的如枪支控制问题。当初竞选芝加哥的州参议员时，他所持的是内城政治家的传统观点，枪支所有权应当得到严格限制。在第一次竞选州参议员时，他甚至在一个问卷中写道，支持“对手枪销售和持有的限制”。（奥巴马后来的说法是，填表的是一名幕僚。）在州立法机关工作期间，总的来说，奥巴马依旧投票支持对枪支使用和所有权所作的限制。

到竞选伊利诺伊州——这是一个有着浓厚狩猎文化的州——联邦参议员时，奥巴马开始微妙地偏离先前的观点。像后克林顿时期全美的许多民主党人一样，奥巴马认识到，若支持枪支控制，就会给选举带来灾难；相关的法律永远不会获得通过，而支持这些法律的候选人也永远不会赢得选举。在这个时候，奥巴马仍然没有完全转向从个人权利角度看第二修正案的观点。在2004年伊利诺伊州联邦参议员选举中，阿兰·凯耶斯（Alan Keyes）这个倒霉的共和党人应战奥巴马，他在一场辩论中质疑奥巴马对第二修正案的信念，奥巴马将对话扭转到不同的方向。奥巴马对宪法只字未谈，而只是说他相信“枪支安全的常识性”措施等等即是对攻击性武器的禁止。

但在新千年，保守主义者在枪支控制和第二修正案上取得了成功，正如自由主义者1960年代在废除学校的种族隔离、平等保护领域大获全胜。通过利用政治、法院以至社会文化，他们每一方都改变了宪法的意义。在两种情形中，都是一方在
34 政治上获得压倒性的胜利，而另一方黯然败北。在1970年代，没有一位严肃的政治家敢于主张在学校施行种族隔离；而在2008年，没有一位严肃的、或至少是希望获胜的总统候选人敢于主张对第二修正案的传统理解。

因此，奥巴马在2007年投身总统选战后，开始公开支持从个人权利角度理解第二修正案。奥巴马的表达模式，在整个选战中多次重复，显示出保守主义意识形态在这个问题上取得的胜利。正如他在宾西法尼亚州初选前与希拉里的一场辩论中所阐述的那样：“在一般原则的意义上，我认为宪法授予了个人持有武器的权利。然而，你有一项个人权利并不意味着州或地方政府不能约束那一权利的行使方式，同理，我们对私有不动产拥有权利，但是地方政府可以制定土地分区使用管制法令（zoning ordinances），决定你怎样使用它。”这是奥巴马的典型表达方式，立场谨慎，但其对个人权利说的支持是不容置疑的。未来的总统披挂上阵了，并在这次辩论中回避了宪法问题上的争锋。当然，这也不是他最后一次这么做。

第二章 “代表与弱者相对的强者一方”

在枪支控制问题上，奥巴马遵循寻求妥协、调和的本能行事。政治问题通常适合这样解决。但有时候，就像大法官一样，参议员必须作出一个决定。在短暂出任参议员期间，奥巴马就曾面临这种情形，他置身一场真正的斗争，那就是罗伯茨出任美国首席大法官的提名。 35

奥巴马和罗伯茨只见过一次，那次会面是在2005年秋天。在罗伯茨最终来到哈特参议院大楼713套间时，他已拜访了大多数参议员，而713这间偏僻的办公室是分给像奥巴马这般资历浅的参议员的。在这些礼节性的拜访中，罗伯茨表现得非常得体：世事洞明但不傲慢，姿态开放但不作任何承诺。就奥巴马所关心的方面来看，罗伯茨非常有优势。奥巴马看重资历，而罗伯茨的资历无疑是他们那一代人中最好的，尤其是他还有哈佛的法律学位。罗伯茨对奥巴马亦有同样的直觉判断。在跟参议员们打了一通交道之后，法官候选人很快能判断出谁在夸夸其谈，谁是玩家，未来总统的睿智无疑让罗伯茨印象深刻。

最终，奥巴马在罗伯茨提名中的投票跟被提名人的资质没什么关系，甚至跟奥巴马本人的感觉也无关。奥巴马参议员咨询了自己那些当法学教授的朋友们，比如哈佛的劳伦斯·却伯，他们告诉奥巴马，罗伯茨或许是布什班子中最优秀的人。却伯说，罗伯茨法官是保守主义者，但也许他思维是开放的。但分量最重的建议出自奥巴马自己的幕僚长皮特·劳斯[1]，此君乃华盛顿政坛的一员老将。劳斯掷地

---

〔1〕皮特·劳斯(Pete Rouse)：生于1946年。科尔比学院文学士，伦敦经济学院硕士，哈佛大学肯尼迪政府学院公共行政学硕士。现任奥巴马的法律顾问，曾任临时幕僚长和高级顾问。劳斯以(转下页)

36 有声地告诉奥巴马：**别废话。你不可能又要竞争民主党内的总统提名，又去投票确认乔治·布什的首席大法官提名。参加初选投票的民主党人非常在意堕胎权这样的问题，而你投票支持的这位大法官可能会推翻罗伊诉韦德案。**

对这样的意见，奥巴马没法表示不同意。于是奥巴马投了反对票，成为仅有的22张反对票之一。（奥巴马未来的对手希拉里也投了反对票。）而奥巴马在参议院议场（the Senate floor）的讲话反映出他在罗伯茨提名问题上模棱两可的态度。“在我看来，罗伯茨法官毫无疑问是有资格列席我国最高等法院的，”奥巴马说，“而且，他的性格和品行看起来很符合一个好法官的要求。他很谦卑，他举止得体，他表现出对各种不同观点的尊重。我看得非常清楚，罗伯茨法官是真正爱法律的。”奥巴马略为夸张地说，最高法院所处理的案件有95％都是很容易的，“斯卡利亚和金斯伯格在大多数时候会得出一致结论”。（每年约有三分之一的案件是以一致意见判决的。）

奥巴马接着说：“对最高法院来说，重要的事情是那5％真正疑难的案件。在那些案件中，靠着对先例和解释规则的遵循，你只能跑过马拉松的第25英里。决定最后一英里的只可能是一个人内心最深处的价值观，他最核心的关切，他打量世界如何运转的、最宽广的视角，以及他最深广的同情心……在那些疑难案件中，最关键的因素来源于法官的内心。”

“我和罗伯茨法官谈到这一点。罗伯茨法官承认，跟职业政治家或许不一样的是，让他来谈谈他的价值观和内心的情感，并非易事。那并不符合他所受到的训练。他的确说他不喜欢恃强凌弱，他始终认为，法律一种创造公平竞争环境、供强者和弱者展开竞赛的方式。”

但奥巴马意犹未尽：“我的问题是，当我审视罗伯茨法官出任公职的历史记录时，我个人的判断是，他经常运用他那令人敬畏的技巧来代表与弱者相对的强者一方。有些人无视我们在政治进程中为消除种族歧视残余所作的努力，而在白宫和

（接上页）其对国会的全面了解被人称为“第101位参议员”，在三十多年的时间里担任过多位美国国会成员的幕僚长。在于2004年加入奥巴马总统的参议员办公室之前，曾任前民主党领袖汤姆·达施勒（Tom Daschle）的幕僚长，为时19年；1984至1985年任伊利诺伊州共和党众议员迪克·德宾（Dick Durbin）的幕僚长；1979至1983年任阿拉斯加州长特里·米勒（Terry Miller）的幕僚长。

首席政府律师办公室工作期间，罗伯茨始终与他们站在一起。出于相同的立场，他看起来也无视如下的关切：在这个世界上，在这个经济体中，如果你是一个女人，你的生存就更为困难。

在投反对票后不久，奥巴马做了件典型反映他性格的事情。投票次日，奥巴马在DailyKos〔2〕——该网站是民主党网根(netroots)的非官方主页——上贴了一个声明，为投赞成票的同事们辩护。那些理解奥巴马在法院方面思路的人很熟悉他此时亮出的观点。“经过漫长的旅程之后，有一种方式可以保证对社会正义问题很敏感的法官得到任命，那就是重新夺回总统职位和参议院，获得任命法官的权利，”奥巴马写道，“我不认为，我们能通过中伤善良的盟友、凭借为进步主义事业而斗争的终生记录、靠着一次投票或一个职位来达到这个目的。我确信的是，尽管我们共同经历了挫败，秉持着强烈的信念，但我们推动民主党议题倡导的策略，我们修辞中的基调，对在美国创造一个切实可行的进步主义多数派来说仍是一种阻碍。”一如既往，对奥巴马来说，这事关选举，而非诉讼。 37

四个月后，当阿利托等待投票的时候，这个选择对奥巴马来说就容易些，对大多数民主党人来说亦是如此。阿利托身上完全不具有罗伯茨那样的魅力，而他在法官任上的记录也并未给人温和的预期。和罗伯茨一样，阿利托曾是里根班子中司法部的一名年轻雇员，起初在首席法律顾问办公室任职，后又加入法律顾问办公室。阿利托于1987年被任命为家乡新泽西州的联邦检察官，三年后，在他四十岁时，获得了第三巡回法院的任命。在那里，他从未偏离保守主义的阵线，也从未旗帜鲜明地反对堕胎权。在加入第三巡回法院后不久，他投票支持宾西法尼亚州的一项法律，该法律要求妻子在进行堕胎前要告知丈夫。这一条款尤其令奥康纳反感，为此她于1992年在著名的宾州东南部计划生育处诉凯西案(*Planned Parenthood v. Casey*)的判决中投票推翻了上述法律，这项判决保存了罗伊诉韦德案的核心。出于这个原因，阿利托成为替代奥康纳的、最理想不过的人选，因为他反映出自奥康纳被任命以来，共和党已发生了何其重大的变化。自从布什提名阿

〔2〕DailyKos：美国的一个著名政治博客，发表进步主义视角的新闻和舆论，月平均访问量高达140万到240万次。它是许多网根行动主义者的论坛和群体博客，旨在影响和强化民主党。该博客的资金支持来自广告，其广告聚焦于进步主义的事业、媒体和政治候选人。

利托的那一刻起，阿利托会是一个怎样的大法官就是显而易见的了。出于这个原因，奥巴马投了反对票，但阿利托还是以 58∶42 的投票结果赢得了确认。

---

38 优雅与温和中和了奥巴马的睿智，但新任首席大法官也完全具备这些禀赋。打小时候起，罗伯茨就是一个极为成功的学生，而且他不愿引起太多关注。他在拉路米亚中学参加了足够多的大学预修课程考试，跳过了哈佛的第一年，只用了三年就以极优成绩毕业。1979 年，他获得哈佛的法律博士学位。但罗伯茨的职业生涯既是智慧和魅力的体现，也是有关意识形态的。在每一个阶段，罗伯茨的工作都折射或促进了法律领域中的保守主义运动。

总的来说，罗伯茨两次当法官助理都是沿着共和党的轨迹。1959 年，亨利·弗兰德利被德怀特·艾森豪威尔（Dwight Eisenhower）任命为第二巡回法院法官。弗兰德利及其律师圈子的大本营在纽约，其中许多人拥有法律和政治学学位，他们为托马斯·E. 杜威（Thomas E. Dewey）工作，而杜威是一位坚定的地方检察官和州长，1948 年差点当上总统。他们也与华尔街和大企业关系紧密，如弗兰德利曾任泛美世界航空公司（Pan American World Airways）的总法律顾问，他们对震动全美的种族斗争持开明态度。在最高法院，这个群体的代表人物是约翰·马歇尔·哈兰二世（John Marshall Harlan II），自由主义在沃伦法院如日中天之际，哈兰经常是持异议者。弗兰德利信仰的是对先例的尊重、渐进的变革，甚至相信科学知识在法律中的重要作用。弗兰德利既不是斯卡利亚那样的保守主义者，也不是布伦南那样的自由主义者。他的助理们所持的意识形态则涵盖整个政治光谱。

另一方面，1980 年时伦奎斯特站在最高法院的最右边，此时罗伯茨加入了他的阵营。伦奎斯特以一个西部人、一个亚马逊人的身分投身政治，他与像弗兰德利那样的东北的共和党人毫无共同之处。伦奎斯特怀疑政府为促进民权所作的努力，也对法院扩张个人权利的企图毫无好感。（在就职最高法院第二年时，伦奎斯特是罗伊案中仅有的两位持异议者之一，约翰·F. 肯尼迪任命的拜伦·怀特[Byron White]则是另外一位。）伦奎斯特的意识形态从不曾改变，这一点深刻地影响了罗伯茨。

多年后，罗伯茨发表了一个关于伦奎斯特的演讲，言辞间仿佛把伦奎斯特视为导师："在伦奎斯特大法官加入最高法院之时，我认为，公正地说，宪法的实践——即，宪法是怎样形成的——比今天更灵活多变、更无远弗届，更堪称是坚守政治科学的 39 领域，"罗伯茨说，"现在，在伦奎斯特大法官执掌最高法院多年之后，分析和论证方法转向了更为坚实的法律论证：制定法涉及的文本是什么，占主导地位的先例是什么。伦奎斯特既是政治学也是法律专业的学生，他对这场重大转变显然发挥了重要影响。"

伦奎斯特加入最高法院时，自由主义者已主导了它二十年。在沃伦年代，大法官们扩张了对少数群体的民权保护，确立了教会与国家之间的新屏障，鼓励挑战企业和政府行为的民事诉讼，当然，还承认了妇女在宪法上的堕胎权。这种"灵活多变而无远弗届"(fluid and wide-ranging)的法哲学，用罗伯茨不以为然的表述来说，已成为最高法院当时的实际状况。在罗伯茨的讲述中，伦奎斯特引导了让最高法院脱离自由主义极端这一重大转向，但这种说法并不十分精确。沃伦法院的大多数先例都并没被推翻，重大转向其实尚未发生。罗伯茨的使命是领导他的导师伦奎斯特已发起的那种"反动"。

在罗伯茨当法官助理中期，罗纳德·里根当选为总统。"我尝试着判断接下来该做些什么，"罗伯茨日后在里根图书馆发表演讲时回忆，"然后他说了一番话，就像许多总统说过的话一样，我感到他那番话像是直接说给我听的。他说，'我不相信那个无论做什么都会降临的命运；我相信的是若我们无所事事便会降临的命运'。那就是里根当时、现在和未来所提醒我的事情：起而行动。"罗伯茨放弃了更有"钱途"的选择，加入了新组建的总统班子，先是担任司法部长威廉·弗伦奇·史密斯[3]的助理，接着又加入白宫法律顾问办公室。演讲中，罗伯茨回忆起在白宫工作第一天的情形，"我能等一下总统的电话吗？是的，我能。这个例子可以说明里根总统那广为人知的魅力，他要做那么多事情，却打电话给

---

〔3〕威廉·弗伦奇·史密斯(William French Smith，1917－1990)：美国第74任司法部长。1939年以最优成绩获得加利福尼亚大学洛杉矶分校经济学学士学位，1942年获得哈佛大学法律学位。1942至1946年，史密斯在美国海军后备队(USNR)服役，1946年加入吉布森、邓恩与克拉彻律师事务所洛杉矶分所。1980年被当选总统罗纳德·里根任命为司法部长时，史密斯是该所的高级合伙人。1981至1985年任司法部长，而后加入总统外国情报顾问委员会。

一个第一天上班的职员打电话问好。我想，当人们在办公桌边接到总统的电话，大多数人会怎样做。我也这样做了。我站了起来。几分钟过去了，但那当然是可以理解的，他是总统，他也许正要结束与勃列日涅夫的通话或别的事情。又是几分钟过去了……我坐了下来。我想等总统打过来的时候再站起来……又过去
40 了几分钟。我听见门外传来沉闷的笑声……我放下了电话，走到了小小的前厅。那儿待着的，当然是我在白宫法律顾问办公室的新同事们，是他们打了那个冒充的总统来电。他们设了个赌局，赌我会站多久……那些下注15到20分钟的人赢了钱。”

罗伯茨当然不是政策制定者，但他在那个时期所做的备忘录显示，他是里根团队中一个自信而忠诚的成员。在一份致史密斯的备忘录中，他提醒对方去看一篇文章，文中提到“所谓的‘隐私权’，并论证说我们所拥有的这项模糊不清的权利在宪法中是找不到的”。对一个加入白宫幕僚团队时年仅27岁的人来说，罗伯茨写下这番话时怀着非同一般的自信。民主党的一位议员提议开会讨论政府三大分支的分权问题并提交了一份相关报告，罗伯茨如此表达他对该想法的不屑一顾：“当然已经举行过一次‘分权大会’，它于1787年在费城的宪法大厅召开，应该有人去告诉(议员)莱维塔斯(Levitas)这个情况，并给他一份会议发表的‘报告’。”1980年代，最高法院每年处理150起案件，案件数量之多令大法官们不堪重负。沃伦·伯格提议在巡回法院之上增设某种高级上诉法院(Super-appeals court)，以减轻大法官们的负担。这种设想没能打动罗伯茨，他给他的老板白宫法律顾问写信说：“尽管那些呼吁解放最高法院的忧伤故事足以令人泪盈于眶，但真实情况是，只有最高法院的大法官和小学生们有指望、并事实上整个夏天里都在度假。”

在里根总统任期的最后几年，罗伯茨开始了在霍金·豪森律师事务所的事业，但他在布什的第一个任期内就回到了政府部门，肯尼思·斯塔尔(Kenneth Starr)招他做自己在首席政府律师办公室的助手。斯塔尔作为政府的首席律师在最高法院出庭时，行为举止相当文雅，人称“关心人的总长”(the Solicitous General)，但在办公室工作中，他事实上采取一系列极其保守的立场。罗伯茨再度表现出他对行政政策的遵守，但也毫不迟疑地签署呼吁推翻罗伊诉韦德案、限

制民权救济的法律理由书。按照惯例，斯塔尔本人在此期间为那些最重要的案件出庭辩论，但罗伯茨也成为大法官们那儿的常客。他身上那种诚挚的、中西部人的为人处事方式，当然，再配以他的渊博学识、过人机智和了不起的记忆力，让他很快成为大法官们那里的红人。罗伯茨在首席政府律师办公室的表现极为突出，时间到了 1992 年，布什提名他出任哥伦比亚特区巡回法院法官，当时他年仅 37 岁。民主党阻挠罗伯茨提名的行为简直是一种致敬。两党那时就很清楚，他或许是注定要到最高法院去的。罗伯茨的提名没在参议院得到直接表决（an up-or-down vote）的机会，于是他在 1993 年又开始私人执业。 41

在最高法院历史上的大部分时期，案件通常是由最初在下级法院代理客户的律师们进行辩论的。首席政府律师办公室的律师们几乎是仅有的专门在最高法院出庭的律师。但在罗伯茨执业的年代，最高法院出庭律师成了法律职业中的一个专门分支。从 1990 年代开始，最高法院出庭律师的队伍开始扩张，而罗伯茨成为他那一代人中的顶尖人物。罗伯茨在最高法院出庭辩论 39 次，赢得了其中的约 25 次。（统计数字之所以不够精确，是因为一些案件的结果是复合的、或没有定论的。）

大法官的职业背景毫无疑问会影响他或她的工作风格。就精神气质而言，伦奎斯特从未离开尼克松时期的司法部，那时他担任助理司法部长，负责制定严惩犯罪的议程；前亚利桑那州参议员奥康纳从来都未摆脱政治家的身分；斯卡利亚和布雷耶是法学教授，一如既往。约翰·罗伯茨是一位律师，其首要责任在于找到获胜的方法。对罗伯茨来说，法律的终极意义全然在于如何获胜。

当今的共和党几乎将司法问题视为议程中最重要的部分。优先事项包括承认第二修正案下的持枪权，终结对堕胎选择权的宪法保护，降低教会与国家之间的藩篱。正如奥巴马在竞选中表明的那样，民主党对这些问题或者说更一般意义上的法院问题的关注度较低。

42

2007年2月10日，在伊利诺伊州首府斯普林菲尔德市旧州议会大厦[4]的台阶上，奥巴马宣布竞选总统。那次演讲的主题“希望、改变及结束伊拉克战争”是他接下来21个月中所做一切努力的中心。后来，他在爱荷华党团会议[5]中获胜，与希拉里·克林顿展开为时四个月的正面交锋，在大选中与约翰·麦凯恩竞争，在这段漫长的日子里，每谈及宪法，他都说得相当笼统。（“我相信宪法，我教过宪法，我将遵守宪法，”他在巡回演说中常这么说。）奥巴马与希拉里之间的差异很小，包括在法律问题上。相对麦凯恩而言，奥巴马所传达的改变的讯息显然是非常有效的，在经济衰退发生后甚至越发让人心生共鸣。奥巴马本人，作为第一个谋求总统职位的非裔美国人，比基于第十四修正案的任何呼吁都更能表达平等的诉求。当然，还应注意到一点，正如奥巴马自己常提到的，他曾是一名法学教授，但他在近两年的选战中几乎没怎么说跟最高法院、或最高法院如何解释法律有关的事儿。

麦凯恩采取了不同的方式方法，至少有那么一次。在长期的政治生涯中，这位亚利桑那州的参议员从未表现出对法律问题有特别兴趣；他更具标志性的事业在于国土安全和竞选筹款。但麦凯恩觉得有责任传达对当代共和党宪法观的忠诚。2008年5月6日，麦凯恩在位于北卡罗来纳州温斯顿-撒勒姆市的维克森林大学发表演讲，他说：“宪法制定者们巧妙地突出了重点，那35个单词构成的誓言是以宣誓维持、保护和捍卫宪法结束的。”

麦凯恩那时已赢得共和党党内提名，因此已进入大选轨道。他避免直接触及堕胎这样的敏感话题，他的表达方式对那些恪守宪法的人来说很亲切，足以让他们明白麦凯恩的立场。他谈到，“我们将司法权委托给了联邦法院的那些人，却出现了普遍而系统性的权力滥用。几十年来，在那些我们从未打算交由法院审理或法官判决的问题上，某些联邦法官竟然自作主张地发声或裁断”。当然，这一观点与布什总统的是一样的，布什经常批评法官“在法官席上立法”。接下来，麦凯恩援引

---

[4] 奥巴马之所以在旧州议会大厦（Old State Capitol）宣布竞选，正如他在竞选宣言中所说，是因为这里是“林肯曾经呼吁分裂的议会团结起来的地方”。

[5] 爱荷华党团会议（the Iowa caucuses）：每逢四年一度的美国总统大选期间，爱荷华州一定会成为全国各地瞩目的焦点。总统大选通常在当年的1月份开始进行初选投票，初选的类型可分为“党团会议”（caucus）和“初选”（primary）两种。最早举行党团会议的州就是爱荷华州，而最早举行初选的州则是新罕布什尔州。因先于其他州开出初选结果，故这两州的初选投票有“美国总统大选前哨战”之称。

他所见所闻来说明滥用权力的现象。“对选民表达出的明确意愿，法官们有时候是不管不顾的，比如在 2005 年审理的密苏里州的一起涉及加重谋杀罪的案件中。”他说，“也许你们还记得，该案让最高法院出台了一份判决书，长篇大论地讨论国际法、其他国家的宪法、生命的意义，还有‘演变中的正当行为标准’（evolving standards of decency）。这些沉思性的话语源自‘半影’和‘射程’等理论传统、或其 *43*
他不切实际的解释，这套说辞被最高法院用了很多年了，它不想着诉诸清晰稳健的宪法推理，多么可悲。”

在这次有意为之的对司法的愤慨中，麦凯恩并未揭示出主题。他谈论的是罗珀诉西蒙斯案〔6〕，该案中，一个 17 岁男孩闯入一名妇女家中并将她谋杀，他被判处死刑。肯尼迪在 2005 年撰写的法院意见中推翻了该判决，主张宪法禁止对少年犯处以死刑。麦凯恩称最高法院“长篇大论地讨论其他国家”的法律，他所指的是大法官们所作的一项观察：“一个显著的事实是，美国是世界上惟一仍然正式允许对青少年处以死刑的国家。”而且，肯尼迪注意到，1990 年以来，对少年犯课以极刑的国家仅有中国〔7〕、刚果、尼日利亚、巴基斯坦、沙特阿拉伯和也门。

麦凯恩提及“半影”或“射程”也绝非偶然。这些词出自威廉·O. 道格拉斯 1965 年为格里斯沃尔德诉康涅狄格州案（*Griswold v. Connecticut*）主笔的法院意见，那一次，大法官们首次承认了宪法上的隐私权，并判决各州不能剥夺已婚夫妇进行生育控制的权利。“生命的意义”也专门有所指，它出自最高法院 1992 年在凯

---

〔6〕近年来，联邦最高法院在一些宪法解释案中援引了外国法律和国际条约，这在美国引发了一场大辩论。2005 年的“罗珀诉西蒙斯案”（*Roper v. Simmons*, 125 S. Ct. 1183, 543 U. S. 551 [2005]）成为这场大辩论的引爆器。

肯尼迪大法官在判决书中认定密苏里州法院一项死刑判决违宪，因为犯罪人实施犯罪时未满 18 周岁。对不满 18 周岁的人执行死刑属于“残酷且异常的刑罚”，违反了宪法第八修正案。上述判决推翻了 1989 年最高法院在“斯坦福诉肯塔基州案”（*Stanford v. Kentucky*, 492 U. S. 361 [1989]）中的先例。

最高法院在这个案件中的多数派是传统的四位自由派大法官布雷耶、金斯伯格、史蒂文斯和苏特，加上立场中间偏右的肯尼迪。在认定“判处未成年人死刑”是否构成“残酷的刑罚”的问题上，肯尼迪大法官引用了世界“各文明国家”的法律以及联合国《儿童权利公约》（美国并未参加）作为依据。肯尼迪大法官最后还特别指出：“虽然国际社会的观点对我们的观点并没有约束力，但确实对我们的结论提供了值得借鉴的重要佐证。”

本注释基于杜涛：“美国最高法院关于外国法的大辩论”，载《美国研究》2010 年第 3 期。

〔7〕这是不准确的。我国《刑法》第 49 条规定：“犯罪的时候不满 18 周岁的人……不适用死刑。”

西案中的意见，该判决重新确认了罗伊诉韦德案的核心立场，要求各州不得禁止堕胎。简而言之，麦凯恩的这段演讲所起的作用就像是吹响了口哨，（对那些能听懂的人来说）是个信号，意味着他可能任命的大法官将会消除隐私权、允许各州禁止堕胎、准许对青少年处以极刑。

奥巴马并未质疑麦凯恩的这些论调，或提出对最高法院的不同愿景，他所选择的是对自己有用的话题。谈到宪法，显然，奥巴马的议程是不作改变。就在距选举日还有一个月时间之际，《底特律自由报》（*Detroit Free Press*）对奥巴马做了一次访谈，他表现出谨慎的品性。从一个简短的问答，我们有可能观察到奥巴马的所思所想。记者问他，哪位大法官是他自己的大法官人选的典范。“沃伦法院中的多位大法官都是我心目中的英雄，沃伦、布伦南、[瑟古德·]马歇尔，”奥巴马说，但他马上意识到他可能过分支持自由主义的议程了，转而补充道，“但那并不必然意味着我认为他们的司法哲学适用于今天。”

44 奥巴马接着说：“总的来说，最高法院在体制上是保守的。这样说的意思是，最高法院对抗公众舆论的情形并不常见。沃伦法院时期属于那不常见的情况，有鉴于种族隔离问题所提出的特殊挑战，沃伦法院需要打破传统智慧，因为政治进程没有给少数群体和非裔美国人提供通道，容许他们行使政治权力解决自己的难题。于是，最高法院当时不得不加以干预、打破僵局。”

奥巴马说，但现在情况已改变。“我不确定你还需要这样做。事实上，如果在今天的环境中还那么崇尚司法能动主义的话，我会感到困惑。所以，当我考虑今日所需的是什么样的法官这个问题的时候，我就回到了原点，那就是常识和实用主义，而不是意识形态。我认为，共和党任命的苏特大法官、民主党任命的布雷耶大法官是非常理性而有判断力的。”在一些人看来，这个答案表现出一种基于政治考量的谨慎。支持苏特与布雷耶，而不是布伦南与马歇尔，是不可能会冒犯谁或损失选票的。奥巴马的回答真的是非常、非常慎重，但的确反映了他本人的气质以及他对最高法院的观点。奥巴马当选总统后，一些支持者敦促他任命他“真正”期待的法官，即实打实的自由主义者。但这种想法实在是对他的误读。他“真正”期待的正是像苏特和布雷耶那样的法官。

临近选举日的那个月份，奥巴马在选票上明显领先，他还要克服最后一个障碍，也就是完成与麦凯恩的最后三场辩论。每个竞选季都有一个传统项目，那就是由大选辩论主持人问两位总统候选人一个有关堕胎和最高法院任命的问题。2008年10月15日，发问的任务落在了鲍勃·希佛[8]肩上。

麦凯恩首先作答，他说他不会给潜在的人选设定一个“标准”，但明确指出他认为罗伊诉韦德案是“一个糟糕的判决”。

奥巴马回答道：“我认为，这的确会是下一任总统所作的最具影响力的决定之一。我们中的一人可能至少会作出一个、可能还不止一个任命，而罗伊诉韦德案也许会前途未卜。”

“现在我不会提出一个标准，但我相信罗伊案得到了正确的判决。我认为堕胎是一个非常疑难的问题，而且它是一个道德问题，对这个问题，持对立立场的人都是好人，但难以达成一致。但最终我相信的是，女性是最适合作出这一决定的人，前提是她咨询了她的家人、医生和宗教指导者(religious advisers)。我认为，宪法上的隐私权不应受我国的全民投票左右，如同我们的第一修正案权利不受全民投票左右一样，如同我们的其他许多权利不受全民投票左右一样。因此，这将会成为一个重要的问题。我要找的是那样的法官，他们有良好的司法记录，他们有学识，对于真实世界的人们如何生活，他们有良好的判断力。” 45

2008年11月4日，巴拉克·奥巴马当选为总统，他赢得了365张选举人票(electoral votes)。奥巴马得到了6900万普选票(popular votes)，麦凯恩得到5900万张，差距是53%∶46%。大选之际，美国经济几乎以自由落体的势头一路下行。住房价格泡沫的破灭给持有抵押证券的金融公司造成巨额损失。为了防止那些公司倒闭，国会通过了《不良资产救助计划》(TARP)，布什于10月3日签署，授权进

[8] 鲍勃·希佛(Bob Schieffer)：生于1937年。哥伦比亚广播公司(CBS)王牌主持人，六获艾美奖。1969年至今在CBS工作，1982年起任驻华盛顿首席记者，1991年起任星期天一档报道公共事务的新闻节目《面对国家》(*Face the Nation*)的主持人。希佛在CBS的工作几乎全部是与美国政治有关的。

希佛近年来三度主持总统大选的第三场辩论，分别是2004年10月13日布什对约翰·克里，2008年10月15日奥巴马对麦凯恩，2012年10月22日奥巴马对罗姆尼。

行7000亿美元的紧急援助。大银行幸存了下来,但业务活动陷于停顿。每个月约有70万美国人失业。这段时期,奥巴马和他的幕僚在位于芝加哥一座大厦的过渡性总部里工作,大部分时间用来研究怎样应对这场危机。

包括为最高法院选择大法官在内的法官选任工作,现在从抽象讨论转入了现实操作层面。2008年8月,奥巴马已获得民主党党内提名,一位纽约律师从奥巴马的过渡团队那里得到了一份保密的任命书,任命书是刚刚拟定的。普利塔·班萨尔(Preeta Bansal)[9]时任世达律师事务所(Skadden, Arps, Slate, Meagher & Flom LLP)合伙人,曾任纽约州总检察长,她接到的任务是起草一系列的备忘录,以提示奥巴马怎样提名联邦法官。班萨尔列出了有可能产生空缺的职位数,检视了在职的各位联邦法官的伦理和职业背景,制定了首份潜在被提名人的名单,供新任总统考虑。当然,还有其他问题。奥巴马是按布什的行事方式那样宣布第一批提名名单,还是每次宣布一个人选?(奥巴马选择了一次宣布一个人选。)新班子是否应当与美国律师协会合作?协会传统上负责评价被提名人,但却被布什的共和党班子排除在程序之外。(奥巴马的团队决定重建与美国律师协会的联系,但要求协会承诺相关小组会尽快行动。)

正如奥巴马本人所意识到的,在最高法院的问题上,现在没时间去抽象地讨论、甚至没时间去刻意回避了。在大选举行后的一周,当美国律师协会的相关小组仍在芝加哥工作时,奥巴马召见了未来的白宫法律顾问格列高利·克雷格,及最重要的政治助手戴维·阿克塞尔罗德,第一次探讨了法官提名问题。

“看情况,我们可能很快就会有一次任命最高法院大法官的机会,我们需要做好准备。”奥巴马告诉他们,“我已有一个名单。”

---

〔9〕普利塔·班萨尔(Preeta Bansal):生于1965年,1989年以极优成绩获得哈佛大学法律博士学位。1990至1991年做首席大法官史蒂文斯的助理。1993至1996年,就职于克林顿班子,任司法部法律顾问、白宫特别法律顾问,协助处理了美国诉微软公司案等问题。2002至2003年在内布拉斯加法学院教学,2003年在哈佛肯尼迪学院做访问学者。

班萨尔经常在CNN、C-SPAN和PBS的新闻节目中评论法律问题。在奥巴马任命哈佛法学院院长卡根为首席政府律师之前,她被视为最可能的人选。2009年1月19日,奥巴马的过渡团队宣布选择班萨尔任联邦管理与预算办公室总法律顾问和高级政策顾问。班萨尔获得全国妇女组织颁发的2006年“最具权力与影响力女性奖”,《国家法律杂志》2008年将她评为“美国最有影响的50位少数群体律师”之一。

第三章　相安无事

联邦最高法院从威廉·伦奎斯特过渡到约翰·罗伯茨时代，这种转变之猛烈，犹如白宫的主人从乔治·W.布什改为巴拉克·奥巴马。但是，在最高法院那大理石筑就的大厅所具有的静谧氛围中，任何变化都显得很猛烈。院内，人人都爱援引任职三十余年的拜伦·怀特的评语："如果你换了一位大法官，你就改变了整个法院。"2006年初，在最高法院大法官的人员组成十来年未经任何改变之后，忽然来了两位新人，其中一位还是来接任空缺了四个月的首席大法官的。 47

更让大法官们没方向感的是，最高法院的大楼也正在进行大规模的翻修。这座大楼1935年投入使用，其主要系统从未进行过全面更新。伦奎斯特在1990年代末研究过翻修工程，而在2001年9月11日后，一切开始重新规划，重点放在安全性方面。地基于2003年开挖，第二年大法官们全都迁出办公室，搬到临时的地点，一待就是好几个月。

在罗伯茨与阿里托加入最高法院之时，其他大法官们都是中年以上的年纪了。最年轻的是托马斯，57岁，然后是苏特，66岁。斯卡利亚、肯尼迪、金斯伯格和布雷耶都已经或很快就迈入七十高龄了。史蒂文斯是年纪最长的，85岁。就像他们的大多数同龄人一样，大法官们不容易接受变化，无论是同事还是办公室。在伦奎斯特的领导下，他们赢了一些案子也输了一些案子，但他们知道相对首席大法官和同事们而言，自己的位置在哪里。几乎没有什么工作比最高法院大法官的更为与世隔绝。他们的办公室很少会响起电话铃声。年复一年，除了彼此之间以及与他们的助理，大法官们不能和别人谈论他们工作的重要方面。任何变化都是很重大的。 48

罗伯茨理解这一点，并仔细地评估了自己的权威。在确认听证会期间，罗伯茨说，他希望最高法院能更多地以同一个声音发言，也就是达成更多的一致意见。在罗伯茨就职的第一年，全院上下齐心协力帮他完成了这个目标。在伦奎斯特时代，大法官们在约三分之一的案件中作出一致判决。而在罗伯茨就任的第一年，这个比例上升至约45%。

罗伯茨在自己首个开庭期的一开始就展露出自己的个性。2005年10月31日，法院开庭审理中部弗吉尼亚社区学院诉卡兹（*Central Virginia Community College v. Katz*）这样一个涉及破产法中微不足道问题的案件。辩论快结束的时候，金斯伯格正在发问，法庭忽然传出像是爆炸的声音。警官们拔出随身佩带的武器。

"是灯泡炸了，"奥康纳说，"灯泡炸了。"

所有人都回过神来，专注于案件，此时罗伯茨却开了句玩笑："这是他们一直以来对新首席所做的恶作剧。"大家都笑了，但要属奥康纳的笑声最响亮。

罗伯茨上任第一年，在审的案件中只有一件是真正堪称重要的，而他不能参与其中。这就是上诉至最高法院的哈姆丹诉拉姆斯菲尔德案（*Hamdan v. Rumsfeld*），也正是这个案件让罗伯茨的提名尘埃落定。（就在布什权衡提名人选之际，时任哥伦比亚特区巡回法院法官的罗伯茨在判决中加入了支持布什的一方。）因为罗伯茨对该案作过判决，所以他不能参与最高法院的审议。八位大法官将再次就布什班子对关塔纳摩湾被拘押者的处理作出判决。

本案说明了美国政治对大法官们产生怎样的影响，这种影响既体现在他们处理的案件中，也体现在他们作出的结论中。哈姆丹案本身是以最不可能的方式启动的。"9·11"之后，布什班子决定在关塔纳摩湾设立拘押中心，被拘押者的法律
49 关切从来不是一个主流问题。五角大楼指派了一些军事律师去代理囚犯，但这些不幸的律师几乎得不到什么资源或支持。2003年5月，军事法庭的首席辩护律师、空军中校威尔·冈恩（Will Gunn）收到了尼尔·凯泰尔（Neal Katyal）主动发来的一封电邮，凯泰尔时年36岁，是乔治城大学法律中心的教授，曾做过布雷耶的助

理。“我希望你能看到这封邮件，我通过很多渠道才找到你的联系方式，”凯泰尔写道，“如果你确实在领导军事法庭的辩护团队，我写这封信是为了给你提供帮助。”鉴于没人发来更好的邀约，冈恩邀请凯泰尔与海军军法署署长查利·斯威夫特(Charlie Swift)和菲利普·森德尔(Philip Sundel)一起工作，他们负责处理第一批案子。

这是一个极其不受欢迎的任务。恐怖主义袭击仅仅过去了一年半。伊拉克战争刚开始，并获得了公众极大的支持。只有左翼堡垒宪法权利中心在旗帜鲜明、坚持不懈地质疑布什班子发动反恐战争的法律基础。各大律所和主要法学院大都保持沉默。即便如此，对拘押政策的法律挑战还是按照自己的方式进入法院。布什班子曾主张，关塔那摩湾拘押中心是设立在古巴境内的，应按国外战场对待；相应地，在这样危险的条件下，法院不应命令美国军队协助辩护事宜。

以亚西尔·哈姆迪案和帕迪拉案(Padilla)闻名的关塔纳摩系列案件于 2004 年 4 月 28 日在最高法院进行言词辩论，金斯伯格追问布什班子的律师，能从他们的主张中合乎逻辑地推导出什么。如果关塔纳摩的被拘押者不归美国法律制度管辖，她问道，那么关于他们受到怎样的对待，可有法律限制？他们只能被施以酷刑吗？“假设行政分支说，‘我们认为，温和的酷刑有助于获得信息’。那就不是士兵的行为违反《军事审判统一法典》(the Uniform Code of Military Justice)的事了，那就是一个行政命令。在有些体制下，的确是通过这样做来获得信息的。”

“是这样，”副首席政府律师保罗·克莱门特[1]答道，“我们的行政分支并未这样说过。”

当晚，哥伦比亚广播公司新闻部《60 分钟 II》节目播出了伊拉克阿布哈里卜监狱的囚犯受虐待的照片。这些照片表明美国士兵虐囚现象广泛存在，虐囚成为全国性的丑闻。时值入侵伊拉克一年，战争陷入血腥的僵局。政治浪潮已倾向于反对战争，2004 年 6 月，大法官们宣布了第一批判决，反对布什的政策。史蒂文斯代表 50
最高法院撰写判决书，直截了当地称关塔纳摩系列案件的辩论像是一次战役。美国

[1] 保罗·克莱门特(Paul Clement)：生于 1966 年，曾任美国首席政府律师，现为乔治城大学法学教授、纽约大学法学院兼任教授。

军方在基地“行使专属管辖和控制权”，他写道。国防部长唐纳德·拉姆斯菲尔德把这些危险的囚犯送到如此遥远的一个地方，正是因为它很安全，不受外界干预。奥康纳总是能准确地把握民意，她表现得更加鄙视布什班子的立场：“长期以来，我们已经明确表示，在涉及美国公民权利时，战争状态不是开给总统的空白支票。”

2006 年 3 月 28 日，凯泰尔在八位大法官面前辩论哈姆丹案时，伊拉克战争的形势更趋恶化，而围绕关塔纳摩问题的政治气候已经改变。在亚西尔·哈姆迪案(2004)中，最高法院拒斥了如下观念：被拘押者根本就不享有正当程序权利。出于对最初失败的回应，布什班子建立起军事委员会制度，给予被拘押者某种克减的审判权。哈姆丹案挑战的正是，军事委员会举行的这些听证会是否充分、适当。

借着哈姆丹案，正好可以介绍一下罗伯茨法院。斯卡利亚、托马斯和阿利托毫无疑问会支持总统的政策，以及罗伯茨在哥伦比亚特区巡回法院所作的判决。另一方面，史蒂文斯、苏特、金斯伯格和布雷耶确定会否决布什的新规则。于是，本案及随后的诸多案件，其结果如何取决于安东尼·肯尼迪。

再过几周，肯尼迪就满七十岁了。1987 年，在罗纳德·里根选择一位大法官来为刘易斯·鲍威尔补缺时，肯尼迪是第三选择。(博克被参议院以 58∶42 的投票结果否决了；而新闻报道称，哥伦比亚特区巡回法院法官道格拉斯·金斯伯格当初还是哈佛的一名年轻法学教授时，曾吸大麻，她随即退出。)自从接受提名后，肯尼迪发际线不断后退、华发渐生，但除此之外，他在最高法院内很活跃。岁月并未消磨他强壮高大的身躯。当肯尼迪开口讲话时，他经常表现得相当犹豫，近乎口吃，看起来是要显示出他的谦卑，但他无一例外地会找到正确的语速，尤其是在听众面前。他在演讲(和写作)中
51 使用宏大而模糊的词语，如“法律的诗性”、“捍卫自由”和“尊严”就是他爱用的。不管谁问起来，肯尼迪都坚持说，他不喜欢自己在最高法院作为关键一票的角色。这话没人信。

(除了苏特，还有近些年来的史蒂文斯，)所有的大法官都游历世界，这是他们这份工作的额外福利之一。要知道，他们的助理一旦开始私人执业，所挣的薪水要远远超过他们。(首席大法官的年薪是 223500 美元，联席大法官们的则是 213900

美元。）大法官们会接到来自世界各地的各种邀请，比如参加会议或从事简单的教学工作。托马斯喜欢纽约大学位于意大利的庄园。斯卡利亚和金斯伯格交流着对欧洲戏剧节的评价。布雷耶会去拜访他太太的英国亲戚和法国友人。（他讲一口流利的法语。）当获得布什提名时，罗伯茨正在伦敦执教。

但没有哪位大法官像肯尼迪那样享受国际旅行。这一区别有点反讽，因为肯尼迪在获得提名时，看起来是最外省的那个。他成长于萨克拉曼多[2]并依旧住在那个他长大成人的房子里。他曾先后到斯坦福、哈佛法学院求学，但毕业后不久就返回家乡，接管了父亲的律师事务所，并在当地的麦克乔治法学院[3]兼职教书。

事实上，在那些年里，肯尼迪已养成了对旅行的嗜好。少年时代，肯尼迪那做钻井工人的叔叔就雇他在路易斯安那州和加拿大的海上钻井设备上工作。读大学时，他在伦敦经济学院上了几个月学。（后来，他动情地回忆起，那里的学生在观点上与在美国学生差别有多大。“你必须按照你在意识形态光谱的位置在房间里就坐，而且，让我跟你们说吧，共产主义者——共产主义者！——坐在中间！”）肯尼迪父亲的业务主要聚焦于游说加利福尼亚州政府，尤其是在酒类行业。但是，在加入家族律所后，年轻的托尼把律所引向更具大城市气质的方向；例如，他协助奠定了美国公司在墨西哥开办工厂（这些工厂被称为组装工厂[maquiladoras]）的法律基础。在萨克拉曼多的小世界中，托尼·肯尼迪还是共和党政治中的一个人物，并且是埃德温·米斯（Edwin Meese）的盟友，而米斯后来做了罗纳德·里根州长的首席助理。

鉴于肯尼迪的学术背景及其与共和党的联系，杰拉德·福特1975年提名肯尼迪担任第九巡回法院法官。（肯尼迪当时年仅39岁。）肯尼迪保留了自己在萨克拉 52
曼多的办公室，并像巡回法院的许多法官那样，自得于阅读法律理由书和写作法律意见的生活。他本来不会到比位于旧金山的第九巡回法院总部更远的地方去旅行。但肯尼迪接受了首席大法官沃伦·伯格的指派，负责监督南太平洋地区的属地法院（territorial court），这就意味着这位年轻的法官要奔赴关岛、帕劳[4]、塞班、

〔2〕萨克拉曼多：加州首府。
〔3〕麦克乔治法学院：属于太平洋大学。
〔4〕帕劳：太平洋上的岛国。1994年10月1日从美国的托管统治下独立。

美属萨摩亚群岛、澳大利亚、新西兰和日本。尽管肯尼迪的日程安排得很紧密，但他还是坚持在麦克乔治法学院的教学工作，该法学院那时已在奥地利萨尔茨堡[5]开设了暑期项目。从1990年以来，肯尼迪每年夏季都会在那里待上一个月。

这段岁月是国际司法史上的关键时期。苏联和东欧共产主义的衰落让制定宪法和任命执行法律的法官成为一时之需。美国联邦最高法院的大法官们都很珍视时代给予的梦幻般的机会，并参与了这一进程，但最最乐在其中的非肯尼迪莫属。（奥康纳也在这一领域做了大量工作。）萨尔茨堡首当其冲成为这一进程中至关重要的十字路口，许多行动是在莱奥波尔兹克罗恩宫进行的，这个从前的宫殿曾被用作《音乐之声》几个场景的背景，现在是令人尊敬的国际交流项目萨尔茨堡研讨会[6]的总部所在地。

肯尼迪与来自世界各地的法官们一起度过每年夏天，他们在法律的许多方面启发了他，也激发了他的热情。但这种影响要分两方面来说。肯尼迪从前、现在和今后在大多数问题上都是保守主义者，但在他向左转的那些问题上，他的观点总是趋同于他所遇到的外国同行。例如，在欧洲乃至文明世界的大部，死刑都是被人憎恶的。（甚至，欧盟在考虑一个国家的成员国资格时，会要求该国必须废除死刑。）在同性恋权利乃至同性婚姻方面，欧洲的进展比美国要更快。肯尼迪来到最高法院时，在死刑和同性恋问题上，他的立场正好稍左于几乎和他同龄的斯卡利亚。

国外法官也怀着比美国法官大得多的热情，去接受国际制度和国际法。正如麦凯恩发表于维克森林大学的演讲中所指出的，为否定对青少年适用死刑，肯尼迪在罗珀诉西蒙斯案的判决中援引其他国家的法律，这招来了美国保守主义者的敌意。到了
53 2005年，国际司法精英对乔治W.布什不屑一顾，指责这个得州狂人一手制造了伊拉克战争。肯尼迪比大多数人都清楚，世界各地的法官们对规制战时如何对待囚犯的《日

[5] 萨尔茨堡：奥地利第四大城市，萨尔茨堡州首府。位于奥地利西部，是阿尔卑斯山脉的门庭，城市的建筑风格以巴洛克为主。萨尔茨堡素有“音乐之都”的美誉，是音乐天才莫扎特的出生地，也是指挥家赫伯特·冯·卡拉扬的故乡、电影《音乐之声》的拍摄地。

[6] 萨尔茨堡研讨会（The Salzburg Seminar）：美国的一个非营利组织。成立于1947年，由哈佛大学的三名毕业生创办。当时，创办人的理念是将欧洲各领域的领袖人物聚集在一起，治愈二战造成的创伤。今天，萨尔茨堡研讨会已经发展成为一个讨论全球问题的知名论坛。它每年邀请来自全球各地的政治、经济和商界的未来领袖，就经济、政治及其他领域的问题举办一系列研讨会。该组织的宗旨是“激发当今和未来的领导人，为解决全球性的问题提供创造性的建议”。

内瓦公约》有很深的感情。而这一公约正是哈姆丹诉拉姆斯菲尔德案的核心。

在最高法院审理的哈姆丹案中,一个关键问题是,美国政府是否必须根据《日内瓦公约》对待囚犯。保罗·克莱门特那时已晋升为首席政府律师,他在言词辩论中说,“我不认为他受《日内瓦公约》保护,但那在很大程度上是因为他选择了不遵守基本的战争法”。无论是在公开场合还是私下,布什班子总是把被拘押者描述为恐怖主义者,而不是士兵。

苏特敦促克莱门特注意公约。“那么,它作为战争法的一部分而适用,你同意这一点吗?”他问。

“哦,与行政分支的立场一致,我不认为《日内瓦公约》适用于这个特定的冲突。”克莱门特答道。

“但是,我想,那正是我的疑问。”苏特答复说。

因为哈姆丹案,尼尔·凯泰尔在大法官们面前进行了第一次辩论,他在此过程中坚称,政府必须证明其程序符合《日内瓦公约》。凯泰尔的话显然打动了肯尼迪,大法官把凯泰尔的话抛给克莱门特,说:“他指出,军事委员会存在结构性的无效性……并说人身保护令(这是一种要求释放被非法拘禁的个人的法律行动)的历史地位构成检验标准,你是否正在合法的法庭接受审判。他还说,根据《日内瓦公约》,正如你所知,那不是一个合法的法庭。”

“是这样,我们不同意那些主张。”克莱门特答道。

如果投票结果是4∶4,罗伯茨在特区巡回法院所作的判决就会得到维持,但肯尼迪投票给了自由派,军事委员会落败。史蒂文斯代表最高法院主笔法律意见,称美国必须遵守《日内瓦公约》,相应地,公约“规定哈姆丹应该在一个常规设立的法庭接受审判,该法庭应能提供文明民族视之为不可或缺的所有司法保障”。肯尼迪写作了一份 54
更宏观的附议意见,体现出他典型的风格:“对源于行政分支和立法分支常规运作的法律报以尊敬,这在危机时刻会在某种程度上保障稳定性。倚重那些久经检验、且隔绝于一时一地的压力的标准,方能最好地维护宪法。”两种表述的重点是一样的,即明确批评布什班子发动反恐战争的方式。

除哈姆丹案之外，罗伯茨在最高法院的第一年总体上是风平浪静的。一般来说，法院每年审理的约八十个案件大多不会吸引普通公众的注意力。这些案件涉及对联邦制定法的解释、联邦法院的刑事审判实践、各个巡回法院在一些问题上的分歧。每年都会有几个涉税案件、几个破产法问题，以及一到两个有关土著美国人特殊法律地位的案件。助理们（偶尔也有大法官）毫不留情地把这些无足轻重的争议称为“蹩脚货”（dogs）。

但是，有时这些案件一方面极其模糊、极其不重要，另一方面其复杂程度令人抓狂，大法官们（当然还有他们的助理）盯着法律理由书，心下想——我们刚才在想什么？为什么？**为什么**？他们把法律理由书拿开，就当它是隐藏在冰箱背面的神秘物，然后，这些第一大街一号[7]的居民努力控制住内心的厌倦和挫败感，勉为其难地开始阅读这些法律理由书。

在罗伯茨就任首席第一年的尾声，有一个蹩脚货案件堪称是蹩脚货中名副其实的“大丹犬”，它进入了最高法院的视野。每一个向最高法院申请调卷令的人都要提出所谓“本案系争问题”（Questions Presented），律师用它来界定吸引大法官们受理、审查案件的问题。在这起案件中，问题是：

> 1. 对联邦法院来说，“遗嘱认证例外”（probate exception）的范围是什么？
> 2. 如果联邦法院并未被要求认证遗嘱、管理财产或在州的监管下行使对不动产的控制权，国会是否倾向于适用遗嘱认证例外？

55 什么**例外**？从头到尾，这些问题乃至这个案件本身委实言之无物，这是所有人都明白的。马歇尔诉马歇尔案（*Marshall v. Marshall*）本来不会引起人们的关注。但本案稍许有点特别，原告的真实姓名是薇姬·琳恩·马歇尔（Vickie Lynn Marshall），但她的艺名更广为人知，她是安娜·妮可·史密斯。

---

〔7〕联邦最高法院位于哥伦比亚特区第一大街一号。

后来，助理们开始做一个游戏，那就是观察他们的老板在法律理由书呈到办公桌前，是否已听说过安娜・妮可。九人都不曾听说。这就是真相，她的名声迄今为止还是处在名人堂的低端，所以她的名字还不为人熟知。布雷耶兴高采烈地在助理们面前确认自己从未听说过安娜，但他笑得比大多数同事都要大声，从那后他开始用“脱衣舞娘”来称呼原告和她的案件。

这个说法并不精确。她出生证上的名字是薇姬・琳恩・霍根（Vickie Lynn Hogan），她是她母亲 16 岁时有的第二个孩子。19 岁的时候，她也有了自己的儿子，并成为休斯敦一间小型俱乐部的色情舞者（准确地说，不是脱衣舞娘）。据一位传记作家说，为了增添个人魅力，她做了几回整容手术，“整出了她那人人皆知的 42DD 的胸围，两边都植入了假体，总体积达三品脱[8]”。她从那时开始使用安娜・妮可・史密斯这个艺名。

有一天，一个坐在轮椅上的男人来到吉吉酒吧观看安娜的演出，此人名唤J. 霍华德・马歇尔二世。许多年前，马歇尔是耶鲁法学院的一名教授，曾与法学院的同事威廉・O. 道格拉斯合写学术论文。马歇尔离开学术界后去做石油生意，并成为未来的科氏工业集团（Koch Industries，这家公司将在最高法院历史上有一席之地）的早期投资者之一。在转动轮椅走进吉吉酒吧时，马歇尔身家 16 亿美元。

这是马歇尔与安娜・妮可的第一次相遇，当晚便一同度过。两年后的 1994 年 6 月 27 日，他们结婚了，那年马歇尔 89 岁，安娜・妮可 26 岁。13 个月后的 1995 年 8 月 4 日，马歇尔身故。与此同时，安娜・妮可已成为著名的模特和演员，还是早期的一档电视真人秀的拍摄对象。

马歇尔在遗嘱中没有提及安娜・妮可，实际上他把全部财富都留给了自己的儿子 E. 皮尔斯・马歇尔。（另一个儿子 J. 霍华德・马歇尔三世也没出现在遗嘱 56
中。）旷日持久的法律战随即在全美各个法院展开。尽管遗嘱中没列安娜・妮可的名字，有家法院还是判决她获得 4.74 亿美元财产，另一家法院把该数字降低到 0.88 亿，后来又有一家法院判她不得分文。马歇尔去世五年后，加利福尼亚州的一个联邦法院和得克萨斯州的一个州法院都主张自家对遗嘱有管辖权，最终摆在

〔8〕美制一品脱合 0.4732 升。

大法官们面前的正是这个争议。在大法官们听取关于联邦司法权中这一难缠问题的辩论时，法庭里人头攒动，盛况堪比布什诉戈尔案。

看着人们在法庭里窃窃私语的场面，有两位大法官是最忍不住要卖弄一下的了，他们就是斯卡利亚和布雷耶，他们的问题主导了辩论的进行。布雷耶在案件起头可能没听说过安娜·妮可，但此时他显然已研究了她的资料。“在法官看来，事实是，三页纸的生前信托是在有关那一信托的诉讼启动后设立的，并在他不知情的情况下悄悄加了进来，”他对皮尔斯的律师说，“我的意思是，真会讲故事。”

安娜·妮可本人那天特地穿了一袭克制的黑色套装，据她的发言人说，辩论期间，忆起与亡夫的爱情过往，她忍不住泪水涟涟。最终，最高法院作出有利于安娜·妮可一方的一致判决，并将案件发回加利福尼亚州的联邦法院审理。罗伯茨指派金斯伯格撰写判决书，因为她是院里在联邦程序方面的顶级专家。

马歇尔诉马歇尔案是一个令人感伤的故事，甚至可以说是一场悲剧。在最高法院作出判决一个月后，皮尔斯·马歇尔猝死，终年 67 岁。三个月后，安娜·妮可那年仅 20 岁的儿子死于毒品吸食过量。又五个月后，在佛罗里达州好莱坞的一个宾馆房间内，安娜·妮可本人死于一次意外的毒品吸食过量。安娜·妮可的遗产管理人继续对皮尔斯的遗产管理人（其收益来自 J. 霍华德·马歇尔二世的遗产）提起诉讼。极不寻常的是，最高法院 2010 年竟同意再次审理该案，以考量其中的一个破产法问题。这个案子更名为斯特恩诉马歇尔案（*Stern v. Marshall*），因为主要原告现在是安娜·妮可的情人霍华德·斯特恩（人们经常把这个情人与电台名嘴霍华德·斯特恩搞混）。安娜·妮可已无法到场，第二次的言词辩论显得冷冷清清。法院以 5∶4 的投票结果作出了不利于她遗产管理人的判决，但直到 2012 年，诉讼仍在继续。

比起同事们，罗伯茨更爱在判决书中展现文学天赋。鉴于本案的情况，理所当
57 然，罗伯茨在第二个安娜·妮可案的判决书的开头援引了查尔斯·狄更斯《荒凉山庄》中的话。“这一‘诉讼，随着时间的推移，变得极为复杂，只要两位律师就案件谈论五分钟，就会在所有的要点上相持不下。在诉讼的过程中，无数的孩子诞生了，无数的年轻人结婚成家了’。令人悲伤的是，本案最初的当事人已不在人世。”

第四章　附录E的遗产

2006年10月的第一个星期一，联邦最高法院进入了新的开庭期[1]，这也是罗伯茨法院第二年的开端，而鲁斯·巴德·金斯伯格此时心事重重，无暇思考待审的案件。她的家人得了癌症。这不是第一次。癌症这种疾病像幽灵一样游荡在她的生活中。 58

鲁斯·巴德生于1933年。她的父亲做皮草生意，母亲西莉亚则待在位于纽约市布鲁克林区的家里照料鲁斯和她的姐姐玛丽莲。在大萧条最严重的时候，谁会买皮草呢，于是这个家庭陷入了困顿。鲁斯还在蹒跚学步时，玛丽莲得了脑膜炎，随后去世。鲁斯成了父母唯一的孩子，备受宠爱，无论是学大提琴，还是去当地的公立图书馆，都有妈妈陪护。鲁斯长到13岁时，妈妈被诊断出宫颈癌。鲁斯上了高中，成为詹姆斯·麦迪逊高中的拉拉队长、校报编辑，在夏令营中被指定担任"拉比"的角色；另一方面，1940年代的癌症治疗十分痛苦，西莉亚惟有苦捱。就在鲁斯毕业的前一天，西莉亚宣告不治。葬礼后，巴德家来了许多吊唁者，但只有男人才能参加有人数规定的正式祈祷者组成的祈祷班[2]。少年鲁斯把这种情形记录了下来。

鲁斯上了康奈尔大学，在一次相亲活动中与马丁·金斯伯格相识，马丁比鲁斯年长一岁，同样也是布鲁克林人，他在长岛长大，家庭环境更为优裕从容。撇开民族差异不谈，他们也是极不般配的。鲁斯羞涩、书卷气十足而且保守。马蒂[3]热

〔1〕从1917年开始，国会将最高法院开庭期的起始日定为每年10月份的第一个星期一。
〔2〕祈祷班(minyan)：犹太教举行正式礼拜人数的法定人数，至少须有10名13岁以上男子。
〔3〕马丁的昵称。

59 情、外向、幽默。在共同度过五十余年令人称羡的婚姻生活后，两人依旧保持了当初的个性。他们性格之迥异无以复加，但是作为一个基于爱情和尊重的合伙，这个组合为身边所有人树立起了幸福的榜样。

1954年，鲁斯一毕业，就和马蒂结婚了。鲁斯跟随马蒂来到俄克拉何马州，他在那里服兵役。俄克拉荷马州这个军事角落此时已迎来战后的平静，马蒂发现自己手里有大把时间可用。他趁此机会读了埃科菲[4]的书，把自己培养成一名很厉害的大厨，而他的妻子显然没学这些东西。1955年，他们有了女儿简，一家人搬到了坎布里奇，在那里，马蒂先于鲁斯一年就读哈佛法学院。鲁斯所在的班级有五百多人，但女生仅有九名。（鲁斯再次注意到限制女性自由的规则，这种限制常常毫无规律和理由可言。比如说，在康奈尔，女性被要求住在宿舍里；但哈佛则禁止女生住宿舍。）

在法学院求学期间，马蒂患了睾丸癌，在当时和今日这都是一种可怕的疾病。在两次外科手术及综合治疗期间，鲁斯照顾着马蒂，帮他做课堂笔记（还要做自己的笔记）、帮他打论文、担任《哈佛法律评论》的编辑，还要照料年幼的女儿。据说，正是因为经历过这样的岁月，金斯伯格大法官比较不能容忍助理们对工作繁重的抱怨。马蒂战胜了疾病，数年后他们迎来了自己的儿子。

金斯伯格一家搬到纽约，马蒂在一间大型律师事务所[5]做税法律师，而鲁斯则在哥伦比亚大学完成法学院最后一年的学业。她开始了法律教学生涯，最初是在新泽西州的罗格斯大学[6]。在初为教授的那几年，她的专长是联邦民事诉讼程序，这也是她漫长的教学生涯中一直感兴趣的主题。（伦奎斯特和她一样有此不寻常的偏好，这也促成了他们之间温馨的友谊。）然而，到了1970年秋，鲁斯所考虑的是，自己能为正处于萌芽状态的妇女运动做些什么。一天晚上，夫妇俩在相邻的书房各自忙于自己的工作，马蒂递给鲁斯几页纸，它们出自税务法庭最近所作的一份

---

[4] 奥古斯特·埃科菲（Auguste Escoffier，1846－1935）：法国厨师、餐馆老板和烹饪书作家，普及并更新了法式厨艺，是现代法式厨艺的宗师。

[5] 马丁就职的是威嘉律师事务所（Weil，Gotshal & Manges），该所是世界上最大的事务所之一，专门从事收购、诉讼及其他重大交易。

[6] 罗格斯大学（Rutgers University）：新泽西州规模最大的高等学府。成立于1766年，前身为皇后学院，是美国最早成立的高等教育机构之一，也是独立革命前的九所私立殖民地学院之一。

判决。“看看这个，”他说。

“我又不看税法案例。”鲁斯告诉他。

“你看看这个吧，”他说。

用不到五分钟时间，鲁斯·金斯伯格就看完了这份简单的判决书，她意识到，自己职业生涯的新篇章要开启了。

查尔斯·E. 莫里茨(Charles E. Moritz)住在丹佛市，是一名图书编辑。1958 60
年，一直未成婚的莫里茨把年迈的母亲接到身边同住，并在几年后雇了一名兼职保姆。根据当时的税法，单身女性为照顾被赡养人所支出的费用可以享受扣税；有此支出的单身男性则不能。莫里茨自己做自己的代理人，诉至税务法庭，他在篇幅仅为一页纸的法律理由书中写道，“如果我是一个尽责的女儿而非一个尽责的儿子，我就能得到这种减免。这是没道理的”。(后来，马蒂和鲁斯都说，称莫里茨自己写的理由书是他们目力所及中最好的一份。)

读了这个案例后，鲁斯对马蒂说：“咱们接手吧。”夫妻俩无偿代理了莫里茨的案子，并在位于丹佛市的第十巡回法院赢得了上诉。法院判决，莫里茨有权获得相同处境中的女性所能得到的扣税。(大约是 600 美元。)不出所料，在案件宣判之际，国会已预先修改法律，删除了那一基于性别的差别对待；此时，法律问题看起来已毫无意义。但是，约翰逊与尼克松总统班子中的首席政府律师(及哈佛法学院前院长)欧文·格里斯沃尔德(Erwin Griswold)认为，莫里茨案的判决极其重要也极其错误，因此他请求联邦最高法院推翻第十巡回法院的判决。格里斯沃尔德对最高法院说，在法律上捍卫区别对待男性和女性的原则是非常重要的。比方说本案，首席政府律师说，第十巡回法院的判决“对附录 E 中的许多联邦法规投下了不合宪的阴影”。

何为附录 E？格里斯沃尔德说服了国防部，运用它最早的一批计算机搜索了联邦法律法规，寻找“含有基于性别相关标准的差别对待”的所有规则。此类规则数以百计，在简单易用的计算机数据库尚未面世前，单靠一位法学教授的力量，想要把它们全都找出来，是不可能的。最高法院拒绝受理这起上诉，但对金斯伯格来说，附录 E 在接下来的十年中起到了地图的作用。她希望尽可能地废除那一长列目录中的法律。日后，她称附录 E 是一个“宝库”。莫里茨案是马蒂与鲁斯唯一一次联袂写作法律理由书的案件。马蒂回归到税法领域，而鲁斯成为美国公民自由
61 联盟妇女权利项目(Women's Rights Project)的创始人之一。她还是哥伦比亚大学第一位获得终身教职的女教授。

在金斯伯格最初筹划将妇女权利案件诉至联邦最高法院时，一切看起来胜算不大。在支持对女性的歧视方面，最高法院是有历史传统的。1873 年，最高法院判决，各州有权禁止女性法律人执业。正如一位大法官所解释的，“对女性来说，最重要的命运和目标就是肩负起为人妻、为人母此等高贵、纯良的职责。这正是造物主定下的律法”。1961 年，最高法院以一致意见支持了佛罗里达州的一项法律，其中规定陪审员义务(jury duty)对男性来说是强制性的，而对女性来说则视其自愿与否。尽管近些年来已有一些变化，但约翰·马歇尔·哈兰二世评论说，“女性依旧被视为家庭生活的核心”。金斯伯格所致力解决的问题是，在一个由男性组成的法院中，怎样改变这一思维模式。

但是，在如何说服法官推翻那些因性别而差别对待的法律方面，莫里茨案已给了金斯伯格有益的启示。她代理**男性**原告的案件，而不仅限于女性。当然，她定下的宏大目标是，法律面前男女平等，但她认识到，男法官可能更乐意作出有利于男性、而非女性的判决。家庭和社会是如何运作的，关于这一点，有许多陈规定型，许多表面上有利于女性的法律正是以此为依据的。她寻找着体现此类陈旧偏见的案例。

对于金斯伯格第一次在最高法院辩论的案件，可以概括如下：莎朗·弗朗蒂罗(Sharron Frontiero)是一名空军中尉，申请她丈夫的住房和医疗福利，她声称丈夫是她的被赡养人。根据法律规定，男性职员可以自动地主张妻子是他们的被赡养人，但是女性就不得不证明丈夫靠她们赡养。1973 年，最高法院在弗朗蒂罗诉理查德森案中以 8∶1 的投票结果支持了金斯伯格一方。正如布伦南在主要意见中所述：“毫无疑问，在性别歧视方面，我国有漫长而不幸的历史。传统上，这一歧视凭借‘浪漫的父爱主义’态度得以合理化，就实际效果而言，这种父爱主义不是把她们看作值得尊敬的人，而是将她们当作笼中鸟。”

两年后，在温伯格诉威森伯格案(*Weinberger v. Wiesenfeld*)中，金斯伯格在

最高法院获得成功，她主张，《社会保障法案》中的一个条款拒绝给予鳏居的父亲福利，而守寡的母亲却可以获得，这是不合宪的。“显而易见，男性比女性更有可能担 62
当配偶和孩子的主要赡养人，这种观念并不是没有经验支持的，”布伦南执笔全院一致的判决结果。“但这一基于性别的结论并不足以证成对女性的偏见，她们出去工作，并以自己的收入对家庭作出重要贡献。”

在最高法院，金斯伯格赢得了六宗诉讼中的五个，从而成为女性主义运动中的瑟古德·马歇尔。金斯伯格作出了极其杰出的贡献，因此，吉米·卡特于 1980 年提名她就职哥伦比亚特区巡回法院，而克林顿则在 1993 年提名她做最高法院大法官。

马歇尔和金斯伯格的事业还有其他一些相似之处，但那部分就不是那么让人快乐的了。1950 年代，马歇尔引领了终结种族隔离的法律运动，并因此闻名遐迩；他在 1954 年获得最重大的成功，赢得了布朗诉教育委员会案这一史诗性的案件，它终结了公立教育领域中的“隔离但平等”原则。约翰逊总统 1967 年提名马歇尔做大法官，时隔不久，理查德·尼克松的四次提名宣告自由主义霸权（liberal hegemony）时代的落幕。因此，担任大法官的 24 年里，马歇尔大部分时间都在捍卫沃伦法院的成果。这份坚守既不容易，也没有乐趣可言。他也不总是能获得成功，而长期存在的健康问题更加剧了他在法官席上的不适感。他的位置被克拉伦斯·托马斯取代，而此人的政治观点是马歇尔所深恶痛绝的，这让他在任期内失望到了极点。

金斯伯格是在伦奎斯特担任首席大法官后来到最高法院的。尽管伦奎斯特从未实现他最宏大的司法目标，即推翻罗伊诉韦德案，结束种族意识的平权行动（race-conscious affirmative action），但他赢的时候远远多于输的时候。另一方面，与马歇尔一样，金斯伯格发现自己时常处于持异议的一方。她偶尔会赢，没有哪次胜利来得比 VMI（弗尼尼亚军事学院）案来得更为完美。弗吉尼亚军事学院的资金是靠纳税人支持的，仅招收男性学员。在 1996 年投票结果为 7∶1 的判决中，最高法院推翻了弗吉尼亚军事学院单一性别的招生政策，认为其违反平等保护条款。金斯伯格主笔判决书，她得以愉快地检视最高法院有关反性别歧视法的历史，并援引了她本人辩论的几个案件：“我们已认识到，男女之间的‘内在差异’依然是值得

63 庆祝的事情，但不构成贬低其中任一性别成员的理由，也不能拿这个做借口去人为地约束个人机会，”她写道，“此种分类从前被用来制造或固化女性在法律、社会和经济中的从属性，现在就不能再这样做了。”（伦奎斯特深知这个问题对于金斯伯格的意义，因此便指派她撰写判决书。斯卡利亚持异议。托马斯回避了本案，因为他儿子在弗吉尼亚军事学院上学。）

类似 VMI 案那样的胜利少之又少。像马歇尔一样，严重的健康问题令金斯伯格深受困扰。多年以来，人们被金斯伯格弱不禁风的外表给迷惑了。别看她身高不足五英尺，体重不足一百磅，但其实她身体好着呢，好得就像国家橄榄球联盟（NFL）的后卫队员。（在这个及别的问题上，马蒂都一刻不曾放松地维护妻子的名誉。）有一次，马蒂问一个记者：“你能做多少个俯卧撑？”对方猝不及防，在他张口结舌的时候，马蒂·金斯伯格说：“我太太能做 25 个，而你却在报道中说她‘娇弱’！”

1999 年，金斯伯格大法官被诊断出结肠癌。在接下来的几个月里，她经历了放疗和化疗，却一天也没耽误工作。在这段时期，她得到了来自奥康纳的巨大支持，奥康纳曾于 1988 年接受乳腺癌的治疗。表面看来，羞涩的金斯伯格与魅力四射的奥康纳全然不同，她们的司法哲学也天南地北，但最高法院史上的第一位与第二位女大法官之间情谊深厚。2005 年，奥康纳告别最高法院，这让金斯伯格颇受打击，更有甚者，取代奥康纳的竟是阿利托。金斯伯格常说，她从未想到，自己会成为最高法院的唯一一位女法官。

2006 年 10 月，当金斯伯格在自己的位置上坐下时，她忧思重重。更糟糕的事发生了。马蒂再度患癌。此时，罗伯茨时期，第一次出现了最具煽动性的主题——堕胎。

最高法院 1973 年在罗伊诉韦德案中的判决根植于八年前的一项判决。格里斯沃尔德诉康涅狄格州案（1965 年）的结果并不特别具有争议性，但其背后的推理当时是、现在也仍然是宪法辩论的导火索。（不要混淆了本案中的格里斯沃尔德与曾经的首席政府律师、哈佛法学院院长欧文·格里斯沃尔德。）

64 即便是在 1960 年代中期，康涅狄格州也极少执行本州的如下法律禁令，即不得销售或使用节育用品，该法规定，“任何人，如出于阻止受孕的目的，而使用任何药物或医疗工具，将被处以不低于五十美元的罚金、或最低不少于六十天最高不超过一年的监禁”。尽管如此，康州计划生育联盟（Planned Parenthood）的执行主任试图创设一个测试案例，他设法让自己遭逮捕，罪名是向已婚夫妇提供节育建议。1965 年，最高法院以 7∶2 的投票结果推翻了有罪判决。大法官们写了六份不同的意见书，而威廉·O. 道格拉斯负责执笔多数意见。

“这项法律直接影响的是夫妻之间的一种亲密关系，以及医生在这一关系中的一个方面所起的作用，”道格拉斯写道。康涅狄格州的那项法律显然是错误的，但错在哪里呢？道格拉斯以其典型风格的简洁行文找寻理据。该法并未违反正当法律程序或言论自由，他说，但显然有违那些条款蕴含的价值观。他还认为，本案并不真正关涉结社自由，尽管这一条款也是相关的。道格拉斯的结论是，该法所违反的并不是宪法的某一单一条款。在此，他写下了最高法院历史上最著名（也最臭名昭著）的段落：“权利法案的具体条款是有其半影地带的，这是由帮助赋予它们生命力和实质的条款所发散形成的。各个条款共同创设了隐私的区域。”康州法律侵犯了这一隐私区域，因此应被推翻。（麦凯恩在竞选演说中拿这一段来嘲笑最高法院。）

罗伊案倚重道格拉斯在格里斯沃尔德案中的意见，确立了女性的堕胎选择权。在罗伊案中，哈里·布莱克门大法官代表最高法院写道，“宪法并未在任何地方明确提及隐私权。然而，在可以追溯到 1891 年的一系列判决中，本院已承认，根据宪法，个人隐私权，或者说对隐私的某些领域或区域的保障，的确是存在的”。这一隐私权，布莱克门写道，“足够宽泛，足以包含女性选择要不要终止怀孕的决定”。

但是，根据布莱克门的意见，堕胎的决定对于医生和对于女性是同等重要的。“主治医师在与病人磋商后，可以在他的医疗诊断中，自行判断病人怀孕是否应终止，而无需受到州的规制。”他写道，“从任何方面来讲，堕胎决定本质上首先是一个 65
医疗决定，其基本责任必须由医生来承担。”（布莱克门曾任梅奥诊所的总法律顾问，对医生的尊重贯穿于他在最高法院任期的始终。）

自由主义者长期以来一直把隐私权及布莱克门的意见看作是美国自由的试金石，是对路易斯·布兰代斯观点的确认，布兰代斯曾说：“独处的权利——是最全面的权利、文明人最为珍视的权利。”另一方面，保守主义者始终指责罗伊案是自由主义的最高法院所攫取的最高权力。罗伯特·博克这样概括保守主义者对罗伊案的批评，隐私权“并不源自宪法，而是被安进宪法……靠的不是法律推理，而是命令”。

金斯伯格支持堕胎权，但她并不欣赏罗伊案的推理，这一点让她区别于正统的自由主义者。她认为堕胎权涉及的是平等、而非隐私。金斯伯格认为，在宽泛的意义上，剥夺女性的堕胎权就是在以另一种方式剥夺平等权。正如她在1984年所说的，堕胎权平衡了“女性在整个生命历程中的自主义务，以及她作为一个独立、自立、平等的公民与男性、社会乃至国家的关系”。金斯伯格也认为，布莱克门对医生权利、而非女性权利的强调十分自以为是。她在一次访谈中表示，“真实情况是，女性与医生磋商。你所得到的印象是，一个高个子的医生与需要他给予帮助的小妇人”。

正是在此背景下，金斯伯格及最高法院在2006年再度考量堕胎案。

系争问题并不是新问题。事实上，就在几年前，最高法院已审理了一个几乎完全相同的案件。

在后罗伊案时代，反堕胎运动将自己的努力聚焦于对所谓“局部分娩”堕胎的限制。医疗细节很复杂，但这场运动抓住了一个程序，它通常发生于怀孕后期，令许多普通人闻之毛骨悚然。此类堕胎很少见，经常是在女性的健康或生命处于险境的情况下才实施。然而，细节的恐吓价值是无可否认的。

66 2000年，在斯坦伯格诉卡哈特案（*Stenberg v. Carhart*）中，最高法院以5∶4的投票结果推翻了内布拉斯加州一项禁止“局部分娩”堕胎的法律。一如往常，奥康纳投出的是摇摆票，她认为该法是违宪的，因为它并未规定例外情况，允许该手术可被用于保护母亲健康。布雷耶代表法院撰写判决书，这也是他职业生涯中最具价值的多数意见。

但到了第二年，乔治·W. 布什就任总统，共和党主导的国会掌权，布什最优先要做的一件事就是签署《禁止局部分娩堕胎法案》（Partial-Birth Abortion Ban Act），该法案几乎是最高法院先前所推翻的内布拉斯加州那项法律的翻版。它立即在最高法院受到挑战，相关案件是冈萨雷斯诉卡哈特案（*Gonzales v. Carhart*，在2000年和2006年的案件中原告都是勒罗伊·H. 卡哈特[LeRoy H. Carhart]，他是少数几位愿意公开承认自己做局部分娩手术的医生之一。另一位做这类手术的医生乔治·提勒[George Tiller]于2009年被一名反堕胎的恐怖主义分子谋杀。）

当然，从2000年到2006年，最高法院发生了关键性的变化。阿利托取代了奥康纳。和其他许多案件一样，在本案中，这一改变事关全局，最高法院现在以5∶4的投票结果维持了该项联邦法律。（阿利托在言词辩论期间什么都没说，但不难猜到他会怎样投票；阿利托的妻子和家庭医生也出现在旁听席上，当计划生育联盟一方的律师开口辩论时，他们横眉冷对、轻轻摇头。）罗伯茨把为冈萨雷斯诉卡哈特案写判决书的任务指派给了肯尼迪。

肯尼迪在堕胎案件中的表现堪称复杂。1987年，在参议院否决罗伯特·博克的提名后，里根提名了肯尼迪。如果博克如愿以偿，他毫无疑问会加入反罗伊案的大军；但从肯尼迪的履历和他在确认提名听证会所作证言看，他在堕胎问题上的态度是晦暗不明的。1992年，肯尼迪加入奥康纳和苏特一方，捍卫他们所称的罗伊诉韦德案中的“基本主张”。（布莱克门和史蒂文斯加入了他们未签名的协同意见，这让他们成为多数一方。）但是，随后几年中，肯尼迪又倒向反堕胎的阵营，投票支持对堕胎的各种限制措施。2000年，肯尼迪极力反对第一个卡哈特案。时隔六年，罗伯茨给了肯尼迪一个机会，他现在可以把当初的异议写入将于2007年4月发布的多数意见了。

肯尼迪尽其所能地利用了这个机会。他详尽地讨论了堕胎手术的残酷细节。
（“翻转胎儿，以降低它被肢解的概率……医生张开手术剪，把一个大功率的吸管塞 67
入开口，吸出婴儿的大脑。”）至于什么样的身体状况会让女性不得不接受此类手术，他几乎提都没提。总体来看，肯尼迪的修辞是直接借鉴了反堕胎运动的宣传。他把胎儿称作“婴儿”和“孩子”。实施手术的产科医师和妇科医师被称为“堕胎医生”。美国“尊重处于孕期所有阶段的人类生命”，并“在保护和促进胎儿生命的问题上具有正当和实质性的利益”。肯尼迪的法律意见生动地揭示了任命阿利托的意义，以及保守派在改变最高法院方面所作的贡献。新加入的这位大法官显然威胁到了罗伊案、凯西案乃至一般意义上的堕胎权。

金斯伯格完全不能忍受肯尼迪。加州人那关于尊严等等的、既言之无物又暧昧不清的修辞着实冒犯到了务实的纽约客。（在裁判案件方面，金斯伯格同意肯尼迪的次数要多于伦奎斯特，但她与此时已身故的首席大法官在气质上更相投，她欣赏伦奎斯特那坦率、直白的意见书。）肯尼迪在卡哈特案中的法律意见还有一处冒犯了金斯伯格，其严重程度为她在任期内仅有。肯尼迪写道：

> 在母亲与孩子爱的纽带中，对于人类生命的尊重得到了终极的体现。法案认识到了这个事实。允许堕胎与否牵涉一个艰难的、痛苦的道德决定。尽管我们还找不到可靠的数据去衡量此种现象，但我们基本上可以得出结论说，一些女性会为她们当初终止婴儿生命的选择感到后悔，那生命是她们曾创造并维护的。严重的抑郁和社会评价的降低可能会随之而来。

金斯伯格一生致力于与这种父爱主义的理路作斗争。附录 E 几乎收入了男性出于善待女性的本意而制定的全部规则。肯尼迪的法律意见正可归入那一可悲的传统。

金斯伯格为自己的职业基调感到自豪。她也忍受不了斯卡利亚式的歇斯底里。在追求庄重得体的道路上，她的榜样和同路人是戴维·苏特，即便是在最具争议的案例中，苏特也绝不作谩骂之语。但在卡哈特案中，金斯伯格并未、或者说再
68 不能保持克制了。在异议意见中，她说肯尼迪的法律意见是基于“古老的观念，女性应该在家庭中、在宪法下处于什么地位，那些观念早已名誉扫地”。

金斯伯格用自己的这份异议，倾吐了心中长久以来对罗伊案本身怀有的不满。她孜孜以求的主导理路是平等而非隐私。对禁止堕胎法的挑战，她写道，“并不是试图明确有关隐私的一些大而化之的观念；相反，它们围绕女性的自治权展开，希望由女性自己决定自己的生命历程，以及对平等公民权地位的享有”。尽管有哈里·布莱克门的意见在先，但堕胎权是属于女性、而不是医生的。后来的判例，她注意到：“比罗伊诉韦德案更精确地描述了堕胎限令对女性自由的影响。在很大程度上，罗伊案的焦点是明确医生的权利，‘根据职业判断、采取医疗措施’。”最后，她质疑了肯尼迪的主张，用她的话讲，那主张等于是说“堕胎对女性长期精神健康的威胁大于分娩并抚养一个她不想要的孩子”。肯尼迪的主张依据的是伪科学，金斯伯格说，她还用一个四百字的脚注概括了一项对曾堕胎女性所作的实际学术

研究。最高法院的这一判决令金斯伯格深恶痛绝，而她想让每个人都知道这一点。

在最高法院成立后的最初约十年光景，大法官们经常以英国先辈的方式宣布他们的判决，每个大法官针对每个案件发表观点。在这一领域，及最高法院历史的其他领域，1801 至 1835 年主持法院的首席大法官约翰·马歇尔开创了崭新的、悠久的传统。马歇尔时期，最高法院开始作出代表法院集体性决定的判决。当时，马歇尔本人撰写了大多数判决书，但偶尔也会有一位乃至更多的同事不同意他的意见。这些争议，尽管并不常见，却还是促成了异议意见传统的生成。

局外人（有时还有大法官们本人）常常会对异议产生疑问：这又何苦呢？你又找不到更高一级的法院，去说服他们。为辩论中输掉的一方奋笔直书，意义何在？关于这个问题，最著名的回答出自首席大法官查尔斯·埃文斯·休斯，他写道："终
审法院中的异议是一种诉求……指向的是未来岁月的智慧，日后的判决可能会纠 69
正错误，回归持有异议的法官认为法院已背离的轨道。"异议意见也为公众提供了其他的解释，在民主社会，公众才是政府三大政治分支的终极裁判。对于最高法院大楼墙外的世界如何看待自己所做的工作，许多大法官还是深深在意的，异议意见对赢家和输家的观念影响之大，几乎等同于多数意见。

确实，或是时移世易，或是靠着未来时代的大法官们的努力，一些最著名的异议意见最终被证明是正确的。在臭名昭著的 1857 年德雷德·斯科特（Dred Scott）案中，本杰明·柯蒂斯（Benjamin Curtis）预见到了内战的爆发；大法官约翰·马歇尔·哈兰在 1896 年普莱西诉弗格森案（*Plessy v. Ferguson*）中所持的异议，预示了 58 年后布朗诉教育委员会案的判决；在一战后的高压时期，路易斯·布兰代斯和奥利弗·文德尔·霍姆斯站出来反对最高法院加诸言论自由的限制。后来，最高法院明确采纳了他们对第一修正案的理解。这些情形都属例外。大多数异议依旧是沉寂的。

但是，大法官们仍在坚持不懈地撰写异议，有时还会做些别的事情来唤起人们对少数派观点的注意。1935 年，大法官们终于从国会大厦的逼仄办公室，搬到第

一大街对面那宽敞的新大楼，他们的新法庭看起来更像是一个剧院。有的大法官开始对着旁听席表演，并在重要案件中宣读他们的异议意见。不知是有心还是无意，大法官们有时还会在正式的意见中即兴加点内容。比如说，1935 年，最高法院在一项判决中支持罗斯福废除金本位的决定，有报道说，詹姆斯·麦克雷诺兹[7]在宣读异议意见时，加了一句在书面意见中看不到的话："如我们所知，宪法已死。"

大法官们明白，在法官席上宣读异议表示出他们最直观、最激烈的抗议，因此他们节制地使用这一特权。每年宣读的异议一般不会超过六份；在有的年份，比如说 1984 年，一个都没有。威廉·布伦南和威廉·伦奎斯特在漫长的任期内，都仅仅宣读过一次异议。（布伦南在 1978 年事关平权行动的巴基案中发表异议，而伦奎斯特针对的是 1992 年的堕胎案件凯西案。）

无论如何，金斯伯格毫不迟疑地要在冈萨雷斯诉卡哈特案中直言不讳地反对
70 肯尼迪的意见。虽已离开故乡纽约数十年，但金斯伯格的声音仍带着布鲁克林的印记，她宣布："本院的四位成员，史蒂文斯、苏特、布雷耶大法官和我对今天的判决持有异议。"

金斯伯格明确指出，她认为卡哈特案之所以如此判决，仅仅是因为最高法院的组成发生了变化。"尽管今天的判决还没到完全背离罗伊案或凯西案的地步，但相对上一次考量一个限制性的禁止堕胎法规而言，最高法院的组成已发生改变，它很难再忠诚于凯西案对法治、对遵循先例原则的呼吁。"金斯伯格发出的讯息是浅显易懂的。堕胎权正四面受敌。"坦率地说，"金斯伯格说，"有关《禁止局部分娩法案》及本院对它的维护，不能被理解为别的，只能被理解为对一项被本院一次次宣告的权利的逐步瓦解，而它之于女性生活的重要性正渐渐为人了解。本院今天所作出的这种性质的判决是不会持久的。"

几个星期后，金斯伯格将再次起身，宣读另一份异议。

[7] 詹姆斯·麦克雷诺兹（James McReynolds，1862－1946）：1914 至 1941 年任联邦最高法院大法官。坚定的保守主义者，最著名的成就可能是作为"四骑士"之一反对新政立法。

第五章　莉莉·莱德贝特之歌

与金斯伯格一样，在最高法院出庭辩论的经历对约翰·罗伯茨的人生有至关重要的影响。约翰·罗伯茨曾出庭辩论卢汉诉全国野生动物联合会案（*Lujan*[1] *v. National Wildlife Federation*）[2]。当时他是乔治·H. W. 布什的副首席政府律师，而这个案件看来也在他的内心引起了深刻的共鸣。有个环境组织质疑里根班子划出 1.8 亿英亩的联邦土地用于采矿的做法。罗伯茨并未从内政部圈定土地的是是非非这个角度来辩护，而是指出原告首先是无权提起诉讼的。系争问题涉及诉讼资格（standing）原则，在最高法院，它和许多问题一样，看似仅是程序性问题，事实上却承载着政治意义。 71

1990 年，在最高法院的辩论中，罗伯茨说，全国野生动物联合会仅仅主张其一个成员使用划定区域"附近"的土地，这并未给予该组织提起诉讼的权利。"那种利益是不充分的，不足以构成诉讼资格的基础，因为它在任何意义上都无法与公民所主张的利益区分开来，这些公民会来到法庭说，'我在这个问题上是有利益的'。"罗伯茨对大法官们说。大法官们以 5∶4 的投票结果表示对罗伯茨观点的认同，并驳回了原告的诉讼请求。

关于怎样在环境、民权案件和其他"公益"类型的诉讼中辩护，罗伯茨在卢汉案

---

〔1〕小曼纽尔·卢汉（Manuel Lujan, Jr.）：生于 1928 年，美国共和党政治家，1969 至 1989 年任职于参议院，1989 至 1993 年任内政部长。

〔2〕以卢汉诉全国野生动物联合会案为转折点，在 1990 年代的一系列判决中，最高法院重新对起诉权施加了诸多限制。这一阵营的领军人物就是在本案中代表多数意见的斯卡利亚法官。他撰写的法律意见指出，过去的判例已确立了宪法对起诉资格的最低限度的要求，起诉资格应该包括三个要素：原告必须受到事实的损害；在损害和被控行为之间必须有因果关系；损害有可能被一个有力的判决给予救济。参见陈洪杰："环境纠纷的诉权保障"，载《环境资源法论丛》2006 年第 1 期。

中的辩词提供了一个样板。目标是，尽可能地避免基于事实的判决，而是运用各种程序法理论说服法院驳回这些案件。还有其他程序原则可被用于这一目的。其他
72 的例子包括成熟性原则（法院审理此案是否为时过早？）、无意义原则（法院受理是否已为时过晚？）、管辖地原则（法院是否是正确的管辖法院？）[3]及"政治问题"原则（该事项是否适合由法院审理？）。人人都认同，这些原则在某种程度上是有必要的；不能仅仅因为法官愿意裁断是非，法院就参与到争议中。但在这些问题上，意识形态上的界线也很分明。自由主义者所需要的是灵活规则，好让法院基于事实作出诸多判决；而保守主义者需要的是严格规则，以阻止法院受理案件。

罗伯茨做律师的时候，正值程序原则方面的争议如火如荼。在相当大的程度上，沃伦法院所秉持之自由主义的能动主义，筑基于灵活的程序规则。沃伦及其同事希望推动新的法律领域、创设新的权利。大法官们开始允许原告提起新型诉讼。当罗伯茨在哈佛求学时，哈佛教授亚伯拉罕·蔡斯[4]写下了一篇著名的论文，为这一趋势鼓与呼。"按我们现有的传统，"蔡斯写道，"诉讼是解决私人当事人之间私权争议的机制。"但是，事情正在起变化，往好的方向发展。当代的诉讼，尤其是等同于"公法诉讼"的集体诉讼，要求法院考量广大人群的需要和观点，他们可能是、也可能不是案件的实际当事人。"人们马上会想到，校园中的种族隔离、就业歧视及囚犯权利案件是这一新型诉讼的象征。"蔡斯写道。（当时，波士顿校车危机正在蔓延。）在这些案件中，蔡斯说，"当事人的组成结构是宽泛（sprawling）且不固定的（amorphous），随着诉讼进程的推进而变化。在每一个节点，传统的对抗关系之上增加并混合了协商、调解程序"。他接着指出："最重要的是，初审法官的角色日益转变为创始人和经理，以管理各种复杂形式的不间断救济，这个事实对于并未到庭的人们有广泛的影响。"

罗伯茨像他那一代的许多保守主义者一样，致力于与蔡斯这篇论文所颂扬的观念作斗争。在罗伯茨、阿利托等人看来，法院应当将自身限定在一个比"蔡斯愿景"更狭窄的范围之内。法院应当严格解释规则，较为不加变通地分析法律，并仅

---

〔3〕在这里，与成熟性、无意义和管辖地对应的英文单词分别是 ripeness、mootness 和 venue。

〔4〕亚伯拉罕·蔡斯（Abram Chayes，1922－2000）：国际法学者，与肯尼迪总统班子联系紧密，以国际法的"法律过程"研究方法而著称。蔡斯不是在法律规则和程序的真空中研究国际法，而是在动态的政治环境中进行研究。

就必须裁判的事项作出裁判。事实上，罗伯茨在任职于哥伦比亚特区巡回法院的短暂期间，曾说过一句著名的话，“司法克制主义的关键原则是，在没必要裁判更多内容的情况下，不得裁判更多内容”。乔治·W.布什在说明自己想要任命什么样的大法官时，以其他角度表达了同一观点。“我任命的法官，”布什说，“将是明确理解法官角色的人，法官是解释法律的，而不能在法官席上立法。”程序原则是用以阻止原告说服法官立法的首要工具。 73

这些程序争议、以及更一般意义上的民事诉讼背后的政治意涵是很清楚的。“初审律师”，实际上也即原告的律师，他们倾向于代理个人，而且大都是民主党人。“被告律师”代理的是公司，他们经常代理保险公司，一般来说是共和党人。

当罗伯茨在当时名为霍金·豪森的律师事务所进行私人执业的时候，他已是“被告律师”中的一员。他在最高法院所辩论的案件典型地是站在公司一方对抗个人的，于是就经常涉及程序原则。比如说，就在罗伯茨任法官不久前，他成功地在最高法院辩称，根据《美国身心障碍人士法案》(Americans with Disabilities Act)，一名罹患腕管综合征的女性不能从雇主丰田汽车公司那里得到补偿。对制定法的严格解读——总是有利于民权案件中的被告——意味着原告无权提起诉讼。类似地，罗伯茨还在最高法院赢得了另一个案件，判决结果是：一名女性死于火灾，她的家人却不能依据阿拉巴马州的意外致死赔偿法，起诉阿拉巴马州塔兰特市。非裔美国女性艾伯塔·杰斐逊(Alberta Jefferson)的家人起诉了塔兰特市，诉称消防部门因“选择性地将不喜欢的少数族裔排除在消防保护之外”而未对其进行施救。

就任首席大法官之初，罗伯茨在一个判决中本有机会将自己在诉讼资格原则上的专业经验施展出来，为那典型的目的服务。在戴姆勒-克莱斯勒公司诉库诺案(*DaimlerChrysler v. Cuno*)中，托莱多市的一群纳税人诉至法院，挑战当地给予汽车制造商的减税政策，而当地希望借此政策促进其在该市扩大运营规模；最高法院判定原告不具诉讼资格，予以驳回。在某种意义上，罗伯茨撰写的意见可以说是以卢汉案为基础的(这让罗伯茨很有成就感，正如金斯伯格高兴地援引自己曾代理的案件一样)。他讲得很宽泛，指出州和地方政府的大多数活动都不受制于纳税人的挑战。“如果仅以税负让纳税人在州的财政中有利益为由，赋予州的纳税人提出此类挑战的诉讼资格，那将会使得联邦法院在事实上成为不得消停的监督者，去

74 怀疑州在金融监管方面的智慧和公正性，而这违背了宪法第三条的规定，第三条要求联邦法院居于中庸地位。”一如既往，只要碰到罗伯茨，公民原告们总是不走运的。

大法官们的司法哲学与他们早先的经历密不可分。从差异化的视角来看，金斯伯格与托马斯有长期致力于民权案件的经验，而且对此怀有强烈的感情；罗伯茨则两者皆无。布雷耶多年来专注于对行政国家[5]角色的思考；罗伯茨对此不曾研究过。斯卡利亚秉持一种统领性的宪法理论；罗伯茨不是这样。肯尼迪在法官国际共同体的语境下观察最高法院；罗伯茨不具这样的视野。首席大法官数十年来思考的都是，怎样将民事案件中的原告逐出法院，越快越好。对大多数律师来说，民事程序都是极其沉闷无聊的，但对罗伯茨来说，它是最有把握的路径，足以保证自己的政治阵营赢得胜利。罗伯茨在哥伦比亚特区巡回法院的一位保守派同事曾经这样做，如果他的助理们能在任何案件中找到让法院驳回诉讼的程序性问题，他就给他们派发一点奖金。罗伯茨从未做过这样的现金鼓励，但他的期望与那位同事是一样的。

设置这些程序性路障，在真实世界意欲何为，这是一清二楚的。鉴于在诉讼过程的每一个阶段都有如此之多的障碍，原告律师在提起新的诉讼前就会迟疑，或根本就不打这个官司。成本和风险都太高了。（对惩罚性损害赔偿金的限制，加上立法部门在侵权行为法改革方面的动作，更加重了原告的困难。）如果因程序性障碍的存在，诉讼请求不能走到审判这一步，那么，首先，诉至法院的案件就会减少。在民权案件（蔡斯称之为“公法”案件）领域，这一点表现得尤为分明，因为这些志向远大的事业在程序上是最不堪一击的。被告律师理解这些经济上的现实，并与认同他们的司法机关一道推动了资本化进程，这当然是有利于他们的。无论是在做律师还是在当法官时期，这才是罗伯茨最擅长的工作。

这一切有助于解释莉莉·莱德贝特案的命运。

---

[5] “行政国家”（Administrative State）是西方公共行政学与法学研究中一个经久不衰的主题。早在1927年，奥地利行政法学者阿道夫·梅克尔（Adolf Merkl）就已使用“行政国家”术语，并与“司法国家”相区别。1948年，美国行政学者德怀特·沃尔多（Dwight Waldo）出版了其名著《行政国家》，让这一术语被更多人了解。参见郭春晖：“行政国家的真实图景”，载《法商研究》2010年第6期，以及《牛津美国联邦最高法院指南》（[美]克米特·L.霍尔主编，许明月、夏登峻译）“行政国家”词条。

在19与20世纪之交，固特异轮胎橡胶公司创立于俄亥俄州阿克伦市，该市不久后即以轮胎之城著称于世。该公司在一战期间及战后的繁荣期获得了爆发式增 75
长，公司领导层着手寻觅新址，以便开设制造轮胎的大型工厂。1929年，固特异公司在阿拉巴马州加兹登市建立了一个基地。截至1954年，该基地成为美国最大的轮胎制造厂。1970年代，尽管面临能源危机，但固特异仍凭借生产比传统轮胎更具稳定性和摩擦力的全钢子午胎，保持了繁荣势头。但轮胎制造业是一个污染性的、竞争性的行业，日益受到从国外进口的低价轮胎的冲击。对雇员乃至公司来说，制造轮胎都是一个脏活累活。

1979年，时年40岁的莉莉·莱德贝特到加兹登工厂上班。她先前已在其他工厂有15年的从业经验，因此固特异公司雇她担任生产主管。1985年，她在45位申请人中取得了第二名的佳绩，成为区域经理。而对女性来说，固特异加兹登公司从来不是一个惬意的工作场所。有男上司向她施压，意图性骚扰。莱德贝特说，在她表示拒绝后，这位上司降低了她业务考评的分数。莱德贝特去质问他为何打这么低的分，对方告诉她，这"比给你降级容易得多。你只是一个小女人，而这些年纪大、个子也大的爷们，我是说，他们会毒打我、推搡我、辱骂我"。据莱德贝特说，她的上司"继续约我出去，跟他约会。而我最后告诉他不行。从那次之后，我的业务考评和审核得分就更低了"。不管怎样，莱德贝特仍是工厂里屈指可数的女区域经理之一，并在1996年获得最佳业绩奖。她计划第二年就退休回家。

就在莱德贝特打算离开公司前，有人往她在固特异公司的邮箱里塞了张匿名纸条，透露给她的信息是，她每月挣3727美元，而做同样工作的男人月薪则在4286到5236美元之间。这种差别已持续存在多年。莱德贝特雇了一名律师，然后，根据《民权法案》第七章反歧视法的规定，她将自己的诉状呈交公平就业机会委员会(Equal Employment Opportunity Commission)。(在将正式的抗议书呈交给政府后，莱德贝特离退休仅有数月时间了，她被调到新的工作岗位上，必须带着轮胎满工厂转。此时，莱德贝特已是快六十岁的人。她称这次换岗是一种报复行为。)

莱德贝特的案件由阿拉巴马州的一个联邦陪审团审理，陪审团裁决她应获得 76
330万美元的赔偿。法官则将赔偿金减至30万美元，但固特异公司还是向第十一巡回法院提起上诉，巡回法院彻底推翻了初审判决。固特异的主张十分直接：一名雇员若诉称薪酬差别对待(disparate pay),则必须在引起差别对待的薪酬决定作出后的180天之内,向公平就业机会委员会提起诉讼。根据这个理论,莱德贝特只能试着去证明1997年的薪酬调整是歧视性的(那时,她的薪酬最后一次被调整)。她不能就早年所受的侵害索求赔偿,因为已错过了180天的期限。

换句话说,在固特异公司看来,莱德贝特的所有诉讼请求都是时效法所禁止的。与成熟性、无意义性及所有其他的程序性原则一样,时效法也是在联邦法院成功提起民事诉讼的路障。这个主张与罗伯茨在私人执业期间提出的那些主张很像。即便莱德贝特深受歧视之苦(固特异公司并不承认自身有歧视行为),她也不能提起诉讼,因为时间过去了太久。

莱德贝特案反映出原告在民事诉讼中遇到的实际阻碍。她早在1998年就提起诉讼,而联邦最高法院在九年后才审理该案。正如此类案件的大多数律师那样,她的律师收取的是风险代理费(contingency fee),这就意味着他们为案件工作近十年却一无所获(本案的情况就是这样)。没有多少律师甘愿承担这样的风险。实际上,莱德贝特在第十一巡回法院败诉后,本案才到了联邦最高法院那里。最初代理她案件的律师把案子交给了斯坦福法学院的联邦最高法院诉讼法律诊所[6],师生们决定无偿代理莱德贝特案。

"首席大法官先生,以及尊敬的大法官们,"斯坦福法律诊所的律师凯文·拉塞尔(Kevin Russell)开始了他在2006年11月27日的辩论,"陪审团判定,在原告向公平就业机会委员会提起诉讼时,出于性别的原因,被告所支付给她的周薪低于处在类似条件的男性雇员。"在最高法院看来,问题在于,违反了《民权法案》第七章的是所有反映出歧视的薪酬,还是最后一次所付的薪酬。

当时,金斯伯格是最高法院唯一一位女大法官,她在提问的频率方面处于中间
77 位置:比斯卡利亚、罗伯茨和布雷耶低,但高于阿利托,无疑还有托马斯。(上一个开庭期,托马斯2006年2月22日那天在言词辩论中问了一个问题,从那之后再也没有发问过。)当金斯伯格坐在法官席上时,显得尤为娇小;她的头靠不到真皮座椅

---

〔6〕斯坦福法学院的联邦最高法院诉讼法律诊所在同类型的法律诊所中是首开先河的。在两位法学院老师和来自华盛顿的讲师们的指导下,法律诊所的成员研究真实的最高法院案例,代理案件当事人或法院之友。见斯坦福法学院官网介绍。

的椅背顶部。在本案中，金斯伯格近乎罕见地主导了辩论过程。与其说她在提问，不如说是在演讲，毫无疑问，她很明白自己在做什么。“拉塞尔先生，我想你的辩词是，‘是的，你明白你没有得到晋升，你明白你未能转岗，’但薪酬水平是累积形成的。第一年薪水没涨，你可能会想，‘好吧，就这样吧’。但你没有理由接受，这种不平等的情况会如此持续下去。”拉塞尔说，正是这样。

罗伯茨在为固特异公司辩护方面居于主导地位，他依据的是他所擅长的“滑坡谬误”[7]这一辩论策略。罗伯茨批评道，按照原告的理论，各个公司都应该对多年前所做的行为负责。“我想，他们所要做的全部就是声称，那是很久以前的事情了。我的意思是，那不一定是 15 年，”他说，“可能是 40 年前……一份半年度的薪酬评估表现出歧视，我没有得到公正对待，我本应得到提薪。”

这是错误的，金斯伯格说，她坐在罗伯茨的左手边，中间隔了两个座位。如果本案仅是基于多年前的一个小幅提薪，那么的确没必要提起诉讼。“如果她起诉是为了[声称]，我的薪水涨了 2%，他的涨了 3%，那么她的机会就很渺茫，”她说。但是，“关键票”肯尼迪偏向固特异公司一方，他提出这样一种可能性，在歧视发生与诉讼启动之间，公司有可能已经被卖掉了。

固特异公司一方在本案中占据优势。布什班子派出首席政府律师参与诉讼，并敦促大法官们作出有利于固特异公司的判决。首席政府律师的助理欧文·戈恩斯坦(Irving Gornstein)对大法官们说，“雇员如果任由 180 天的期限过去，就无权在多年后、甚至快退休时提出质疑，说他们现在的薪酬源于很久之前一系列具体的、个人化的歧视性薪酬决定”。最高法院以惯常的 5∶4 的投票结果表示对这一点的认同。罗伯茨指派阿利托撰写判决书。

到布什提名阿利托做大法官时，阿利托已在第三巡回法院度过了十五载春秋。那意味着，他是大法官们中担任上诉法院法官时间最长的；在获得晋升时，阿利托 78
已撰写了数百份判决书。理所当然，阿利托把在长期经验中形成的固有风格带到了最高法院。巡回法院的判决书往往比较枯燥，不像最高法院的那么讲求修辞，这

---

〔7〕滑坡谬误(slippery slope)：错误逻辑的一种，即武断地将某个可能性引申成为必然性，然后串联这些不合理的因果关系，推断出一个毫无关联的结果。

种文风正好契合阿利托谨慎、甚至堪称冷漠的气质。阿利托以时效法为由驳回莱德贝特的诉讼请求，极其严格地依据事实及他对先例的理解。“她仅仅主张，固特异公司在起诉期的行为引起了超出那一时期的歧视行为。”他写道，“但现在的结果本身不能改变先前的未被起诉的歧视……莱德贝特应该在每次她所诉称的歧视性的薪酬决定作出并被她知晓后的180天内，向公平就业机会委员提起诉讼。她没有这样做。”

阿利托并不同情莱德贝特，却担心她这类的案件会给公司被告带来风险。“时效法起到了除斥期间[8]的作用。”他写道，“它们体现了立法者的一个普遍判断，如果不能让被告注意到应当在一个明确时期内为自己辩护，那是不公平的；而且，免于陈旧之诉讼的权利最终会胜过起诉的权利。”（如罗伯茨那样优雅的文体家断然不会写下这般笨拙、粗鄙的句子。）向公平就业机会委员会提起诉讼的期限，阿利托接着写道，“保护雇主，使其免于为很久之前的雇用决定所导致诉讼而辩护的负担”。

作为少数派的资深联席大法官，史蒂文斯负责挑选撰写首要异议的大法官。出于平衡工作负担的考虑，史蒂文斯（和罗伯茨）选择了“大家轮流来”的做法。冈萨雷斯诉卡哈特案中的首要异议还有待金斯伯格完成，但考虑到她对莱德贝特案感受如此强烈，史蒂文斯还是把这个任务交给了她。

与金斯伯格在1970年代做律师时相比，性别歧视案件乃至广义上的民权案件发生了很大变化。近些年来，联邦最高法院专注于平权行动案件，检视种族或性别偏好是否侵犯了大多数人的权利。而莱德贝特案并不涉及专门的特权。它仅仅是一个关于平等的案件，与金斯伯格本人三十年前诉至最高法院的那类案件极其相似。阿利托的那份冷血判决表现出对国际大公司固特异的关怀，却丝毫不考虑莱
79 德贝特们，这让金斯伯格十分愤慨，她决定撰写一份强有力的、彻彻底底的异议意见。（全文6200个单词，几乎与阿利托撰写的判决书同等篇幅。）

金斯伯格大法官曾是一名实际代理过性别歧视案件的律师，她很明白这些案件

[8] 除斥期间（policy of repose）：法律规定的某种民事实体权利存在的期间。权利人在此期间内不行使相应的民事权利，则导致在该法定期间届满时该民事权利的消灭。

对真实世界的影响。“本院对当下争议的强调，使得它忽视了薪酬歧视问题的普遍特征，”她写道，“正如莱德贝特案所显示的，薪酬差别对待的情况是逐渐累积的；对受到歧视的怀疑，其依据是一点点增加的。进而言之，比较性的薪酬信息，雇员通常无从知晓。雇主可以保守主管们所获薪酬存在差别这一秘密，更不用说造成这些差别的原因。让联邦法院审理微小的起始薪酬差别，这是杀鸡用牛刀，尤其是那些试图在非传统的职场环境中胜出的雇员，就更不愿意制造纠纷了。”

这种情形当然是显而易见的，因为进行歧视的雇主又不会公开声明自己在这么做。金斯伯格快刀斩乱麻地驳斥了滑坡谬误的论证，她说她只是建议，允许原告在时隔很久后才知自己当时已遭歧视的情况下，提起诉讼。对于那些知道薪酬差别对待而只是等待观望的原告来说，金斯伯格说，“明晓事理的法官绝不会容忍这等不可原谅的疏忽”。

金斯伯格的异议意见仅获得了在本案中败北的三位大法官的支持。而且，莱德贝特案及其当事人仍不为公众所知；新闻媒体很少会关注牵涉程序原则（如时效法）的案件。但是，金斯伯格已筹划好了，她要让莱德贝特案、及自己这份异议意见产生影响，而不能眼看着本案沦为“自由派四人组”不得不面对的又一个失败，须臾之间即被世人遗忘。

在这方面，金斯伯格有自己的优势。尽管作为本案系争问题的联邦程序充斥着晦涩难懂的细节，但她知道，莱德贝特女士的困境是人们很容易理解的。莱德贝特显然是歧视行为的受害者，更有悖常理的是，固特异公司侵犯她获得同等薪酬的权利的时间越长，她打赢官司的可能性就越低。联邦最高法院之外的人民，尤其是在第一大街对面的国会大厦工作的那些人，将会对莱德贝特的故事作出回应。

金斯伯格对这份异议的设想也根植于卡哈特案与莱德贝特案之间的一个重要 80
区别。卡哈特案是宪法案件。唯一能够改变或推翻它的是大法官。因此，正如首席大法官休斯所说，凭借异议意见，金斯伯格唯一能诉求的是“未来的智慧”。莱德贝特案则不同。它并不基于任何宪法条款。莱德贝特案的系争问题是对国会一项法案的解释，具体而言，就是 1964 年《民权法案》第七章的诉讼时效法条款。唯有联邦最高法院才能解释美国宪法，然而国会始终有权改变法律。

2007年5月29日，在阿利托宣读多数意见概要的时候，金斯伯格静静地坐在宽大的椅子上，等待着。此时，金斯伯格已在最高法院工作了14年，她宣读新的异议意见的时间间隔曾长达四年之久。此时此刻，仅仅在卡哈特案过去一个月后，她即将再次宣读异议意见。这种情况本身就极其引人注目。

关于异议意见，事实上，大法官们的传统做法是：宣读一下正式意见的缩略版。但这一次，金斯伯格决定不这么做。她用通俗易懂的英语、而非法律术语描述了莱德贝特案。“在我们看来，本院并未弄明白让女性成为薪酬歧视受害者的隐秘方式，或者说对此不以为意。”她说，“本院今天所作的判决建议说，尽早去起诉，就算还不确定你将要经历的薪酬差别对待是不是歧视导致的。事实上，一开始，你可能不知道从事大体上相似的工作的男性拿着更高薪水。当然，你要是起诉了，你有可能会输，因为诉讼条件尚未成熟。”

但这不过是热身阶段。（金斯伯格所宣读内容的篇幅是阿利托的两倍。）她接下来较为详细地概述了莱德贝特在固特异公司的漫长职业生涯，以及已查明的其与条件相似的男性之间的薪酬差异；然后，金斯伯格解释了那些差异是如何随着时间的推移扩大和倍增的。“按照本院对《民权法案》第七章的解读，对每一次以至所有薪酬决定，莱德贝特都没有适时地提出质疑，这就把以前的错误一笔勾销了。更不必说，一系列决定构成的累积效应，让她的薪酬低于所有的男性区域经理。”这么多年以来，金斯伯格指出，莱德贝特完全不知道她赚的比男同事少。

金斯伯格这份演讲的结尾部分是重点所在，也是全文的高潮。“这不是第一
81 次，本院对第七章作以限缩性的解释，这与该制定法总体的救济目的是不相容的，”她说。金斯伯格所指的是最高法院在1990年代后期所作的一系列判决，它们让在歧视案件中获胜变得艰难许多。“1991年，”金斯伯格接着说，“国会通过了一项民权法案，在实际上推翻了本院的几个限制性判决，其中就有本院今天所依赖的一个判例。”换句话说，凭借1991年的一项法案，国会修复了联邦最高法院在一系列错误的判决中造成的伤害。

“今天，决定权又一次交回给了国会，”金斯伯格以此作结，“就像1991年的情况一样，立法机关有理由关注并纠正本院对第七章的狭隘解读。”

在联邦最高法院的历史上，这是极为罕见的，一位大法官竟站在法官席上，如此直截了当地呼吁另一个政府分支废除她同事作出的判决。同样少有的情况是，大法官的异议意见产生了如此强有力、如此直接的影响。金斯伯格的异议是为了引起民主党议员的注意，他们刚刚赢得了对参众两院的控制，她的目的的确达到了。除此之外，民主党的总统候选人——当时是希拉里·克林顿、巴拉克·奥巴马和约瑟夫·拜登——很快就接受了金斯伯格的建议。正是靠着金斯伯格的努力，通过立法推翻莱德贝特诉固特异轮胎橡胶公司案，成为民主党的一个核心纲领。

一切来得如此突然，年近古稀的莱德贝特顿时成了名人。

第六章　反先例之战

82 在莱德贝特案中的异议意见中，金斯伯格展示出高超的柔术技巧，把一次挫败转变为可以期待的长期胜利。然而，到了罗伯茨法院的第二年，局面变得更明朗了。准确地说，大法官们相安无事的时期仅仅持续了十二个月。前后两年，一致意见的比例从45％骤降至25％。更重要的是，保守派在争议性案件中取得了一边倒的胜利。整整三分之一的案件是以5∶4的差额作出判决的，为十余年来的最高比例。史蒂文斯、苏特、金斯伯格和布雷耶组成的“自由派四人组”仅在四分之一的案件中成为多数方。

保守派获胜的案件涉及多个主题，但其中一些最重要的胜利属于首席大法官最关注的领域。在1968年的一个著名判决中，首席大法官沃伦主张，纳税人有权起诉政府，阻止政府将资金用于可能会违反第一修正案禁止确立宗教之条款的方面，也就是说，要维护那构筑于教会和国家之间的屏障。沃伦在弗拉斯特诉科恩案（*Flast v. Cohen*）〔1〕中的理论是，如果纳税人不具备提起这些诉讼的法律资格，法院就不能有效地检视可能违反宪法的行为。像罗伯茨这样的保守派数十年来都在批评弗拉斯特案，在某种意义上，这样做也是掌控诉讼资格原则这一大目标所需要的。在2007年的海因诉“不信教自由”基金会案（*Hein v. Freedom from Religion*

---

〔1〕纳税人弗拉斯特与其他人一起起诉卫生、教育与福利部部长威尔伯·科恩（Wilbur Cohen），挑战《1963年联邦教育法案》（Federal Education Act of 1963），理由是该法授权卫生、教育与福利部调配资金给州政府和地区，资助穷苦人士以获得受教育机会。

原告声称联邦教育支出项目为宗教学校提供资助，从而违反了第一修正案之禁止确立宗教条款。初审认为原告欠缺诉讼资格，原告上诉。

Foundation）中，五位保守派大法官背离了弗拉斯特案的先例，判定纳税人不具备诉讼资格，从而不能以教会应与国家分离为依据挑战行政分支的行为。[2]

有一个案件，单看名称就很引人注目，这就是全国住宅建造商协会诉野生动物 83
保护者组织案（*National Association of Home Builders v. Defenders of Wildlife*），最高法院另辟蹊径，将原告阻挡在大门之外。多数意见认为，环境组织无权阻止美国国家环境保护局将水污染物排放许可证[3]的管辖权交给各州。

在死刑案件中，肯尼迪经常加入自由派一方，这个开庭期却投票支持保守派，维持两个计划中的死刑。其中一个案件是关于死刑案件中的陪审团选择的，另一个则涉及被告是否有权就律师辩护不力[4]问题获得听证。

就连从阿拉斯加州来的一个有些好笑的案件，都能演变为政治僵局。2002 年 1 月 24 日，盐湖城冬季奥运会的奥林匹克火炬接力仪式正在阿拉斯加州首府朱诺市举行。当地一所高中的校长允许师生们翘课去参与盛事，他们得以站在人行道上观看跑步者们经过。18 岁的高中生约瑟夫·弗雷德里克（Joseph Frederick）和他的一帮朋友站在学校对面的街道上，拉起一个长 14 英尺的横幅，上面写着："抽大麻，为耶稣。"（BONG HiTS 4 JESUS.）校长让他们把这个收起来，除弗雷德里克外，所有人都表示同意。校长动手从弗雷德里克手里抢下横幅，并停了他十天的课。

本案的争议是，第一修正案是否保护弗雷德里克展示横幅的权利。当时，校长德博拉·莫尔斯（Deborah Morse）说，她之所以夺过横幅，是因为她认为它鼓励吸毒。实际上，人们直到今天仍没弄清楚这个口号的意思到底是什么。弗雷德里克

---

〔2〕在美国，从法律上挑战宗教歧视的案例十分引人注目。美国人文主义协会于 2007 年成立了阿皮尼亚尼人文主义法律中心，免费提供这方面的公益法律服务。"不信教自由"基金会与美国无神论者协会也利用法律诉讼来吸引公众关注宗教歧视。参见朱利安·巴吉尼："无神论者：美国的'异己分子'"，载《FT 中文网》2012 年 3 月 16 日。

〔3〕美国水污染物排放许可证（water pollution permits）制度以《清洁水法案》（Clean Water Act）第 402 条为主要法律依据。该条规定：任何从点源向美国的水体排放污染物的行为，都必须获得"国家污染物排放清除系统"许可证，否则即属违法，而不论是否会对受容纳水体产生污染，或对环境产生其他不良影响。我国从 1988 年开始实行水污染物排放许可证制度。

〔4〕律师辩护不力（ineffective assistance of counsel）：又译"无效辩护"。如律师的失职行为侵害了被告获得有效辩护的权利，此时需要律师辩护不力制度来起到救济被告人权利的作用。有关该制度的研究，参见杨结玲："论律师辩护不力制度"，中国政法大学 2012 年硕士论文。

从不承认这口号与吸毒有关；事实上，他坚持称整件事就是个玩笑，“那行字就是为了吸引电视台摄像机的注意，没什么含义”。但是，最高法院决定借莫尔斯诉弗雷德里克案（*Morse v. Frederick*）考量一番学生所享有的第一修正案权利的边界。

这个问题说来话长。1969年，在越南战争局势最吃紧的时候，最高法院判定，爱荷华州的地方中学不能以三名学生佩戴反战黑袖章为由把他们赶回家。在廷克诉得梅因独立社区学区案（*Tinker v. Des Moines Independent Community School District*）中，阿贝·福塔斯[5]写出了他短暂任期内最著名的判决书，他说，“毋庸置疑，在学校大门内，师生们的宪法权利表现为言论或表达自由”。但在那之后，保守派大法官克减了学生的自由，他们在莫尔斯诉弗雷德里克案中也正是这样做的。

罗伯茨代表的多数方与史蒂文斯代表的异议方以意见书为剑，展开决斗，双方
84 争论的是一个并不怎么重要的问题：弗雷德里克的口号到底是什么意思。“弗雷德里克的口号扑朔迷离，”罗伯茨写道，“它无疑会冒犯一些人，同时在另外一些人看来很有趣。还有一些人则认为它无所谓。”罗伯茨和其他四位保守派同事愿意相信校长的断言，视其为一个鼓励人们吸毒的口号。另一方面，史蒂文斯采用了弗雷德里克本人的说法：这个口号是莫名其妙的，他不过是想上电视出出名罢了。问题是，在一个涉及言论自由的问题上，校长与学生是否应接受，疑点利益（the benefit of the doubt）归于被告。罗伯茨支持学校当局的利益，他赢了。（托马斯写了一份独立的协同意见，主张廷克诉得梅因独立社区学区案应被推翻，因为学生**根本**不应拥有第一修正案之下的言论自由权利）。

人们可能会批评说，莫尔斯诉弗雷德里克案不过是一个愚蠢的偏差，但罗伯茨法院第二年的总体基调再明确不过。在那一年，最高法院急遽向右转，也是一位自由派大法官最受伤的一年。他就是布雷耶。

---

[5] 阿贝·福塔斯（Abe Fortas，1910－1982）：1965至1969年间任联席大法官，由约翰逊提名进入最高法院。福塔斯与沃伦法院的多数方一道致力于扩张公民自由和公民权利，他最著名的两份判决都是关于儿童的。一个是1967年的高尔特案，他将先前仅适用于成年人的正当法律程序保护赋予青少年违法者。另一个即是廷克案。1968年，约翰逊总统提名福塔斯担任首席大法官，但遭到参议院阻挠。1969年福塔斯因经济丑闻辞职，后来在律师职业上取得了极大的成功。他没能成为一名伟大的大法官，但无疑是一名了不起的律师。

对布雷耶来说，昔日职业生涯中的美好时光始终牢记在心、历历在目。布雷耶在旧金山长大成人，然后就读斯坦福和哈佛法学院，毕业后成为阿瑟·戈德堡[6]大法官的助理，并于1960年代末返回哈佛执教。然而，过了不到十年，布雷耶作出一个令坎布里奇的同事们深感惊讶的决定，那就是重返华盛顿。哈佛法学院教授在行政分支工作是常有的事情——多年后，奥巴马实际上也对法学院的生活心生厌倦——但布雷耶此番是去国会任职。他担任了参议院司法委员会的首席法律顾问，时任委员会主席是爱德华·M. 肯尼迪[7]。

有段时间，布雷耶几乎每天都与斯特罗姆·瑟蒙德[8]的首席律师共进早餐，当时瑟蒙德是司法委员会中的资深共和党人。两位幕僚聚在一起，满心热忱地规划委员会的蓝图。肯尼迪和瑟蒙德在意识形态上当然是对手，但他们引导自己的两位代表设法"求同"。后来的事实证明，他们的联袂立法是极其成功的，他们一起制定了各项里程碑式的法律，解除了对货车运输、航空及天然气等行业的管制。布雷耶十分珍惜那段时光。

在司法委员会任职的经历也给布雷耶带来了切实的利益。1980年，布雷耶年仅42岁，吉米·卡特总统提名他担任第一巡回法院法官。司法委员会的参议员 85
们，不分民主党和共和党，都很欣赏布雷耶。因此，在卡特已经在大选中**输给**罗纳德·里根的情况下，布雷耶获得了提名确认。日后，当法官提名的政治氛围变得乌

[6] 阿瑟·戈德堡(Arthur Goldberg, 1908－1990)：美国法学家。1929至1948年间在芝加哥执业。1938年芝加哥报业公会罢工期间，担任该公会的法律顾问，从而闻名全美。1948年，戈德堡来到华盛顿，任美国产业工会联合会与美国钢铁工人联合会的总法律顾问。1961至1962年任劳工部长，1962至1965年任大法官。1965年，应约翰逊总统之邀，放弃大法官职位，转而担任美国常驻联合国代表，1968年以辞职表示对约翰逊将越南战争扩大化的抗议。后曾两度担任卡特总统的特使。

[7] 爱德华·M. 肯尼迪(Edward M. Kennedy, 1932－2009)：生于波士顿，美国民主党政治家。从1962年起直至逝世任马萨诸塞州联邦参议员。爱德华是肯尼迪家族的一名重要代表人物，其父亲是前任美国驻英大使老约瑟夫·P. 肯尼迪，两位兄长分别是约翰·肯尼迪总统和罗伯特·肯尼迪参议员。他的儿子帕特里克·J. 肯尼迪也选择从政，目前是国会众议员。爱德华是民主党的元老和最具影响力的一个象征，被认为是自由主义的标志性人物，被誉为"参议院雄狮"。在其参议院生涯中，他提出一系列工人权利、教育资助、外交政策及移民法方面的立法案。

[8] 斯特罗姆·瑟蒙德(Strom Thurmond, 1902－2003)：美国政治家，1947年至1951年间任南卡罗来纳州长。1954年当选参议员，1956年辞职但同年再次参选，连续在任长达47年之久。1948年瑟蒙德试图参选总统，但以失败告终。他原本是民主党人，但因为信奉种族主义并强烈支持种族隔离，与当时民主党认同非裔美国人民权运动的立场产生分歧，于1964年退出并加入共和党。

烟瘴气的时候，两党就巡回法院法官提名通力合作的这种情形变得不可思议。这一时期(布雷耶称其为“黄金时代”)成为布雷耶念兹在兹的理想模式，他希望在最高法院予以复制。

布雷耶在国会中结识了一些议员，对他们的尊重之情在他的内心从未磨灭。他相信国会，以及政府。在他看来，妥协是一种美德，而非罪恶。重要的是，给每个人以发言权，然后得到**切实可行的**(worked)……效果。布雷耶极其喜欢切实可行(work)这个单词及其同源词。“我们的一部宪法史，”布雷耶在其出版于2005年的《积极自由》一书中写道，“始终在探索何为切实可行的(workable)政府、切实可行的民主政府，何为民主政府为个人自由提供的切实可行的保护。”五年后，布雷耶又写了一本书，书名是“让我们的民主变得切实可行”(*Making Our Democracy Work*)。

克林顿1994年提名布雷耶出任大法官，从此，布雷耶在大多数重要案件中持异议意见，如2000年的布什诉戈尔案。但在2000年之前，布雷耶曾为时短暂地成为多数方的有影响人物，这在很大程度上是因为奥康纳。在乔治·W.布什的第一个总统任期，随着奥康纳与白宫的共和党渐行渐远，布雷耶与奥康纳结成一个实力不容小觑的组合。他们真心地欣赏彼此，因为他们都是务实、想要解决问题的人。他们环游世界，发表演讲，建言世界各地的法官和立法者们。(“9·11”恐怖袭击发生后，他们被一同困在了印度。)

我们可以十分精确地标出布雷耶的影响力抵达巅峰的时刻。2005年6月，当年的开庭期即将宣告结束的时候，最高法院审理了两个涉及公开展示十诫的案件，两案的投票结果都是5∶4。最高法院推翻了地方当局要在肯塔基州法院宣示十诫的决定，但与此同时允许十诫继续出现于公园，该公园靠近坐落于得克萨斯州首府奥斯汀市的州国会大厦。四位大法官认为两种展示都应保留；还有四位大法官主张两者都应被拆除。

86

在两案中，布雷耶是决定哪方最终成为多数方的唯一一人。他那看似不一致的立场招来了一些嘲笑，但他的论证是合情合理的。肯塔基州法院的十诫，每个来到法院的人都看得见，显然是一种挑衅，这种展示从张贴的那一刻起就是有争议的。另一方面，谈到得克萨斯州的情形，在四十年的时间里，铭刻有十诫的纪念碑并未引起任何人的注意。(该案的原告是个无家可归的男人,有时住在公园里。)布雷耶认为,公众对展示的反应至关重要。得克萨斯州的展示"在长达近两代人的时间里,显然不曾引起抗议。那种经验有助于我们了解这一展示成为实际问题的**程度**,它是不可能造成分裂的",布雷耶写道。但他也补充说,至于肯塔基的展示,"在这个有着如此众多宗教和非宗教基本信仰的国度,现在,一个州密切关注某一宗教文本的行为当然有可能引起分裂,而矗立已久、早已存在的纪念碑则不会有这种后果"。用布雷耶心爱的词说来,这是一个切实可行的妥协。

无论如何,布雷耶时刻犹如昙花一现。肯塔基州和得克萨斯州两案于 2005 年 6 月 27 日宣判。四天后,奥康纳宣布告别最高法院。

在布雷耶被提名之际,人们自然而然地认为他是技术官僚。他曾在哈佛教反垄断法和行政法,而且也钟情于普通人不太懂的这两个专业,视之为最高法院工作(work)的核心,它们在他心目中的重要性高于宪法。饶是如此,布雷耶一进入最高法院,就尝试着去了解宪法,以及宪法在美国史中的地位。

如果人们不够心明眼亮的话,就很容易把最高法院的历史浪漫化。约翰·马歇尔在 1801 至 1835 年间担任首席大法官,期间,最高法院俨然成为美国民主的典范。是马歇尔、而非制宪者或任何一位总统做了如下工作:界定三权分立的形式、联邦权力的范围、联邦政府与各州的关系,以及最高法院在成立不久的美国政府中的地位。正因为有马歇尔,最高法院在历史上一出场就光彩照人。

然而,接下来的十二年,最高法院却在很大程度上成为美国人生活中的恶势力。这一时期有里程碑意义的案件几乎全是负面的,而它们将持续存在近百年。1857 年,最高法院在德雷德·斯科特诉桑福德案(*Dred Scott v. Sanford*)中判定:非裔美国人是一种财产,他们永远不能拥有人类享有的权利,这是一个令最高法院永远蒙羞的判决。它加速了内战的爆发,并在法律条文层面被国会通过的第十三、十四、十五修正案推翻。然而,最高法院仍执着于对上述修正案作出限缩、严格解释,竟能任由非裔美国人在未来许多年中,依旧经受无尽的歧视和暴力。在 1896 年的普莱西诉弗格森案中,最高法院支持路易斯安那州将黑人与 87

白人分隔在不同火车车厢的做法，显示出对美国种族隔离的正式认可。1905 年，最高法院裁断洛克纳诉纽约州案（*Lochner v. New York*），推翻了一项限定面包师最高工作时间的州法。这个糟糕的判决仅是一个长达数十年的历史阶段的开头而已，最高法院从此一门心思地设置障碍，阻挠那些可能保护到美国最弱势公民的立法行动。

厄尔·沃伦就任首席大法官之后，引领美国进入种族关系的新时代，从更深层的意义而言，他拯救了联邦最高法院这样一个机构。沃伦认识到，一个法院既然将"法律面前人人平等"（EQUAL JUSTICE UNDER LAW）的理念镌刻在外墙，又怎能容忍国家支持的种族隔离行为。在担任首席大法官第二年的 1954 年 5 月 17 日，沃伦带领最高法院全体大法官在布朗诉教育委员会案中达成一致意见。沃伦本人主笔的判决书属简单、直截了当的散文体。"我们的结论是，在公立教育领域，'隔离但平等'原则是没有立足之地的。"他这样写道，正式宣告推翻普莱西诉弗格森案。

布朗案以及沃伦法院在种族问题上的判决，是布雷耶尤其感兴趣的。在布朗案五十周年之际，布雷耶自告奋勇以最高法院使者身分出席在堪萨斯州首府托皮卡市举行的官方庆典，那儿正是案件的起源地。"作为联邦最高法院的一员，我今天来是代表最高法院，我代表的不是九位大法官个人、而是这个机构——这是一个与美利坚合众国同龄的机构，肩负着解释美国宪法的重任，"布雷耶在包括布什总统在内的听众面前娓娓而谈，"1954 年 5 月 17 日，那是最高法院历史上一个伟大的日子，许多人说那是最伟大的一天。"他接着说："1954 年 5 月 17 日之前，最高法院在解释宪法中规定的'法律的平等保护'时，就当这句话只保护多数种族的成员。1954 年 5 月 17 日之后，最高法院对这一规定的解释则遵循了内战后的立法者们的原意：对每一种族的公民给予同样的保护。"（不是所有的大法官都对布朗案五十周年的大日子如此有感触；威廉·伦奎斯特也在 2004 年 5 月 17 日那天发表了演讲，他甚至提都没提布朗案。）

88 布朗案让布雷耶尤为有共鸣，也是缘于他自己在公立学校的经历。布雷耶在旧金山度过成长期，在他看来，那是旧金山史上一段独特而光辉的时期。旧金山在二战后迎来繁荣，创造了美国历史上罕有的（如果不能说是史无前例的）平等机会。

史蒂夫和他的弟弟查克[9]从洛威尔高中(Lowell High School)毕业，该校是旧金山教育系统皇冠上的宝石，遴选英才而教之，培养了一代代的社会中流砥柱。布雷耶的父亲为旧金山学校委员会做了数十年律师，帮助委员会管理从全世界涌来的移民。(时至今日，布雷耶仍佩戴着他父亲在退休之际获赠的一块腕表。表的背面刻着这样一行字："欧文·G. 布雷耶[Irving G. Breyer]，旧金山联合学区法律顾问，1933—1973，友人敬赠。")洛威尔高中也给查克带来了好运。1997 年，克林顿提名查尔斯·布雷耶出任旧金山联邦地区法院的法官。

布雷耶多次发表演讲，每次都不忘说说库珀诉亚伦案(*Cooper v. Aaron*)的故事，这个著名的案例使得阿肯色州小石城的公立学校不再阻碍法治的实现，并立刻取消了种族隔离。(该案的意见书至今仍是最高法院史上的孤例，九位大法官共同执笔并全都签上了自己的名字。)在描述库珀诉亚伦案的影响时，布雷耶说，沃伦在布朗案中的意见"迫使国人自问，美国是否信仰法治——这是一种美国历史上有时会排斥的法治，这是艾森豪威尔总统在 1957 年执行的法治，他派出联邦伞兵部队，空降到阿肯色州，让士兵们牵着黑人学生的手，安全地走进白人校园的大门。我们现在都认同，法治是我们遗产的一部分，正是源于布朗案及其影响。但是，我们也经常把法治视作理所当然"。

那正是罗伯茨法院第二年的最后一个问题：现在看来，布朗案还是理所当然的吗？

西雅图和路易斯维尔，位于美国东西两端，在气质、历史和发展方向上都相去甚远，但两个城市遇到了一个相似的问题。在两城，孩子们一般来说是按住所地就近入学，而街区之间是极端种族隔离的。两个城市的学校委员会都想扭转局面，让招生工作往种族融合的方向发展。在西雅图，全市的招生情况是，约 41%为白人 89
学生，59%为非白人学生，他们全都可以自行选择就读哪所高中。对比较热门的学校，西雅图采取首要因素决定制(tiebreaker formula)。第一个决定因素是，是否有兄弟姐妹已入该校。第二个是，种族；如果一所学校的种族构成与全市的情况有

[9] 史蒂夫(Steve)是斯蒂芬(Stephen)的昵称，而查克(Chuck)则是查尔斯(Charles)的昵称。

10%的差异，种族因素将会决定某个学生是否能被录取。肯塔基州杰斐逊郡（路易斯维尔属于该郡）采取大体上相似的方法。学生的家庭住址靠近学校是第一个决定因素；种族其次。少数学生（每个城市或许不足五百人）受到了这一制度第二个因素的影响。

那么，如果两案影响的仅仅是少数学生，它们何以如此重要？因为它们反映了最高法院所推动的种族融合的历史效果。更重要的是，西雅图和路易斯维尔案代表了由布朗案遗产所牵涉的法律诉讼，这在罗伯茨法院中是头一遭。布朗案在本质上是一个放任自由主义的判决，仅仅是为了限制政府所做的所有种族识别行为吗？或者说，布朗案是一份授权书，允许政府采取措施去促进种族融合？政府在何种情况下可以考虑你的种族，是在指定学校时，是在雇你工作时，还是在指定你的国会选区时？政府究竟能不能考虑种族因素？

2003年，奥康纳写下了法官生涯中最重要的一份判决书，对这些问题给出了自己的回答。在格鲁特尔诉博林杰案（*Grutter v. Bollinger*）中，她代表险胜的多数方支持了密歇根大学法学院的招生政策。根据那一政策，法学院将种族列为包括分数和测验成绩在内的诸多因素中的一个加以考量，来作出录取决定。奥康纳认可这种做法，所持理由与她的导师刘易斯·鲍威尔在巴基案[10]中的一样，而鲍威尔在巴基案支持的是研究生院招生中的平权行动。奥康纳在格鲁特尔案的判决书里写道："学生组成的多元性是州享有的一个极大的利益，足以证成在大学招生中考虑种族因素。"但她的判决书附带了一个警示，就最高法院的判决书而言更不寻常的是，还附加了一个期限。"自从鲍威尔大法官最初支持运用种族因素、在公立高等教育领域追求学生构成的多元性这一利益以来，已过去了25年时间，"奥康纳写道，她所指的正是巴基案。"从那以后，在考试和测试中得了高分的少数族裔申请人
90 的数字事实上增加了。从现在算起，我们期待，再过25年，没有必要用种族优先（racial preferences）的做法来追求我们今天所支持的利益。"格鲁特尔案才过去了四年，在西雅图和路易斯维尔案中，现在的问题是，奥康纳的意见是否还有法律效力。

在名为社区学校学生家长诉西雅图第一学区教育委员会案（*Parents Involved*

[10] 即 *Regents of the University of California v. Bakke*, 438 U. S. 265(1978)。

in Community Schools v. Seattle School District No. 1)的主要案件(lead case)中，罗伯茨借机展示了他的秘密武器。总体而言，最高法院法律意见的写作风格要么务实，要么晦涩，也有大法官试图创作文笔优美的意见，但往往会以失败告终。就布雷耶而言，他的法律意见像是一份PPT，每段以一二三开头。错综复杂、枝枝蔓蔓是苏特的文风，而他本人也乐在其中。如果助理交来一份写得十分文雅的草稿，苏特就会说："我又该好好补补课了……"早年间，史蒂文斯的意见书表现出的是中西部人的直来直去——他在很长的时间里都是亲历亲为写草稿——但到底还是越来越中庸稳妥了。斯卡利亚的咒骂天赋在异议意见中表露无遗，但他写起判决书来就没那么有热情和兴趣了。而细密周详则非肯尼迪所擅长。

首席大法官很快就展现出自己的写作才华：清晰、一针见血、文字优美但绝不罗嗦。他在学生家长案判决书的结语就体现出这些特点："对从未实行过种族隔离的学校来说，比如西雅图，或者对已经消除历史上的种族隔离印记的学校来说，比如杰斐逊郡，建立一个不以种族为基础的公立学校招生系统的方式就是，停止依据种族因素划定学生，他写道，"为了制止以种族为基础的歧视，就要停止依据种族所作的区分"。

为了制止以种族为基础的歧视，就要停止依据种族所作的区分。对此，谁会持不同意见呢？

四位异议者何止是不同意，他们简直是暴怒。史蒂文斯把写作主要异议意见的任务指派给了布雷耶，但忍不住亲自补充了一份质疑性的简短异议，并不仅仅是因为这事关布朗案遗产。"首席大法官的法律意见竟是仰赖本院在布朗诉教育委员会案中的判决，这真是一个残酷的反讽，"史蒂文斯说。"他在判决书最后一段开头写道，'在布朗案之前，孩子们被告知，他们可以或不可以去哪所学校上学是以他们的肤色为依据的'。这句话让我想起了阿纳托尔·法朗士[11]对世事的观察：'法律，按其冠冕堂皇的平等原则，既禁止富人，也禁止穷人在桥底下睡觉、在街上行乞

---

〔11〕阿纳托尔·法郎士(Anatole France, 1844－1924)：法国小说家作家雅克·阿纳托尔·弗朗索瓦·蒂博(Jacques Anatole François Thibault)的笔名。法郎士生于巴黎书商家庭，主要作品有《波纳尔之罪》、《当代史话》、《企鹅岛》、《诸神渴了》和《天使的叛变》等。他的小说以人道主义立场、批判风格，表现出对社会不公的愤慨之情。法朗士是1921年诺贝尔文学奖获得者。

91 以及偷窃面包。'首席大法官没注意到的是，只有黑人学生才得到这样的安排；因为事实上，历史书上从没记载过白人孩子极力争取、要去黑人学校上学的故事。从这一点及其他方面来说，首席大法官是在改写历史，重述最高法院所作的一个最重要的判决。”

就在最高法院作出对学生家长案的判决前，史蒂文斯过了 87 岁生日。史蒂文斯明白，以自己的年纪，能在最高法院发挥影响力的时间正在急剧减少。于是，跟前些年相比，史蒂文斯的措辞不再拘泥、委婉。罗伯茨法院第二年的保守主义洪流更是把他推到了愤怒的边缘。

“本院发生了重大的变化，”史蒂文斯在学生家长案的异议中写道。“与现在相比”，过去它“更为忠诚于布朗案，更为尊重我们的先例。我是在 1975 年来到最高法院的，我坚定地确信，那时的大法官没有一个会认同今天所作的判决”。

开庭期的最后一天总是充满戏剧性。几乎从不例外的是，那一天总是最高法院宣布当年最重要最富于争议的判决、或者大法官们透露退休计划的日子。一如既往，那一天也是大法官们身心俱疲、彼此厌倦的时刻。每个人都需要去理理发、度度假了。

2007 年 6 月 28 日，布雷耶显然心烦意乱。这种日子——日复一日地写异议意见——显然不是他对自己的大法官职业的预期。布雷耶曾在 1964 至 1965 年间做过自由派大法官阿瑟·戈德堡的助理，那段日子靠近沃伦法院的鼎盛期。布雷耶并非天真之人。他不觉得人们会在任何时候都认同他。但布雷耶至少的确曾认为，最高法院的氛围或许会类似于他三十年前在司法委员会所感受到的那种同气相求的关系。在奥康纳—布雷耶法院的黄金时期，他每年在法官席上宣读的异议不超过一个。但单单在 2006 至 2007 年这个开庭期的最后一天，他就在两个投票结果为 5∶4 的案件中宣读了自己的反对意见。

第一个案件是丽晶创新皮革制品公司案(*Leegin Creative Leather Products*)，涉及反垄断法。自从 1911 年判决米勒斯医生案(*Dr. Miles*)以来，最高法院始终主张，制造商如要求零售商以最低价格销售产品，即构成对反垄断法的违反。在布什班子的敦促下，肯尼迪操刀的判决书推翻了已存在69年之久的先例，并说，关于这种行为违法与否，应逐案判断。（反垄断法领域的政治界线是很明确的。民主党 92 支持严格执法，而共和党则相信市场的力量。）

作为年资第二浅的大法官，布雷耶的座位排在首席大法官的最后边，那个位置距离记者专用席仅为约六英尺。布雷耶在宣读当天的第一个异议意见、也即较简短的那个时，往记者们那儿看了看，以确认他们是否在专心听。他心里很明白，反垄断案件不会吸引太多的公众注意力，但他用这个案件去映射存在于罗伯茨法院的一个大问题。

“在此，我只想强调一点，那就是遵循先例，”布雷耶说，“禁止垂直定价（vertical price fixing）的法律规则源自米勒斯医生案，已有近百年的历史了。法律界、企业界的人士对此都很熟悉。本院和下级法院数十年来始终坚守这一规则。”在简要的表述中，布雷耶三次以上提及“遵循先例”一词。他所要传达的讯息很明确：罗伯茨法院正跃跃欲试，与最高法院自身的历史作战。

接下来宣判的是当年最后一个案件，即学生家长案。罗伯茨以对案件的概述开场，显而易见，又一个先例面临险境，此即奥康纳对格鲁特尔案的判决。奥康纳宽泛地论及教育多元性的价值，但罗伯茨说，最高法院现在认为，格鲁特尔案仅关乎“高等教育领域的多元性”。鉴于社区学校学生家长案仅涉及高中，罗伯茨说，格鲁特尔案的法律推理是不相关的。这就是最高法院准备抛弃一个先例时的做法：先是加以限定，然后推翻。

随后，布雷耶宣读异议意见，他注意到其篇幅是自己写过的其他异议的两倍以上。西雅图和路易斯维尔的学校委员会，正如他的父亲奉献一生的那个委员会，已经竭尽全力了。“他们一开始是奉行种族隔离的学校。他们寻求着补救措施。他们尝试过反种族隔离校车制（forced busing）。他们对白人学生的离开感到忧心忡忡，或者眼看着这成为事实。他们直面种族隔离实际上已卷土重来的关切，最后提出了终结反种族隔离校车制的计划，这些计划极其倚重学生的选择。在两个城市中，所有学生都有选择权。”在布雷耶看来，学校委员会什么也没做错，事实上他们做的全是对的。

在布雷耶看来，双城所做的努力增添了布朗案的荣光，而不是贬低了它。“布

93 朗案提出的是一个妥协方案，这种妥协也体现于旨在让从前的奴隶成为公民的三大修正案。那是真正为了实现种族平等而作出的妥协，不是落在纸面上的漂亮话，而是关乎美国公民和学校的日常生活。它涉及民主的性质，对所有美国公民来说，民主必须是切实可行的。”切实可行的民主，是布雷耶矢志不渝的目标。

但是，布雷耶的异议不仅仅涉及学生家长案、布朗案或公民权利。它谈的是最高法院在这短短一年间所发生的事情：堕胎、妇女权利、民事诉讼程序、言论自由、反垄断、死刑，不一而足。布雷耶脱开异议意见书的文本，让人们看到一个真实的罗伯茨法院。

“这在法律领域并不是常有的事，”他说，“寥寥数人在如此短的时间内改变了大局。”

第二部分

第七章 猎人

在罗伯茨时代开始之际，安东宁·斯卡利亚情绪低落。尽管半心半意地婉言 97
谢绝，他一度还是希望自己被提名为首席大法官。他的老朋友迪克·切尼[1]是他在福特班子中的同事，提出了提拔斯卡利亚的可能性，但布什总统对这个想法不感兴趣。斯卡利亚的确是保守主义阵营的英雄，但毕竟已年近古稀。把握住在一代人的时间里控制最高法院的机会，对布什来说，是一件远比给斯卡利亚安排一个好职位更重要的事情。

事实上，斯卡利亚对在最高法院工作这件事本身都是五味杂陈的。他经常说，如果能找到一个让人们更关注他思想的地方，他情愿早点离开。但没有这样的地方。在常规案件中，斯卡利亚几乎不审阅动议书。因此，他的助理们学会了在老板不给太多指示的情况下干活。斯卡利亚在言词辩论中表现得很好斗，案子越小越这样，这对他来说是一种保持注意力、并获得关注的方式。斯卡利亚渴望成为焦点人物。在奥康纳离开最高法院后，斯卡利亚沿袭了她的习惯，在言词辩论中第一个发问。倘若其他的大法官开个玩笑，斯卡利亚总是最乐于捧哏的。

但是，在最看重的案件上，斯卡利亚讨厌失败的结局，而在任职最高法院的岁月里，他在此类案件中输多赢少。1992 年，斯卡利亚认为，推翻讨厌的罗伊诉韦德

---

[1] 迪克·切尼(Dick Cheney)：生于 1941 年，美国政治家，乔治·W. 布什任内的副总统，被广泛认为是美国历史上最有实权的副总统之一。切尼曾任福特总统的副助理、幕僚长，乔治·H. W. 布什班子的国防部长等职，也做过保守主义智库美国企业研究所的研究员，哈利伯顿公司的主席和首席执行官。

案的大业成功在望。但当时的同事奥康纳、肯尼迪、苏特在凯西案中背叛了他。斯卡利亚的异议意见透着怒气。（“帝国司法机关常在，”[2]他嘲讽道。）到了2003 98 年，斯卡利亚越发怒不可遏。最高法院在劳伦斯诉得克萨斯州案（*Lawrence v. Texas*）中判定，不得以进行合意性行为为由起诉同性恋人士。（“为了消除同性恋行为传统上附着的道德羞辱感，一些同性恋权利活动家推动了同性恋问题议程，从而形成了一种致力于此的法律职业文化，而最高法院是这种文化的产物，今天的判决又是最高法院出品。”他这样写道。）斯卡利亚的咒骂天赋让他的异议意见比多数意见更让人过目难忘，但是，他渐渐厌倦了写异议。

涉及文化战争的案件最能触动斯卡利亚，这并不是偶然的。斯卡利亚定期对天主教组织发表演讲，在过去十余年的时间里，他的演讲内容大同小异。在他眼中，世俗精英是怎样看待真正的信徒的？人们如果对此有所了解，一定会觉得很讽刺。“我们必须祈祷自己有勇气忍耐这世故（sophisticated）世界的嘲讽，”斯卡利亚说道。虔诚的基督徒命中注定会被视为现代社会的愚人。“当然，那些怀有全部或大部分传统基督教信仰的人们会被认为是单纯的。”他最后一般会说，“如果说我今天传达了什么福音的话，那就是：当你的智慧被看作愚蠢的时候，拿出勇气。做基督的愚人吧，并且有勇气去经受世俗世界的轻视。”圣经字面主义与宪法字面主义从来都相去不远，斯卡利亚也称字面主义为文本主义。

斯卡利亚的受害者之感来得有点讽刺，因为他自己的事业一直处于上升通道。他生于新泽西州首府特伦顿市，在纽约市皇后区的艾姆赫斯特社区长大成人。他父亲工作的地方位于另一个区，老先生是布鲁克林学院的罗曼语教授。（他父亲将一些意大利文学作品翻译成英文。）他的妈妈是小学教师。尼诺[3]是他们唯一的孩子，学业优异。他在哈佛做法律评论的编辑。在法学院读书期间，尼诺遇到了未来的妻子莫琳，她当时是拉德克利夫学院的本科生。他们养育了九个孩子。其中一个做了牧师。

---

〔2〕在伦奎斯特法院时代，一些联邦法院研究出执行自己判决的办法。法官们实施了学校解除种族隔离计划、监督监狱制度，甚至通过强制增税资助法院判决，许多学者称这种法院为“帝国司法机关”。

〔3〕尼诺（Nino）：斯卡利亚的昵称。

斯卡利亚曾短暂地在克利夫兰市的一家律所工作过，随后即成为美国顶级法学院的教授。（他先后在芝加哥、斯坦福、乔治城法学院任教。）和布雷耶一样，斯卡利亚的首要兴趣在于行政法，但总体上来看，斯卡利亚对行政管制的反对来得比布雷耶更为强烈。他的观点引起了华盛顿保守派高层的注意，于是得以在福特总统任期内就职于司法部。里根总统 1982 年提名他担任哥伦比亚特区巡回法院法官，那年他年仅 46 岁，并于四年后做了大法官。斯卡利亚的意大利出身和天主教信仰，非但没有构成障碍，反而成为他在罗伯特·博克提名挫败后获得提名的决定性 99
因素。

从某些角度来看，斯卡利亚占据了两个世界的优势，即便他本人不这么看。迄今为止，他仍是投身文化战的战士们——宗教团体、联邦党人协会——最喜爱的法官。他以“世故世界”和“法律职业文化”等言词反映并鼓励了文化战士们对世事的嘲讽。与此同时，他也赢得了那个圈子的崇拜。他在法学界的前同事们就算并不认同他的司法哲学，也承认他在美国宪法的核心问题上植入了一个完整的意识形态。人们不应低估斯卡利亚成就之宏大。最高法院进入现代时期后，大法官中将自己的司法哲学引入最高法院的世界和事业的，仅有斯卡利亚、奥利弗·文德尔·霍姆斯，或许还要加上威廉·布伦南。

那一点在 2006 年表现得很明显，当时斯卡利亚眼睁睁看着首席之位旁落他人、永远离自己而去。11 月，哈佛法学院举办庆祝仪式，祝贺斯卡利亚任职联邦最高法院二十年。庆典为期两天，出自斯卡利亚母校法学院院长埃琳娜·卡根的创意，卡根是克林顿班子的一员老将，却在哥伦比亚特区巡回法院法官的提名上受挫。在坎布里奇，人人都知道，卡根并不认同斯卡利亚的政治观点或司法哲学，但正因为此，卡根及其同事如此郑重致敬，才让斯卡利亚颇为受用。“他对文本主义和原旨主义所持的观点，他对法官在我们的社会中所起作用、对裁判实践的理解，切实地改变了我国法律辩论的方式，”卡根在演讲中说，“作为大法官，多年来他对我们如何思考、如何谈论法律发挥了最重要的影响。”

考虑到斯卡利亚的背景，在作为文化战试金石的堕胎和同性恋问题上，他持反对立场并不令人奇怪。他与枪支问题也渊源颇深，但那方面的立场并不符合人们对一个土生土长的纽约客的预期。

斯卡利亚在十几岁的时候，往返于皇后区和位于曼哈顿区的泽维尔高中之间，那是一所耶稣会的男子中学，坐落于第十六大街。即便在当时——斯卡利亚是1953届的学生——泽维尔也显得很不寻常，因为它要求自己的所有学生参加青少年预备役军官训练营。高中毕业后，年轻的安东宁参加了在一座兵工厂举行的军
100 事训练，并随身携带他的来福枪（一把0.22英寸口径的卡宾枪）乘地铁，无疑，这很有创意，在当时也并不违法。长大成人后的许多年，忙忙碌碌的生活中，斯卡利亚无暇虑及枪支世界，但最终他还是回归了。

1991年，斯卡利亚接替拜伦·怀特成为负责第五巡回法院的大法官，管辖范围包括南方的好几个州。斯卡利亚开始经常前往那个地区，而那里的友人们也邀请他前去打猎。他极其喜欢打猎，尤其热衷于追逐火鸡这样的鸟类动物。然而，没过多久，他就成为美国最出名的猎鸭者。2004年1月，斯卡利亚邀请迪克·切尼同去路易斯安那州猎鸭。碰巧，有关副总统能源行动小组的一宗法律诉讼正由大法官们处理，尚未结案。斯卡利亚备受质疑，理由是他与一方当事人进行社交活动。斯卡利亚作出以牙还牙式的典型回应，起草了一份长达二十一页的备忘录，证明这次猎鸭之旅的正当性。“副总统和我在猎鸭的时候从来不埋伏在一个地方，我们未曾讨论过本案，”他写道，“华盛顿的官员们了解规则，明白与法官讨论未决案件——无论是他们自己的还是其他人的——是被禁止的。”不管怎么说，比起其他同事，斯卡利亚对枪械的宪法地位更感兴趣，而那是一个最高法院已多年不曾触及的话题。

在联邦最高法院成立的前两百年里，它仅仅在一宗案件中深入探讨了第二修正案。该案发生于1978年4月18日，州警逮捕了杰克·米勒（Jack Miller）这样一个不入流的恶棍，及其住在阿肯色州赛洛姆斯普林斯的同伙。米勒被怀疑在一场酒吧斗殴中谋杀了一名法庭记者，而他在被指认犯下了一系列偷盗银行的罪行后，提供了对同犯不利的证据。在逮捕他时，警方发现了两把未注册的、枪身锯短了的

短枪，因此，米勒被控违反《全国枪械法》，该法案于 1934 年通过，是出于对情人节屠杀和那一时期发生的其他大案的回应。阿肯色州联邦地区法院的一位法官驳回了案件，理由是该法侵犯了米勒的第二修正案权利。

1939 年，联邦最高法院以一致意见推翻了地区法官的判决，并认为枪械法案符合第二修正法。为了得到这个结果，詹姆斯·麦克雷诺兹不得不挖掘出一段即便在当日看来也很模糊不清的美国史。在美国革命之前的岁月，殖民地没有常备 101
军。事实上，在认为有必要采取集体性的军事行动（通常是针对印第安人的）时，殖民地居民会召集民兵。民兵依赖的是公民私人提供的枪支弹药，人们有时会大量储备以备后用。在美国革命发生前夕和期间，英国人开始没收殖民地居民的枪支，可以想见，殖民地居民对此义愤填膺。

到起草宪法的时候，制宪者们悉心呵护地方民兵的独立性，使之免于中央政府的干预。宪法有好几处提及民兵，但今天最广为人知的就是第二修正案了。宪法第一条规定，国会有权：

> 制定召集民兵的条例，以便执行联邦法律、镇压叛乱及击退侵略；
>
> 规定征召民兵的组织、装备和训练，以及民兵为合众国服务时的管理办法。

第二条规定总统为合众国陆海军的总司令，并“在各州民兵奉召为合众国执行任务时担任统帅”。换句话说，在宪法起草之际，民兵是美国生活中一个生机勃勃的、十分重要的组成部分。民兵组织延续到了 19 世纪，而后随着 1903 年《民兵法案》的颁布，其功能正式被其他机构（比如国民卫队及其他执法或军事实体）吸纳。

正是在这一背景下，联邦最高法院在米勒案中权衡对早期控枪措施的诉讼。麦克雷诺兹代表最高法院写作的法律意见在推理上差不多完全是原旨主义的。判决书援引了宪法第一条关于民兵权力的规定，然后说：“显然是为了保证这些规定的延续性及有效性，第二修正案才作出声明和保障。对其的解释和适用必须考虑到那一目标。”事实上，如果第二修正案的立法意图是赋予个人持有武器的权利，那么最开始的民兵条款就既是没必要的、也是毫无意义的。

102 接下来，麦克雷诺兹说，制宪者们相信，民兵将会保护人民的权利，使之免于中央政府的压迫。“当时的时代情感强烈反对常备军。人们普遍认为，依靠民兵，足可以捍卫国家和法律。民兵，首先是平民，偶尔当士兵。”他援引威廉·布莱克斯通和亚当·斯密来讨论民兵的重要性，并评论了有关于此的州法。“大多数州，如果不能说是所有州，都接受了触及保有和持有武器之权利的规定。”他写道，“但它们似乎无一对下级法院被挑战的判决提供任何实质性支持。”鉴于这些原因，大法官们得出结论，第二修正案存在的目的是保护民兵、而非个人持有武器的权利。

美国诉米勒案(*United States v. Miller*)的判决系一致意见，而且争议不大，从那之后，第二修正案问题可以说是从全国性议程中消失了几十年。在二战期间及其后，美国进入一个繁荣和安全的时期。几乎没人呼吁进行枪支控制，因此也就没有理由挑战宪法基础。事情在 1960 年代起了变化，总的来说，谋杀和犯罪带来了限制枪支所有权的政治动力。在罗伯特·F. 肯尼迪遇刺后，国会通过了 1968 年《枪支控制法案》(Gun Control Act)，这是林登·约翰逊总统任期内最后一件主要立法。法案所作的限制是温和的，禁止以邮寄方式销售大部分枪械、限制某些高危险度的人购买枪支。该项法律赢得了广泛支持，支持者中甚至有全国来福枪协会。这一时期，在某种程度上，严厉打击犯罪这一共和党传统目标在某种程度上意味着支持控枪。杰拉尔德·福特总统是那个时代的共和党的典型一员，他提议进行控枪立法。但福特在共和党提名中的对手罗纳德·里根提出了不同的观点。

里根给反对控枪的立场加上了宽泛的放任自由主义意涵。在他看来，控枪不过是另一个大政府计划，弊大于利。控枪惩罚的是遵纪守法的公民，而让武器落在犯罪分子手中。进而言之，里根暗示，控枪是第二修正案所禁止的。“第二修正案赋予个人公民一种反对国家专制的保护手段。个人权利是最为优先的，”1975 年，里根为《枪支弹药》[4]杂志撰文指出。“第二修正案很明确，或者说理应是明确的。
103 它看起来并未给支持控枪的人留下任何余地。”里根在 1976 年输掉了竞选，但世易时移。1972 年的共和党纲领是支持控枪的，但 1976 年的却成了反对。

---

[4]《枪支弹药》(Guns & Ammo)：一本美国杂志，创立于 1958 年，主要介绍弹药、打猎、竞争性射击等与射击有关的活动。全国来福枪协会主席查尔斯·赫斯顿(Charlton Heston)曾开设有关枪支权利方面的专栏，题为“国会山来稿”。

保守主义运动中的政治和法律分支加入进来，支持对第二修正案作新的解读。1977年5月21日，全国来福枪协会在辛辛那提市举行年会，该组织中的强硬派发动了一次“政变”。协会传统上强调枪支安全，现在的侧重点则是政治行动，尤其是与枪支控制作斗争。全国来福枪协会资助了一个名为“第二修正案学会”（Academics for the Second Amendment）的组织，该学会在各种会议和研讨会上呼吁从个人权利角度解读第二修正案。但这一立场仍不属于主流法律思想，就算不能直接评价为古怪。米勒案定下的规则仍是美国不容置疑的法律。即便是下级的联邦法院也不会认为，美国宪法限制了政府管制枪支所有权的权力。沃伦·伯格从首席大法官之位退休数年后，在接受美国公共广播电视公司（PBS）采访时说，第二修正案“已成为我有生之年所看到的、特殊利益集团对美国公众所作的最大的欺诈行为之一，我重复一遍，‘欺诈’”。

无论如何，枪支权利与“家庭价值”、反堕胎斗争一起，成为1980年代保守主义议程的基本纲领，该议程把里根推向了总统之位，让共和党成为参议院的多数派。犹他州共和党人奥林·哈奇[5]就任宪法小组委员会主席后，委托相关人士完成了一份报告，名为“持有和携带武器的权利”（The Right to Keep and Bear Arms）。哈奇在前言中写道：“宪法小组委员会的发现是很明确的——长期以来已被人遗忘——它证明第二修正案的立法意图是，美国公民享有以和平方式持有和携带武器的个人权利，用以保护自身、家庭以及个人自由。”这份报告的主要作者是哈奇的幕僚斯蒂芬·马克曼（Stephen Markman），后来成为里根班子中司法部的一员。在那里，马克曼遇到了一位年资较浅的同事，他就是塞缪尔·阿利托。

1990年代初，犯罪率飙升，为了应对这种情况，克林顿班子在成立之初制定了《布雷迪法案》（the Brady bill）。法案是以詹姆斯·布雷迪命名的，他是罗纳德·里根的新闻秘书，在总统遇刺时身受重伤。[6] 这项复杂的立法规定了一个过

---

〔5〕奥林·哈奇（Orrin Hatch）：生于1934年。1959年进入杨百翰大学学习。1962年获匹兹堡法学院法律博士学位，做过律师。精通钢琴、提琴等多种乐器，擅长作曲，曾发行个人音乐唱片。1976年首次竞选联邦参议员即当选，连任六届至今。2000年曾参与总统选举共和党初选，最终失败。目前是第110届国会参议院财政委员会，司法委员会，医疗、教育、劳工与养老金委员会，情报委员会以及两院联合的税收委员会的成员。

〔6〕在遇刺事件中，詹姆斯·布雷迪第一个中弹，他当时就在里根总统身旁。子弹从他的左侧前额射进右脑射出，以致终生残疾。在这之后的二十年里，他一直在为颁布禁枪法案而努力。

104 渡性条款，要求州和地方官员对潜在的手枪买家做背景调查。该条款在 1997 年遭遇挑战，最高法院以 5 ∶ 4 的投票结果判定这一临时性的规定违宪。斯卡利亚代表法院为普林茨诉美国案（*Printz v. United States*）撰写判决书，其结论是该规定构成了联邦对州权利所作的不被允许的侵犯。

托马斯加入了斯卡利亚的多数意见，但独立起草了一份协同意见，从不同的角度检视本案。托马斯的论证诉诸第二修正案，这是自 1939 年的米勒案以来最高法院所不曾涉及的领域。他提出，从违反第二修正案这一点来看，《布雷迪法案》可能是违宪的。"不容置疑的一系列历史证据、与日俱增的学术评论表明，'持有和携带武器的权利'，正如第二修正案的文本所示，是一种个人权利。"托马斯写道。他在结尾以华丽的笔触谈到了约瑟夫·斯托里大法官，斯托里是最高法院早期历史上的著名人物，托马斯宣称，"或许，在未来的某一个日子，本院将有机会判断斯托里是否是正确的，他曾说，持有武器的权利'不久前被考量过，是共和国自由的保障（palladium）'〔7〕"。

托马斯的意见表明，一项引人注目的政治和法律事业的巅峰就要到来。这项事业是行动中的"活的宪法"的一个范例，就算参与者们并不这么说。少数社会活动家对宪法条款作以边缘的、不足为信的解释，他们投入了相当大的激情、智慧和金钱资源，眼看自己的理念即将变成现实。

还要稍等一些时日，这项事业的巅峰才会真正到来。

〔7〕见约瑟夫·斯托里（Joseph Story）《美国宪法评注》（*Commentaries on the Constitution*）3：§§1890。接下来的一句话是："因为它提供了反对统治者僭越和专权的道德制衡；哪怕统治者一开始会得逞，这项权利也将会让人民抵制并战胜他们。"

第八章　律师、枪和金钱

有时候，联邦最高法院可以一锤定音，但从不能第一个发言。政府的行政和立法分支可以就他们选择的任何问题发起行动。但大法官们则必须等待案件来到自己面前。其中一些或全体大法官可能跃跃欲试，要就某一问题作出裁决，但除非合适的上诉摆到办公桌前，否则他们没有机会这样做。谈到枪支，那就是鲍勃·莱维成为大人物的原因。 105

罗伯特·A. 莱维(Robert A. Levy)在华盛顿一个普通的家庭长大成人，他的父母经营一间五金店。他上了美国大学，在该校取得商业博士学位，并继续追寻他的美国梦。他成立了一家金融信息与软件公司，即 CDA 投资技术公司，并在 1986 年以千万美元的价格将其出售。当时，莱维认真思考了余生该去做些什么这件事，并决定在 49 岁的年纪去读法学院。他选择入读乔治梅森大学，因为该校素以欢迎信奉放任自由主义的学者和学生闻名。毕业后，莱维先是任华盛顿联邦地区法院法官罗伊斯·兰伯思[1]的助理，随后担任哥伦比亚特区巡回法院法官道格拉斯·金斯伯格的助理。(莱维可能是历史上惟一一位比法官年长的助理。联邦法庭的警卫注意到了莱维的司法印章和令人肃然起敬的光头，他们经常跟他打招呼说，“早安，法官阁下”。在法庭上，兰伯思会安排莱维把陪审席那儿的水壶灌满水，好让他明白自己的位置。)

---

〔1〕罗伊斯·兰伯思(Royce Lamberth)：生于 1943 年，哥伦比亚特区巡回法院首席法官，由里根总统任命。1968 至 1974 年，任美军军法署上尉，期间在越南待过一年。曾任司法部民事诉讼部门主任。

106 结束助理生涯后，莱维对法律投注了如同当年对商业那般的企业家精神。他尤其对第二修正案兴趣浓厚，这个问题在当时吸引了他在学术上的注意力，尽管他本人从未持有过枪支。全国来福枪协会资助的第二修正案学会已发表大量文章，就连包括劳伦斯·却伯、阿希尔·里德·阿玛[2]、桑福德·列文森[3]等在内的一些自由主义学者也对从个人权利角度看第二修正案这一立场报以某种同情的理解。而托马斯大法官在普林茨案中的协同意见则直接把这个问题放在了最高法院的议程中。

那也正是美国诉爱默生案(*United States v. Emerson*)提出的问题。《布雷迪法案》规定，那些受到反家庭暴力保护令约束的个人如持有武器，即构成犯罪。1999年，地方法院签发了针对得克萨斯州汤格林县[4]的医生蒂莫西·爱默生(Timothy Emerson)的保护令，他卷入了一起混乱的离婚事件。后来，联邦大陪审团指控爱默生违反了《布雷迪法案》，因为他在受制于保护令期间购买了一把手枪。爱默生质疑法案的合宪性，主张其违反了第二修正案。联邦地区法院以托马斯在普林茨案中的意见为主要依据，认为第二修正案确实赋予个人持有武器的权利，于是驳回起诉。2001年，第五巡回法院恢复了对爱默生的指控，并再一次援引了托马斯的法律意见，呼吁对第二修正案作新的理解。

复兴第二修正案的政治力量也在积攒实力。此时，约翰·阿什克罗夫特[5]当上了乔治·W.布什的第一任司法部长。在全国来福枪协会，阿什克罗夫特是深受爱戴的资深成员。第二修正案赋予个人持有和携带武器的权利，对这种学说，阿什克罗夫特给予了全面的正式支持。在致2001年全国来福枪协会年会的一封信中，

---

〔2〕阿希尔·里德·阿玛(Akhil Reed Amar)：生于1958年，现为耶鲁大学法律与政治科学专业斯特林讲席教授。布雷耶任第一巡回法院法官时，阿玛曾为其助理。他与桑福德·列文森等学者一道合作编写了《宪法案例判决过程》(*Processes of Constitutional Decisionmaking*)这样一部重要的宪法案例著作。阿玛还著有《宪法与刑事诉讼：第一原则》、《权利法案：创生与重构》和《美国宪法传记》等书。

〔3〕桑福德·列文森(Sanford Levinson)：生于1941年，得克萨斯大学法学院教授，以对美国宪法及总统越权的批评而闻名。在第二修正案、同性恋婚姻、大法官提名等问题上，人们广泛引用他的观点。列文森2001年当选美国人文与科学院院士，著有《美国不民主的宪法》和《宪法信念》等。

〔4〕该县位于得克萨斯州中西部，之所以如此命名，是为了纪念南北战争中南方的托马斯·格林准将。

〔5〕约翰·戴维·阿什克罗夫特(John David Ashcroft)：1942年生于芝加哥，美国政治家、共和党成员，曾任密苏里州州长、第79任司法部长。阿什克罗夫特喜欢音乐和歌唱。

阿什克罗夫特宣布，联邦政府现在应该在所有诉讼中支持个人权利说。但爱默生案实际上不足以用来检验第二修正案的边界，因为其中的所谓宪法问题如此紧密地与家庭暴力纠缠不清。大法官们拒绝受理爱默生案也就不足为奇了。

莱维曾与年轻的法律人克拉克·尼利三世（Clark Neily III）一道给兰伯思法官做助理，后来这个年轻人去了司法研究所[6]，一家放任自由主义倾向的公益律所。（莱维是董事会成员。）尼利与同事史蒂夫·辛普森（Steve Simpson）一起来找莱维，说出他们的设想：设计一个测试案件，从而在联邦最高法院提出第二修正案问题。学术论文、托马斯在普林茨案中的意见、友好的司法部、爱默生案，所有这一切都表明时机已成熟。困难在于，司法研究所不做这种业务。尼利和辛普森请求 107
莱维个人资助这起诉讼，而莱维也表示同意。莱维还聘请了阿兰·古拉（Alan Gura）这样一位来自弗吉尼亚州的、年轻又激进的律师，他碰巧对这个问题有兴趣，但对宪法诉讼和联邦最高法院全无经验。

全国来福枪协会并不待见莱维、尼利、辛普森（及后来加入的古拉）等人的举动，因为他们闯进了协会的地盘。莱维在华盛顿的放任自由主义智库加图研究所[7]有一份正职，日后他将担任其董事会主席。一天，有两个人来研究所找莱维：一位是莱维在乔治梅森大学就读期间的教授尼尔森·伦德，伦德的讲席就是全国来福枪协会赞助的；另一位是查尔斯·库珀，曾在里根时期的司法部任职并与保守主义运动有紧密联系。他们此行的目的是，跟莱维谈谈，让他不再资助那起诉讼。他们对莱维说，此案必输无疑。联邦最高法院那些追求法律与秩序的保守主义者，包括伦奎斯特和奥康纳在内，不会接受有关第二修正案的、面目全新的解读。一个不利的判决会让这项事业后退许多年。最好还是把问题交给全国来福枪协会及其

---

〔6〕司法研究所（Institute for Justice）官网为 http://ij.org/。

〔7〕加图研究所（Cato Institute）：被誉为世界前五大智库之一。该组织由知名政治学者爱德华·H.克兰和美国第二大私人控股企业科氏工业集团的董事长兼首席执行官查尔斯·科赫于 1977 年共同创立。加图研究所致力于拓展公共政策讨论的范围，以倡导传统的美国原则：有限政府、个人自由、竞争市场与世界和平。加图研究所的专家是美国媒体的常客，对公众舆论有广泛影响，对于布什政府的做法他们多有批评。上海金融与法律研究院曾从该所引进，并组织翻译、出版《加图决策者手册——美国智库如何影响政府决策？》（第七版）。

有经验的诉讼律师团队解决。

有关诉讼策略的冲突是很常见的，即便是在意识形态的盟友之间。时间节点、判决不利于己方的风险、对案件的控制，抑或单纯的自尊问题，这些事项经常导致势不两立的局面。观念驱动的法律斗争，正是瑟古德·马歇尔在四五十年代为民权事业、鲁斯·巴德·金斯伯格七十年代为妇女事业而奋斗的过程中所遵循的模式。莱维觉得自己的工作也属于上述传统。但有时，知道何时**不宜**提起诉讼、与知道何时提起几乎一样重要。辩护律师们有时会不遗余力地让案件远离大法官们。1997 年，某所学校为了保住一名黑人教师的职位，而解聘了一名白人教师，某民权组织联盟募集了 30 万美元来解决这起诉讼，因为再过两个月，它就会出现在最高法院的备审案件目录（docket）中。

尤其是那些事关重大公共利益的问题，参与者的动机更可谓是五花八门。甚至有保守派认为，在某种意义上，美国来福枪协会并不**想**从最高法院那儿获得一个支持枪支权利的有利判决；在他们看来，协会募集资金的能力所依托的是，保持一
108 种无休无止的危险感。莱维认为，全国来福枪协会不过是为了保护自己的地盘，但他本人所拥有的财富让他能奢侈地认定一个单一的焦点：在联邦最高法院胜诉。伦德和库珀不认为全国来福枪协会的动机有那么复杂，但莱维决定按原定计划行事。

莱维的团队认识到，他们的最佳选择就在华盛顿，就在他们鼻子底下。哥伦比亚地区制定了全美最严格的枪支法，禁止持有手枪，哪怕是私人放在家里、用于自卫目的也不行。多年来，枪支诉讼连连受挫，在某种程度上是因为原告不值得同情。1939 年的米勒案中，原告是一个银行窃贼，许多年后的爱默生案中，原告被指控的罪名是威胁使用家庭暴力。就提起第二修正案诉讼而言，那些人都是不招人待见的因素。古拉和团队中的其他人打算从一开始就避免此类问题。他们决定拿出拍一部大片的架势，去挑选原告。

莱维团队花了好几个月去调查，找到了六个人，作为一个群体来看，对几乎所有法官而言，他们都是有吸引力的。三位男性、三位女性，四个白人、两个黑人，五个异性恋、一个同性恋。主要原告是雪莉·帕克（Shelly Parker），一位极具魅力的非裔美国女性。2002 年 2 月，帕克搬到国会山附近居住，然后发现自己所在的街

区充斥着毒品贩子。她成为"一个女人的安全巡逻队"，戴着橙色的帽子在街道上巡视，并将所见所闻报告给警方。毒贩出于报复目的，打破她的车窗并驶入她的后院。她想得到一把枪，用以保护自己和家庭。莱维的团队把案件名称确定为帕克诉哥伦比亚特区。

尽管事先做了认真的规划，但在诉讼过程中，莱维团队还是碰到了并未充分估计到的问题。尽管他们致力于推进的是枪支权利这样一个保守主义的目标，但他们的案子仍属于公益诉讼。与民权案件的原告一样，这六个人正在提起的是一宗旨在挑战政府行为的法律诉讼。靠着联邦最高法院内保守派们的努力，诉讼资格方面的法律规则近些年来大大收紧。哥伦比亚特区巡回法院适用了这些新规则，判定原告无权到法庭请求一个与枪支法有关的判决。巡回法院认为，原告们必须实际地去申请一份枪支许可并被拒绝，这样才能得到提起诉讼的资格。这个规则就像是"第二十二条军规"。根据哥伦比亚特区的法律，你首先必须拥有一支手枪，才能去申请许可，但在华盛顿，买枪是违法的。进而言之，按联邦法律的规定，如果你不在某个州定居，却在该州购买枪支，那是违法的。因此，你需要有枪才能申请 109
许可，但你首先无权买枪。

六名原告中的五人（包括雪莉·帕克在内）都不曾申请过枪支许可，因此哥伦比亚特区法院驳回了他们的诉讼。但这起诉讼还是幸存了下来。第六名原告迪克·海勒（Dick Heller）是哥伦比亚特区的一名警官，受命专门协助保护联邦司法中心。警察局给他配发了公务用枪，而他想要在家里放一把私人用的手枪。与其他原告不同的是，海勒已有一把枪，于是他确曾向哥伦比亚特区政府寻求颁发枪支许可，并遭到拒绝。鉴于这个原因，法院判定仅海勒有诉讼资格，可以提起挑战哥伦比亚特区立法的宪法诉讼。

一名原告也就足矣。哥伦比亚特区巡回法院头一回采纳了个人权利说。法院认为，根据第二修正案，海勒有权"持有和携带武器"，从而推翻了地方法律。代表哥伦比亚特区一方的律师要求联邦最高法院审查这一判决，大法官们决定受理此案。跟往常一样，案件拖了好几年。最终，2008 年 3 月 18 日，在罗伯茨就任大法官第三年之际，最高法院听取了双方的辩论，这个引人注目的案子现在名为哥伦比亚特区诉海勒案（*District of Columbia v. Heller*）。

哥伦比亚特区政府聘请沃尔特·E. 德林杰三世[8]到大法官面前为枪支法辩护，德林杰曾任克林顿班子的代理首席政府律师，是最高法院出庭律师中的一员老将。德林杰的开场白始于他心目中最过硬的材料，也就是制宪者们 1787 年所用的言词。在当时的辩论中，“每个使用‘携带武器’一词的人用它来指称与服民兵役有关的武器使用，而当麦迪逊在第一届国会中引入第二修正案时，他准确地将‘携带武器’与‘服役’一语等同起来，”德林杰说，“而且，即便‘持有和携带武器’在用语上是模糊不清的，第二修正案第一款也确认了那一权利是与民兵相关的。”

如果第二修正案第二款赋予的是携带武器的个人权利，德林杰说，那么，第一
110 款即民兵条款就毫无意义，而制宪者们既然这样规定，肯定是有原因的了。但德林杰很快遇到了安东尼·肯尼迪提出的难题，而这位大法官所握有的很可能是摇摆票。

肯尼迪说，他认为，关于民兵条款不可能是“无关紧要的”(extraneous)这一点，德林杰说得对。但那并未解决问题，在肯尼迪看来，这两个条款是完全独立的，两个都有效。“第二修正案实际上说的是，我们再次确认拥有民兵的权利，我们已经建立了民兵，但除此之外，存在着携带武器的权利，”肯尼迪说。在后来的辩论中，肯尼迪更明确地提出自己的观点：“而且，在我看来(第二款)在未提及民兵的情况下，规定人们有携带武器的一般权利，通过这种方式对(第一款)作以补充。”

沿着这一脉络，德林杰、古拉和首席政府律师保罗·克莱门特将本案的辩论进行下去。克莱门特表达了布什班子的观点，第二修正案保护的是一项个人权利，而哥伦比亚特区的法律是不合宪的。对话几乎不曾偏离 18 世纪。对制宪者来说，“携带”和“武器”意味着什么？制宪者所推崇的英国学者布莱克斯通怎么看待这个问题？问题和答案都晦暗不明，几乎像是喜剧演出：“在你看来，比起英国 1689 年《权利法案》，第二修正案权利是更为限缩还是更为扩张？”……“如果我们要追溯到英国《权利法案》，它始终被理解为是受到议会控制、限制和约束的。”……“那一观点是威廉·罗利在发表于 1828 年的论文中提出的，而罗利当然会支持第二修

---

[8] 沃尔特·E. 德林杰三世(Walter E. Dellinger III)：生于 1943 年，现为杜克大学教授，并领导哈佛法学院联邦最高法院及上诉诉讼法律诊所，还负责美迈斯律师事务所在华盛顿哥伦比亚特区的上诉业务。德林杰是耶鲁法学院毕业生，曾在司法部任职多年。

正案。”……“盖奇将军将从住在波士顿的美国人那里没收的武器列了个清单，其中有约1800件枪械和634把手枪。”

终于，戴维·苏特径直打断了律师们，让对话回归21世纪的华盛顿哥伦比亚特区，回到案件表面的焦点问题上来。“我们能考虑下目前的情况吗，比如说当下的犯罪数据?”他问古拉。

“在某种程度上，法官阁下，”古拉答道，“我们当然……”

“那么，他们能考虑一下华盛顿哥伦比亚特区的谋杀率吗？谋杀工具为手枪。”

古拉不得不承认谋杀率相当高。

斯卡利亚立即高兴地加入了对话：“这就更有理由允许户主们拥有手枪了！”

斯卡利亚有理由感到高兴，因为就算案件还没有判决，辩论本身对他来说就意 111
味着非同寻常的胜利。在斯卡利亚任大法官之前，在像海勒案这样的案件中，律师在辩论中会泛泛而谈，怎样将反映在第二修正案中的价值观适用于现代世界。大法官们则会去探求宪法的当代意义。与此相对照，斯卡利亚常说，他所信仰的是一个“死的”宪法——其含义在创立的那一刻就已永久性地尘埃落定。海勒案中的辩论表明，斯卡利亚的原旨主义观点在多大程度上开始主导最高法院。二十年前，在斯卡利亚被提名担任大法官时，法庭辩论绝无可能如此不厌其烦地纠结于第二修正案的文本、或制宪者的意图。斯卡利亚将原旨主义带到了最高法院，终于由他来界定辩论的方式方法，就算不总是能赢。

海勒案的投票结果是司空见惯的5∶4，史蒂文斯、苏特、金斯伯格和布雷耶照例属于输的那一方，但这一次，首席大法官的表现令人惊奇。罗伯茨并未按部就班地将执笔判决书的机会交给肯尼迪，而是安排斯卡利亚来写多数意见。斯卡利亚做大法官二十多年了，很少有机会在重要的多数意见上署上自己的大名。起初，他的观点在伦奎斯特看来太古怪了，伦奎斯特不相信他能整合好多数意见。然而，联邦最高法院乃至美国已往斯卡利亚的方向偏转，现在是他品尝胜利果实的时刻了。

经斯卡利亚之手，海勒案成为展示文本主义和原旨主义的绝佳文本。斯卡利亚动用了所能找到的制宪者们留下的一切资料，逐字逐句地按照字面意义，分析了第二修正案的含义。（他在八处援引了布莱克斯通。）他追溯至 17 世纪的英国光荣革命，去发现该项宪法权利的起源。“当然，斯图亚特王室曾试图对政敌所做的，也正是乔治三世试图对殖民地居民所做的，”斯卡利亚写道，“在狂暴的 1760 和 1770 年代，王室开始解除大多数起义地区的居民的武装。那就引起了美国人的抗争，他们主张，自己作为英国人，享有持有武器的权利。1769 年 4 月发表于纽约的一篇文章指出，‘持有武器、用于自卫是人民自己保留，并经《权利法案》确认的一项自然
112 权利’。”斯卡利亚穷尽了这段历史的细节，据此得出结论：“第二修正案权利是由个人行使的，属于全体美国人。”

对斯卡利亚进行最隆重致敬的不是他的盟友，而是他的对手，尤其是史蒂文斯。当然，史蒂文斯不能认同斯卡利亚对于第二修正案的理解。“制定第二修正案的目的在于，保护各州人民拥有一支管理良好的民兵队伍，”史蒂文斯写道。“它是用来回应批准宪法期间所提出之关切的，这种关切是，国会将解除州民兵的武装，并建立联邦常备军，而这会对各州的主权构成不可容忍的威胁。”但在论证的过程中，史蒂文斯依赖的是与代表多数方的斯卡利亚所持相同的证据，相同的论证风格。“第二修正案的文本、及其支持者提出的证据都不曾表明，对立法机关管制公民私人使用枪械的权力作限制，有哪怕最轻微的好处。”史蒂文斯写道。

史蒂文斯的行文看起来也像是原旨主义者所为。衡量斯卡利亚在海勒案中所获成功的标尺是，他改变了辩论方式。在 20 世纪，很难想象两位大法官会借助 17 和 18 世纪的材料来挖掘制宪者的意图。那不是最高法院当时的行事风格。斯卡利亚改变了大局。这次是由布雷耶主笔大法官们曾习以为常的那种异议。他说，谈到第二修正案的保护，即便斯卡利亚对其起源的说法是正确的，也并非绝对。布雷耶没有单单去考察制宪者们 1787 年的费城辩论，而是检视了哥伦比亚特区市政委员会 1976 年的资料，它正是在那时制定枪支控制法的。委员会的结论是：“在广泛举行公众听证会和进行详细调查的基础上，过去四十年里，在美国，易于接触到枪械已成为与枪支有关的暴力和犯罪行为剧增的主要因素。”在布雷耶看来，最高法院不应“在枪支犯罪、伤害、死亡或手枪的问题上，批评市政委员会的做法”。

海勒案的判决于 2008 年 6 月 26 日宣布，那是 2007—2008 年开庭期的最后一

天。就像每一个开庭期的末尾那样，大法官们精疲力竭。斯卡利亚的声音打一开始就很嘶哑，但他还是忍不住大笑起来。“我们的意见书长篇大论，详尽地检视了第二修正案的文本与历史，”他在鸦雀无声的法庭里说，“我将要做的概括无非是结论而已。如果你们想要对照异议方的相反主张来检查结论的有效性，你们将不得不把约154页的意见书读完。” 113

不久以后，人们确实读完了斯卡利亚的这份意见书。原旨主义观点所导致的一些问题成为焦点。

对于入门者来说，一个简单的问题就是历史精确性。关于历史性辩论在多大程度上是确切的，史蒂文斯对制宪者关于第二修正案的意图所作的论证更好。斯坦福大学杰出的早期美国史专家杰克·拉科夫[9]与其他几位优秀的学者合作，就海勒案联袂起草了一份法律理由书，考察了第二修正案的原初含义。其结论是："经研究，这一语境确定，私人持有枪械显然并不是1789年《权利法案》的立法者们所予以保障的权利。"（后来，拉科夫更是观察到，尽管斯卡利亚在意见书中花了大量篇幅研究宪法批准数十年**前**的资料，但史蒂文斯更紧密地分析了制宪者们实际进行的辩论。）

时隔两个多世纪，再去确定制宪者意图的单一含义为何是极其困难的，至少，斯卡利亚与史蒂文斯的冲突凸显出这一困难。按照18世纪的标准，这些前来参会的男人是一个多元的团体。他们对自己工作的意义持不同的观点，批准他们工作成果的州议员亦是如此。在许多条款上，他们达成了妥协；在另外一些方面，他们有意让自己的言词具有模糊性。通常来说，既不存在单一的“原初意图”，也没有什么“原初含义”。进而言之，对所有曾在宪法用语上争执不休的制宪者来说，他们从没表示过，他们的**意图**应阻碍未来世代的视野。他们认为，至关重要的是宪法本身。

---

〔9〕杰克·拉科夫(Jack Rakove)：生于1947年，斯坦福大学历史与美国研究专业、政治科学专业教授。1975年获哈佛大学哲学博士学位。1997年凭借《原初含义：制宪中的政治学与观念》(*Original Meanings: Politics and Ideas in the Making of the Constitution*)一书获普利策奖。

斯卡利亚的原旨主义进路根本不能解决海勒案中的所有问题。最高法院的结论是，第二修正案保护个人持有和携带武器的权利，但那仍然会引出一个问题：何种武器？真正的原旨主义者会去确定制宪者所要保护的是何种武器，并找到它们
114 在21世纪的对应物。但斯卡利亚在此碰到了难题。18世纪，民兵组织要求平民设法获得军事武器。根据1792年《统一民兵法案》(Uniform Militia Act)，国会强制要求民兵队员去购置火枪、刺刀以及军事战斗中用得着的其他武器。可以设想，真正的原旨主义者会主张，美国宪法保护的是个人持有军事武器的权利。但斯卡利亚在代表最高法院所作的判决中将武器限定为手枪。他说，哥伦比亚特区无权禁止手枪，因为“手枪和是美国人出于在家自卫目的、所选择的最常见武器，完全禁止使用它们是不合法的”。18世纪的持有军事武器的权利，在斯卡利亚这里，转换成为21世纪的持有手枪的权利。他从未对自己的理路作出过解释，但理由是显而易见的。如果允许个人购置坦克、火箭筒、“针刺”防空导弹及其他现代战争武器，那将带来不可收拾的后果。于是，斯卡利亚未作任何解释，便把这些武器排除在第二修正案之外。他确认了“禁止携带危险而非同寻常的武器的历史传统”，并进一步指出，“重罪犯和精神疾病患者不得拥有武器，法律禁止在诸如学校和政府建筑的敏感地区携带武器，并对武器的商业销售进行规定和限制，我们的法律意见不应被用来质疑这些禁令”。

附加了这些限制之后，海勒案还剩下什么？它要求联邦政府，不得禁止在家持有手枪。除此之外，还有什么，不甚了了。另一方面，显而易见的是，虽然斯卡利亚在修辞和历史问题上援引了许多资料，但他的判决书与第二修正案的原初含义无关。它是一个急就章，意在实现一个政策目标，而并非偶然的是，那目标在现代的共和党议程中是最为优先的之一。

说到底，海勒案与保守派最痛恨的判决同出一辙。在罗伊诉韦德案中，布莱克门发现，(在他看来)隐私权保护女性的堕胎权，除非胎儿已可自行存活。在格鲁特尔案中，奥康纳说，(在她看来)大学招生中的平权行动可以再延续25年。在海勒案中，斯卡利亚发现了这样一种第二修正案，(在他看来)该修正案允许人们持有手枪但不允许持有机枪。这种见解与巴拉克·奥巴马在竞选之路中所支持的观点惊
115 人地相似。斯卡利亚和奥巴马都认为第二修正案保护个人权利，但对更危险的武

器作以限制。区别在于，唯有斯卡利亚假借制宪者的名义，说这一结果是他们规定的。

海勒案代表了一场涉及政治、法律、公共关系的攻坚战的巅峰时刻，多年来它一直在积蓄实力。学者、律师、政治家及社会活动家创设了对第二修正案的新解读，并最终在联邦最高法院获得五票。尽管斯卡利亚本人不承认，但他的确精准地表明：宪法根本没死，它是活的，而且活力四射。换句话说，原旨主义革命并不像看上去那么猛烈。原旨主义也不比解释宪法的其他路径更讲原则、更值得尊敬。正如海勒案所揭示的，原旨主义不过是大法官们实现其政治目标的另一条道路。

第九章　巴拉克·奥巴马:未得到回报的两党合作

116 2008年12月5日,罗伯茨给奥巴马寄去一封邀请函。照首席大法官谨慎的性格,他应该是专门研究过奥巴马的称呼,于是在开头写道:"亲爱的当选总统先生,"信件正文是:

> 多年以来,在举行总统就职典礼前,我们的前辈偶尔会为当选总统和最高法院的成员们安排一次会议,以便这些掌握公职的同事可以更好地了解彼此。
>
> 各位联席大法官及我本人都非常希望看到,零星即兴的做法可以成为一个适宜的传统。所以,我们诚挚地邀请您和当选副总统拜登一同访问联邦最高法院。
>
> 如果您的时间允许您接受这次邀请,在您将要担负起代表美国人民这一大任的时刻,您将受到最高法院成员最热烈的欢迎。

1981年,罗纳德·里根和乔治·赫伯特·沃克·布什在就职前夕会见了最高法院的大法官,而比尔·克林顿在1992年年底效仿了这一成例。(一丝不苟的威廉·伦奎斯特时隔多年也没忘记,克林顿迟到了45分钟,并且在访问期间兴致高昂,推迟了一个半小时才离开。)罗伯茨表现得特别礼貌,因为三年前奥巴马和拜登都在他的确认听证会上投了反对票。

117 2009年1月14日,下午15:45,在最高法院的西会议室,八位大法官迎接了总统和副总统当选人。(阿利托没有参加，尽管他上午还出席了法庭的言词辩论。)拜登是唯一一个认识在场所有大法官的人。因为他自1977年以来一直担任司法委员会委员，并且在所有九位现任大法官的确认程序中投过票。见面寒暄过后，罗伯茨提起了与同事们商定的话题：法官们的薪酬水平已停滞了近十年，下级法院的法官们纷纷离开法院去赚钱，以偿还所欠下的大学学费。作为华盛顿政坛的老将，罗伯茨知道，在这种问题上，个人魅力可能会发挥一定的影响并产生一些效果。候任白宫法律顾问格雷格·克雷格也是华盛顿的政治老手，他提醒过奥巴马，罗伯茨可能会提到待遇问题。奥巴马说，他支持为联邦法官加薪，但他明白很难说服国会，尤其是在当前的经济困难时期。(后来，加薪的确没有兑现。)

罗伯茨带着总统、副总统参观了自己的办公室，那正是最高法院大法官秘密投票的地方。一行人从西会议室——最高法院的公共区域之一，经常用于接待——穿过摆放着首席大法官半身像的大厅，进入了大法官的私人办公区域。与近期的前任们一样，罗伯茨只有一个面积很小的办公室，与法庭上的法官席仅有一墙之隔。这间办公室的另一边紧邻一间会议室，里面摆放着查尔斯·埃文斯·休斯做首席大法官时留下的大办公桌，它占据了房间的大部分空间。

像大多数参观者一样，奥巴马和拜登都对这神圣之地印象深刻。翻新最高法院大楼的工程，从伦奎斯特时期开始，现在差不多已告完成。沃伦·伯格在任时，为会议室的天花板安装了一排排日光灯，而(最高法院建设委员会主席)肯尼迪后来将这些灯换成了更具历史感的吊灯。装了双层玻璃的窗户(有防弹作用，可以抵御多数轻武器的攻击)让房间里光线柔和，环境幽静。参观罢休斯的办公桌之后，奥巴马徘徊于一张简朴的长方形木桌前。这桌子配有九张椅子，是联邦最高法院的象征。正如白宫的椭圆形办公室代表了总统的权力，最高法院的会议桌也代表了这个最高司法机构的权力——而后者可能更具神秘色彩，因为很少有人亲眼见识过它。

“他们就是在这里作出布朗案判决的吗?”奥巴马问道。

正是如此，罗伯茨告诉他。

会见接近尾声，肯尼迪提到在最高法院大楼的顶层有一个篮球场。“我们听说 118
您篮球打得很好，”肯尼迪对奥巴马说，“我们希望您能在这世界上最高的篮球场上打一场。”

“我不知道是谁这么讲，”奥巴马说，“不过，我倒听说金斯伯格大法官一直努力练习跳投。”

六天后，罗伯茨在国会大厦主持了奥巴马的就职宣誓仪式；七天后，他们在白宫地图室又将仪式重新进行了一次。2009 年 1 月 26 日，罗伯茨主持了史密森学会[1]新主席的就职仪式。“曾在这里宣过誓的人将会意识到，史密森学会前一段时间用交接钥匙替代了宣誓程序，”罗伯茨说，“我不知道是谁作出了这个决定。但我喜欢他。”

新的行政班子走马上任。2009 年 1 月 29 日上午，喧闹、几乎令人晕眩的人群挤满了东厅，白宫用以举行最正式、最重要仪式的地方。十点一过，一个隐于幕后的声音就开始示意观众安静下来。“女士们、先生们，”这声音说，“欢迎美国总统，及陪同而来的莉莉·莱德贝特夫人。”

奥巴马和莱德贝特肩并肩，走过红地毯，缓缓走上讲台。观众们起立欢呼，大声叫喊。“这是美好的一天，”奥巴马开始了演讲，更多的掌声响起。“首先，我签署了上任后的第一个法案《莉莉·莱德贝特公平薪酬恢复法》(*Lilly Ledbetter Fair Pay Restoration Act*)，”更多的掌声，更响亮的欢呼，“它坚持了美国建国的基本原则：我们生而平等，并且应当享有追求属于自己的幸福的机会。”

这部法案旨在推翻 2007 年阿利托在莱德贝特案中的意见，在整个布什任期的最后时刻搁置了一年，因为共和党人一直在加以阻挠。2009 年 1 月初，新组成的国会终于通过了法案，参议院和众议院的投票结果分别是 61∶36、247∶171。

“莉莉·莱德贝特不是一个伟大的开拓者，或家喻户晓的明星，”奥巴马告诉东厅里的人们。“她只是一个勤奋工作的普通人。她工作做得很好，但过了近二十年她才发现，多年来，她与男同事做同样的工作，却没有拿到同样的薪水。在整个职

---

〔1〕史密森学会(Smithsonian Institution)：唯一由美国政府资助、半官方性质的第三部门博物馆机构。由英国科学家詹姆斯·史密森遗赠捐助，1846 年根据国会法案创建于华盛顿。

业生涯中，她总共少获得了超过 20 万美元的薪水，之后还要损失更多的退休金、社会保障方面的福利，至今她还在承受着这些损失。” 119

“现在，莉莉可以获得属于她的赔偿，并向前看，过上正常生活。她原本可以决定，不去争取她应得的东西，也不去承受必然随之而来的更多麻烦和骚扰。但她认为有一个原则极为重要，并值得自己去斗争。于是，她踏上了这条道路，一走就是十余年。她一路走来，走到了美国联邦最高法院，并最终催生了这部法案。它将帮助人们获得莉莉曾失去的正义。”

新任总统的背后，乔·拜登抹去了眼角的泪水。鲁斯·巴德·金斯伯格没有参加，但她关注着莱德贝特法案的命运，怀着充沛的兴趣、内心盈满自豪感。

奥巴马上任时面临着自富兰克林·罗斯福以来美国总统所遭遇的最大挑战。两场战争正在进行；经济濒临崩溃；在参众两院，躁动的民主党多数派急于在各种问题（从医疗保障、移民到气候变化）的处理方案上打上自己的印记。考虑到这些压力，在新班子看来，法官提名的问题并不是当务之急，这一点根本不足为奇。

而这也恰恰是正在发生的情况。事实上，还有其他几个因素，综合起来，让法官问题更加无足轻重，而它原本可能会得到更多一些的关注。格雷格·克雷格并没有主动申请白宫法律顾问这个职位。在克林顿班子中，他眼睁睁地看着法律顾问受困于敌对的共和党人所做的调查，无法自拔。63 岁的他再也燃不起对这个已然没落的职位的渴望。他宁愿去国务院。但克雷格更不喜欢拒绝总统的请求，便接受了现在这份工作。奥巴马还要求克雷格在其工作团队里为卡桑德拉·巴茨（Cassandra Butts）找个位置。巴茨是奥巴马总统在法学院时的同学，也曾在竞选中为奥巴马工作。克雷格同意了，于是巴茨担任了副总法律顾问一职，负责法官提名事务。

问题几乎立即就出现了。克雷格曾与参议员爱德华·肯尼迪共事多年，后来又就职于克林顿时期的国务院，所以，他对国际人权产生了特别的兴趣。他为自己设定了一个私人任务，即实现奥巴马竞选时经常重复的承诺，关闭关塔那摩湾拘押 120
中心。克雷格对关塔那摩问题的这种执着，使他与奥巴马的幕僚长拉姆·伊曼纽尔发生了冲突。伊曼纽尔认为，奥巴马总统（以及他本人）的首要任务是推动国会通过自己的立法议程，从经济刺激法案和医疗保险改革开始。伊曼纽尔认为，没必要在关塔那摩问题上分散精力和实力，因为这只会分化支持己方的国会议员，况且奥巴马在国会的优势本来就不大。在最初的几个月中，参议院里只有 59 位民主党议员，而共和党人则在阻挠着几乎所有法案的通过，这意味着总统需要 60 票才能通过法案。奥巴马必须抓住有可能得到的每一张选票，伊曼纽尔出了名地爱嘲讽和自以为是，他认为克雷格让总统的工作更加困难。克雷格则认为，他只是在做总统聘请他做的工作。所以，在那段时间里，伊曼纽尔和克雷格十分讨厌对方。

巴茨的日子也不好过。克雷格在他所属的威廉斯和康诺利律师事务所（Williams & Connolly）招集了一群按所里的评价机制十分能干的年轻人。这意味着办公室里来了大量年富力强、自信满满的最高法院法官助理。巴茨曾在哈佛大学读过书，但她把大量职业时间花在了国会山，而其中为理查德·格普哈特（Richard Gephardt）议员工作的时间最长。在法律界高深莫测的等级划分中，巴茨受到克雷格青睐的可能性，甚至还不如一名优秀的法科毕业生。于是，对巴茨傲慢与无能的低声抱怨，渐渐引发了巴茨和克雷格下属之间的紧张关系。协助巴茨处理法官提名问题的苏珊·戴维斯（Susan Davies）曾任肯尼迪和布雷耶的助理，后加入帕特里克·莱希（Patrick Leahy）司法委员会的工作团队。戴维斯和巴茨的关系体现了内部的文化冲突。

巴茨乃至奥巴马在参议院也四处碰壁。长久以来，根据传统，总统所属政党的联邦参议员控制着其所在州的地区法院法官的提名。然而，近十年来，民主党参议员没机会挑选法官。许多人表现得非常不积极，因为奥巴马要求参议员为每个空缺职位提交三名（而不是一名）候选人，这激怒了他们。于是，这一程序最终止步不前——一个星期又一个星期，甚至一个又一个月，就这样过去了。

乔治·W. 布什在提出他的第一组法官提名时，为了引起别人的注意，想了一些办法。2001 年 5 月 9 日，布什在东厅召集 11 位被提名人，举行了一个庆祝仪式。其中包括两名哥伦比亚特区联邦上诉法院的被提名人：约翰·罗伯茨、米格尔·埃
121 斯特拉达（Miguel Estrada）。（民主党阻挠了罗伯茨的提名，两年后才进入确认程序；埃斯特拉达的提名也被搁置了很久，并最终被民主党否决。）这两人以及被提

名人特伦斯·博伊尔(Terrence Boyle,参议员杰西·赫尔姆斯[Jesse Helms]的前助手)和杰弗里·萨顿(Jeffrey Sutton,曾任斯卡利亚的助理)表示,布什应该努力打造保守主义的联邦法官阵容。公开举行这一仪式,是为了清楚地宣示,在共和党的行政班子里,法官提名是重中之重。它向选民和参议院表明,布什在乎法官人选。

奥巴马则采取了不同的行事方式。奥巴马知道,布什高调宣布第一批被提名人是有意为之,且明知这种行为会被其政治对手视为一种挑衅。而奥巴马的做法是,尽力降低事件的政治热度。他认为,一个单一的、毫无争议的选择将是更好的开始,也可以美化自己超越党派之争的形象。这样一来,他就可以向参议院共和党显示他的诚信,并且可以期望同等的回报。所以,奥巴马希望确保他的第一个被提名人获得共和党的支持。

被提名人最终确定,他的履历堪称完美。2009 年 3 月 17 日,奥巴马总统提名印第安纳波利斯州联邦地区法院首席法官戴维·汉密尔顿(David Hamilton)就任第七巡回上诉法院法官。汉密尔顿已经接受过谨慎的审查。他在审判席上工作了 15 年,在美国律师协会赢得了最高评级;印地安那州资深参议员、共和党领袖理查德·卢格(Richard Lugar)表示支持。汉密尔顿还是备受当地人尊敬的前国会议员李·汉密尔顿(Lee Hamilton)的侄子,这也为他提供了深层关系上的帮助。奥巴马希望的是,对于法官提名确认程序和联邦司法机构而言,汉密尔顿的任命将开启深刻而迅速的变化。这么好的安排,还会出什么状况吗?

事实上,几乎所有方面都出了状况。不是第一次、也绝不是最后一次,奥巴马误读了参议院的政治环境。正如白宫里的传言所说,“汉密尔顿气炸了”。保守党抓住 2005 年的一个案件,其中汉密尔顿判决取消印第安纳州立法机关的日常祈祷,因为祈祷会不断提到耶稣基督,从而违反了宪法第一修正案禁止确立宗教条款。汉密尔顿还判决印第安纳州堕胎法的部分内容——这几条规定,女性在接受手术前要看两次医生——归于无效。在这个时候,司法委员会主席帕特里克·莱希安排了对汉密尔顿提名的表决。6 月,莱希能够指望的最好投票结果就是直接以党派为界的结果,即 12 票对 7 票,赞成提名。(经过几个月的拖延,提名终于在

122 11月19日到达参议院议场，汉密尔顿以59：39的投票结果获得确认。）奥巴马选择了借提名汉密尔顿传递一种友好信息，但最终适得其反。共和党**非常在意**法院人选。

人人都明白，联邦最高法院即将出现一个空缺。

在最高法院，没有哪位大法官比戴维·苏特在工作上投入了更多的时间，也没有人比他更厌倦这份工作。每周六天，有时是七天，苏特都会开着他的电动汽车到地下停车场，然后长途跋涉到位于一楼的办公室。周末，他偶尔会不穿三件套。苏特住在最高法院附近平民社区的一个小公寓里。他不参加聚会，甚至不出去吃晚饭。他的世界主要就是家附近的小径和最高法院大楼的走廊。（2002年，苏特难得地出席了庆祝斯特罗姆·瑟蒙德[Strom Thurmond]百岁生日的聚会。之后，他告诉他的助理们，“如果我85岁时仍然待在这法院，你们就用枪打死我”。）即便是不太了解最高法院的人也知道，戴维·苏特不喜欢华盛顿。

这种描述有真实的成分，但却远远不是事实的全部。在某些方面，苏特并不介意他在最高法院的不愉快被简单地形容为“古怪”，就像别人无法理解他喜欢在午餐时吃一杯酸奶和一个苹果（包括果核）。**他是一个不知道如何使用电脑和手机的人——更疯狂的是，他还讨厌华盛顿！**这种理解掩盖了更为苦痛的真相。更具讽刺意味的是，苏特在就职最高法院的后期对华盛顿表现出了更多的接纳，部分原因是，他在那些年遇到了第一个严格意义上的女朋友。的确，苏特想回新罕布什尔州，但并不仅仅因为想看到怀特山，真实的原因更为锐利和丑陋——他憎恶罗伯茨和阿利托，以及他们脑子里的想法。苏特不喜欢共和党——自己的政党——对最高法院和美国所做的一切。

苏特遵从着一个几乎已从美国公共生活中消失了的政治和法律传统：共和党的温和派传统。苏特在新罕布什尔州一路升迁，从州检察长到州最高法院法官，他的导师是沃伦·拉德曼（Warren Rudman）。在新英格兰地区，共和党温和派曾比
123 比皆是，例如拉德曼、康涅狄格州的洛威尔·魏克尔（Lowell Weicker）、佛蒙特州的罗伯特·斯塔福德（Robert Stafford）和吉姆·杰福兹（Jim Jeffords），以及罗得岛州

的约翰·查菲(John Chafee)。数十年来,共和党温和派也在最高法院发挥了至关重要的作用:1950 年代的约翰·马歇尔·哈兰二世、1960 年代的波特·斯图尔特(Potter Stewart)、1970 年代的路易斯·鲍威尔和八九十年代及其后的桑德拉·戴·奥康纳。作为一个群体,他们提倡稳定、尊崇先例。苏特就是这样,他喜欢引用伦奎斯特(伦奎斯特本人几乎一点也不像个温和派)的那句话:“美国的法律像艘远洋巨轮,你不可能花几毛钱就把它发动。”斯卡利亚与托马斯,现在又加上罗伯茨与阿利托,所思所想的则是另外一回事,他们试图用一个个案件让美国法律一次次急转弯。共和党温和派的理念,像温和的共和党人一样,从最高法院中消失了,也从美国消失了。

苏特对现在的最高法院所持的忧虑和厌恶,在一个案件中集中爆发:布什诉戈尔案。自从 2000 年案件判决以来,大法官之间就似乎达成了一种非正式的协议:不去谈论它。他们在案件中意见不合,当然这种不一致也是法官的工作性质决定的。可是,在布什诉戈尔案中,双方大法官之间的伤痕如此之深,愤怒如此强烈,使得所有人都认为最好还是完全避免讨论这个话题。最高法院的重大案件,往往会迅速汇入最高法院历史的洪流。布朗诉教育委员会案在宣判后的第一个十年中,被大法官引用了超过 25 次。而在罗伊诉韦德案判决后的十多年中,这一里程碑式的判决被引用了超过 65 次。联邦最高法院以 5∶4 的投票结果终止了 2000 年的选举风波,并将总统之职拱手交给乔治·W. 布什,而到奥巴马就任总统的时候,这件事已过去了近十年。期间,布什诉戈尔案在各种案件中被引用的次数是:零。

布什诉戈尔案伤透了苏特的心。用苏特的话说:**那一天礼崩乐坏**。这个案件是政治,是**彻头彻尾的**政治,它摧垮了苏特对最高法院的信念。在公众场合露面时,斯卡利亚往往会被问到围绕布什诉戈尔案的、充满敌意的问题,而他也总是回以相同的答案:“哦,就让它过去吧!”但苏特从来没法让这件事过去。2004 年大选结束后,苏特差点出于厌恶而离开最高法院。毕竟,苏特想,乔治·W. 布什在竞选中告诉了人民,他想要对最高法院做什么,而他在大选中获得了胜利,因此,或许自己应该让布什有个实现想法的机会。苏特想到了奥利弗·文德尔·霍姆斯对法官 124
在一个民主国家所起作用的洞见:“正如你们所知,我总是说,如果我的同胞们想下地狱,我也会帮助他们。”新罕布什尔州的一位密友劝苏特放弃离开最高法院的想法，但他还是准备在奥巴马大选获胜之际离开。苏特2009年末才满70岁，在最高法院的大法官中只算中等年纪，但他已经受够了。苏特思忖道，罗伯茨和阿利托显然是睿智、干练和值得尊敬的，但他无法认同他们对法律的理解。所以他想，现在是时候让别人来分辨其中的是非了。

通过苏特的前助理、自己团队中的现任工作人员，格雷格·克雷格了解到，苏特计划在2008—2009年的开庭期结束后离开。苏特派自己的助理去询问克雷格，他在什么时间宣布辞职最好。克雷格回话说，暮春时宣布较好，这样的话，奥巴马总统有时间安排一些被提名人。不知经过什么渠道，苏特辞职的消息在正式公布前就泄露出去，这让双方都非常尴尬。2009年4月30日晚，全国公共广播电台的尼娜·托滕伯格[2]和全国广播公司的皮特·威廉斯[3]宣布，苏特将在开庭期结束时退休。第二天，其他新闻媒体证实了这两个报道，但仍然没有来自苏特或最高法院的官方消息。克雷格决定打电话给苏特，问一下他，发生了什么事。苏特证实，他要退休了，并且会在第二天提交正式的辞职信。

对大法官来说，写作辞职信是一门艺术。因为他们都知道，辞职信将被广泛传播，所以他们会尽力撰写一篇有意义的告别辞。"能够在联邦最高法院服务24个开庭期，实属本人莫大的荣幸。"奥康纳在2005年写道："我将离开最高法院，并对其公正性及在我们宪政架构中的崇高地位保有无上的尊敬。"（这句话反映出奥康纳所要表达的意思：最高法院成功抵制了乔治·W. 布什在反恐战争中的过激行为，她为此而自豪。）

与奥康纳不同，戴维·苏特在辞职信中保持了简约风格，他的措辞诗意全无，酷似一份电话帐单：

尊敬的总统先生：

当联邦最高法院在今年夏季休庭时，我就打算从大法官的繁忙工作中退

---

[2] 尼娜·托滕伯格（Nina Totenberg）：生于1944年，全国公共广播电台（NPR）法律事务记者，获奖无数，被《新闻周刊》誉为"NPR的精英"。她最早报道了如下事件：克拉伦斯·托马斯对安妮塔·希尔的性骚扰；道格拉斯·金斯伯格曾吸大麻；联邦最高法院对水门丑闻的秘密审议。

[3] 皮特·威廉斯（Pete Williams）：生于1952年，全国广播公司（NBC）新闻部电视记者，主要负责报道联邦最高法院和司法部的新闻。

出，这符合《美国法典》第28篇第371条(b)款(1)项的规定，我年龄已达要求，125
并符合该条(c)款的工作时限要求。我仍愿意以普通法官身分继续从事司法工作。

戴维·苏特 敬上

苏特信中的意思是，他已经在联邦法官的职位上工作了足够长的时间，可以全薪退休了。(几年前，苏特在新英格兰银行股票上进行了一系列精明的投资操作，投资带来了数倍的回报，这也让他与金斯伯格一道，成为最富有的大法官——他们的身家在600万到2700万美元之间。但是，苏特依然保持着新英格兰人的节俭本色。所以，他刚有资格获得退休工资，就打算退休了。)苏特的信还表明，他想继续担任巡回法院的法官，因为这是他在辞职后拥有的一项权利。

更重要的是，这封信意味着，15年来，第一次，民主党的总统有机会任命一位联邦最高法院大法官了。

在这15年中，司法和宪法中的保守主义思想，特别是原旨主义，得到了极力彰显。对自由主义阵营中的许多人来说，新大法官的任命及其确认提名听证程序，为推进进步主义的法律愿景提供了绝佳的机会。对他们来说，意义不仅仅在于确认一名民主党大法官，更事关赢得关于宪法解释的战争。

而奥巴马和他身边的人却都不希望承担这一重任、或其中的任何部分。首先，这不是总统的风格。他不打算发动不必要的斗争。此外，奥巴马本人在宪法问题上也基本是中间道路派，他希望被提名人亦持有相似的观点。最后，考虑到排得密密麻麻的立法日程，奥巴马及其团队不希望确认程序中出现戏剧性的场面。所以，奥巴马的被提名人应当尽可能顺利地获得确认。

然而，应该提名谁呢？当选一周后，在芝加哥，奥巴马向克雷格和阿克塞尔罗德列
出了四个被提名人的名字：索尼娅·索托马约尔(Sonia Sotomayor)、埃琳娜·卡根、黛 126
安·伍德和凯斯·桑斯坦(Cass Sunstein)。丹尼拉·格雷(Danielle Gray)是过渡期的一

位年轻幕僚、现为克雷格工作团队的成员，是她起草了有关候选人的第一份备忘录。现在，时隔约半年，名单略微有了改变。

凯斯·桑斯坦是奥巴马在芝加哥大学法学院的同事。在芝加哥法学院，他即便不一定是他们这一代人中最有成就的，也肯定是著述最为丰富的法律学者。后来，桑斯坦转到哈佛大学法学院工作，并为奥巴马的竞选活动服务。在哈佛，他遇到了未来的夫人、人权学者和社会活动家萨曼莎·鲍尔[4]，鲍尔后来也担任了奥巴马的顾问。桑斯坦的研究兴趣与布雷耶很像：行政法、各种形式的政府效率问题。于是，奥巴马给了他一个鲜为人知，但权力很大的职位，管理和预算办公室(OMB)下属信息与监管事务办公室的主管。共和党人明白，桑斯坦未来可能会获得最高法院大法官的提名，所以他们让他在管理和预算办公室职位的确认程序中经历了艰巨的挑战；在桑斯坦尚未获得参议院确认时，苏特就辞职了。桑斯坦的法律观念很刺激也很有能量，既得罪左派，也得罪右派，而且他也不准备有所改变。所以，桑斯坦被排除在了考虑范围之外。

珍妮特·纳波利塔诺[5]被加进了名单。和比尔·克林顿一样，奥巴马曾若有所思地说，最高法院需要一位没做过法官的大法官。在这方面，最高法院的转变是巨大的。在1954年布朗案判决时，最高法院只有一名大法官曾经是全职法官。(谢尔曼·明顿[Sherman Minton]此前是参议员，曾在第七巡回法院工作过；雨果·布莱克[Hugo Black]一直是阿拉巴马州治安法院的兼职法官。)直至阿利托取代奥康纳，历史上第一次，最高法院所有九位大法官全部来自联邦上诉法院。在很大程度上，这种变化要归因于大法官确认程序五十余载的演进。罗斯福总统任命费利克斯·弗兰克福特(法学教授和社会活动家，曾公开为萨科[Sacco]和万泽蒂[Vanzetti]

---

〔4〕萨曼莎·鲍尔(Samantha Power)：生于1970年，爱尔兰裔美国人，学者、作家。2013年6月5日，成为候任美国驻联合国大使。著有《来自地狱的问题：美国和大屠杀时代》(*A Problem from Hell: America and the Age of Genocide*)，获得2003年J.安东尼·卢卡斯非虚构作品奖和普利策奖。

1998至2002年，鲍尔任哈佛大学肯尼迪政府学院卡尔人权政策中心创始执行主任。她曾是奥巴马任联邦参议员期间的高级顾问，后成为总统特别助理、国家安全事务委员会负责多边和人权事务的高级主任，被视为是说服奥巴马军事干预利比亚的关键人物。

〔5〕珍妮特·纳波利塔诺(Janet Napolitano)：生于1957年，弗吉尼亚大学法律博士，美国政治家。第25任亚利桑那州州长，是该州的第三位女性州长。2006年至2007年任全国州长联合会主席。《时代》周刊曾将她列为全美最杰出的五位州长之一。2009年起任国土安全部长。

辩护)、威廉·道格拉斯(美国证券交易委员会主席)和罗伯特·杰克逊(Robert Jackson,司法部长)时,参议院在程序中所起的作用相当于一枚橡皮图章。艾森豪威尔提名加州州长厄尔·沃伦为首席大法官时,情况依然如此。但是,后来,参议员开始对大法官提名进行更严格的审查,尤其是在1987年罗伯特·博克的提名被否决后,总统开始选择更有把握的被提名人,特别是之前不怎么表达政治立场的那些人。这意味着总统更喜欢提名法官,而不是政治家。

纳波利塔诺有一份非凡的简历——亚利桑那州州长、州检察长、联邦检察官。127
(奥巴马的顾问露着神秘的微笑补充道,在短暂的私人执业生涯中,纳波利塔诺代理过一个名叫安妮塔·希尔[6]的客户。顾问还不忘提到,纳波利塔诺与其他大法官午餐谈话的情景可能会很有趣哦。)然而,洗清一个政治家一生的公众形象是非常困难的。另外,纳波利塔诺在国土安全部的工作也让她从一开始就处于劣势,因为如果她不能帮助奥巴马连任总统,就有可能会让他失去连任机会。纳波利塔诺的名字仍在名单上,但她仍然是一个成问题的、不太可能的选择(当然这并不是她的错)。

卡根只是奥巴马对苏特席位的一次外线投篮。和桑斯坦一样,卡根也曾在芝加哥大学做过教授,在那里结识了奥巴马。她曾在克林顿班子中工作,然后成功地担任了哈佛大学法学院的院长。但是,在苏特辞职的前一个月,卡根才被确认为首席政府律师,尚未在最高法院代表政府进行过辩论。事实上,卡根在她的整个职业生涯中,从来没有在任何法院办理过任何案件。她可能在未来的某一天成长为一名有强大竞争力的候选人,但现在她被从名单中剔除出去。

篮球场——真正的比赛场地——上很快仅剩下两名选手:黛安·伍德和索尼娅·索托马约尔。

---

〔6〕安妮塔·希尔(Anita Hill):生于1956年,美国联邦检察官和法学教授。她在1991年成为公众关注的对象,因为她作证称,时为最高法院大法官被提名人的克拉伦斯·托马斯对她进行过语言上的性骚扰(托马斯是她在教育部和平等就业机会委员会的上司)。尽管托马斯最终获得了最高法院大法官的席位,但希尔在工作性骚扰问题上的证言令全国瞩目。

第十章　明智的拉美裔女性

128 索尼娅·索托马约尔好像从基因里就被设计成了民主党的最高法院大法官，她拥有无懈可击的教育经历：普林斯顿，然后是耶鲁法学院，理想的工作经验：大都市的检察官，做过六年联邦地区法官（由乔治·H. W. 布什提名），还在联邦上诉法院工作过十年。最重要的是，她有着了不起的成长经历：在纽约市布朗克斯区的贫民区长大，患有青少年糖尿病。如果进入最高法院，她将创造历史，成为第一位拉美裔大法官。鉴于这一切，奥巴马如果不提名索尼娅·索托马约尔，那看起来就像是在政治上玩忽职守。

但索托马约尔确实面临一个问题：奥巴马真心喜欢黛安·伍德。

1990 年代末，伍德天天接送三个年幼的孩子去上音乐课。在此之前，她已经有了一份忙碌的生活。她是第七巡回法院的法官（由克林顿提名，于 1995 年获得确认），还在芝加哥大学法学院兼职。更不可思议的是，她询问孩子们的小提琴教师：“你知道有谁可以教我吹双簧管吗？”随后的十年里，伍德严肃认真地学习了如何演奏那种极难掌握的木管乐器。直到今天，她仍在当地的管弦乐团演出。

在黛安·伍德身上，找不到什么传统的故事。即使在人数很少的法学教授-联邦法官群体中，她也拥有丰富、全面而复杂的生活。她出生于新泽西州，但在得克
129 萨斯州度过青少年时代，然后，她读了得克萨斯大学的本科和法学院。（单凭这一点，在哈佛和耶鲁毕业生占主导的联邦最高法院，她就有优势。此外，伍德是新教

徒，说到这一点，史蒂文斯是最高法院唯一的新教徒。）在伍德的时代，很少有女性能够在位于奥斯汀的这所法学院求学，但她却在那里赢得了学业上的成功。她曾在第五巡回法院做欧文·戈德堡——得克萨斯州传奇的自由主义者——的助理，接着又在最高法院任哈里·布莱克门的助理。她会说法语、俄语和德语。

结束法官助理的工作后，伍德来到了吉米·卡特时期的国务院，在那里，她精通了国际贸易和反托拉斯法。她先后在乔治城大学和芝加哥大学教书，而后克林顿邀请她重回华盛顿，到司法部的反垄断部门工作。1995年，克林顿又将伍德提名至第七巡回法院。在这一路上，伍德结过三次婚——“我的丈夫们，”提到他们，她总是有点郁闷。她的第一次婚姻是在法学院，极为短暂，而她与第二任丈夫丹尼斯·哈钦森（Dennis Hutchinson）共同生活了二十年。哈钦森是芝加哥大学的教授级研究员，也是奥巴马在法学院的几个好朋友之一。离婚后，2006年，伍德又与西北大学的神经学教授罗伯特·苏菲特（Robert Sufit）结婚。

在第七巡回法院，伍德取得了一项难得的成就：她既是坚定的自由主义者，又赢得了法院中坚定的保守派理查德·波斯纳与弗兰克·伊斯特布鲁克的尊重，甚至是爱戴。伍德凭借法律意见和丰富的学术著述，为“活的宪法”进行着积极的辩护。在这样一个时代，原旨主义方兴未艾，许多自由主义者（特别是那些有志于担任最高法院大法官的人）对这种辩护避之不迭，伍德却充满热情地投入这一事业。2004年，她在纽约大学詹姆斯·麦迪逊讲座中表示，对宪法的语言，“可以正当地作广义解释，因为法律也要适合一个不断发展的、正直体面的社会”。她接着说：

> 首先，也是最重要的是，我们应该认真对待一个事实：宪法文本往往反映的是抽象原则，而不是具体原则。无论是本讲座的命名者詹姆斯·麦迪逊，还是其他各位制宪者，他们写进宪法和《权利法案》的文字都不是随意、不求甚解或无意识的。他们留下的文件，毫无疑问是希望永世存照。我们也没有理由设想，他们手握可以洞悉未来的水晶球，更不应该认为，他们预想的世界是一 130
> 成不变的。创造一个可以经得起时间考验的基本文件，唯一的方法就是赋予它足够的灵活性，这样后人才能够根据自己的需要和用途对其进行解释和应用。

这是对原旨主义者的直接挑战，在他们看来，麦迪逊的话仅应解释为他及其同侪理解的样子。伍德一直采用这种方式进行法律分析，包括对人工流产的分析。

伍德很不走运地在第七巡回法院遇到了几个堕胎案件。她投票反对伊利诺伊州和威斯康星州的所谓反局部分娩堕胎法，并驳回了印第安那州的知情同意法。在所有这些案件中，她的同事们都投票维护这些法律。而更糟糕的是2001年的全国妇女组织诉沙伊德勒案（*National Organization for Women v. Scheidler*）。

判决背后的案件事实触目惊心。1980年代，与维护生命行动网络（Pro-Life Action Network）相关联的反堕胎团体，在全美范围内不断对妇女健康诊所进行暴力攻击。全国妇女组织利用《反有组织犯罪及腐化组织法》（Racketeer Influenced and Corrupt Organizations Act）起诉这些反堕胎团体，请求下发停止侵害强制令，以阻止更多的攻击，并赔偿损失。陪审团认定，维护生命行动网络策划了121起犯罪行动或暴力威胁。正如全国妇女组织整理的一些证据显示的那样，示威者在洛杉矶诊所用反堕胎标语牌攻击了一名刚做过卵巢手术的病人的头部，导致她失去意识，腹部缝合处开裂。在亚特兰大，他们卡住诊所管理员的喉咙，令其窒息，脸部青紫。他们在彭萨科拉市[1]砸毁了一间诊所，并殴打一名工作人员。审判揭示了一场全国范围的恐怖浪潮。伍德在法律意见中支持了陪审团的裁决：损害赔偿请求得到支持，而且签发针对反堕胎团体的禁令。

联邦最高法院以8∶1的投票结果推翻了伍德的意见。（仅有史蒂文斯提出异议。）推翻的理由并不充分。事实上，沙伊德勒案表明，涉及严重不公正现象的案件
131 如何在最高法院演变为法律技术层面的冷血争议。大法官们认为，示威者没有“取得”任何诊所设备，这意味着他们的活动不符合反有组织犯罪法定义下的敲诈勒索罪。案件又退回第七巡回法院、回到伍德手里，而伍德再次作出有利于全国妇女组织的判决。在这个案件中，最高法院的大法官又一次推翻了伍德的判决，不同的

---

〔1〕彭萨科拉（Pensacola）：佛罗里达州西北部城市、军港，临墨西哥湾。

是，这次表决的结果是一致意见。（阿利托没有参加投票。）的确，当这些案件摆在最高法院大法官面前时，他们要关注的是联邦法律解释中一些相对晦涩的问题，而不仅仅是堕胎问题本身。但最高法院提名确认之争根本不会关注这些微妙的细节，也是事实。人们只知道，最高法院两次粗暴地推翻了伍德的堕胎判决，就连鲁斯·巴德·金斯伯格也并不支持伍德的立场。

格雷格·克雷格说："伍德好样的！我们为什么需要像她这样的人进入最高法院，这就是原因。"伍德既是一名战士，也是一位思想家，她可以成为反对斯卡利亚一方的声音。作为经验老到的上诉法官，伍德会迅速投入"战斗"。

不是第一次也不是最后一次，克雷格在任职白宫期间与同事们步调不一致，更要紧的是，他还误读了老板的意思。奥巴马希望有人可以在最高法院组织一个能打能赢的联盟，而不需要一个会写漂亮异议意见的大法官。奥巴马喜欢并钦佩伍德，但从政治角度看，任命她的优势并不明显。至少与那位强有力的竞争对手比起来是这样。奥巴马越认真观察索尼娅·索托马约尔，越觉得她在各方面似乎都更合适。

简单生硬的标签在政治生活中司空见惯，白宫官员后来将索托马约尔的故事描述为"一个美国故事"。这是一个不平凡的故事。

索托马约尔的双亲胡安·索托马约尔（Juan Sotomayor）和塞莉娜·贝兹（Celina Baez）生于波多黎各，他们来到美国，成为二战期间和之后改变纽约的移民大军中的一员。塞莉娜在医院里做电话接线员，而胡安则是工厂里的模具工。他们在 1954 年有了女儿索尼娅。随后，他们搬进了南布朗克斯区布朗克斯黛住宅区一个未曾装修的公寓，那幢楼有个富丽堂皇的名字："28 号楼"。（索尼娅的弟弟小胡安于三年后出生。）那时他们生活艰辛，不久后更每况愈下。索尼娅 8 岁时被诊断为 1 型糖尿病。第二年，年仅 42 岁的老胡安·索托马约尔猝死于心 132
脏病。

为了让自己和孩子过上更好的生活，塞莉娜不断奋斗。丈夫去世后，她开始在家里说英语；因此，索尼娅可以说一口流利的西班牙语，而她的弟弟却几乎不说。

塞莉娜获得了普通教育发展证书[2]，然后接受培训，当上了实习护士。护士工作的薪水更高，也有利于照顾女儿、控制她的病情。塞莉娜把索尼娅和胡安送进了拥有崇高声誉的天主教学校，她这样做是为了让孩子们得到更好的教育，而不是出于宗教原因。人们津津乐道于一段佳话，塞莉娜为两个孩子购买了昂贵的百科全书，据说这是28号楼里唯一一套百科全书。街区的环境日益恶化，塞莉娜把家搬到了靠近韦斯特切斯特[3]的、正在快速发展的合作社城[4]。塞莉娜每天在医院工作，照顾孩子，在社区里充当非正式医生，与此同时，她开始准备注册护士的考试。（像索托马约尔一家这样的中产阶级家庭逃离南布朗克斯，这有助于人们理解该区何以在1970年代成为大城市衰落的全国性标志。）

索尼娅获得了普林斯顿大学的奖学金，在那里她立即感受到了文化冲击。过完目眩神迷的大一生活后，她安定下来，并以努力换来了社交和学业上的成功。索尼娅的毕业论文写的是波多黎各的独立运动，以此取得最优成绩，并赢得耶鲁大学法学院的录取通知书。（她的弟弟成为一名医生。）索托马约尔成就非凡，但她清楚地知道成功背后的原因之一。就任法官后，她在一次演讲中指出："我是平权行动[5]的产物；我是平权行动的完美宝宝。我的考试成绩比不上我在普林斯顿或耶鲁的同学，但也没有差得离谱，否则我也不能在那些机构里取得成功。"不管怎么说，索尼娅在耶鲁大学同样成绩斐然。

法学院的学业接近尾声的时候，索托马约尔正巧前去旁听了罗伯特·摩根索[6]——传奇的曼哈顿地区检察官——所作的职业发展日报告。摩根索打量了索托马约尔一会儿，即安排了第二天的工作面试，她很快就收到了聘书。索托马约

---

[2] 普通教育发展证书(General Educational Development，GED)：针对非高中毕业的美国人的考试，如果通过的话，考生就能够拿到结业证。考试内容的难度和普通高中毕业考试一样。

[3] 韦斯特切斯特(Westchester)：纽约州东南部的一个郡，是纽约上州最南端的一个县，但亦属于纽约大都会区内。大多数居民都使用大都会北方铁路通勤至曼哈顿上班。

[4] 合作社城(Co-op City)：位于纽约市东北部，是世界上最大的合作住房开发项目。该项目对住房申请人的收入水平作以详尽的规定。

[5] 平权行动最早见于美国10925号行政命令，这一命令由肯尼迪总统于1961年签发，其目的是反对就业、教育和商业等领域的种族、宗教、性别等方面的歧视。

[6] 罗伯特·摩根索(Robert Morgenthau)：生于1919年。二战期间在海军服役，战后就读耶鲁法学院，毕业后进行私人执业。1961至1970年，摩根索任纽约州南区联邦检察官。1975至2009年，当选为曼哈顿区地区检察官，在此期间，该区的谋杀率下降了90%以上，同时他也积极起诉白领罪犯。摩根索担任纽约市警察体育联盟主席，及犹太遗产博物馆主席。

尔在办公室里一路晋升，并且在轰动一时的泰山凶手案（Tarzan Murderer case）中，用耀眼的胜利到达了职业生涯的顶峰。泰山凶手案的主人公是理查德·马迪克斯（Richard Maddicks），在七八十年代的纽约，他这类人很常见：一个绝望的瘾君子，靠猎取邻里财物维持吸毒生活。而与其他人不同的是，马迪克斯可以一边四处 133
逡巡，一边在建筑间腾挪跳跃，他也利用这一点做案。马迪克斯涉嫌七起枪击事件和四宗谋杀案。1983 年，在索托马约尔和另一位检察官的努力下，马迪克斯被定罪，并被判处终身监禁。

刑事司法系统中无休止的悲剧与痛苦令索托马约尔心生厌倦，她仅在那里工作了五年，随后加入了一间小型的私人律师事务所。（从普林斯顿大学毕业后，她嫁给了大学时代的男友，他们在上高中时就已相识；婚姻关系持续期间，她丈夫主要在攻读分子生物学专业的研究生，而他们的婚姻也没维持很久。他们没能捱过七年之痒。虽然索托马约尔也曾再次恋爱，但没有再结婚。）如同其他许多年轻法律人一样，利他主义和进取心指引着索托马约尔。1980 年，她加入了一个重要的民权组织，即波多黎各法律辩护和教育基金会（Puerto Rican Legal Defense and Education Fund）。私人执业期间，索托马约尔还被任命为纽约州按揭贷款管理署（New York Mortgage Agency）的董事；第二年，她又在摩根索的帮助下获得了纽约市竞选财务委员会（New York City Campaign Finance Board）的席位。1986 年，她与一些拉美裔社会活动家一道参观了以色列。乔治·H. W. 布什担任总统时，纽约州参议员划定了法官任命权：丹尼尔·帕特里克·莫伊尼汉[7]每任命一个人，阿尔·达马托[8]就可以任命三个人。1992 年，莫伊尼汉听说了索托马约尔，于是就把她的名字写进了任命名单；索托马约尔以全体一致的投票结果通过了确认程序，成为曼哈顿下城的联邦法官，时年 38 岁。

与泰山凶手案一样，另一个著名案件也为索托马约尔赢得了广泛的公众关注。一场劳动争议毁了职业棒球大联盟 1994 年整个赛季，也包括当年的世界大赛。之

---

[7] 丹尼尔·帕特里克·莫伊尼汉（Daniel Patrick Moynihan）：生于 1927 年，美国社会学家、政治家、民主党成员，曾任驻印度大使（1973—1975）、驻联合国大使（1975—1976）和联邦参议员（1977—2001）。

[8] 阿尔·达马托（Al D'Amato）：生于 1937 年，共和党成员，1981 至 1999 年任纽约州的联邦参议员。现为扑克玩家联盟主席。

后，当1995年赛季处于危险边缘时，球员与老板终于选择对簿公堂，他们来到了索托马约尔的法庭。1995年3月30日，联盟提出如下请求：在双方就协议事项进行谈判期间，球队老板继续自由球员[9]谈判和工资仲裁。索托马约尔对律师们说，她不清楚案件过去的情况，但“我不希望你们因此假定……我不了解你们争议的内部细节，就意味着我不是棒球迷。要知道，你在南布朗克斯区长大，却说自己不了解棒球，这是不可能的”。她签发了强制令，重新恢复自由球员市场，而球员们也恢复了工作，于是持续232天之久的纠纷很快结束了。这是索托马约尔职业生涯的
134 经典时刻：果断，不容置疑，一种常为男性法官赢得赞誉的品质，在女性法官身上比较少见。当然，索托马约尔乐于接受“拯救棒球事业”的美誉。

两年后，比尔·克林顿任命她为第二巡回法院法官，随即她就以“民主党最高法院大法官主要候选人”身分闻名遐迩，连当时不曾与她谋面的巴拉克·奥巴马也知道此事。

但这只是故事的一部分，特别是对奥巴马来说。虽然索托马约尔在第二巡回法院如鱼得水，但她依然保持着与布朗克斯区的联系。她是自己毕业的初高中的常客，五个孩子（其中包括她牙医的儿子）的教母，还对全国各地的西班牙裔学生团体演讲。作为公众人物，索托马约尔经常进行各种各样富有挑战的演讲。2001年，她在加州大学伯克利分校发表的演讲就很典型。此类演讲通常充斥着平淡无奇的故事，但那绝非索托马约尔的风格。索托马约尔的谈话严肃且言之有物，传递着相当激越的信息。

索托马约尔按惯例从“寻根的赞歌”——准确地说，是“新波多黎各人(Nuyorican)之歌”——谈起。“对我来说，拉美身分的具体含义就是大米、豆子和猪肉(*muchos platos de arroz, gandules y pernil*)，这些东西我在家庭节日和特别的晚餐上已经吃过无数次，”她说，“鉴于我有着特别喜欢冒险的味蕾，我的拉美身分还包括猪血肠(*morcilla*)、鹰嘴豆猪手(*patitas de cerdo con garbanzos*)、猪舌头

---

[9] 自由球员：不受球队合同约束的球员，他们有资格与其他俱乐部签约。

和猪耳朵(*la lengua y orejas de cuchifrito*)。”

随即,索托马约尔直接触及了最困难的问题,这个问题是关于平权行动的。**为什么**一定要让更多的妇女或少数族裔进入法院?她引述了曼哈顿联邦初审法院前法官米里亚姆·塞达鲍穆(Miriam Cedarbaum)的话,塞达鲍穆认为“判决应该基于性别或其他任何事物的假定,是非常危险的”。索托马约尔正确地指出,对男女差异的认知导致了许多父爱主义的法律的产生,也导致了妇女投票权被否决。索托马约尔继续说道,“无论如何,塞达鲍穆法官相信,法官必须超越个人情感和偏见,并努力实现基于法律理性的、更大程度的公平性和整合性”。

不过,这并不是索托马约尔的态度。她的观点是,妇女和少数族裔给法庭带来了一些不一样的东西。“我们身为女性和有色人种的生活经历,会影响我们的决 135
定,”她说。“公正无偏只不过是一种美好的愿望,因为它否认这样一个事实,不同的生活经验让我们作出不同的选择。”她继续说,“不管是因为经历不同,还是内在的生理或文化差异使然,我可能不会像塞达鲍穆那样回避或在决定上打折扣。我们的性别和民族(national origins)会影响我们的决定。人们经常引用奥康纳大法官的一句话,一个明智的老男人和一个明智的老女人在判决案件时会得出同样的结论。”但演讲至这一关键之处,索托马约尔说,她**不同意**奥康纳的观点。“我希望一位有丰富人生阅历的、明智的拉美裔女性,比起没有经历过那种生活的白种男人,在有些时候会得出更好的结论。”在索托马约尔看来,法官的性别和种族差异会导致结果上的实质性差异。“个人经验会影响法官选择相信怎样的事实,”她说,“我的希望是,我能利用好我的经验,并进一步将它们拓展到我不熟悉的领域。我无法准确地知道,这会如何影响我的判断。但我承认,其中一些差异源自我的性别和拉美文化。”

作为提名程序的一部分,索托马约尔、伍德、卡根和纳波利塔诺全都向白宫提交了厚厚的材料,包括所有公共言论。对于索托马约尔来说,“明智的拉美裔”这一演讲不胫而走,但也立即成为她获得提名的阻碍。只是,这个阻碍有多大?

奥巴马希望新任大法官的确认提名程序于 2009 年 10 月的第一个星期一进

行，这意味着他没有多少时间来从容选择。参议院 8 月休会，因此 7 月底就必须举行提名确认提名听证会。苏特 5 月 1 日辞职，于是奥巴马需在 5 月底前提出被提名人名单。四位候选人来到白宫，参加由总统主持的面试，面试结束时，卡根和纳波利塔诺从奥巴马和其他人那里得到了明确的消息：她们的希望破灭了。她们还得继续等待。

选择伍德，还是索托马约尔？堕胎与平权行动，提名谁困难会更大？调查表明，伍德具有优势。粗略计算，约 60％的民众支持堕胎问题上的自由选择倾向；而
136 对平权行动的支持率仅仅接近 30％。（民意调查设计的问题不同，结果会有很大差异。）奥巴马比大多数人更清楚，谈到种族和身分问题，能被普遍接受的言论是很少的。如果索托马约尔说，正如自己一样，树立榜样对于妇女和少数族裔来说很重要，这是可以接受的。如果她说，多元性是所有机构综合实力的一部分，那也行。而奥康纳对民意有足够的了解，知道这种观念的边界在哪里。如果公开表示，在案件审理中，男性或女性法官（或黑人和少数族裔法官）从自己的经历出发，实际上会得出不同或更好的结论，那就是不可接受的。但那正是索托马约尔在演讲中所再三强调的。

索托马约尔还有另一个问题。就在提名程序进行的时候，最高法院刚刚审理了来自第二巡回上诉法院的、一个关于平权行动的案件，该案正是索托马约尔经手的。2003 年，纽黑文一群消防员参加了一次标准化的升职考试。白人的通过率是黑人的两倍，当地的公务员管理委员会担心会被落榜的黑人起诉，便宣布考试无效。结果，通过最初测试的 19 名白人和一名西班牙裔消防员提起诉讼，请求按照考试成绩给予升职。索托马约尔和第二巡回法院的另两位法官发出简易命令，作出不利于白人消防员的裁断，维持了取消考试成绩的决定。白宫在国会山进行了调查，结果显示，在这件事上，包括自由主义者在内的几乎所有人都不支持索托马约尔的立场。“多元性”的确重要，但至少黑人和白人应该遵循同样的游戏规则，具体到本案就是，他们应该参加同样的考试。

奥巴马向拜登、克雷格、巴茨、苏珊·戴维斯及拜登的首席顾问罗恩·克莱恩（Ron Klain）寻求建议。罗恩·克莱恩曾在金斯伯格和布雷耶的提名程序中为克林顿班子工作。在克拉伦斯·托马斯的听证会期间，他是拜登在参议院的首席助

手。在提名最高法院大法官的事务上，没有谁比克莱恩更有经验。民主党在参议院有 60 个投票权，伍德与索托马约尔均有很大机会获得确认。所以，奥巴马只需作出自己的选择。

奥巴马的决定很能体现他的性格。在与索托马约尔的交谈中，奥巴马尤其注意到一点，她与布朗克斯社区的老街坊仍保持联系。奥巴马感觉到了她的真诚，无需他人提醒，总统非常明白，任命第一位拉美裔大法官是具有极高政治价值的。如果他有机会以这种方式创造历史，如果候选者正好是一个无可挑剔的、合格的被提名人，他当然会这样做。

奥巴马这样做还有更深的寓意。他认为，从某种意义上说，索托马约尔的“问 137
题”也是她的优势。当众表达种族和民族的重要性或许是失策的，但首位黑人总统比其他人更清楚它们的确重要。奥巴马经常被别人描述成“后种族主义者”，但他并不这样看待自己。毕竟，他在年轻时，曾写过一整本书，专门探讨自己的种族身分。就在奥巴马为大法官人选作选择的时候，他一反常态地在一件事上轻率表态。有人问及小亨利·路易斯·盖茨[10]被捕事件，盖茨是哈佛大学著名教授、奥巴马的朋友，他住在坎布里奇，在家门口被捕。盖茨结束了一次长时间的海外旅行，返回家中的时候发现前门卡住了。他努力尝试开门，而邻居以为有盗贼在行窃，于是打电话报了警。警察到达现场，与盖茨简单交谈后将他逮捕。

几天后，有记者问奥巴马怎么看这事。“现在，我已……我不知道，我不在现场，没有亲眼见到所有的事实，也不清楚种族主义在其中起了什么作用。”奥巴马还说，“但是，我认为可以这样说，首先，我们所有人都很生气；第二，坎布里奇的警察在一个人证明了这就是自己家门口的情况下，还将其逮捕，是非常愚蠢的；第三，我想，有一个与此事件有关但又独立的事实是，在我国历史上，非裔和拉美裔美国人曾长久地受到不公平的法律对待。这就是事实。”奥巴马马上就对发表这番评论感到后悔，因为他确实误判了事件细节。（为表歉意，2009 年夏天，奥巴马为盖茨

〔10〕小亨利·路易斯·盖茨（Henry Louis Gates Jr.）：生于 1950 年，现为哈佛大学 W. E. B. 杜波依斯非洲人和非裔美国人研究中心主任。著有《黑色的象征》、《开放正典》等书，在学界具有重要影响，并为《纽约时报书评》、《纽约客》等杂志撰写文章。该事件发生于 2009 年 6 月 16 日，而盖茨之前的长途旅行是去中国为自己主持的《美国面孔》节目调查音乐家马友友的家谱。

及逮捕他的坎布里奇警官詹姆斯·克劳利[James Crowley]在白宫举办了"啤酒峰会"。)不过,盖茨事件仍是有启示意义的。奥巴马从未有过被逮捕的经历,但他知道当一个黑人男子面对警察,情况会是什么样子。索尼娅·索托马约尔对于这一切感同身受,虽然是以不同的方式。对奥巴马来说,这比"很好"更具深意。

"阵亡将士纪念日"[11]前的那个周末,索托马约尔已得知,自己可能会成为被提名人,将在星期一从总统那里得到正式消息。(白宫官员咨询了几位医生,并得到保证说,索托马约尔的糖尿病不会影响她的正常寿命。)纪念日当天下午,奥巴马打电话给克莱恩,让他再安排一次有关索尼娅·索托马约尔的反对意见会。克莱
138 恩预演了可能的批评意见:过于强硬,过于自由主义,过于强调平权行动。当然,奥巴马没有被反对意见说服,于是他告诉克莱恩,他会在当天晚上发出正式邀约。

与此同时,索托马约尔很紧张,却不能告诉别人实际情况,她在阵亡将士纪念日那天去了办公室,或许仅仅是为了打发时间而已。亲戚打电话询问事件的新进展,她只说还没有消息。最后,她决定返回她在格林威治村[12]的公寓,收拾去华盛顿的行李——只是为了有备无患。晚上八点十分,奥巴马拨通了她的手机。听到总统发出正式邀请,索托马约尔喜极而泣。

"我希望你可以对我承诺两件事,"奥巴马说,"首先,你得保持现在的为人处世之道;其次,继续和你的社区保持联系。"乐意效劳,被提名人回答道。

奥巴马及其幕僚在选择程序的细节上投入了太多精力,甚至都没来得及筹备好第二天的仪式。当奥巴马在东厅宣布提名索托马约尔时,在场的人们,许多人,高兴地流出了眼泪。他们中的很多人并不认识索托马约尔。他们高兴是因为,联邦最高法院大法官的提名在美国历史上经常是文化转向的里程碑[13]——1916年的路易斯·布兰代斯,1967年的瑟古德·马歇尔,1981年的桑德拉·戴·奥康纳。这些时间不是巧合,它们标志着属于犹太裔美国人、非裔美国人和妇女的时代正在

---

〔11〕时间为每年五月的最后一个星期一。

〔12〕格林威治村:位于纽约市西区,住在这里的多半是作家、艺术家等。

〔13〕在此,"文化转向的里程碑"英文是 cultural marker,他处或可译为"文化标志",是指能够揭示文化或社会规范、及规范转向的社会事件或面向。

到来。2009 年 5 月 26 日则成为拉美裔美国人的节日。奥巴马在白宫走廊上，对总爱跟他唱反调的罗恩·克莱恩说，“我现在心情好极了”。

远的不说，近在 1990 年代，联邦最高法院的被提名人都可以轻松过关，通过确认程序。首先是参议员进行一轮礼节性的电话询问，之后几个星期，被提名人为听证会作准备。但哈里特·迈尔斯（Harriet Miers）结束了这一切。迈尔斯曾是乔治·W. 布什的私人律师，后任白宫顾问，2005 年布什提名她接替桑德拉·戴·奥康纳大法官。（布什最初提名罗伯茨去填补奥康纳的空缺，但首席大法官伦奎斯特去世，让罗伯茨有了担任首席的可能性。）迈尔斯获提名后，白宫管理其提名程序的工作人员安排了参议员与她之间的几次非正式会议，目的是检验迈尔斯对各种问 139
题的了解程度。迈尔斯表现极差，很快就不得不放弃提名人资格。

因此，索托马约尔在准备她的第一次会议时并不轻松。（她最终站在 92 名参议员面前，这个数字比此前的惯例多出很多。）过去 17 年中，索托马约尔一直担任法官，她习惯了提问，对于回答问题早已不太适应。另外，她在纽约的司法经验并不能帮助她回答参议员最关心的一些问题——如国家安全、持枪权和死刑。她需要学习和研究，越快越好。

和卡桑德拉·巴茨（名义上仍是负责法官提名事务的副法律顾问）一样，索托马约尔毕业于著名的法学院，但她并没有生活在一个满是最高法院法官助理的环境中。作为被提名人的索托马约尔感到格雷格·克雷格的属下表现出屈尊俯就的态度，而她称他们为“年轻的聪明人物”。直到 2009 年 6 月 8 日，局面都没有改观，那一天，索托马约尔在拉瓜迪亚机场摔了一跤，扭伤了脚踝。但她还是决定按原定日程参加会议，这不是件容易的事，她拄着拐杖，却撑着不吃止痛药。最终，索托马约尔同意吃一点萘普生钠[14]，但她的脚踝仍然痛了几个星期。（为了保持新近形成的传统，未来的同事用冷淡的沉默欢迎了她。没有人打电话祝贺。金斯伯格负责第二巡回法院，与索托马约尔认识多年，只有她写了一封表示祝贺的短笺。）

---

〔14〕一种消炎镇痛药。

听证会临近，索托马约尔的抱负却在减弱。这不是解释“宪法”，甚至不是去赢得一次辩论，仅仅是为了得到确认。提名程序结束后，会议的内容也不会有任何用处。但是，就在确认听证会前，最高法院以 5∶4 的投票结果推翻了她在纽黑文消防员案中的判决。

正如索托马约尔过去经常说的那样，她自己的职业生涯是平权行动成就的纪念碑。她对宪法有一个西班牙裔女性的独特视角。但在听证会上，她却带领着参议员们远离了那个有争议的领域。与原来的说法正好相反，索托马约尔的开场白平庸得无以复加。“在过去的一个月里，许多参议员都问过我，我的司法哲学是什么，”她说，“这很简单：忠实于法律就是我的哲学。法官的任务不是创造法律，而是适用法律。”当然，所有大法官都认为他们在表现出对法律的忠诚，问题是他们将如
140 何解释法律。像后罗伯特·博克时期的所有其他被提名人一样，索托马约尔回避了实质性问题，尤其是堕胎和枪支控制，只是她应答之木然程度更胜前辈。民主党手握 60 票，索托马约尔希望时间尽快过去，别出什么岔子。

在“明智的拉美裔女性”问题上，索托马约尔屈服了。当司法委员会的资深共和党人杰夫·赛辛斯(Jeff Sessions)细究此事时，她先是避开核心争议：“我的记录显示，在任何问题上，我从未允许自己因个人观点或同情心而影响案件的判决结果。在每一个我觉得需要表达同情的案件中，我都明确表达了，并对当事人解释，为什么按照法律规定需得出不同的结果。”

“好了，法官……”赛辛斯试图打断她。

“我不容许我的同情心、个人观点或偏见影响案件的判决结果，”她没有理会赛辛斯的打断。

最后，索托马约尔背离了此前的立场。“我用了修辞手法，只是并未产生预期的效果。我知道，奥康纳法官不可能真的认为，如果法官们得出不同的结论——法律上的结论，他们中就一定有人是不明智的。这不可能是她的真实意思，因为在某些案件中，具有同样理性的法官是会得出不同法律结论的。所以我是想对她的话作一番发挥。但我的发挥完全失败了。”

“这非常不好，因为它给人一种印象，也就是说，我认为生活经验必然会导致判决结果有所不同，但我在法官席上显然不是这样做的，”她继续说道。“结合我整个

演讲的上下文,这显然并非我的本意,我只是试图激励年轻的西班牙裔、拉美裔的学生和法律人,让他们相信,他们的生活经验在司法过程中是有价值的。”

从白宫的角度看,索托马约尔的听证会显然是成功的。最重要的是,她的表现无一危及被确认的结果。在某种程度上,可以说那是一个奥巴马式的表演——含蓄地展现进步主义,讲述个人经历而非思想观念。索托马约尔是一个再合适不过的被提名人,其观点反映出任命她的总统那慎之又慎的倾向。而这恰是奥巴马对最高法院大法官的预期,他如愿以偿地看到了这一点。7 月 28 日,索托马约尔在司法委员会的得票是 13 票支持、6 票反对。(只有南卡罗来纳州的共和党人林赛·格雷厄姆[Lindsey Graham]超越了政党分界,投票支持她。)8 月 6 日,参议院全院表决,以 68 票对 31 票通过了对索托马约尔的确认。(9 名共和党人投了赞成票。)

罗伯茨和阿利托宣誓就职的地点是白宫。约翰·保罗·史蒂文斯曾对此表示反对,他坚定地捍卫政府司法分支的特权。史蒂文斯认为,这样的仪式应在最高法 141
院举行,因为新任大法官应明确表示,从现在开始不再效忠于任命他们的总统。索托马约尔赞同史蒂文斯的观点,这微妙却明确地暗示了她在未来斗争中的倾向。2009 年 8 月 8 日,索托马约尔正式成为美国历史上第 111 位最高法院大法官。

索托马约尔立即就职是很重要的,因为最高法院正在审理一个案件。那时离 10 月的第一个星期一,最高法院传统开庭期的起始日,还有一段时间。9 月 9 日,索托马约尔第一次登上了最高法院的法官席,第一次听到首席大法官在案件审理前提及她的名字。这也是新任首席政府律师埃琳娜·卡根辩论的第一个案件。

“我们今天将听取 08－205 号案的辩论,”罗伯茨说,“联合公民组织诉联邦选举委员会案(*Citizens United v. the Federal Election Commission*)。”

第三部分

第十一章　钱说了算

联合公民组织诉联邦选举委员会案的故事涵盖了最高法院历史上的几个重大主题，其中有公司权力、言论自由、法律和政治的交叉等。这一案件涉及极其复杂的法律和案例，但核心斗争却是一个相对简单的问题。一个多世纪以来，参与斗争的党派有时会掩盖或否认意识形态上的分歧，但阵营分野基本保持不变：进步主义者（或自由主义者）对保守主义者、民主党对共和党、管制论者对放任自由主义者（libertarians）。一方认为，政府规则应当限制富人在政治竞选中的影响力；另一方则支持建立一个更自由的市场，让个人和公司以他们认为合适的额度为竞选捐款。斗争有时会导致意想不到的后果，但两方的动机从未改变。 *145*

这个故事说来话长，起源要追溯至联邦最高法院历史中一个神秘性经久不衰的案件。1886 年，最高法院审理了一宗默默无闻、毫无争议的税务诉讼——圣克拉拉县诉南太平洋铁路公司案（*Santa Clara County v. Southern Pacific Railroad*）。案件涉及的争议是，铁路公司是否要为铁轨附近的围栏支付税金。是什么让这个案件变得著名呢？是时任首席大法官的莫里森·R. 韦特（Morrison R. Waite）在言词辩论开始前所说的话。韦特告诉律师们："法庭不希望听到宪法第十四修正案——该修正案规定，各州在其管辖范围内，不得拒绝给予任何人以法律的平等保护——是否适用于这些公司的争论。因为我们都认为它是适用的。"

辩论继续进行，最高法院以一致意见作出有利于铁路公司的判决。对围栏不应课税。大法官们并没有处理一个问题，那就是在适用第十四修正案时，公司是不是法律上的"人"。不过，在判决书公布前，最高法院判例汇编者 J. C. 班克罗 *146*

夫特·戴维斯[1]写信给首席大法官韦特，询问他在言词辩论前说的那段话。韦特确认了他所说的内容，戴维斯于是在他做的“案例批注”(headnote)或称案例摘要中逐字引用了这段话。在最高法院成立之初，案例批注是由最高法院的工作人员、而不是由大法官起草，并且它们也不是最高法院的官方法律意见。案例批注不具正式的法律意义；它们仅仅是为了帮助读者理解最高法院的法律意见。尽管如此，圣克拉拉县诉南太平洋铁路公司案的批注还是成为美国法律史中一个关键思想的源泉：根据第十四修正案，公司享有与自然人同样的权利。在1978年的一份法律意见中，时任大法官伦奎斯特这样谈及圣克拉拉案：“本院在早期就判定，未经辩论也没有讨论，商业公司是‘法律上的人’，有权得到第十四修正案平等保护条款的保护。”

案件判决后的很多年，人们对圣克拉拉案的疑问层出不穷。韦特为什么不希望听取有关这一问题的辩论？大法官为什么不在法律意见中加以讨论？他们为何要将如此重大的问题留给一位判例汇编者解决？作家杰克·比蒂(Jack Beatty)详细研究了这些问题，但也无法得出确切的结论：“戴维斯可能是准确无误地理解了韦特说的话或暗含的意思，也可能是误解了这一切，或者说，他理解了韦特，却超前地创造了自己的宪法法。”

最高法院判决圣克拉拉案的历史背景是很清楚的。内战过后，最高法院保持了其在战争之前的特点：一个十分保守的机构。在重建时期，国会和各州通过了三个宪法修正案，此即第十三、第十四和第十五修正案，以便赋予新近被解放的奴隶以完整的公民权利。最高法院几乎可以说是立即破坏了这些新规定，最终效果是，继续纵容对非裔美国人的压迫。与此同时，大法官迫不及待地充当着铺张浪费的镀金时代[2]的帮凶。在商业和公司利益的驱动下，财富和权力开始了新一轮大规模的集中，而通过包括圣克拉拉案在内的一系列案件，最高法院更是阻止了政府对

---

[1] J. C. 班克罗夫特·戴维斯(J. C. Bancroft Davis，1822－1907)：美国外交官、法律史学家、最高法院判例汇编者(1883—1902)。其父是马萨诸塞州州长约翰·戴维斯。戴维斯曾任助理国务卿、驻德大使、行政法院法官等职，主编了《美国判例汇编》第108—186卷。1887年，哥伦比亚大学授予他名誉法学博士学位。

[2] 镀金时代：即美国历史上1877至1893年这段时期，期间人口和财富爆发式增长，产生了一个暴富的上层阶级。“镀金时代”这个词是由马克·吐温提出的，典故出自莎士比亚《约翰王》第四幕第二场：“给纯金镀上金箔，给百合涂上金粉，实在是浪费而可笑的事。”

这种集中的限制。大法官中显然没有黑人和穷人的朋友。

此案后接踵而至的,即是最高法院的洛克纳时代,它是以当时一个最为著名的 147 案例命名的。为了保护工人免受剥削,纽约州早先尝试制定了一项法律,禁止面包店员工一周工作超过 60 小时。1905 年,著名的洛克纳诉纽约州案(*Lochner v. New York*)审理结束,最高法院宣布纽约州的立法违宪,理由是它侵犯了雇主和雇员双方的"合同自由"。"签订商业合同的一般权利属于第十四修正案所保护的个人自由,"鲁弗斯·佩卡姆(Rufus Peckham)大法官在撰写多数意见(投票结果为 5∶4)时这样表述。总之,纽约州的法律是"不合理、不必要的,它恣意干涉个人权利,这样的话,人们即便在认为对维持自己和家人生活十分适当和必要的情况下,也不能自由签订劳动合同"。简而言之,洛克纳案中的多数意见,将原本为了保护被解放奴隶的权利而颁布的第十四修正案,变成了维护企业主利益的工具。

洛克纳案的潜在影响是惊人的。最高法院从根本上判定,所有试图规范私人市场或保护工人的法律都是违宪的。用法律史学家莫顿·J. 霍维茨[3]的话说,洛克纳案"最重要的作用是昭示了,南北战争后自由放任原则在政治经济学中的胜利,也意味着'管得最少的政府才是好政府'这一观念胜出"。"司法能动主义"——虽然在用语上有所变化——可以追溯到这一时期,即 19 世纪末 20 世纪初。在这段时间里,民主选举产生的政府分支(立法与行政分支)制定了很多法律,来保护工人和其他个人。但最高法院却将自己视为超级立法机关,以侵犯合同自由及法律正当程序为由,推翻了其中很多法律。最高法院的洛克纳时代反映出一种保守主义的司法能动主义;后来,到了沃伦法院时代,则变成自由主义的司法能动主义,大法官开始推翻侵犯少数族裔和妇女权利的法律。

最高法院在洛克纳时代的极端保守主义及其更广泛的政治影响,最终受到了强烈的反制。在 19 与 20 世纪之交,激烈的改革运动逐渐引领社会。反托拉斯法、食品安全法规、童工法、妇女投票权、所得税,这一切以进步主义的名义聚集在一起。西奥多·罗斯福 1901 年就任总统,主动着手推进这一潮流。

---

[3] 莫顿·J. 霍维茨(Morton J. Horwitz):生于 1938 年,美国法律史学家、哈佛法学院教授,代表作《沃伦法院对正义的追求》和《美国法的变迁》都已有中译本。卡根说,在她读法学院时,学生们昵称霍维茨教授为"侵权行为法莫特"(Mort the Tort),因为他教第一学年的侵权行为法。

148 1901年，罗斯福在选举中获得压倒性的胜利，各大公司所提供的高额竞选捐助是其成功的重要推手。罗斯福吸引了大量来自铁路和保险公司的资金，在大选前的最后阶段，他还利用个人魅力得到了一批富商的资助，其中就有钢铁大王亨利·克莱·弗里克(Henry Clay Frick)。多年后，弗里克回忆起罗斯福时说，“他跪下来求我们。我们就像买了个婊子养的，但后来他就不听话了”。几乎就在罗斯福赢得大选的同时，他把注意力转向了推动美国历史上第一部竞选资金改革法案获得通过——这部法案试图禁止罗斯福本人在竞选总统之路上动用过的所有策略。罗斯福将禁止公司资金进入政治领域的任务，排在议程的最前面。1905年12月5日，他在致国会的年度咨文中建议，“所有公司对任何政治委员会、或用于任何政治目的的捐助，都应为法律明文所禁止”。

1907年，随着《蒂尔曼法案》(Tillman Act)的通过，罗斯福的努力有了成果。蒂尔曼法案是以推动法案通过的南卡罗来纳州参议员本·蒂尔曼(Ben Tillman)的名字命名的，荒诞不经的蒂尔曼人称“干草叉”[4]。可以肯定的是，该法案只是温和的第一步。法案禁止公司赞助竞选活动，并对违法行为设定了刑事处罚，可惜缺少配套的强制执行机制。(联邦选举委员会迟至几十年后才成立。)于是，漏洞无处不在。例如，个人仍然可以捐助政治竞选，并且数额没有限制，所以，雇主可以通过向雇员提供相应补偿的方式来间接实现赞助。无论如何，《蒂尔曼法案》依然是国会向其描述的目标——选举免于“金钱力量”的控制——迈出的重要一步。

国会的这个目标从不曾实现。随后的几十年里，金钱在政治领域的影响力只增不减。二战后，总统候选人的竞选活动主要通过购买电视广告实现，这一策略更增加了竞选对金钱的依赖。而理查德·尼克松对筹集竞选经费的痴迷，正是导致水门丑闻的主要原因之一。

水门事件推动了竞选资金改革的第二波浪潮。这个时代的重要立法成果就是《联邦竞选法》1974年修正案，它所创造的规范框架的主体部分沿用至今。这部

[4] 因为蒂尔曼曾威胁说要用干草叉戳克利夫兰总统的屁股。

法律在历史上第一次对竞选捐助和开支的数额作出明确限制，并且创建了联邦选举委员会作为执行这一法案的机构，确立了公共资金资助总统选举的选择机制，并要求全面披露竞选捐助和开支。 149

而且，水门事件，及其后的立法，也让最高法院深入这一问题的核心地带。

《蒂尔曼法案》这部新法生效后不久，一些政客，包括时任纽约参议员的詹姆斯·巴克利（James L. Buckley）、前参议员及总统候选人尤金·麦卡锡（Eugene McCarthy），就对它的合宪性提出挑战。而在最高法院的历史上，罕有判决是涉及竞选捐助法规合宪与否的。《蒂尔曼法案》合宪性的问题没有直接在最高法院进行审理，也没有人质疑联邦政府限制公司政治支出的权利。但是，1974 年改革却在最高法院受到了挑战，由此产生的判例，被称为巴克利诉法雷奥案（*Buckley v. Valeo*）。判决结果于 1976 年公布，并一举成为最高法院历史上最复杂、最矛盾、最不可理解和最冗长的法律意见。

没有人真正知道这份法律意见是谁撰写的。它的署名是“法院统一意见”（*per curiam*），大法官们通常将这个标签用于简易、不重要的法律意见。然而，在巴克利诉法雷奥案中，最高法院的大法官们却用“法院统一意见”一词传递着另一种信号：这是团队努力的成果。人们普遍认为，威廉·布伦南主笔了巴克利案判决的主体部分，但布伦南的传记作者指出，沃伦·伯格、波特·斯图尔特（Potter Stewart）、路易斯·鲍威尔和伦奎斯特也参与了撰写。既然是多个作者的共同成果，那么法律意见自然是多方力量妥协的产物。然而，这五位大法官撰写的意见，时而保持一致，时而相互冲突，造成了更多的混乱。（25 年后，布什诉戈尔案的判决也是由最高法院公布的法院统一意见，它也同样不能很好地代表最高法院的整体意见。）

但是，从巴克利诉法雷奥案这糟透了的狗早餐[5]中抽取一些有意义的因素还是可能的。判决书的核心内容是，对政治支出和捐助作以区分。最高法院指出，根据第一修正案，国会不能限制竞选开支。花钱尤如语言表达，都应受到保护，因为“在

〔5〕狗早餐（dog's breakfast）：俚语，约起源于 1930 年代，指做的很糟糕的事情。

今天的大众社会，每一个交流思想的渠道都需要经济开支”。这包括印刷传单、租用礼
150 堂、购买电视广告。巴克利案导致的一个结果是，富有的候选人可以在竞选活动中想花多少就花多少，只要那是他们自己的钱；因为限制他们的支出可能是违宪的。而另一方面，根据巴克利案的法律意见，限制竞选捐助是宪法所允许的。最高法院认为，竞选捐助仅仅是“对候选人及其观点表示支持的一般性表达，但并未交流这一支持的基础”。于是，限制竞选捐助不会真正过分地抑制捐助人的政治表达自由。因此，最高法院得出如下结论：允许法律对个人竞选捐助的数额进行限制。

在《联邦竞选法》1974 年修正案中，国会曾试图建立一个严格控制竞选资金的制度；在该制度下，政府将监督和规范所有资金的流入和流出。它能否达到预期效果，目前还不得而知，但该提案至少提供了一种整体感。国会可以对国会竞选（或总统竞选）活动的总开支设定上限，然后强迫候选人在此限制下进行各种安排。但在这一制度开始运行前，巴克利案就终结了它，并且强加了一个由大法官们自行创造的、完全不同的体系。在大法官安排的体系中，捐款可以被限制，但支出却不能。1974 年的立法者肯定没有想过，这种区分有什么意义。捐助和支出都涉及政治表达，竞选活动也显然需要两者共同发挥作用。另一方面，一种制度如果想要控制竞选中金钱的影响力，也应当同时限制捐助和支出，才能真正发挥作用。（这正是国会试图实现的。）相反，最高法院的即兴创作在两个原本可能并无区别的事物之间划分了界限，并且这样的区分在其后两代人的时间中，都成了宪法上的竞选资金规则的核心特征。而它的底线是，金钱即言论。

巴克利诉法雷奥案开拓了一个全新的法律时代。最高法院的指导是模糊和不完善的，在这种情况下，联邦政府和各州法院不得不构建自己的竞选资金管制体系。同时，候选人及其支持者，也开始根据自己的理解执行 1974 年的法律。巴克
151 利案只是针对候选人和选举，却没有解决“议题倡导”[6]——那些旨在改变公众舆

〔6〕有关议题倡导（issue advocacy）的介绍，参见徐彤武：“‘外围团体’对 2012 年美国大选的影响”，载《美国研究》2012 年第 3 期。

论、而非某一选举结果的电视商业广告——规则的问题。对“议题倡导”的监管要比竞选开支宽松很多，但两者之间的界限却不是很清楚，并且容易被利用。

对待竞选资金和“议题倡导”，《联邦竞选法》1974 年修正案在态度上差别极大。根据巴克利案的意见，候选人仅仅可以使用严格监管的竞选捐款来支付广告费用。但是，造势团体(advocacy groups)可以接受和开支的资金却没有任何限制，关键问题是，议题倡导的广告也可以看起来很像政治竞选广告。造势团体可以发布广告说：“打电话给国会议员乔，并告诉他，他错了”，而这不会被认为是对乔竞选对手的捐助。同样，造势团体还可以制作“选民指南”，以带有明显党派倾向的方式指出候选人之间的区别，这也可以规避联邦的监管。

像法律领域的其他重大变化一样，在后巴克利案时代，竞选规制促使一些律师在新的领域形成专业特色。最能说明问题的是小詹姆斯·波普(James Bopp Jr.)三十余年的职业生涯。在这些年中，波普成长为美国最重要的反堕胎律师之一，也成了竞选资金法最坚决的反对者之一。波普的两个职业方向，反映出一种真正的共生关系。

波普出生在印第安纳州特雷霍特市，1970 年毕业于印第安纳大学。在那里，他领导了美国青年争取自由组织(Young Americans for Freedom，该学生组织推动了共和党的多项事业)的分部。1973 年，波普从佛罗里达大学法学院毕业，回到印第安纳州进行律师执业，那年，罗伊诉韦德案正在审理。波普决定投身新近兴起的反堕胎运动，之后他被聘为全国生命权利委员会(National Right to Life Committee)印第安纳州分会的总法律顾问。两年后，波普担任全国生命权利委员会的总法律顾问，并成为 1980 年选举中共和党的一名关键成员。

波普说服了同事们，他们设立了政治行动委员会，向支持反堕胎运动的候选人提供资金帮助，他还说服了生命权保护组织，让该组织在选举日前制作了一系列“选民指南”。有理由相信，这些指南帮助共和党在选举中赢得了一边倒的胜利，不仅让罗纳德·里根入主白宫，而且让参议院多了共和党的 12 张新面孔。生命权保护组织制作的选民指南差不多是赤裸裸的议题倡导之作，后来，联邦选举委员会试图禁止这些指南。波普利用第一修正案成功地推翻了禁令，并开始积极地提起诉 152
讼，挑战限制竞选资金的法律法规及堕胎权。波普的双向职业发展由此形成。

最终，波普在美国全境起诉和应诉了共140个案件，挑战各类限制竞选资金的法规，及违反第一修正案的行为。他在最高法院辩论了两个案件。波普赢得了第一宗诉讼，而第二宗诉讼是他在威斯康星生命权组织的朋友2004年求助他办理的。在某些方面，该案与他几十年来从事的工作很是类似，只在一个重要的方面有所例外。

1989年，约翰·麦凯恩在其参议院的首个任期内，成为“基廷五人”中的一员，与腐败的亚利桑那州金融家小查尔斯·基廷(Charles Keating Jr.)一同参与了不光彩的交易。麦凯恩并没有因为自己的不当行为受到追诉，但此事带来的耻辱感促使他领导了一场关于竞选资金改革的战争。十几年下来，工作成果就是2002年《两党竞选改革法案》(Bipartisan Campaign Reform Act of 2002，BCRA)，法案有时被简读为“拜克拉”(bic-ruh)，但人们更习惯称它为《麦凯恩-法因戈尔德法》(the McCain-Feingold law)。该法能够通过，主要得益于民主党的支持。布什总统签署法案时极不情愿，为避免举行公开仪式，他特意选择在清晨签署，并立即宣布他对其合宪性持保留态度。于是，竞选资金改革上惯常存在的思想分化以《麦凯恩-法因戈尔德法》的胜利结束。而事实上，到麦凯恩以共和党被提名人身分参加2008年总统竞选时，他已背弃了这部以他的名字命名的法案。

《麦凯恩-法因戈尔德法》的主要目标之一是区分候选人广告与“议题倡导”广告，而这种区分越来越没有意义。多年来，各个公司和工会为贬低自己不喜欢的候选人，在广告上投入了数百万美元，但这些广告都会在技术上避免使用特定的政治语言，以免变为竞选广告。《麦凯恩-法因戈尔德法》试图解决这个问题，它禁止公司和工会在初选或党团会议前30日或普选前60日内发布任何涉及候选人的广播广告。

新法案公布生效后，威斯康星生命权组织需要在这一问题上寻求波普的帮
153 助。威斯康星州有两位民主党联邦参议员，即拉塞尔·法因戈尔德(Russell Feingold)和赫伯·科尔(Herb Kohl)，两人都支持堕胎权。在2004年大选前夕，法因戈尔德进入了总统候选人名单，于是，生命权保护组织想发布一则电台广告，内容大致如下：

牧师：是谁将这个女人嫁给这个男人？

新娘的父亲：是的，作为新娘的父亲，我当然愿意。

但现在，我想与大家分享一些如何正确安装石膏板的技巧。现在你把石膏板举起来……

画外音：有时，拖延一个重要的决定是不公平的。

但在华盛顿，这样的事情正在发生。某些参议员正在使用长篇大论拖字诀，阻碍诸位联邦法官被提名人得到一个简单的"是"或"否"的结果。也正因此，合格的候选人无法及时得到司法服务的机会。

这就是现实中的政治，造成了事务处理堵滞，让我们的法院进入紧急状态。

联系参议员法因戈尔德和科尔，请他们反对阻挠议事的行为。

该广告由威斯康星生命权组织资助，广告内容并未得到任何候选人或候选人委员会的授权。

该广告的目的是批评法因戈尔德，但它并没有明确劝阻选民为他投票。这样一来，它看起来像"议题"广告而非竞选广告，但因其发布于选举前，故为《麦凯恩-法因戈尔德法》所禁止。广告中保护生命运动的政治倾向也非常明显。致力于禁止堕胎权的威斯康星生命权组织利用广告支持布什总统提名的大法官，这表明联邦法官在保守主义运动中具有非常重要的地位。（当奥巴马总统的大法官提名受到共和党参议员的阻挠时，民主党人却没有给予对等的支持。）

波普认为，《麦凯恩-法因戈尔德法》对议题倡导的禁止违反了第一修正案，但他仍需要解决一个难题。2003年，在伦奎斯特法院的最后几个主要判例中，大法官们支持了《麦凯恩-法因戈尔德法》的绝大多数内容，驳回了重要的共和党参议员、坚定的竞选资金改革反对派米奇·麦康奈尔（Mitch McConnell）对于法案违宪的主张。（这个判例被称为麦康奈尔诉联邦选举委员会案[*McConnell v. Federal Election Commission*]。）波普怎样去挑战一项已获最高法院支持的法案？ 154

但这位律师无所畏惧。波普知道，联邦最高法院2003年审理的是法案的"表面"合宪性——也就是说，麦康奈尔主张该法案在所有情况下都是违宪的。而自己的诉讼将挑战的是，法案对威斯康星生命权组织的"适用性"。他可以主张，法案的这次具体适用侵犯了第一修正案赋予该组织的权利。波普没有坐等联邦选举委员会（一个出了名的老爷车机构）起诉他的客户。相反，他决定先发制人提起诉讼，反对选举前发布广告的禁令。

波普认为，相对于 2003 年挑战《麦凯恩-法因戈尔德法》时，这一次自己手握一个重要优势。在先前的案件中，奥康纳投票支持法案的大部分内容，从而形成了 5 票对 4 票的多数意见，但现在她已离开法官席，替代她的是阿利托。如此一来，波普可以预见自己将在罗伯茨法院看到更友好的面孔。

威斯康星生命权组织的案件在 2007 年 4 月 25 日开始审理，这也是首席大法官罗伯茨任职第二年——一个动荡时期——的最后一天。2007 年，保守势力占据明显优势：在这一年，莉莉·莱德贝特败诉；后期堕胎禁令得到批准；社区学校学生家长诉西雅图第一学区教育委员会案，即涉及路易斯维尔和西雅图学校种族融合的案件审结。到联邦选举委员会诉威斯康星生命权组织案在庭上辩论的时候，所有这类案件的判决都已确定（就算结果可能尚未公布），因此，自由派明白，他们将面临失败。没有人比斯蒂芬·布雷耶更加沮丧。

任职联邦最高法院期间，布雷耶养成了一个习惯。每年夏天，他都会去各地旅游和休闲，秋天的时候，再带着他在成年后的五十年岁月中形成的标志性的乐观态度，回到最高法院。但历年的失败不断累积，最高法院与他渐行渐远，负面情绪在他胸中滋长。在决定命运的一刻，2006—2007 年开庭期的最后一天，布雷耶的怒火终于爆发，向吉姆·波普爆发。

在威斯康星案中，最让布雷耶沮丧的是，他本认为自己在 2003 年的麦康奈尔
155 案——最高法院支持了《麦凯恩-法因戈尔德法》——中已经赢得了这场战役。布雷耶刚刚出版了新书《积极自由：美国宪法的民主解释论》（*Active Liberty: Interpreting Our Democratic Constitution*）[7]，这是一本写给普通读者的书，其中他用很大篇幅强调了竞选资金改革的重要性。而这些成就，像布雷耶在最高法院

〔7〕该书中译本由田雷翻译，中国政法大学 2011 年出版。

中取得的其他很多胜利一样，看起来好像马上就要溜走。

布雷耶嘲弄波普，其实是为了引诱保守派同事开腔。“如果在此案中，我们同意你的看法，那只能向《麦凯恩-法因戈尔德法》说再见了，”布雷耶说。“也许我们提前跟它说再见。这就是你的主张。非常好。但你能解决这个矛盾吗？为什么最高法院支持了《麦凯恩-法因戈尔德法》，而只过去了一两年，同一个法院又要接受——无论是在事实上，还是在理论上——推翻先前判例的立场呢？”

波普试图淡化这个问题，但布雷耶没让他得逞。

“那正是《麦凯恩-法因戈尔德法》的关键，”布雷耶继续说道。“他们说，在今天的世界上，存在各式各样与人民为敌的广告人。然后他们说，此外，大部分的竞选资金都给了这样的广告人。然后他们说，此外，如果你允许公司和工会捐助这些广告，就等于公司和工会可以捐助竞选。”

“如果你准备说，美国宪法要求我们允许公司和工会购买这些类型的广告，好吧，那么，禁止他们直接捐助候选人的法案怎么可能是合宪的，而它又怎么可能从，我想，1904 年一直存在呢？”（布雷耶指的是 1907 年《蒂尔曼法案》。）

布雷耶看出了最高法院的未来方向。如果他的同事们打算推翻温和的《麦凯恩-法因戈尔德法》，那么竞选资金改革的整幢大厦都会崩塌。自 20 世纪初开始建立的那一法律体系也将崩塌。

波普无力招架布雷耶的提问，因为他知道布雷耶手中握有重要的一票。波普换了一个角度说，威斯康星州的那则广告不仅仅是为了支持或反对候选人，也是为了改变现任公职人员的立场。

波普说：“人们应该有机会进行草根政治游说。”

“那就是所谓民主吗？”肯尼迪问他。

“我们希望是这样，法官阁下，”波普回答说。可能会有人说，电视和电台广告根本不是“草根游说”，也可能会有人说，被那些商业广告主导的选举不一定“称得 156
上是民主”。但是，这些说法在罗伯茨法院显然没有市场。

大法官经常坦诚地提醒外界，应更多关注一份法律意见是在一年中的什么时间作出的。最高法院在每年10月的第一个星期一开始审理案件，11月和12月作出的往往是一致判决，或者至少各方还可以平心静气地讨价还价。然而，随着时间的推移，大法官的神经绷得越来越紧，不耐烦的情绪逐渐弥漫。问题愈发难以解决。协商越来越少，独立法律意见越来越多，这耗费了大法官更多的时间。到了开庭期的最后一天，尤其是在压力重重的2006—2007司法年度，大法官早已不能容忍彼此。而这种气氛就反映在了威斯康星生命权组织的判决中。

这份法律意见各部分之间格格不入，内容一塌糊涂，其中根本就没有形成什么一致的意见，可以说是开庭期后期的典型表现。对于核心问题，各方也同样对立。罗伯茨、肯尼迪、斯卡利亚、托马斯和阿利托判定对威斯康星生命权组织所作的限制违宪；而史蒂文斯、苏特、金斯伯格和布雷耶则支持广告禁令。肯尼迪、斯卡利亚、托马斯曾在2003年的麦凯恩-法因戈尔德案中持反对意见，这一次他们又撰写了独立意见，重申当初的立场：应当推翻《麦凯恩-法因戈尔德法》。阿利托也表达了大致相同的意见。

因此，轮到首席大法官罗伯茨代表最高法院表态了。他仍在试图表示他对先例的态度是谨慎和尊重的，正如他在自己的确认提名听证会上声称的那样。但现在，是他决定了哪一方才是多数意见：推翻四年前才作出的判例，以及适用了几十年的制定法。为了完成这个任务，罗伯茨运用了他擅长的技巧，他宣称，“第一修正案宁可我们过多地保护政治言论，而不是限制它”。但与多数方阵营的其他人不同的是，罗伯茨并未明确主张推翻《麦凯恩-法因戈尔德法》，只是简单地指出了最高法院前进的方向。鉴于2003年的麦康奈尔案是支持《麦凯恩-法因戈尔德法》的，罗伯茨说，“今天，我们没有必要重温那个决定了”。

今天。**今天**。这是典型的毫无意义的话。对于那些熟知最高法院语言的人来说，
157 首席大法官的意思就是，五名大法官准备宣布《麦凯恩-法因戈尔德法》违宪。不是“今天”，但显然就在“不久后”。

在威斯康星生命权组织案中，苏特代表少数方的四名大法官撰写异议意见，开宗明义，苏特痛苦地宣称，2003年最高法院支持《麦凯恩-法因戈尔德法》的判决“今天被有效地、不合理地推翻了”。但这样说是不正确的，至少不是“今天”。要对20世纪的竞选资金法案发出致命一击，还需要一个右翼大阴谋的发起人——塞缪尔·阿利托。

第十二章　塞缪尔·阿利托的问题

1988 年总统竞选期间，最有名的电视广告的发布者既不是乔治·H. W. 布什，也不是迈克尔·杜卡基斯[1]。一个名为"美国人支持布什"(Americans for Bush)的独立委员会制作了一则以威利·霍顿(Willie Horton)为主角的商业广告。霍顿是一名已被定罪的杀人犯，他在马萨诸塞州的监狱服刑，期间享受了一次周末休假，而就在这段时间里他又犯下了几桩可怕的罪行。在这则商业广告中，非裔美国人罪犯的写实画面引起了轰动。布什的竞选团队一直声称，他们与这则广告没有任何关系。 158

弗洛伊德·布朗(Floyd Brown)却很乐意为广告承担责任。布朗是一个身材魁梧的华盛顿州本地人，多年来一直为保守主义运动做些边缘工作。(和波普一样，布朗的政治生涯也是始于美国青年争取自由组织，不同之处在于，布朗是在华盛顿大学参与其中的。)那时，关于如何设立非营利机构、筹集资金、使其万众瞩目，并继续发展，布朗已熟练地掌握了一整套技巧。大选结束后，美国人支持布什组织显然失去了作用。因此，布朗声称自己是以威利·霍顿为主角的、这则臭名昭著广告的作者，并创立了一个新组织。他把该组织命名为"联合公民"(Citizens United)。

起初，布朗按照霍顿模式开始工作。他制作了具有高度党派倾向的电视广告，然后以直邮募捐的方式筹款支付传播费用。比如说，1991 年，联合公民组织制作

---

〔1〕迈克尔·杜卡基斯(Michael Dukakis)：生于 1933 年，希腊裔美国人，民主党政治家。1955 至 1957 年在军队服役，1960 年获哈佛法学院学位，曾任马萨诸塞州州长(1975—1979，1983—1989)。1988 年大选中，杜卡基斯是民主党总统候选人，但最终输给了乔治·H. W. 布什。

了一则商业广告，支持克拉伦斯·托马斯任最高法院大法官的提名。（这些广告主
159 要是对司法委员会中的参议员进行性格方面的攻击。）克林顿当选总统后，联合公民组织扭转了方向。

布朗找到了一个帮手，这是一名刚从马里兰大学辍学的学生，名叫戴维·博西(David Bossie)。博西留着平头、性情激烈，怀揣着对保守主义政治的狂热，而且还像布朗一样爱好创业。（博西是一名尽责的志愿消防员，住在马里兰州地方消防站的楼上。）1992 年，布朗委任博西为"首席研究员"，两人将精力聚焦于比尔·克林顿和希拉里·克林顿的个人和财务事务。他们合写了一本书，与 1992 年大选密切相关，这本书就是《油滑的威利：为什么美国不能信任比尔·克林顿》(*Slick Willie: Why America Cannot Trust Bill Clinton*)。

在阿肯色州，有各色人等声称自己很清楚克林顿的斑斑劣迹，在接下来的几年里，博西实际上成了这些反对派的代理人。阿肯色州小石城市法院的法官戴维·黑尔(David Hale)涉嫌滥用联邦小企业贷款，受到联邦调查局调查。黑尔的朋友将他介绍给博西。黑尔称，克林顿卷入了阿肯色州腐败关系网。博西转而将黑尔介绍给华盛顿各家媒体的记者，这些记者把黑尔的指控通过纸媒或电台扩散出去。（黑尔的话从未被证实。）后来，博西又充当了一次中间人，传播了有关白宫助理文斯·福斯特(Vince Foster)自杀事件的新闻。

克林顿执政期间，博西曾两度离开联合公民组织，在国会中为共和党工作：第一次是参与参议院针对克林顿夫妇所进行的白水土地交易案(Whitewater land deal)调查；第二次是为众议员丹·伯顿(Dan Burton)工作，伯顿是印第安纳州的一名共和党人，一心想要查明那些传言中的克林顿劣迹。（为了表明福斯特可能是被谋杀的，伯顿在自家后院进行了演示，在那里他开枪射击了一个"人头状的物体"，那可能是西瓜或南瓜。）博西在伯顿手下任职期间，与克拉伦斯·托马斯的妻子弗吉尼娅·托马斯(Virginia Thomas)结下了深厚的友谊。弗吉尼娅当时是众议院共和党领袖理查德·阿米(Richard Armey)的幕僚。金尼[2]觉得博西的观点有些极端。后来，伯顿发现博西为了删除有利于希拉里·克林顿的信息，不惜篡改一些文件的副

[2] 弗吉尼娅的昵称。

本，就把他开除了。于是，博西又回到联合公民组织工作。

博西和布朗的职业生涯引起西德尼·布卢门撒尔(Sidney Blumenthal)的特别关注，布卢门撒尔是1997年进入白宫工作的一名记者。1998年1月27日，正是布卢门撒尔负责了希拉里·克林顿在《今日秀》节目中亮相的准备工作，那也是希拉里在莫妮卡·莱温斯基丑闻事发后首次接受采访。布卢门撒尔告诉希拉里，社会 160
上存在布朗、博西及其他一些类似的人，所以，“克林顿夫人”告诉马特·劳尔(Matt Lauer)：“对于那些急于发现、传播和阐释它的人来说，这是个爆炸新闻——这是一个右翼大阴谋，一个自从他宣布就任总统那一天开始就在酝酿的阴谋。”

乔治·W.布什就任后，联合公民组织在公众中的关注度日渐下降。博西此时已出任该组织的主席，他认为联合公民需要一个机会，以便在华盛顿的各种保守派组织中脱颖而出。博西2003年观看了迈克尔·摩尔(Michael Moore)执导的电影《华氏9/11》[3]的广告，灵感就此迸发。博西感到这部纪录片完成了一个双重任务。《华氏9/11》及其电视广告既是反对布什总统连任的炮弹，也是潜在巨大利润的源泉。(《华氏9/11》的票房收入超过2亿美元。)联合公民这样一个非营利性组织，每年的总预算才约有1200万美元，并且这些资金绝大部分来自个人捐款。一小部分捐助——约1%——来自营利性公司。(事实证明，这一点很重要。)

博西决定将联合公民组织改组成电影工作室，制作保守主义的纪录片。首部作品是《摄氏41.11度：大脑开始死亡》(*Celsius* 41.11：*The Temperature at Which the Brain Begins to Die*)，它直接回应了摩尔，但却不算特别成功。博西继续着电影之路，还真有一些作品吸引了观众。他的所有电影都围绕着保守主义的主题，其中多部由纽特·金里奇[4]和卡莉丝塔·金里奇夫妇亲自解说。这些作品包括：米

〔3〕《华氏9/11》(Fahrenheit 9/11)：这部纪录片反映了布什任内美国政府的某些侧面，试图说明为什么美国会成为仇恨与恐怖活动的目标，为什么美国总是很容易就卷入到战争之中，它指出“9·11”后对石油的贪婪在疯狂的反恐战争中起着绝对的作用，也分析了布什家族与本·拉登之间所谓的关系是如何导致他们成为势不两立的敌人。

〔4〕纽特·金瑞奇(Newt Gingrich)：生于1943年，美国政治家。1999年《时代》周刊年度人物。2012年5月2日，宣布退出总统竞选。

歇尔·巴赫曼(Michele Bachmann)主演的《中心地带之火:保守派女人的觉醒》(*Fire from the Heartland: The Awakening of the Conservative Woman*);《生命的礼物》(*The Gift of Life*,主题是反对堕胎权,其中说道:"我妈妈被强奸,我差点被做掉。我幸免于难是为了某个目的。");《在美国重新发现上帝》(*Rediscovering God in America*,"对美国文化最具破坏力、最具历史欺骗性的行为,就是试图将上帝逐出美国公众领域的残酷做法"。)。

2008年大选前的那段日子,总统候选人希拉里·克林顿不可避免地成为博西的目标,因为他多年以来一直致力于反对克林顿夫妇。在许多方面,《希拉里:一部电影》(*Hillary: The Movie*)是联合公民组织的典型作品,它包括新闻片段、怪异的音乐,以及一系列激烈而明显具有党派倾向的采访。("她受权力驱使,她向权力前行,权力就是她生活的全部动力,"曾经的总统候选人帕特里克之妹、社会活动家贝·布坎南[Bay Buchanan]这样说。"她很会说谎,她会编造故事,歪曲任何事实,只要那服务于当时的目的,而美国人民很快就会意识到这一点,"迪克·莫里斯补充道。"用'骗子'来形容她再合适不过了,"安·科尔特[Ann Coulter]说。)博西希望《希拉里》在2007年年底上映,这样它就可以与总统选举联系起来,就像摩尔在《华氏9/11》中所做的那样。联合公民组织向一家有线电视公司支付了120万美元,以保证观众可以在视频点播系统中免费观看《希拉里》。

多年来,博西对联邦选举法已经非常熟悉,所以,他担心这部电影与威斯康星生命权组织一样遇到与法律相抵触的问题,特别是考虑到他还计划在举行总统初选的州播放广告。电影和广告会同时发挥多重作用:推进保守主义事业,减损希拉里·克林顿获胜的机会,赢得商业上的成功。那么,问题就是,联邦选举委员会会如何看待电影《希拉里》及其广告。根据联邦选举委员会规则,如果《希拉里》被认为是一部新闻或娱乐作品,像对《华氏9/11》的认定一样,那么,博西就可以在任何时间播放它;因为联邦选举委员会明确将这些作品列为例外。但是,如果联邦选举委员会认为希拉里及其广告是"竞选表达"(electioneering communication),也就是,"明确支持或反对一个候选人的言论",那么就不能在初选前30天或普选前60天内播放。

博西聘请吉姆·波普作律师,波普像以往一样,喜欢进攻型的策略。他直接到联邦选举委员会申请裁决，如他所料，联邦选举委员会将广告裁定为“竞选表达”，因此无法在初选前播出。波普向华盛顿联邦地区法院提起上诉。一个三人审判庭支持了联邦选举委员会的意见，认为对《希拉里：一部电影》“唯一可靠的解释是，它希望告知全体选民，希拉里·克林顿不适合总统职位，如果希拉里当了总统，美国将成为一个危险的地方，而且观众们应该投票反对她”。

博西决定采取下一步行动：上诉到最高法院。但首先他不得不作出一个艰难的决定：他应该聘请谁作他的律师？ 162

初到华盛顿时，博西可能只是个火力全开的局外人，但十年过后，他已成为保守主义势力的一部分。他知道，波普刚刚在大法官那里赢得了威斯康星生命权组织案，但他也意识到，自己的金钱运道和历史地位取决于眼下的联合公民案。他会将命运的控制权拱手交予（波普这样）一个来自特雷霍特的律师吗？

博西求教于他在共和党法律和政治圈里的导师。他打电话给以下人士：迈克尔·切尔托夫（Michael Chertoff），参议院调查白水事件的负责人（不久后即担任国土安全部部长）；爱丽丝·费舍尔（Alice Fisher），前布什班子中的司法部官员；前检察官维多利亚·滕辛（Victoria Toensing）和约瑟夫·迪热那亚（Joseph DiGenova），著名的法政伉俪。而他们所有人的意见是一样的：

聘请特德·奥尔森（Ted Olson）[5]。

奥尔森是保守主义法律圈的传奇人物。博西第一次见到他是1990年代，那时特德和他的妻子芭芭拉·奥尔森（Barbara Olson）也正公开批评比尔·克林顿。奥尔森以吉布森、邓恩与克拉彻律师事务所（Gibson, Dunn & Crutcher）私人律师的身分，在布什诉戈尔案中出庭为布什辩护，并且胜诉。作为回报，布什在就任总统后任命奥尔森为首席政府律师。（2001年9月11日，芭芭拉·奥尔森在撞向五角大楼的飞机中不幸遇难。）奥尔森在最高法院出庭辩论了几十个案件，他在大法官

〔5〕特德·奥尔森（Ted Olson）：全名西奥多·奥尔森，生于1940年，联邦党人协会的创始成员，2001至2004年任首席政府律师，一度被视为接替奥康纳大法官席位的可能人选。

那里有很好的声誉。他知道如何胜诉。因此，波普出局，奥尔森登场。

奥尔森迅速转变了诉讼策略。正如博西所判断的，波普是一名事业律师[6]，将推动竞选资金法的修改视为自己的首要任务。奥尔森确实支持保守主义运动，但他首先是一名诉讼律师，谋划的是如何在案件中胜诉。本着这种思想，奥尔森试着减少联合公民案的争议点，以便最高法院不必大费周章就可以得出他想要的结论。在《希拉里：一部电影》案提交最高法院之际，电影已经在一些影院播出，所以
163 唯一要解决的是与视频点播相关的问题。事实上，现在的争议很小，几乎可以说是微不足道。在总统初选前的一段时间内，《麦凯恩-法因戈尔德法》禁止公司花钱为候选人拉选票。所以，本案的法律问题就是，鉴于联合公民组织从公司接受了少量资金，法案是否允许视频点播系统在规定的时间里播出这部纪录片。

2009 年 3 月 24 日，奥尔森满怀激情地开始了他的言词辩论："公民可以参与政治进程，是第一修正案提供的最为基本的保障。然而，行政国家创造的最复杂、最昂贵、也最难以理解的一项监管制度却在扼杀这种自由。今天，在阁下面前的案件中，一个规模很小的非营利性机构将可能会因为向感兴趣的观众提供一部 90 分钟的影片而被定重罪，而这仅仅是一部关于国家最高职位候选人的政治纪录片。"

一番修辞过后，奥尔森缩小了诉讼请求的范围。根据奥尔森的想法，联合公民组织所希望的是赢得案件的胜利，没有必要请求最高法院宣布任何法案违宪。只要大法官判决《麦凯恩-法因戈尔德法》并不适用于纪录片或非营利组织，就可以了。"90 分钟的纪录片之类的表达，不是《麦凯恩-法因戈尔德法》乃至国会想要禁止的，"他说。斯卡利亚似乎对奥尔森的温和请求有些失望。

"那么，你现在是在提出一个立法适用违宪[7]的请求吗？"斯卡利亚问。

"我在提出一个……"奥尔森答道。

"你是说这……这不属它（法案）管辖，"斯卡利亚接着说。

是这样的，奥尔森回应道。他所要求的仅仅是法案并不禁止非营利性公司播出广告的判决；90 分钟的纪录片可以在视频点播系统播出。如果大法官按照奥尔

---

〔6〕事业律师（cause lawyer）：又称"公益律师"或"社会律师"，指利用法律推动社会改革的律师。
〔7〕与立法本身违宪相区别。

森的建议判决，那么联合公民组织诉联邦选举委员会案很可能会很快被历史遗忘，因为它只是竞选资金法一个偏僻角落里有针对性的裁决。

但是，首席政府律师站了起来，他要捍卫选举委员会的决定，可是他回答的那个问题却改变了整个案件，或许也改变了美国历史。

每当涉及联邦政府的案件进入最高法院，首席政府律师都会代表政府出庭。在许多政府机构的声誉备受争议的时代，首席政府律师却仍然是卓越能力的象征：精干、出类拔萃、深受其最重要的听众大法官的尊重。 164

自从首席政府律师这个职位创建于1870年，美国历史上诸多最杰出的法律人都担任过这个职位。威廉·霍华德·塔夫脱，在他担任总统和首席大法官前，曾任早期的首席政府律师；富兰克林·罗斯福把他的两任首席政府律师斯坦利·里德(Stanley Reed)和罗伯特·杰克逊都任命到了最高法院。在1960年代和1970年代，首席政府律师这个职位相继由阿奇博尔德·考克斯、瑟古德·马歇尔、欧文·格里斯沃尔德、罗伯特·博克担任。肯尼思·斯塔尔卸任哥伦比亚特区巡回法院法官后，即就任乔治·H. W. 布什班子的首席政府律师。

首席政府律师一直都充当着其办公室的脸面，也是一个重要的高级政治任命职位，而各位常任雇员(career employees)则在最高法院担任办公室的主要代表。首席政府律师办公室有22名律师，大约只有两人是政治任命产生的，所以，大多数律师将无缝地从一届总统班子留任到另一届班子。

传统上认为，首席政府律师办公室的律师们与出现在最高法院的那些受雇的普通"枪杆子"有着不同的职业标准。办公室的律师们在最高法院尽职尽责，但从某种意义上说，他们严格遵循先例。他们不对大法官隐瞒对己方不利的事实。这正是在许多联邦政府不是当事人的案件中，最高法院也会发出"CVSG"(a call for the views of the solicitor general，即"征询首席政府律师意见指令")的原因。准确地说，首席政府律师办公室的律师们并不中立，但他们比一般的律师更受尊重。此外，他们在最高法院出庭时的穿着也与众不同，他们要穿晨礼服、马甲和条纹长裤。

首席政府律师办公室的律师马尔科姆·斯图尔特(Malcolm Stewart)为联合

公民组织案提供辩护，他是所属办公室最优秀的代表。斯图尔特毕业于普林斯顿大学和耶鲁大学法学院，曾在1989年开庭期做哈里·布莱克门的助理。他于1993年加入首席政府律师办公室，在完成三个总统任期中的四十余次言词辩论后，职业生涯到达顶峰。他两度斩获司法部最高荣誉约翰·马歇尔奖。就在联合公民案不久前，斯图尔特被任命为副首席政府律师，这是常任律师能够获得的最高职位。

165 大法官们说，言词辩论的结果很少会影响案件判决的结果。但联合公民案并非如此，因为斯图尔特在庭上的表现堪称是一场史诗般的灾难。

早上，案件开庭审理，大法官们在老位子上落座。斯卡利亚欠着身，时刻准备发动突袭。金斯伯格在法官席上勉强露出脸来。布雷耶较为焦虑，他的表情随着是否满意于律师的回答而改变。托马斯沉默而消极，跟平日里没什么两样。

阿利托面色阴郁，一如既往。他很喜欢大法官这份工作，但工作的公共性却总让他不适。他喜欢阅读案卷，作出判决，但不喜欢排场和官僚主义。（阿利托甚至不喜欢聘请法官助理。多年来，他一直选用在第三巡回法院曾与他共事的助理，这样就可以不必再去面试新的人员。）除托马斯外，阿利托一般是提问最少的大法官，但他的问题却总是最好的。很容易分辨阿利托倾向于哪一方，因为对于被他选作靶子的律师来说，这些问题很难回答。阿利托对律师陈述中的薄弱环节有着敏锐的感知力，而在这个案件中，他发现了马尔科姆·斯图尔特言语间的一个巨大漏洞。

阿利托意识到，《麦凯恩-法因戈尔德法》起草得极为宽泛，而他则想借此将斯图尔特推入滑坡谬误。这是一个关于电影和电视广告的案件。该法案还规范了其他什么吗？“你觉得宪法会要求国会划出界限，将法案限定于广播、有线电视和其他媒体吗？”阿利托问。法律会限制公司“在一本书中提供同样内容吗”？宪法会允许所有这些限制吗？

是的，斯图尔特说。“这些限制可能会适用于其他媒体。”

大法官俯身向前。政府规制电视广告是一回事，并且已经规制了许多年。但

图书怎么样呢。政府可以规制**书**的内容吗？

“这令人难以置信，”阿利托回应道。“你认为，如果一本书出版，它是一本竞选传记，在功能上相当于明显的议题倡导，那么它就应当被禁止吗？”

“我不认为那会被禁止，”斯图尔特试图缓和气氛。“我的意思是，国会有权禁止公司资金的使用，并有权通过公司的政治行动委员会[8]决定出版与否。”显然，斯图尔特的意思是，联合公民组织、相似的非营利组织或其他公司，不能出版关于总统竞选的图书。 166

肯尼迪打断了他。他在许多法律领域摇摆不定，但这次在竞选资金的案件中，加入了保守派。他感觉到了图书出版问题的脆弱性，于是加入了阿利托的攻击。

“好吧，假设某造势组织出了一本书，”肯尼迪说。“那么，你的立场是，根据宪法，这本书的广告或销售本身在60和30天的期间都是被禁止的吗？”

是的，斯图尔特说。

但无论是阿利托或是肯尼迪，都没有罗伯茨那一剑封喉的本能。首席大法官想要尽可能地让斯图尔特的立场看起来荒唐可笑，而他也知道如何做到这一点。他沿着政府审查书籍的主题继续下去，为斯图尔特设了一个陷阱。

罗伯茨问：“如果一本书的题目是人名，候选人的名字，也属于被禁止的情形，对吗？”

“是的，”斯图尔特说。

罗伯茨又问：“如果是一本500页的书，它在结语中写道，‘那么，投票给某人吧’，政府就可以禁止它了吗？”

“嗯，如果说‘投票给某人’，这将是明显的倡导，将会适用联邦竞选法的原有规定，”斯图尔特接着说，他深陷于痛苦尴尬的境地。

通过巧妙的问话，阿利托、肯尼迪和罗伯茨将一个涉及竞选资金改革的不重要案件，变成了针对政府审查的一次战争。三人让斯图尔特、及其代表的政府站到了一个荒谬的立场上：政府可能有权因为一本500页的书的最后一行字，而行使刑事

---

〔8〕政治行动委员会（Political Action Committee）：美国的一种非党派的基金管理机构，组织者是工会、工商界、贸易组织或独立的政治团体，目的是为竞选各级公职的候选人筹集政治资金。

定罪的权利。当然，大法官的问题引出了更重要的问题。《麦凯恩-法因戈尔德法》事实上是否允许这样古怪的结论出现？国会是否有权通过禁书的法律？而且，斯图尔特对此的承认符不符合实情？

斯图尔特搞错了。国会无权禁书。《麦凯恩-法因戈尔德法》的基础是，电视广告在选举政治中具有普遍影响力，而商业广告在当代美国生活中又是无可回避的。但是，图书的影响方式与电视广告完全不同。个人必须作出积极选择，去购买和阅读一本书，才能获得其中的信息。所以，国会没有理由、也没有正当性以第一修正案为据去禁一本书。

167 对于斯图尔特的表现，为他辩护的人指出了首席政府律师的独特处境。私人律师可能会围绕法律的解释大做文章，以避免作出任何实质性的让步，但斯图尔特肩负坦诚面对大法官们的特殊义务，所以，即使答案有损于判决结果，他还是得这样说。斯图尔特的批评者——为数显然不少——认为，他没有义务回答那个荒谬的假设性问题，况且它是关于书籍审查的，与案情的联系也非常牵强。斯图尔特这样做不是实诚的表现，而是过于愚蠢。他当时应该声称，联邦政府既没有义务、也没有权力阻止一本书的出版。与很多关于辩护水准的评论一样，这种说法也没有提供明确的解决办法。不管怎么说，联合公民案对于联邦政府的深刻负面影响已经铸成。

在联合公民案中，最高法院变幻莫测的日程表再次影响了案件的判决结果。与威斯康辛生命权案一样，联合公民案是在开庭期末、即 2009 年 3 月 24 日进行辩论的，大法官们在六月份前没有很多时间来达成共识。在最初的会议中，投票结果与威斯康辛生命权组织案的相同，只是这次肯尼迪加入了四位保守派同事一方(反对《麦凯恩-法因戈尔德法》)。

其后的个人表演，在某些方面向大法官们展示了新任首席大法官罗伯茨的特点。罗伯茨将撰写法律意见的任务分配给了自己。尽管言词辩论富有戏剧性，但毕竟特德·奥尔森在联合公民案中向最高法院提出的请求是具体而严格限定的。根据法律理由书中提交的系争问题，本案真正的问题有且只有一个：《麦凯恩-法因戈尔德法》是否适用于以下情形:一个非营利性公司在视频点播系统中播放纪录片。自由派在辩论中失败了:会议表决的投票结果是,该法案并不适用于联合公民组织,所以它可以自由地宣传和播放制作的纪录片,只要它认为适当。于是,自由派惟有期望,罗伯茨的法律意见就事论事,不做过多生发。

最初,罗伯茨主笔的法律意见大致是沿着这条路线进行的,而肯尼迪却撰写了一份协同意见,认为最高法院应该在这个问题上走得更远。肯尼迪的意见说,最高法院应宣布《麦凯恩-法因戈尔德法》的限制违宪,推翻最高法院 1990 年的判决,并摧毁《蒂尔曼法案》禁止公司捐助竞选活动的规定。但是,在罗伯茨和肯尼迪的意 168
见草稿传阅的时候,肯尼迪提出的更具扩张性的解决方案得到了保守派的支持。罗伯茨提出撤回自己的意见,转而指派肯尼迪撰写多数意见。这样,肯尼迪的协同意见就成了法院意见。

新的多数意见竟利用联合公民组织案,使之成为改写几十年来的宪法的工具,这让自由派无比震惊。史蒂文斯将撰写主要异议意见的任务分配给苏特,而那时,苏特在最高法院的任期只剩下几个星期了。(实际上,直至宣布离开最高法院时,苏特还在忙于写这个意见。)肯尼迪的意见淋漓尽致地反映出苏特所厌恶的罗伯茨法院的那些方面:不尊重先例、顽固坚持保守主义、为达政治目标不惜采取激进手段。更糟糕的是,罗伯茨在联合公民案中的做法否定了他在本开庭期之初的立场。在一个名为"科恩诉贝尔案"(*Cone v. Bell*)的死刑案件里,罗伯茨曾斥责被告律师托马斯·戈尔茨坦[9],因为他鲁莽地提出在法律理由书中并未出现的问题。现在首席大法官罗伯茨却做着同样的事情,这击碎了最高法院用几十年时间才树立起来的"可预期性"。

苏特撰写的异议意见,外扬了最高法院的家丑。从字面意义上说,异议意见是对多数意见中判决结论的挑战,但苏特却用它来指责肯尼迪和罗伯特违反最高法院的程序,以达到罗伯茨觊觎已久的结果。异议意见一经公布,必将被认为是苏特留给最高法院的不平凡的一声道别,甚至会被认为是过河拆桥。

---

〔9〕托马斯·戈尔茨坦(Thomas Goldstein):美国最具影响力的律师之一,在最高法院参与了 28 个案件的辩论,并先后在斯坦福和哈佛法学院教"联邦最高法院诉讼"这门课。现在戈尔茨坦与拉塞尔律师事务所执业。

罗伯茨并不介意大法官对于案件判决本身的激烈分歧，但他担心苏特的批评可能会损害最高法院的公信力，或者说担心自己的声誉受损。因此，这位首席大法官想出了一个天才的策略。他提出，撤回多数意见，并将联合公民案延至秋季进行再辩论（reargument）。在第二次辩论前，最高法院会重新界定"本案系争问题"，这样一来，案件的重要问题就不会再与判决冲突。罗伯茨的提议让自由派陷入困境。他们不能再抱怨自己被粗暴地对待，因为新的"本案系争问题"将会明确无误。但正如罗伯茨早已知道的那样，保守党在第二次辩论中会赢得胜利所需要的五票。自由派没有别的选择（也没有赢得案件的真正希望），只好同意进行再辩论。

再辩论在最高法院的程序中是非常罕见的。自从沃伦·伯格首席大法官时期以后，最高法院就没有启动过类似程序。因此，2009 年 6 月 29 日，开庭期的最后
169 一天，最高法院发出一个简易命令，它让当事人以至政界难掩惊讶："本案重排审期，进行再辩论。"最高法院还指示双方当事人对以下单一问题提交新的法律理由书：

> 为妥善处理本案，最高法院是否应推翻奥斯丁诉密歇根州商会案（*Austin v. Michigan Chamber of Commerce*, 494 U.S. 652[1990]）或（和）部分麦康奈尔诉联邦选举委员会案（*McConnell v. Federal Election Comm'n*, 540 U.S. 93[2003]）的判决，重新判定 2002 年《两党竞选改革法》（Bipartisan Campaign Reform Act of 2002）第 203 条，亦即《美国法典》第 2 篇 441b 条款的有效性。

这段指示翻译成普通英文就是，最高法院告诉当事人，大法官正在考虑推翻现代竞选资金法中的两个主要判例。具体而言，最高法院正在权衡是否推翻其晚近对《麦凯恩-法因戈尔德法》的认可。每个成熟的最高法院观察者都知道，只有在最高法院的多数大法官**希望**推翻某个判例时，才会去询问判例是不是应当被推翻。罗伯茨和他的盟友推翻这些判例的心情如此急迫，甚至不打算等到 10 月的第一个星期一。联合公民案的再辩论被定于 2009 年 9 月 9 日。

第十三章　新手

2009 年 9 月 9 日上午，一辆车驶入司法部的前院，来接联邦政府的法律团队 170
去最高法院参加联合公民案的再辩论。首席政府律师埃琳娜·卡根坐在前排，她的三个副手坐在后面。距离联合公民案第一次辩论仅有几天时，卡根才得到参议院的确认，所以，此番再辩论将是她在大法官们面前的初次露面。时年 49 岁的卡根之前不曾在法庭上参加过任何案件的辩论。联合公民案将是她的处子秀。

“加油，伙计们，”她对坐在后面的副手说。“这是我的第一次庭审。给我鼓鼓劲吧！”

副手们互相望了一眼，经过了漫长的停顿，马尔科姆·斯图尔特低声说，“去打败他们”。

“哎，”卡根说。“你们这些家伙**太逊了！**”——笑声打破了车内的紧张气氛。

10 点整，首席大法官让特德·奥尔森开始发言。和与本案相关的其他人一样，奥尔森从最高法院提出的新问题中读出了最高法院的倾向：判决的范围将远超他最初的请求。奥尔森在辩论中表现得十分谨慎，唯恐失去已有的优势。

四位自由派大法官此时已意识到到己方可能无望胜出，但还是尽最大努力警示民众，本案可能导致哪些不良影响，因为跟其他同事说什么也无用。鲁斯·金斯伯格在判断民意方面有着令人惊讶的精准，她提出了一个可能在未来引发争议的问题。

“奥尔森先生，”金斯伯格说，“你的立场是这样吗，个人在第一修正案上的权利 171
与公司没有什么区别？毕竟，公司创立者并未赋予公司不可剥夺的权利。那么，国会是否有权在竞选资金问题上，对公司和自然人作出区分？”

“在第一修正案的语境下，最高法院无数次地表明，”奥尔森说，“公司是受第一修正案保护的‘人’。”他其实还可以补充说，将公司视为“人”的原则可以追溯到1886年圣克拉拉县案那一奇异判例。

“那么，你说的公司是不是也包括今天的特大型公司，要知道其中有许多投资者可能是国外的个人或实体？”金斯伯格继续说。

奥尔森显然是有备而来：“在这个问题上，最高法院此前并没有基于公司的股份情况，而对公司的性质进行任何区分。”

卡根在辩论前，就作了一个“显而易见”的决定。和首席政府律师办公室的许多其他成员（特别是女性）一样，卡根认为女式晨礼服显得滑稽可笑。通过一些中间人，她曾询问大法官，如果她穿着普通正装出庭，他们是不是会介意。没有人反对。于是，那天她就按自己心意穿了。

“首席大法官先生，请求最高法院允许我，”卡根开始说，“将政府的立场归纳为三个简单的要点。首先，这个问题有很长的历史。在一百多年的时间里，国会已经作出判断，公司在参与选举活动时应受到特定规则的约束，而最高法院从未质疑过这个判断。”

“第二……”

“等等，等等，等等，等等，”斯卡利亚说。

卡根停了下来。她明白，自己有可能是在执行自杀性任务。她最大的希望就是将损害降到最低，也许她可以说服最高法院仅仅推翻《麦凯恩-法因戈尔德法》对这一特定案件的适用，而不是宣布整部法案无效。抑或，正如卡根向罗伯茨所说的那样：“首席大法官先生，如果政府必输无疑，那么政府是否在两种输的方式中有所偏好呢？答案是肯定的。”

史蒂文斯试图沿着这个辩护思路帮助卡根，他建议最高法院用一个严格限定的判决解决这一案件。比如，大法官可以为《麦凯恩-法因戈尔德法》的适用设定例外情况：

172 像联合公民组织那样的非营利组织，或“虽由公司捐助，但资金完全来源于个人的广告”。卡根抓住史蒂文斯抛来的救生索，迫不及待地说：“是的，正是这样。”

“没有人解释过，为什么这不能作为妥善的解决办法，它一点也不激烈，”史蒂文斯继续说。“为什么不就事论事地解决我们面前的问题，难道这不是最明智的方法吗？”

金斯伯格也帮了卡根一个忙，让她有机会消除斯图尔特在三月份的辩论中造成的一些不良影响。“我可以问你一个在上次辩论中颇受关注的问题吗？如果国会可以对电视和电台广告说‘不’，那么它能否对报纸广告和竞选传记说‘不’？”金斯伯格问道。“上一次的答案是‘是的，国会可以’，但事实并非如此。那依然是政府的答案吗？”

“政府的答案已经改变，金斯伯格大法官阁下，”卡根回答，法庭上熟知案情的听众笑了起来。“我们郑重对待最高法院的反应和其他的观点。我们回去，认真考虑了这个问题，并认为政府的看法应当是，尽管(《美国法典》第 2 篇)441b 条款的确涵盖了全本书籍，但任何试图将 441b 条款条适用于图书的尝试都会受到深层次的挑战。”或许，迟做总比不做好，但到了这个时候，让步可能已无济于事。尤其是考虑到这是卡根参加的第一次庭审辩论，她表现得沉着、自信、堪称放松——却注定要失败。

在首席政府律师办公室，卡根的新下属们对她显露出的那份自信并不感到意外。从理论上说，首席政府律师本人(卡根是担任这个职务的第一位女性)应亲自审查每一份自己署名的法律理由书。实际情况是，大多数首席政府律师会挑选自己感兴趣的一些重要案件，其他案件基本上交由常任律师处理。首席政府律师办公室的工作人员很快就意识到，卡根有其他计划。

卡根就任首席政府律师的第一天，大概是出于礼貌，下属给她送来了科莫诉结算公司协会案(*Cuomo v. Clearing House Association*)[1]政府方法律理由书的定稿，这是一份冗长乏味的文件。(该案涉及的是，在某些银行规制领域，州与联邦规则的冲突问题。)科莫诉结算公司协会案属于大多数律师只会粗略翻阅一下的类型。而卡根拿到文件后，便安静地回到办公室。几个小时后，她的手里多出了一份满是红色潦草字迹修正的副本，红字看起来比打印稿的原文还要多。律师们知道， 173

〔1〕关于该案的介绍，参见朱伟一：“华尔街不怕强权只怕‘围攻’”，载《新京报》2009 年 7 月 11 日。

卡根在近二十年里根本没有从事过法律实务。她以前甚至从未撰写过呈交最高法院的法律理由书。进一步说，她手下的律师有充分的理由认为自己才是业内精英中的精英。当卡根的手稿在办公室里传阅时，近乎一致的反应是，“靠，这是**什么东西**?”

当然，没有人会抱怨卡根的工作热情。她在办公室每周工作七天。她的一份法律理由书修改了 54 稿。为了准备联合公民案，她阅读了每份法律理由书中引用的每个判例——加起来大约有三千页的材料。卡根还亲自参加严格的模拟法庭考验，与每个下属在最高法院上庭前经历的一样。为了准备在大法官面前进行的 30 分钟的辩论，律师首先要经过三个副手、副首席政府律师和最熟悉案情的初级律师所做的长达一小时的反复质询。此外，首席政府律师还为模拟法庭邀请了对案件系争问题特别熟悉的政府律师。有些模拟法庭有十二名律师参加，有些则多达四十名。先做一个小时的排练，再用一个小时分析律师刚才给出的回答。并且，首席政府律师办公室的律师们要在正式辩论前完整地经历两次这样的程序。卡根也是如此。

事实上，没过多久，律师们就熟悉了卡根手中那显得多动的红笔。他们认为，卡根呆板、可笑、偶尔很讨厌，但通常是正确的。而他们所不知道的是，埃琳娜·卡根的工作全都在遵循着一个非常具体的模型。

埃琳娜·卡根在曼哈顿上西区西尾大道长大，那时西尾大道的公寓深谷中满是公务员和社会工作者，后来则被公司律师和投资银行家占据。和卡根一家一样，这里的人们过着舒适而平凡的生活；他们是犹太人，但并不十分虔诚。当卡根成为公众人物之后，人们普遍认为，父亲在她的人生中起到了榜样作用，因为他被描述为斗志昂扬的公益律师，而她的母亲却只是一名普通教师。但事实上，母亲才是她的榜样。

埃琳娜的父亲罗伯特·卡根(Robert Kagan)是一位不动产律师，主要业务来
174 源于周边公寓楼(和卡根家的差不多)从租赁向联合所有关系的转变。他的确也为

社区团体做了一些工作，但鲍勃[2]·卡根其实是温和谦虚之人，谈不上奋发有为。而格洛丽亚·卡根（Gloria Kagan），埃琳娜的母亲，实则与人们的想象大相径庭。

在格洛丽亚离开亨特学院附属小学[3]数十年后，还有几十个（如果够不上数以百计）听过她课的学生会在梦中梦到她。很明显，其中有些人做的是恶梦。那时和现在，亨特学院小学始终是纽约屈指可数的重点公立学校之一，吸引了一代又一代来自各民族的奋斗者。格洛丽亚在五六年级教语言学和社会研究。她努力激发青春期前的学生们的进取心，要求他们治学严谨和精益求精。压力之下，有些学生退缩了，但也有许多孩子茁壮成长，从这位身材瘦小的老师那里得到了改变生活的力量。当然，格洛丽亚所处的年代正值职业选择开始向女性开放，并最终以允许女性进入教师和护士行业结束。正如很多了解这对母女的人所说的，三十年前的格洛丽亚与今天的埃琳娜**一模一样**。

埃琳娜将她母亲没能得到的机会利用得淋漓尽致。卡根还在亨特学院附属小学读书的时候，就毫不畏惧传奇的母亲给自己带来的阴影，她所向往的人生当然是在课堂以外。在卡根的高中年鉴相册上，贴着一张她身着法袍、手持法槌的照片，下方是费利克斯·弗兰克福特大法官说的一句话："治理本身就是一门艺术，最微妙的一门艺术。"高中毕业后，卡根考入普林斯顿大学，在那里她成为校报社论版的编辑，并于 1981 年以最优成绩毕业。（连续有三名普林斯顿的本科毕业生被任命为联邦最高法院大法官，在卡根之前是 1972 届的阿利托和 1976 届的索托马约尔。作为曼哈顿人，卡根也成为纽约市五大行政区走出的第四个大法官，在她之前有布朗克斯区的索托马约尔、布鲁克林区的金斯伯格、皇后区的斯卡利亚。迄今为止，第五行政区史坦顿岛还没出过大法官。）卡根于 1981 年获得牛津大学奖学金，在取得硕士学位后重新回到哈佛大学法学院，成为 1986 届的一员。[4]

在某些方面，卡根在法学院的表现与 1988 年入读哈佛法学院的奥巴马类似。

---

〔2〕罗伯特的昵称。

〔3〕亨特学院附属小学坐落于曼哈顿的上东城，由纽约市立大学亨特学院管理。

〔4〕本书作者图宾说："卡根是我在哈佛法学院的同班好友。"

两人显然都是希望将自己所接受的教育运用到公共生活中的工作。事实上，法学院的学习经历预示着卡根的司法生涯一帆风顺，就像它昭示着奥巴马的政治事业前途坦荡一样。第一学年，卡根在侵权行为法课程中得了一个莫名其妙的“B－”，
175 这是她一生中第一个也是唯一一个“B－”，因此，她不是靠成绩加入《哈佛法律评论》的，而是通过写作比赛赢得了职位。与未来的总统一样，卡根避开了批判法学在法学院内的斗争。和奥巴马一样，卡根并不激进，她是一个坚定而严肃的民主党人。和奥巴马一样，她在寻找出路时遇到了劳伦斯·却伯教授并为他工作。人们认定，却伯是流亡在外的（或称等待中的）民主党最高法院大法官。却伯只选择最优秀的学生为自己工作，另一方面，学生们只有在认同却伯政治立场和抱负的情况下，才会选择他作为自己的导师。

不过，卡根与奥巴马事业轨迹的相似到此为止。卡根不具那种冲动，也没有反思的习惯，所以没有写出《我父亲的梦想》那样的书。卡根不需要写一整本书来勾勒自己的人生目标。阿利托曾在大学年鉴上表示“希望在最高法院得席而坐”，而卡根也不像他那么庸俗地直接倾吐心声，但她的内心怀有相同的抱负。

从法学院毕业后，卡根的人生与她未来的另一位同事约翰·罗伯茨更为相近。在每一代法律人中，总有极少数几位注定要迈进重要的地方，甚至可能是最高法院。卡根和早她七年从哈佛法学院毕业的罗伯茨同属那极少数人之一。今天，如要掌握构筑司法事业的艺术，需要一些微妙的天赋，因为最近几年的规则有所改变。在罗伯特·博克之前的时代，尤其是 20 世纪早期，最高法院任命的主要是公众人物——如进步主义知识分子路易斯·布兰代斯、萨科和万泽蒂案中慷慨激昂的辩护律师费利克斯·弗兰克福特、闻名全国的政治家雨果·布莱克和厄尔·沃伦。那段时间，争议与成就相随的人生几乎是做大法官的必要条件。但博克的提名确认听证会让公职生涯——当人们看到他或她的经历时，才知道那是一份冗长的报告——成为大法官求职者的负担，而非财富。近来，如若胸怀做法官的抱负，更需要一个人具有卓越、智慧和谨慎的品质，而罗伯茨和卡根在这些方面都很优秀。

今天，有望任法官的人只能在两个职业轨道中选择：要么共和党，要么民主党。重要的是，要保证获得一个政党的支持，但却不能与它联系得过于紧密，因为那样的话，另一个政党就会成为敌人。寓于其中的挑战是，既要**加入**党派，却又不能**看**

起来有党派倾向。罗伯茨先是在第二巡回法院为亨利·弗兰德利做助理，然后在最高法院为伦奎斯特工作，顺理成章地走上了共和党轨道。卡根则选择了另一条道路。卡根曾做过哥伦比亚特区巡回法院法官阿伯纳·米克瓦——后来奥巴马曾 176
为这位法官工作——的助理，然后在1987—1988年的开庭期，为瑟古德·马歇尔工作（其时已近他法官生涯不愉快的尾声）。在此后直至民主党执政的一段时期，卡根的事业一直带有明显的时代标记。首先，她花了几年的时间在威廉与康诺利事务所执业。（她从事的业务中包括对《国民问讯》[*National Enquirer*]及其怪怪的兄弟刊物《每周世界新闻》[*Weekly World News*]做诽谤调查。）而后，加入芝加哥大学法学院。卡根勤奋地撰写了一些学术作品，大多是关于第一修正案的，但她不曾属意于学术界。后来，在确认听证会上，卡根将自己（准确、或许并不谦虚地）描述为“著名的优秀教师”，但在获得终身教职后没多久，她就在1995年挥别芝加哥大学，进入了克林顿白宫班子中的法律顾问办公室。

这份工作是卡根职业生涯的关键转折点，正如里根的白宫班子改变了罗伯茨的人生。每一个办公室，乃至西厅，都有自己的明星，两个未来的大法官，从同侪中脱颖而出，尽管这里的每个人都自视甚高。克林顿以前常说，每当卡根走进椭圆办公室，室内的平均智商就会翻番。她在白宫担任助理法律顾问两年，担任国内政策副顾问两年。（罗伯茨也是在白宫待了四年。）

与其他大多数总统顾问一样，很难确定卡根的个人观点究竟对克林顿班子的政策产生了多大影响。对罗伯茨来说，亦是如此。可以确定的是，在事关烟草行业诉讼和立法的复杂解决方案的谈判中，卡根发挥了重要作用。（并非巧合的是，正是在供职白宫期间，卡根终于改掉了保持二十年之久的抽烟习惯。）也许最重要的是，白宫为卡根提供了一个打动一代资深民主党人的机会，而其中许多人会在奥巴马班子中担任要职。卡根的同事了解她的政治立场，但这些洞见却永远不会为共和党所知。政府政策的制定过程在外人看来本就扑朔迷离，而卡根在克林顿时期以谨言慎行闻名。与其他幕僚一样，她可能比她所服务的总统更为自由主义。十年前，罗伯茨也获得过类似声誉，那当然是指他比里根总统更保守。有关卡根和罗伯茨真实观点的这些洞见，并没有文件记录可资证明，但这并不影响其真实性。

到卡根结束在白宫的任期时，她与罗伯茨之间平行的事业轨迹变得更为明显。 177

1992年，乔治·H. W. 布什提名罗伯茨为哥伦比亚特区巡回法院的法官，那时他才37岁，而哥伦比亚特区巡回法院传统上就是通往最高法院的跳板。1999年6月，克林顿总统提名39岁的卡根为同一法院的法官。两项提名显示出两人受到各自总统和所属政党的高度重视，即使他们还非常年轻。但两项提名也同样遭遇了屈辱的命运。1992年，控制参议院的民主党搁置了罗伯茨的提名。至于卡根，虽然在她被选中的时候，总统班子履新已超过一年半，但在参议院占据多数派地位的共和党还是用同样的手法扼杀了她的提名；卡根在司法委员会甚至一票也没有得到。

对于罗伯茨和卡根两人来说，提名受挫似乎意味着成为大法官这一愿望的破碎。而事实证明，塞翁失马，焉知非福，这是两人所能遇到的最好的事情。

卡根得到哥伦比亚特区巡回法院的提名，虽然没有得到确认，但也标志着她有望成为最高法院大法官。这是一份极大的荣誉、一张信任票。不过，随着克林顿总统任期的结束，卡根面临着一个更为紧迫的问题。她需要一份工作。

如果一个人想要保住芝加哥大学法学院的终身教职，他或她就要遵守通常的休假期限，卡根已经超过了，但她曾设想，只要她愿意，她依然可以重新得到这份工作。她错了。芝加哥法学院一直自诩是美国的顶级法学院，而卡根在学术上成绩平平，这对她很不利。她出局了。（几十年前，斯卡利亚也出于同样的原因试图在芝加哥大学获得聘任，而法学院的老爷们认为，比起学术界，他更喜欢华盛顿，他们无疑看得很准。）所以，卡根通过竞争，获得了哈佛法学院访问教授的职位，而那基本上只是一个通向终身教职轨道的试用职位。她写出了一篇重要的行政法论文，发表在《哈佛法律评论》上，[5]而她的授课像以往一样优秀和受欢迎，于是，第二年她就获得了终身教职。

在哈佛任教的最初几年中，卡根遇到了一个充分展现自己实力的机会，这也是

〔5〕这篇文章即 Kagan，Elena，Presidential Administration，*Harvard Law Review*，2001，114(8)：2245 - 2385。

她人生的关键时刻。当时，哈佛大学在查尔斯河靠近波士顿的一岸，购买了数百英亩的土地，新任校长劳伦斯·萨默斯[6]考虑将法学院从安居已久的坎布里奇迁到新的校区。法学院上下一致认为这种想法十分恐怖。时任哈佛法学院院长罗伯特·克拉克[7]提名卡根任行动小组的负责人，来研究这一计划在现实中的可能性——事实上，克拉克的意思是否定它。卡根用上了她在官僚机构学到的所有技巧，向萨默斯提交了一份报告，一份埋葬搬迁计划的报告。于是，萨默斯将土地转用于科学研究项目，而卡根则顺理成章地成为同事们心目中的英雄。不久后，克拉克卸任。 178

萨默斯本人曾为克林顿白宫班子中的助手，任财政部长，也是卡根在华盛顿时期的朋友和同事。尽管卡根在2003年时年仅43岁，而且几乎没有行政经验，但萨默斯还是决定借此机会，任命她为哈佛大学法学院第一位女院长。

接下来发生的，就是一个少有的“天时地利人和”的故事。严厉的罗伯特·克拉克主持哈佛法学院多年，院内经历了长久的内耗。而卡根则年富力强、热情洋溢，风风火火上任，消除隔阂，让人们相逢一笑泯恩仇。经济的蓬勃发展（至少在律师界）帮助她解决了很多问题。自由主义者和保守主义者为了争取法学院的职位而斗争多年，但卡根手握大量资金，足以落实一个完美的解决方案——把两方的教师都聘请进来！她为学生们提供免费咖啡和冬季的溜冰场，赢得了他们的爱戴。至于卡根个人的政治观点，一如既往，十分讲究艺术。她保持了抵制军队人员进入教师队伍的长期传统，但热烈欢迎正在服役和已退伍的法学院学生。（她为正在服役的、已退伍的学生及其配偶创立了一年一度的退伍军人日晚宴。）她还提出，歧视同性恋的雇主不得在校园内进行正式的面试活动。这些行为都会在确认提名听证会上收到良好效果，而事实最终也证明了这一点。

可以肯定的是，卡根的一些行为是经过精心计算的，她苦心孤诣要为自己塑造一个跨党派的形象。但另一方面，她对辩论、对校园中教学相长的生活所投入的热

---

〔6〕劳伦斯·萨默斯（Lawrence Summers）：生于1954年，美国经济学家，第71任财政部部长。曾凭借研究宏观经济的成就获得约翰·贝茨·克拉克奖。2001至2006年任哈佛大学第27任校长。

〔7〕罗伯特·克拉克（Robert Clark）：生于1944年，现为哈佛法学院杰出服务教授，1989至2003年任哈佛法学院教授、院长。克拉克是合同法与公司治理领域公认的权威。

情是真实的。在哈佛大学举行的一次联邦党人协会宴会上，她在欢迎辞中说“我爱联邦党人协会”，这句致辞令全场起立、热烈鼓掌。然后她怀着胜利者才有的那份坦率，补充道：“但是，你们知道的，我们并不是一类人。”2006 年，她精心筹备 1960
179 届的毕业生安东宁·斯卡利亚就任最高法院大法官二十周年的庆祝活动，这无疑既是真诚的，也是聪明的。卡根在院长任上取得了巨大成功，当萨默斯在 2006 年被迫离任时，卡根显然有望成为哈佛大学校长的接班人。

就在此时，卡根在政治技巧上聪明得有点过了火。萨默斯有关科学研究领域中女性比例偏低的评论，被认为是傲慢、性别歧视的表现，受到广泛谴责，也预示了他的离任。这个时候，卡根正是萨默斯最引人注目的女性雇员。鉴于这种身分，她本来可以为萨默斯大力辩护。但卡根或许是预感到了萨默斯不久后的命运，明显不愿向四面楚歌的老板提供支持。

而这也反过来增添了她的烦恼。罗伯特·鲁宾（Robert Rubin）曾任财政部长，也是哈佛大学董事会[8]的主要成员。他曾促成自己在财政部的继任者萨默斯被任命为哈佛大学校长。在他看来，在女性在科学领域的地位这一争议中，卡根弃萨默斯于不顾，任由萨默斯被人诟病，这种表现实属不忠不义、不知感恩。因此，鲁宾下定决心不让卡根当上哈佛大学的校长，结果，校长职位归于德鲁·吉尔平·福斯特[9]。

卡根在哈佛的晋升受到了阻碍，于是转而寻求其他可能。她在 2008 年明确表示支持奥巴马竞选总统，并且希望到华盛顿加入他的班底。在大选后的过渡期，已任命而仍候任的白宫法律顾问格雷格·克雷格专程来到坎布里奇，询问卡根作何打算。当时，卡根知道，司法部长的职位，奥巴马已承诺给埃里克·霍尔德，所以，她告诉克雷格，她希望可以成为副司法部长，这是一个传统上主管司法部日常事务

[8] 在发达国家的高等教育体系中，董事会制度是大学治理结构中的中心环节。美国大学董事会是典型的“外行董事会”，即由代表公众利益的校外人士在董事会中占据主导地位。董事会拥有“终局性的制度性权力”，职责包括：决定学校的性质、目标和任务；制定中长期规划、发展战略；为学校募集办学经费；选拔任命校长，考核监督学校的管理工作等。董泽宇：“美、日大学董事会的特点及对我国的启示”，载《外国教育研究》2011 年第 9 期。

[9] 德鲁·吉尔平·福斯特（Drew Gilpin Faust）：生于 1947 年，美国历史学家，著有《这苦难的共和国：死亡与美国内战》等书，现任哈佛大学校长。福斯特是哈佛大学历史上第一位女校长，也是自 1672 年以来第一位没有哈佛学习经历的校长。

的职位。在阿尔贝托·冈萨雷斯(Alberto Gonzales)灾难性的任期结束后,司法部士气低落,其情形堪比卡根接任院长时的哈佛法学院。她懂得如何在一个庞大而复杂的组织中,把人们团结在一起。

抱歉,克雷格说。霍尔德答应把副司法部长的职位给另外一个人了。

首席政府律师怎么样?他接着问她。

“我不是一名上诉律师,”卡根说,这话还真是往轻里说的。她以前只“真正”做过一次律师,即威廉斯与康诺利律师事务所的初级律师。但卡根在做哈佛法学院院长前也没有行政经验,在去白宫前也从未在那里工作过。在司法部中,首席政府 180
律师是最考验智力的工作,但格洛丽亚·卡根的女儿从来不缺少勇气。“如果让我做,我就做。”她告诉克雷格。未几,卡根就任首席政府律师。

由此,在2009年,在卡根的哥伦比亚特区巡回法院法官提名被搁置十年后,她得到了一个被称为“第十大法官”的职位。倘若她昔日被确认为巡回法院的法官,如她所希望的那样,她很可能已经身背长长的争议案件判决清单,从而在最高法院的提名和确认程序中受挫。与此对照,她现在拥有的是一份在很大程度上无关政治的辉煌记录:她拯救了哈佛法学院。

对于约翰·罗伯茨来说,1992年他在确认程序中铩羽而归,让他有十年时间在霍金·豪森律师事务所安心做一位受人尊敬、薪酬丰厚,且在相当程度上与政治无涉的上诉律师。似乎是为了让罗伯茨与卡根的两种人生完成圆满的对称,2001年乔治·W.布什(如他父亲当年所做的那样)提名罗伯茨任哥伦比亚特区巡回法院的法官,而这一次,在再次经历了长时间的拖延后,罗伯茨终于得到了确认。罗伯茨所填补的席位,正是克林顿曾试图为卡根争取却未能收获的那一席。

经过第二次辩论,联合公民案的投票结果与第一次还是一样。卡根的辩护没能打动大法官、打破多数联盟。罗伯茨、肯尼迪、斯卡利亚、托马斯和阿利托投票推翻联邦选举委员会的决定;而另一方则是史蒂文斯、金斯伯格、布雷耶和(代替苏特的)索托马约尔。“本案系争问题”几经修改,变得更为宽泛,罗伯茨这次可以行使权利,埋葬运行了几十年的竞选资金法。

2009年3月进行第一次辩论时，联合公民案将成为重磅炸弹这一点还不是很明确。在此情况下，人们对它的关注也不太多。但是，每个人都明白再辩论的重要性。这是卡根作为首席政府律师的首秀，也是索托马约尔在大法官席上审理的第一案，她们共同注定了案件的戏剧性。（从一开始，新任大法官就证明了自己是能干并充满活力的提问者。）更重要的是，联合公民案的政治影响将是巨大的。为了废除竞选资金法，保守主义运动奋斗了几十年。肯塔基州参议员、大佬党政治体制的代表人物米奇·麦康奈尔，还有坏男孩调查员戴维·博西等等各色人物都对这
181 个议题怀有同样的热忱。而且，他们这一方的确可以从传统的自由主义团体那里得到一些支持，如美国公民自由联盟（他们在言论自由问题上秉持一种极端主义的观点）和一些工会（它们希望继续在选举中投资）。当然了，美国公民自由联盟行为乖张，工会则日渐式微。

实质上，联合公民案是共和党与民主党的一次斗争。自从进步主义时代以来，共和党就被金钱利益操纵。一个多世纪中，共和党实际上反对着对公司或个人参与选举所作的每一项限制。而民主党却坚定支持这些限制。这是两党之间一个决定性的差异。因此，当首席大法官选择在多大程度上修改这一领域的法律时，对于他来说，真正的问题等同于，他希望在多大程度上帮助共和党。而罗伯茨的选择是：帮它个大忙。

第十四章　约翰·保罗·史蒂文斯：九十页的天鹅之歌

首席大法官罗伯茨将撰写联合公民案判决书的任务分配给了安东尼·肯尼迪。这是罗伯茨又一个聪明的策略。自从阿利托在2006年接替奥康纳，即锁定了最高法院保守主义对自由主义四比四对立的格局，这让肯尼迪成了数十年来权力最大的大法官。在包括堕胎、平权行动、公民权利、死刑和联邦政府权力在内的争议性问题中，肯尼迪控制着案件判决的结果。此前的15年里，奥康纳手中也常握摇摆票，但她从未像肯尼迪那样控制着如此多的案件。 182

在扮演摇摆派时，奥康纳和肯尼迪的方式有显著差异。奥康纳是一个渐进主义者、一个妥协主义者、一个政治家，乐于让每一方都觉得自己有所得。当奥康纳在一个案件中成为中间派，实际上，她会用51%支持一方，用另外49%支持另一方。在凯西案中，她拯救了堕胎权；在格鲁特尔案中，她维护了密歇根大学法学院招生政策中种族优先的正当性；在哈姆迪案中，她否定了布什班子对关塔那摩湾被拘押者的不法行为。在每一个案件中，作为法律意见的作者或合作者，奥康纳对争议点都作以细致的区分。对堕胎权进行限制——是，但没有完全禁止；平权行动——是，但种族配额遭到否定；被拘押者有权诉至法院——是，但却不完整地享有美国公民的宪法权利。谈到自己的司法理念，奥康纳将它形容为最高法院外灯柱基座上雕刻的乌龟。“我们像那些龟，”她最喜欢这样说，“我们缓慢而坚定。我们不会朝任何方向走得太快。”

安东尼·肯尼迪可不是龟。与奥康纳不同的是，他喜欢在一个方向和另一个方向之间近乎疯狂地摆动。当他支持自由派的时候，他可能会非常自由主义。 183

2003 年，他在劳伦斯诉得克萨斯州案（*Lawrence v. Texas*）的法律意见中，决定废除禁止双方合意的鸡奸的法律，还热情洋溢地歌颂了同性恋人的权利。同样，2008 年在关于被指控恐怖分子权利的布迈丁诉布什案（*Boumediene v. Bush*）中，他严厉批评布什班子和国会。“如果让政治分支可以随意打开或关闭宪法的适用，则会让他们，而不是最高法院，决定‘法律是什么’，”他这样写道，其中引用了首席大法官约翰·马歇尔 1803 年在马伯里诉麦迪逊案中的著名判词。而事实上，没有人比肯尼迪对“法律是什么”更津津乐道。

但在切换到保守模式的时候，肯尼迪对女性自主权的轻视到了令人吃惊的地步，如 2007 年涉及反后期堕胎法的冈萨雷斯诉卡哈特案。在布什诉戈尔案的多数意见中，他写下了最臭名昭著的语句，承认最高法院仅仅是为乔治·W. 布什的利益而采取行动：“我们的考虑限于当下的情况，因为选举程序中的平等保护问题显示出诸多复杂性。”肯尼迪不是一个温和的人，而是一个极端主义者，迸发着各种各样的热情。

所有大法官都知道，肯尼迪在第一修正案上的观点是最极端的。（在不同场合，多位大法官都表示肯尼迪对第一修正案“很有想法”。）在罗伯茨法院，大法官们就保护言论自由达成了普遍共识。许多曾颇具争议的法律领域（如压制危险或不受欢迎的观点）都得到解决，留下的分歧也不大。不过，就算是在保护言论自由的法律体系中，政府还是能够以各种方式规制言论表达。侵犯版权的行为受到民事和刑事法律的禁止；敲诈和其他言论犯罪会被处以刑罚。竞选捐助，如果被认为是“言论”的话，也已经在一个多世纪的时间里受到政府规制。

但是，肯尼迪巴甫洛夫式[1]地接受了如下主张：政府限制言论自由是不适当的，尤其是在竞选资金领域。纵观他漫长的任期，每当各位同事在这个领域中支持对言论自由作以规制，肯尼迪往往会用锐利的词句提出异议。作为最高法院中可能是最自大的大法官（这个“荣誉”可是经过了激烈竞争的），肯尼迪喜欢撰写热点案件的法律意见。

184 罗伯茨知道，把联合公民案分配给肯尼迪，自己将会得到什么。毕竟，在第一

〔1〕意为出于可以预见的反应。

次辩论后，肯尼迪代表最高法院撰写过一份法律意见。在确认听证会中，罗伯茨表明了他司法上的谦抑、及对先例的尊重，他说自己仅是法律竞技场上的一名裁判。如果首席大法官亲自拟定联合公民案的法律意见，就会被指斥为虚伪。但将这个任务交给肯尼迪，罗伯茨不但可以回避这些攻击，还依然可以得到想要的结果：一个影响深远的判决。

肯尼迪没有令罗伯茨失望。“言论自由是民主的一项重要机制，因为它是保持官员对人民负责的重要手段，”他代表最高法院这样写道，以他熟悉的韵律和节奏。“公民质询、知悉、表达和使用信息以达成共识的权利，是开明自治的前提和保护自治的必要手段。”这些修辞虚无缥缈，与竞选资金筹集和开支方面的真实运作相隔万里。

肯尼迪经常抽象地看待第一修正案问题。联合公民案的核心是，法律设定了一个短暂的期限（选举前的一段时间），在这段期限内公司不能资助政治广告。对于肯尼迪来说，这就是言论审查：“通过剥夺一些人说话的权利，并将它赋予其他人，政府剥夺了弱势群体或个人利用言论权利，通过自己的声音创造价值、表达立场和赢得尊重的权利。政府不应当通过这些手段，剥夺公众自行确定哪些言论和表达者值得相信的权利和特权。第一修正案保护言论自由和表达者，并且保护出自各方的观念。”

在肯尼迪看来，联合公民案是个简单的案子。“本院已经认识到，第一修正案的保护延伸至公司，”他写道。这自 1886 年以来就已经实现，言论表达，特别是政治言论表达，不应受到阻碍。“现在摆在我们面前的这种审查，覆盖范围极为广泛，”肯尼迪继续写道。“政府打压了那些最能代表最重要经济领域的声音。而选民则被隔绝在选举中的关键信息、知识和意见之外。通过抑制公司的言论自由，无论是营
利的还是非营利的，政府阻止了它们的声音和观点，使之不能到达公众那里并对投 185
票者们提供建议，于是公众无从得知哪些人或机构是他们利益的敌人。”

“如果说第一修正案还有什么效力，”肯尼迪得出结论，“那么它就是禁止国会对公民或公民组织课以罚款或监禁，仅仅因为他们发表政治言论。”

《麦凯恩-法因戈尔德法》和最高法院的几个先例应当被推翻。按照宪法的规

定，所有公司，不管是营利的还是非营利的，在任何时候，可以捐助任意数目的资金来支持他们自己选定的候选人。

无论如何，在约翰·保罗·史蒂文斯看来，联合公民案要复杂得多，因为它对美国政治将产生重大的影响。

联合公民案尘埃落定不久后，史蒂文斯就将步入九十高龄。他比大多数法官都更清楚，在法官席上坐得太久存在潜在成本。

富兰克林·罗斯福1939年任命威廉·道格拉斯到最高法院任职，道格拉斯脾气不好，但睿智过人，服务最高法院三十余载。流年不利，道格拉斯于1974年中风，疾病导致身体和精神上的双重障碍。但道格拉斯拒绝退休。同事们尴尬地发起了一场劝说活动，劝他顺从天命。最终，道格拉斯于1975年离开最高法院，而后，杰拉尔德·福特任命史蒂文斯接替空缺席位。史蒂文斯不希望以道格拉斯那样不体面的方式结束自己的职业生涯，于是就交给同事中最亲密的朋友戴维·苏特一个任务，让苏特提醒自己在该离开的时候选择离开。这个计划似乎合情合理。毕竟，苏特比史蒂文斯(最高法院的人都称他“JPS”[2])年轻近二十岁。

但史蒂文斯比苏特在最高法院待得更久。JPS是一个了不起的传奇人物。他如此高龄，竟仍然经常在早晨打网球。(他还经常打高尔夫球，并在办公室里铺了地毯做练习。)有那么二十多年，史蒂文斯和妻子在位于佛罗里达州劳德代尔堡的公寓里度过大量时光，但同时依然辛勤地从事最高法院的工作。1980年代，史蒂文斯被昵称为“联邦快递大法官”(FedEx justice)，因为他在佛罗里达州完成了很多工作，并邮寄回华盛顿；后来他开始使用电子邮件。新千年到来，史蒂文斯的年龄和他亲切的态度为他赢得了广泛爱戴。他顽固地秉承了源自中西部的礼貌习惯，在言词辩论中表现得淋漓尽致。他开始讲话时总会先说：“我可以问你一个问
186 题吗?”或“我能问你这个问题吗?”经常在最高法院出庭的律师发现这个习惯有点有趣和可爱，正如他始终佩戴领结。

[2] 约翰·保罗·史蒂文斯(John Paul Stevens)名字的首字母缩写。

基于这一点，在联合公民案中，人们可能会把史蒂文斯看作一位温和的老大爷。毕竟，他比年纪最为相近的金斯伯格还年长 13 岁，他属于与最高法院其他大法官完全不同的那一代。（索托马约尔几乎比史蒂文斯年轻两代。）但史蒂文斯绝不是一个与世无争的老头，他是痛恨失败的凶猛竞争者。生活将他锻造成为坚强的战士。

20 世纪早期，史蒂文斯家族是芝加哥的名门望族。史蒂文斯的祖父詹姆斯·史蒂文斯（James Stevens）进军保险业，凭借所得利润，与儿子欧内斯特（Ernest）和雷蒙德（Raymond）在南密歇根大道买下了一块土地，在那里建起了当时世界上最大的酒店，它拥有三千间客房。史蒂文斯酒店 1927 年开业，其特点就是豪华的装饰和周到的服务：包括保龄球馆和屋顶的小型高尔夫球场。酒店的大门处有一个大大的标志性符号："S"。

经济大萧条对史蒂文斯家族造成了沉重的打击。正如比尔·巴恩哈特（Bill Barnhart）和吉恩·施力克曼（Gene Schlickman）合作的传记《约翰·保罗·斯蒂文斯：独立人生》中所记载的，问题出现了，史蒂文斯家是否动用了保险公司的资金以支撑酒店。1933 年 1 月，《芝加哥先驱考察者报》（*Chicago Herald-Examiner*）报道，"史蒂文斯家的孩子被赶进了卧室，父亲不想让他们看到自己被捕的场面"。根据传记中记录的故事，在欧内斯特·史蒂文斯获得保释后，四名男子挥舞着一把冲锋枪、两把猎枪和一把左轮手枪洗劫了他家，希望可以找到些现金。欧内斯特、女主人伊丽莎白、两个孩子——15 岁的威廉和 12 岁的约翰——以及家庭厨师和两名女佣都被赶到楼上，入侵者强迫一个孩子去打开一楼书房里的保险柜，随后，他们又全被关在了二楼的一间卧室里。直到今天，人们仍不清楚入侵者是警察或是歹徒（或两者都有），但他们的确在史蒂文斯家没有发现任何秘密藏匿的现金。

1933 年，史蒂文斯家族的家长詹姆斯因中风而变得衰弱。几天后，约翰的叔叔雷蒙德因不能忍受刑事诉讼带来的耻辱而自杀。欧内斯特·史蒂文斯不得不独自面对审判。在经济大萧条的恶劣环境下，他迅速被定罪，面临长达十年的监禁。转机出现于 1934 年，当欧内斯特的上诉呈至伊利诺伊州最高法院，法官们以一致意见推翻了原判。"在整个记录中，找不到一星半点史蒂文斯试图隐瞒或欺诈的证据，"判 *187*

决书中这样写道。尽管如此，史蒂文斯家再也没有恢复往日的富足，并失去了一手创办的酒店。（这个酒店即是今天的芝加哥希尔顿酒店；"S"标志仍然矗立在那里。）

经历了少年岁月的创伤，约翰·史蒂文斯重装上阵，在芝加哥大学实验学校（*Lab School of the University of Chicago*）表现出众。（许多年后，萨莎·奥巴马和玛丽亚·奥巴马[3]也将就读这所学校，奥巴马一家的住处距史蒂文斯家仅有约一英里[4]，他们两家都住在芝加哥南区。）1937 年，史蒂文斯考入大学，在那里他成为报纸编辑、强壮的网球队员、班长以及美国大学优等生荣誉学会（Phi Beta Kappa）的成员。大学生活接近尾声时，学生会主席莱昂·P. 史密斯（Leon P. Smith）神秘兮兮地建议史蒂文斯去修一种函授课程。史蒂文斯照做了。他后来才知道，史密斯是海军情报人员，曾有人要求他看看，是否有大学生对密码学感兴趣。1941 年 11 月末，美国海军发函给史蒂文斯，说他已修完足够的课程，现在可以申请入伍。史蒂文斯在珍珠港事件爆发的前一天加入美国海军，而后，在太平洋战争的大部分时间，他一直在夏威夷海军基地服役，分析截获的日方无线电信号。

1945 年，史蒂文斯退伍，接下来他在西北大学法学院拼搏了两年，为的是提前毕业，他被选为致告别辞的毕业班学生代表。（这时，他有了一个新名字。一位教授告诉他，每一个法律人都应该有一些独特的东西。史蒂文斯认为，自己的名字约翰·史蒂文斯特别无趣，于是决定始终用上自己的中名，至少在职业领域这样做。）约翰·保罗·史蒂文斯赢得了在最高法院做助理的机会，跟随的是罗斯福总统任命的威利·B. 拉特利奇[5]大法官，史蒂文斯一直很尊敬他。每当史蒂文斯的同事想激怒他，他们就会援引拉特利奇的法律意见反对他。（肯尼迪在联合公民案的法律意见中三次提及拉特利奇。）

结束法官助理任期后，史蒂文斯回到芝加哥，在本地第一个实现了宗教融合的律师事务所找了份工作。随着时间的推移，他成长为著名的反垄断诉讼律师。史

---

[3] 萨沙和玛丽亚是奥巴马总统的一双女儿。

[4] 一英里折合 1.6 公里。

[5] 威利·B. 拉特利奇（Wiley B. Rutledge，1894－1949）：美国教育家、律师、联邦最高法院大法官（1943—1949）。1930 至 1935 年任华盛顿大学法学院院长。1935 年任爱荷华大学法学院院长，在此职位上积极支持罗斯福总统的最高法院改组计划。拉特里奇持自由主义立场，尤其是在第十四修正案正当程序条款的解释问题上。

蒂文斯和妻子贝蒂有四个孩子,其中两个是领养的。他的一个业余爱好是驾驶私人飞机,这也使他可以拜访分布于中西部各地的客户。如果不是因为芝加哥的那起腐败丑闻,史蒂文斯很可能会富足却默默无闻地度过此生。谢尔曼・斯科尔尼克(Sherman Skolnick)是芝加哥本地人,也是一个坐着轮椅频繁出现在法院的当事人,他举报伊利诺伊州最高法院的两名法官在一宗政治腐败案件中收受贿赂。伊利诺伊州最高法院为此成立了调查委员会,任命史蒂文斯为法律顾问。1969 年,
经过一系列戏剧性的听证会之后,史蒂文斯证实,这两名法官确实受贿了。他们当 188
即辞职,而史蒂文斯成了公众人物。第二年,伊利诺伊州的共和党联邦参议员查尔斯・珀西(Charles Percy)推举史蒂文斯到第七巡回法院担任法官。理查德・尼克松表示同意,于是,1970 年,史蒂文斯开始了他的法官生涯。

1974 年,杰拉尔德・福特为了展现注重司法部职业伦理的新气象,任命芝加哥大学法学院院长爱德华・H. 列维[6]为司法部长。1975 年,道格拉斯离开最高法院,列维便推举自己的芝加哥同乡史蒂文斯为大法官候选人,水门事件过后,他的反腐败业绩显得尤为可贵。1975 年 11 月 28 日,福特提名了 55 岁的史蒂文斯,19 天后,他就获得了参议院的一致确认。(来到华盛顿后没多久,史蒂文斯就与原配离婚,并与第二任妻子玛丽安・穆赫兰・西蒙[Maryan Mulholland Simon]结婚。西蒙是史蒂文斯在芝加哥时的老朋友,她是一名营养师,史蒂文斯将自己的长寿归功于她的悉心照料。)

与朋友苏特及导师珀西、列维一样,史蒂文斯是一名温和的共和党人。在任职最高法院早期,他稳居思想谱系的中间位置:左有威廉・布伦南和瑟古德・马歇尔;右有伦奎斯特(时为联席大法官)和首席大法官沃伦・伯格。史蒂文斯的投票

〔6〕爱德华・H. 列维(Edward H. Levi,1911 - 2000):美国学术领袖、学者,曾任芝加哥大学校长、司法部长。列维被看作是战后最伟大的美国大学校长,也被称为"现代司法部长的典范"、"所处时代最伟大的法律家"。人们认为,水门事件后,是列维帮助恢复了政治秩序。列维著有《法律推理导论》(*An Introduction to Legal Reasoning*)和《观点:论教育》(*Point of View: Talks on Education*)。列维有三个儿子,分别是戴维、迈克尔和约翰,戴维・F. 列维现为杜克法学院院长,约翰・G. 列维则是法律服务公司(Legal Services Corporation)董事。

记录显示，他一般与波特·斯图尔特、路易斯·鲍威尔、哈里·布莱克门和奥康纳这些共和党任命的同事观点相同。但是，在当代的共和党大法官代替了他们之后，史蒂文斯发现自己经常被视为自由派。在一些领域，他的确有些向左走，特别是在死刑和种族问题上。但他之所以变成自由主义阵营的领袖，主要是因为最高法院向右走得太远。

1994年布莱克门大法官离职后，史蒂文斯成为资深地位的联席大法官。接下来的十年，史蒂文斯仍然相信他能够团结最高法院里的多数。伦奎斯特法院末期，史蒂文斯享受了一段美好的时光：奥康纳成了他的盟友，尤其是在关塔那摩的相关问题上；肯尼迪在同性恋权利和死刑案件中也加入了史蒂文斯一边。比起自由派
189 同事，史蒂文斯会更多地投票支持受理争议案件。而金斯伯格和布雷耶却担心，如果最高法院受理了这些案件，会导致灾难，因此他们常常先投票表示拒绝受理这些案件。

随着约翰·罗伯茨和塞缪尔·阿利托加入最高法院，约翰·保罗·史蒂文斯的乐观情绪备受打击。布什任命的这两位大法官就任还不满五年，就联合了斯卡利亚、托马斯，通常还有肯尼迪，推翻或削弱了最高法院的许多先例。与新晋的保守主义同事不同，史蒂文斯和苏特一样，是典型的普通法大法官。他认为，法律应该随着时间的推移慢慢发展，每个案例都应当构筑在其先例的逻辑基础之上。而联合公民案的审理过程包含了史蒂文斯对罗伯茨法院心怀不满的所有因素。

从某种角度说，最让史蒂文斯有意见的是法律程序。与金斯伯格一样（几乎再没有其他人），史蒂文斯深深迷恋着联邦程序规则的奥秘。他很乐于独自花几个小时研究某个问题。（史蒂文斯是唯一一位亲自撰写意见书初稿的大法官。）所以，最高法院将联合公民案从一个争议《麦凯恩-法因戈尔德法》单一条款的简单案件，转变成颠覆存在了百年之久的联邦法律和程序的重大转折点，这让史蒂文斯感到极为恼火。在他看来，这是彻头彻尾的司法能动主义。

抑或，正如史蒂文斯在其异议意见中所说，“有五位大法官对我们面前这个案件的有限性表示不满，于是他们改变了案件，来给自己一次修正法律的机会”。本案可以而且应该仅仅回答一个问题，即《麦凯恩-法因戈尔德法》是否应当适用于《希拉里：一部电影》、或者像联合公民组织这样的非营利性公司。写到此处，史蒂

文斯剑指首席大法官，而不是肯尼迪：“当事人已经提出多种方法来解决这个案件，帮助像联合公民组织这样的非营利性造势公司参与竞选活动，而无需推翻任何法案或先例。”也就是说，多数意见违背了司法程序的“最基本”原则：“在没必要裁判更多内容的情况下，不得裁判更多内容。”史蒂文斯引用了罗伯茨在哥伦比亚特区巡回法院任职时的名言，当面抛给他。究其本质，史蒂文斯是说，罗伯茨这次扮演的不是一名裁判，更像是一个傲慢的棒球队员。

而史蒂文斯才刚刚热身。他的异议书长达 90 页，是他职业生涯中最长的意见书。他针对肯尼迪法律意见的每一个逻辑前提提出质疑。史蒂文斯先是指出了肯尼迪对遵循先例原则的蔑视，接着反驳了后者反复强调的“审查”和“禁止”言论自由。本案仅仅涉及选举前一小段时间公司能否捐助广告的问题。公司可以在其他 190
任何时候播放广告，只要他们喜欢，想播出多少就可以播出多少，而公司的员工（通过组织一个政治行动委员会）也可以在任何时候投放广告。

让史蒂文斯尤感气愤的是肯尼迪的如下轻率断言：根据第一修正案，公司和自然人拥有相同的权利。“制宪者认为如下这一点是不言自明的，公司可以在服务于公共福利的过程中得以全面调整，”史蒂文斯写道。“与我们的同事不同，他们（制宪者）可以轻松地区分公司和自然人，而且当他们将言论自由的权利写入第一修正案，予以宪法化时，他们所思所想的就是个体美国人的言论自由。”几十年来，国会和法院始终对公司和自然人作以区分，史蒂文斯写道，并指出，“在联邦层面，公司和个人政治选举开支之间的明确区分可以追溯到 1907 年，即国会通过《蒂尔曼法案》的时候”。

肯尼迪担心政府可能会基于“言论表达者的身分”规制言论，对于这种担心，史蒂文斯几乎被逗乐了，他写道，“我们已经判定，可以基于表达者身分对言论进行不同规制，而身分则被理解为分类或机构属性。政府通常会对学生、囚犯、武装部队、外国人和政府人员的言论自由专门作以限制。”史蒂文斯，前海军军人，不可能放弃那个时代的习惯性比喻：他说肯尼迪的意见“将会保护‘东京玫瑰’在二战期间向我军进行的宣传广播，犹如保护盟军指挥官讲话”。（史蒂文斯的助理们从来没有听说过当年为日本进行宣传的“东京玫瑰”，于是恳请他删除这个过时的引用，但他坚持将其保留了下来。）

史蒂文斯的结论透着绝望和无助。“最后，最高法院的意见是对美国人民常识的否定，他们已经意识到，从公司成立之初就需防止它对自治的破坏，他们也从西奥多·罗斯福时代开始就已经与公司助选活动的潜在显著破坏力进行了长久的斗争，”他写道。“这是一个否认常识的怪异举动。虽然美国民主并不完善，但除了最高法院多数派大法官之外，很少有人会认为民主的缺陷包括‘政治缺乏公司资金支
191 持’这一条。”这是一个令人印象深刻的异议意见，但意义也仅限于此。另一方面，安东尼·肯尼迪却正在重塑美国政治。

2010 年 1 月 21 日（星期四）上午，10 点一到，九位大法官从红色帘幕后面走出，首席大法官宣布了这一天唯一的任务。“编号 08－205，联合公民组织诉联邦选举委员会案，肯尼迪大法官代表本院发表法律意见，”罗伯茨说。

肯尼迪花了约十分钟来宣布最高法院的判决。肯尼迪从教的时间甚至比做法官的时间更长，他愉快并耐心地用这十分钟来界定问题，用通俗的语言解释法官的判决。鉴于最高法院仅能容纳约五百人，只有少数人有机会目睹这样的表演，他们听到的是法律意见，而不是代表最高法院态度的、来自法官席的判决。无论如何，肯尼迪还是严肃对待这个场合的，他把这次宣读看作是一次表达“诗性法律”的机会。在此次简要介绍的高潮部分，肯尼迪说：“政府试图尽其全力，包括动用刑事法律，来规定一个人可以在何处得到他或她想要的信息，或他或她不应当信任什么样的信息来源。政府利用审查控制思想。这是非法的。第一修正案确认了每个人思其所想的自由。”

案件如此重大，毫无疑问，史蒂文斯会在法官席上宣读自己的异议意见。他没有通读 90 页的全文，但仍准备了 20 分钟的发言。不过，这一次，成为新闻的不是史蒂文斯说了什么，而是他说的方式。他时常糊里糊涂、漏词串行，甚至有时言语难以理解（他说，“作为公司，法院长期以来类似……”）岁月不饶人，在公众场合，史蒂文斯第一次表现得像是高龄老人。他指责道，多数派大法官处理此案的方式甚至比法律后果更糟糕。“本来可以采取更讲原则、也更严格限定的解决方法，如果最高法院严肃地看待司法克制，”他说。“本院现在采取的、获得最终结果的方式，我担心，对这个机构造成了损害。”约翰·保罗·史蒂文斯已在最高法院工作了 35 年。显然，他此时打算离开这个变得让他不认识的地方。

第十五章 “怀着对三权分立的适当尊重”

在白宫,总统的法律顾问格雷格·克雷格与幕僚长拉姆·伊曼纽尔之间的紧 192
张关系在整个 2009 年不断恶化。另一方面,对克雷格的副手、表面上负责筛选潜在法官的卡桑德拉·巴茨的忧虑也在扩散。那年秋天,克雷格和巴茨都即将离任。11 月,巴茨离开了白宫,去布什时代设立的对外援助机构千年挑战公司(Millennium Challenge Corporation)工作。为了让克雷格离开得更加体面,奥巴马提名他为哥伦比亚巡回法院的法官。(奥巴马就任已近一年,却仍然没有填补这个美国第二重要的法院存在的空缺,这一事实本身就说明,法律顾问办公室出了问题。)但克雷格并未接受总统的好意,在年底重又开始私人执业。

2009 年 12 月,联合公民案宣判数周前,罗伯特·鲍尔(Robert Bauer)接任白宫法律顾问。正如克雷格将生命中的大部分时间贡献给了人权,鲍尔也有他自己的事业:竞选资金。鲍尔私人执业 30 年,他的律师事务所帮助过几乎所有主要的民主党政治家,帮助他们检索、梳理复杂的法律规则,并就竞选活动应如何进行、竞选资金应如何使用提供建议。从某种意义上说,鲍勃·鲍尔是民主党的吉姆·波普。1990 年代,鲍尔担任了众议院民主党领袖理查德·格普哈特(Richard Gephardt)、参议院民主党领袖汤姆·达施勒(Tom Daschle)的首席外部顾问。2004 年奥巴马当选为参议员,鲍尔成为他的私人法律顾问。

鲍尔留着胡子,看起来绅士、亲切而职业,这种外表与真实的他相去甚远。他
其实是一个激烈的民主党人。鉴于他的背景,在理解联合公民案的意义方面,他有 193
独特优势。最初的新闻报道几乎将最高法院的判决描绘成了两党合作的成果。这

些报道倾向于强调，判决解放了工会和公司，它们从此可以对候选人作无限制的投资。因为工会普遍支持民主党，而公司一般支持共和党，判决被描述成一个解除管制、赋予平等机会的行动。

鲍尔明白，这是无稽之谈。工会已经衰落了半个世纪。联合公民案允许它们在竞选中花费数百万美元，但它们怎么可能有那么多钱。另一方面，公司控制了美国的大部分财富。公司，特别是私营公司，一边倒地偏向共和党。进而言之，粗略地说，共和党比民主党有钱；任何解除政治过程方面管制的行为，都可能会帮到大佬党。显而易见，联合公民案对共和党来说是一份不错的礼物。

鲍尔知道，联合公民案也会导致混乱。长期的经验告诉鲍尔，候选人与政党确实受制于媒体和选民的监督。竞选公职的人非常在意他们竞选经费的来源、及使用经费的方式。与此相反，联合公民案在很大程度上赋权给公众关注不到的利益。判决授权公司和委员会在竞选中独立支出经费，总的来说，这些机构是不为人们所知的。联合公民案的确支持了法案中关于资金支出披露的要求；因为宪法强制竞选活动和相关委员会披露其资金来源。但是，这些细枝末节在现实世界中并不重要。披露往往在事实发生很久后才进行，并且捐助者总有办法伪装自己的身分。联合公民案判决后，来自神秘组织（shadowy organization）的巨额资金将在选举前夕被投放到广告上。而在人们搞清楚是谁在资助或制作广告之前，损害就已经发生了。

那么，下面应该怎么办？奥巴马入主白宫，遇到了与富兰克林·罗斯福 1935 年所面临的相似的困境。（相似性很快会更显著。）在罗斯福的首个任期内，保守主义的最高法院宣布罗斯福动议的数部标志性的新政法案违宪，其中包括《全国工业复兴法》（National Industrial Recovery Act）。这些判决代表了洛克纳时代的最后挣扎，
194 在那个为时长久的时代，最高法院一直认为经济法规是对合同权利和法律正当程序的侵犯。起初，罗斯福对这些判决的应对是，于 1937 年推出命运多舛的法院改组计划。罗斯福那增加最高法院大法官人数的设想很快破产，无人惋惜，但后来他靠别的方式取得了同样效果。在罗斯福漫长的总统任期中，他为最高法院任命了八位大法官，他们终结了洛克纳时代，让联邦政府在国民经济中起到了极为活跃的作用。2010 年，奥巴马却没有这样的机会，最高法院连一个空缺也没出现。

时钟滴答滴答，等待奥巴马班子作出回应。联合公民案的结果于 2010 年 1 月

21日（星期四）上午宣布。六天后，奥巴马将发表国情咨文[1]。他会说些什么？

在每一个总统班子里，国情咨文的出炉都是极为复杂的过程。内阁成员会施加压力，让总统在其中提到自己的动议。国会领袖也会为自己的利益游说。为此，政治顾问要在制作国情咨文时调查民意。整个过程耗时多日。大致说来，白宫会围绕国情咨文制定下一年度的计划。到联合公民案的判决被宣布并为公众了解之际，留给白宫作出回应的时间以小时计。

总统的首席政治顾问戴维·阿克塞尔罗德被这份法律意见激怒了。阿克塞尔罗德曾在芝加哥做过记者，后以改革者的姿态投身政治，他对竞选活动的程序性问题有深刻的理解。具体而言，他对电视商业广告业务——如何购买电视广告时间，以及广告如何影响竞选——极为熟悉。对联合公民案，他比白宫里的任何人，甚至包括鲍尔在内，都有更深刻的理解。当然，考虑到自己的职责，阿克塞尔罗德认为，奥巴马如欲在这一问题上取得政治优势，就要提前做好准备。更重要的是，阿克塞尔罗德拉响了警报，他知道最高法院的判决会将美国引向何处。

但关于联合公民案，奥巴马应该说些什么，这依然是个问题。要想推翻最高法院的判决，只有两个办法，一是最高法院作出新的判例，二是国会通过一项新的宪法修正案。呼吁制定宪法修正案会被认为是走极端，更何况这种努力也将是徒劳
的。不过，仍有机会趁此判决做些改变。由于最高法院提出在 2009 年春天进行再 195
辩论，总统在国会的民主党盟友已制定了响应计划。一些民主党人，包括纽约州联邦参议员查尔斯·舒默[2]和马里兰州联邦众议员克里斯·范·浩伦[3]，提出了

---

[1] 国情咨文（the State of the Union address）：美国总统每年于国会联席会议召开前在众议院发表的报告。这份报告不仅仅包括国情分析，总统还会阐述他的立法议程及国家优先事项。从 1934 年起，国情咨文通常于一月份发表，如遇总统交接，则于二月份由新总统发表。

[2] 查尔斯·舒默（Charles Schumer）：生于 1950 年，哈佛大学法律博士（1974），1998 年至今任纽约州联邦参议员。舒默是民主党在参议院的第三把交椅，在参议院多数党领袖哈里·里德和参议院多数党党鞭迪克·德宾之下。2010 年当选民主党参议院政策委员会主席。

[3] 克里斯·范·浩伦（Chris Van Hollen）：生于 1959 年，2002 年进入国会，是民主党内的年轻领袖之一，被称为"荣誉预算专家"、"民主党最佳预算思想家"。浩伦关心的问题是教育、能源、环境、医保和民权，他积极参与立法活动。

他们所谓的“披露法”(DISCLOSE Act),即“民主通过透明选举开支而加强”(Democracy Is Strengthened by Casting Light on Spending in Elections)的缩写。因为肯尼迪大法官的意见支持了《麦凯恩-法因戈尔德法》关于披露捐助者身分的要求,所以他们提出的新法将加强这一规定。这种改变并不大——能做的改变本来就很小——但已足够让总统在演讲中提上一提。

确实很难措辞。选举改革问题极其难以解释,选民也不会愿意听这些解释。情况变得非常复杂,伊曼纽尔只能在办公室里召开会议,专门研究奥巴马要说些什么。阿克塞尔罗德、鲍尔、罗恩·克莱恩和其他几个人详细研究了联合公民案的判决,一字一句地分析,确保他们的方案有坚实的依据。与鲁斯·金斯伯格一样,伊曼纽尔认识到一个论点的政治可行性:外国公司可能会利用金钱打入美国的选举政治。

“我们在外国公司这件事上有多少把握?”伊曼纽尔问团队成员。

“很有把握”,就是他得到的答案。

近年来,出席参众两院联席会议的大法官往好里说也是时多时少。在2010年前的16年中,参加会议的大法官最多一次也只有六名。从2006年到2008年,每次仅有四人出席;2002年为两人。伦奎斯特有一年没露面,只是因为他的绘画课也安排在那天晚上;而其他年份,他直接选择不去,不说理由。布雷耶是2001、2003和2005年到场的唯一大法官。布雷耶习惯于每年都参加。他认为,大法官的在场有着重要的象征意义,标志着联邦最高法院是美国政府的一部分,并对政府其他分支非常尊重。但就连布雷耶也没能出席2000年的会议。(他得了流感。)那一年的会场中没有一位大法官出现。

大法官们缺席的原因是显而易见的。几十年来,参众两院联席会议是一个高度政治化的场合,在那里,总统摆出他的成就和议程;总统所属政党的国会议员常常会

196

跳起来欢呼;而反对党在大多情况下则默默地坐着。大法官必须小心地衡量,在什么时机才可以适当鼓掌。两党都可以接受的爱国情绪,可以;总统优先考虑的事项,不可以。向军队致敬,可以;减税的呼吁,不可以。总之,还是待在家里比较好。

在伊曼纽尔办公室的讨论中，及总统预备会议期间，谁也没有考虑过挑战最高法院的适当性这一问题。团队专注于推进奥巴马的议程，而大法官在场的事情似乎谁也没考虑。联合公民案激怒了总统班子（虽然没有人明确这样说），所以奥巴马团队将最高法院多数派视为另一群共和党人，不会给予比大佬党参议员或众议员更多的尊重。

但是，当奥巴马的演讲进行到案件相关部分，他非常清楚地意识到大法官们就坐在自己面前。“现在是时候要求游说者披露他们代表客户与总统班子和国会进行的每一次接触。是时候对游说者向联邦职位候选人进行的捐助施加更严格的限制，”奥巴马说。然后，总统抬起头看着大法官们，即兴抛出了一个名句：“怀着对三权分立的充分尊重。”奥巴马突然意识到他是在攻击最高法院，于是决定缓和一下情绪。具体而言，奥巴马说，“怀着对三权分立的充分尊重，上个星期，联邦最高法院推翻了一部存在百年的法律，而我相信这会打开闸门，让包括外国公司在内的特殊利益涌入进来，不受限制地投资我国的选举”。全场的民主党人起立鼓掌。“我认为美国的选举不应由美国最强大的利益集团——或者更糟的情况，外国机构——来资助。”民主党人再一次鼓掌。“选举应该由美国人民决定。所以，我希望民主党与共和党共同努力通过一项法案，帮助厘清一些问题。”

如果事情就此结束，奥巴马的这部分讲话可能不会引发太多关注。但是，按照惯例，网络电视的消息源小组（pool）已事先拿到国情咨文的样稿，因此制片人知道接下来就会提及最高法院。为此，他关照摄像师，在奥巴马提到他们之前，就把镜头切给大法官们。罗伯茨、肯尼迪、金斯伯格和布雷耶坐在前排，阿利托和索托马约尔则分别坐在罗伯茨和肯尼迪后面。当时的情况是，阿利托正好位于一个特别的党派夹角：他的右边是奥巴马内阁成员，而身后就是参议院民主党领袖哈里·里 197
德[4]，迪克·德宾[5]和舒默。在奥巴马谴责联合公民案时，这三位都情不自禁地

〔4〕哈里·里德（Harry Reid）：生于1939年，在任职美国国会警察局期间获得乔治·华盛顿大学法学院法律博士学位。现为内华达州资深联邦参议员。2007年起担任参议院多数党领袖，之前曾是参议院少数党领袖和参议院少数党党鞭。

〔5〕迪克·德宾（Richard Durbin）：生于1944年，乔治城大学法律中心法律博士（1969），曾任伊利诺伊州州长助理法律顾问、州参议院司法委员会法律顾问，后以兼任教授身分执教南伊利诺伊州大学医学院五年。德宾现为伊利诺伊州联邦参议员，民主党的核心人物，参议院的二号人物，自2007年起任参议院多数党党鞭。2006年，被《时代》周刊评为全美十佳参议员之一。

欠起身来。

阿利托在新泽西州度过了大部分人生，几乎完全默默无闻。（加入最高法院前，他仅作为里根班子中的成员在华盛顿小住过。）巡回法院法官不是名人。阿利托不习惯摄像机对着自己，他讨厌在确认提名听证会期间受到的关注，甚至没想到自己会出镜。所以，他并没有注意自己的反应。当奥巴马说，“外国公司”会进行无限制的投资时，阿利托摇了摇头，从唇语判断是在说，“根本不对”。当奥巴马第二次提到外国的影响，他又摇起头来。阿利托的同事无不表情木然。而在他的身后，舒默却频频点头，情绪之强烈不输阿利托。

事后，奥巴马和阿利托都受人诟病。批评者说，总统和大法官都不尊重对方，但事实上，关于联合公民案的后果，奥巴马说得还不够严重。

阿利托的行为揭示了一些实情。他是大法官中最愤怒的，这并非巧合。毕竟，在奥巴马和拜登对最高法院进行就职访问时，唯一一位对他们避而不见的大法官就是阿利托。阿利托也是莱德贝特案判决书的起草人，而奥巴马却竭力想要推翻这个判决。这次冲突是一个极其真实的时刻。奥巴马和阿利托都是睿智、正直之人，都专注于自己的政治抱负，但却注定是对手。他们一个是民主党的总统，一个是共和党的大法官，两人在联合公民案和其他一系列问题上存在严重分歧。简短的交手让我们瞥见了事情的真相。

戏剧性的一幕几乎掩盖了一个真正的问题：谁才是正确的。联合公民案是否为外国公司在美国选举中无限制投资铺平了道路？（演讲过后，奥巴马要求鲍尔起草一份备忘录，就此问题给自己一个满意的回答。）在对外国公司进行限制的问题上，肯尼迪的法律意见明显很克制。他写道，“我们无需涉足如下问题：政府是否有压倒性的利益，要去防止外国的个人或组织影响我国的政治进程”。所以，阿利托的观点是：最高法院并未明确裁定，外国公司可以在美国选举活动中投资。

不过，奥巴马和国情咨文的起草人是字斟句酌过的。奥巴马总统只是说，“我
198 相信这会打开闸门”，让外国资金涌入，这种说法很很有根据的。言词辩论中，奥尔森在回答金斯伯格的问题时说，宪法要求政府同等对待本国和外国公司；这位律师认为两者都有权把钱花在政治活动中。此外，联合公民案认为，美国公司的资金不存在腐蚀政治制度的特殊风险，那么就有充分的理由相信，最高法院会就外国捐助

得出同样的结论。因此，奥巴马有权说，授予联合公民组织的权利将可能被赋予外国公司。从联合公民案的文本，阿利托和奥巴马得出了皆属合理、却相互冲突的结论。

无论如何，参众两院联席会议上那戏剧性的一刻给公众留下了至为深刻的印象，否则以下这件事只能是一个抽象概念：奥巴马的白宫班子和罗伯茨主持的最高法院是有分歧的。在奥巴马发表国情咨文后，如果说有什么值得一提的话，那就是保守派大法官们开始公开谴责参众两院联席会议是令人无法忍受的党派集会。斯卡利亚在出席联邦党人协会的活动时，说那次会议是“幼稚的奇观”。在佛罗里达州一所法学院的某次谈话中，托马斯说，“我没去，因为它极其党派化，法官坐在那里会非常不舒服”。他还补充说：“那里有很多你们从电视中听不见的动静——猫叫般的嘘声、痨病似的咳嗽声、叫喊声，还有窃窃私语的评论。”阿利托一次在纽约公开露面时，说“坐在那里尴尬得如同一个尽人皆知的盆景”。

这个问题给首席大法官提出了特殊的挑战，他曾经想捍卫自己所作判决的公正性，也试图维持最高法院非政治性的形象（虽然这具有误导性）。在奥巴马发表国情咨文数周后，罗伯茨说出了自己的挫败感。他在阿拉巴马大学法学院发表演讲，问答环节，学生问及总统对最高法院的批评，罗伯茨说，“我不觉得有什么不妥。另一方面，还有语境、环境和礼仪的问题。让大法官们按照礼节要求安静地坐在那里，而政府其他分支的成员都站起来，在最高法院周围欢呼和叫喊，此情此景，我认为是十分令人困扰的”。他接着说道：“从某种意义上说，参众两院联席会议已演变为政治动员会，我不确定我们为什么要出现在那里。”罗伯茨的抱怨是可以理解的，尽管他和其他保守派大法官在听乔治·W.布什发表国情咨文时毫无怨气。

当被问起对首席大法官言论的看法，奥巴马的发言人罗伯特·吉布斯没有表 199
现出传统上对最高法院的尊重之情。“真正令人困扰的是，这一判决为公司和特殊利益打开了投资选举的闸门，大量的金钱会湮没普通美国人的声音，”吉布斯说。白宫和最高法院之间的冲突现在公开化了。

至于阿利托个人，下一年度的参众两院联席会议召开时，他去夏威夷度假了。

2010年3月21日，参众两院联席会议过去了两个月，众议院通过了奥巴马的医保改革法案，民主党总统及国会议员十年的工作和努力有了成果。它也成为奥巴马总统这一任期的标志性成就。然而，奥巴马的受欢迎程度已经大幅降低。经济复苏步履蹒跚。失业率节节攀升。而在最高法院，大法官们正在等待约翰·保罗·史蒂文斯宣布离任。

像苏特一样，史蒂文斯是共和党人，但却与自己的政党日渐疏远。虽然史蒂文斯已九十高龄，但如果麦凯恩赢得了先前的大选，他很可能还会继续坚持下去。苏特一心想要离开最高法院，而处于同样环境的史蒂文斯则依依不舍。史蒂文斯对奥巴马怀有特别的好感，因为他们是芝加哥同乡。史蒂文斯离开的决定早在人们的预料之中，最终在4月9日作出，此时苏特已离任近十一个月。史蒂文斯的告别信反映出平易近人的风格。“亲爱的总统先生，”史蒂文斯写道，“考虑到任命我的继任者、并让他在最高法院的下一个开庭期开始前得到确认，符合最高法院的最大利益，我应当退出大法官的正常工作……本书信在最高法院宣布夏季休庭的第二天生效。”

史蒂文斯度过在最高法院的最后一个春季，那里依然充盈着保守主义。两年前，在海勒案中，最高法院推翻了哥伦比亚特区的持枪法令，其理由是第二修正案赋予个人持有和携带武器的权利。由于该法令仅限于哥伦比亚特区（而非一个州），海勒案只涉及了联邦政府制定控抢法的权利。在麦当劳诉芝加哥案（*McDonald v. Chicago*）中，系争问题是对第二修正案所作的新解释是否适用于各州及联邦政府。

200 这个案件处理的是一个被称为“合并”（incorporation）的宪法概念。根据显在意义，《权利法案》的条款仅适用于联邦政府。例如，第一修正案规定：“国会不得制定法律确立宗教或禁止宗教自由。国会无权通过限制公民的言论、出版、集会、请愿自由的法律。”修正案没有提及各州。但在20世纪，最高法院的判决认定，《权利法案》的大部分条款也适用于各州。这个进程被称为“合并”，与雨果·布莱克在最高法院的漫长职业生涯密不可分。而最高法院是如何决定什么样的权利应当合并的呢？通过一系列案件，大法官们判断了哪些权利构成“我们有序自由之体系的基础”，或“深深植根于我国的历史和传统”。而麦当劳案中的问题是，个人根据第二修正案所享有的持有和携带武器的权利，是否能够达到以上标准。

阿利托代表五位保守派大法官发表法律意见，认为“达到了”。第二修正案的权利是基本的、根深蒂固的，它应该适用于各州和联邦政府。“自卫是一项基本权利，从远古时代到今天的许多法律制度都承认这一点，在海勒案中，我们认为，个人自卫权是第二修正案权利的‘**核心要素**’，”阿利托写道。史蒂文斯的异议意见时而力不从心，时而显得很痛苦，他指出，就在两年前的2008年，最高法院首度承认了第二修正案中的个人权利。“各州管制枪支的历史漫长而没有间断。有观点认为，州政府可以实质性地限制持有和携带武器的权利。事实上，这种观点根深蒂固，远比联邦宪法保护持枪权的观念强烈，”史蒂文斯写道。不过是两年时间，这些权利怎么就成了“基本权利”呢？对史蒂文斯来说，第二修正案远没有言论和宗教自由的地位重要。他说，“实际情况是，拥有一支手枪或其他任何特定类型的枪械，并不是过一种自主、有尊严且政治上平等的生活的关键”。

2010年的春天，对于最高法院来说，是一个紧张而不确定的季节。史蒂文斯即将离任的事实已被人们知晓。在最高法院服务了35年后，他将要离开了，任期仅略短于威廉·道格拉斯的纪录。因为史蒂文斯在佛罗里达州度过了很多时间，所以他的身影在最高法院并不熟悉，甚至一些同事也不常见到他。然而，他却专程来到院里欢迎索托马约尔第一年入职，还与阿利托保持了长久的友谊。史蒂文斯 201
与罗伯茨保持着彬彬有礼而相互尊重的关系，而他们在每一个重大案件中几乎都存在分歧，这难免会影响他们的关系。几十年来的法律决斗，让史蒂文斯和斯卡利亚之间的关系恶化。不过，在职的各位大法官不曾经历过没有JPS的日子。就连想象一下这样的最高法院，也是困难和让人有些痛苦的。

最高法院大家庭里一个更坏的消息是有关马蒂·金斯伯格的病情的。马蒂受到普遍的爱戴。作为法学教授和能干的律师，他可以与其他大法官平等交流；而作为合群和善于自我解嘲的家属，他与同事的妻子们（还有奥康纳的丈夫）相处融洽。他还是一位了不起的厨师，他的厨艺最高法院大楼里的几乎每个人都在某个场合品尝过。他的癌症，曾一度看似缓解，可最终又复发。2010年6月27日（星期日），他在水门公寓的家中去世。那天是最高法院开庭期的倒数第二天。

大多数情况下，联邦最高法院的实际运作都在幕后进行。但是，公众有时还是有机会透过某些窗口窥到最高法院的灵魂。2010 年 6 月 28 日(星期一)就是这样一个窗口。司法、政治、个人情感和仪式，所有这一切都在同一个舞台上展现出来。

直到星期一早晨，也没有人确切地知道这一天将会如何终了。马蒂去世的消息已传播开来，但谁也不敢确定金斯伯格大法官第二天是否会出现在最高法院。大多数同事认为，她不会来了，尤其是考虑到根据犹太传统，应立即为死者举行葬礼。但在鲁斯还是一个小女孩的时候，就看到妇女被排除在(犹太)祈祷班之外，所以她从未对犹太教的正式仪式投以太多关注。葬礼安排在了星期二，阿林顿国家公墓。葬礼按照最完整的军事礼仪设计。(一些哀悼者曾看到马蒂·金斯伯格生前在选择墓地时愉快地眨眼。每当谈起自己在西尔堡[6]的任期，他谈的基本上都是如何学习烹饪。)星期一，鲁斯来上班了。

十点整，当鲁斯从帘幕后走出时，法庭上的听众几乎全都屏住了呼吸。她的头发用黑丝带扎在脑后，目光低垂。罗伯茨说："我有义务非常沉痛地宣布，马丁·戴维·金斯伯格，我们的同事鲁斯·巴德·金斯伯格大法官的丈夫，于昨日即 2010
202
年 6 月 27 日，在华盛顿哥伦比亚特区的家中逝世。"接下来，首席大法官对马蒂的一生进行了简要的回顾，包括他的"机智敏锐和行事魅力"。罗伯茨十分擅长这种类型的演讲，远胜于伦奎斯特，因为伦奎斯特总是含糊其辞，匆忙赶完礼仪程序。在罗伯茨讲话的时候，斯卡利亚流下了眼泪。金斯伯格和斯卡利亚两家人曾一起度过了过往的每一个平安夜，这始于两名大法官同在哥伦比亚特区巡回法院任职的时光。令熟悉他们的朋友惊讶的是，两个家庭的友谊从未让政治侵入。

但这是最高法院的工作时间，最高法院那一年最重要的时刻之一。阿利托宣读了第一个法律意见，即麦当劳诉芝加哥案的判决，它意味着持枪权的胜利。在同事发言时，布雷耶习惯性地做了个鬼脸，转动着眼珠，然后在法官席上宣读了自己的异议意见。金斯伯格宣读了下一个法律意见。该意见认为公立法学院的基督教学生组织不能禁止同性恋学生参加他们的聚会。她的声音并没有受到内心痛苦的

---

〔6〕西尔堡是美国在俄克拉何马州劳顿市的军事要地，位于俄克拉何马城西南约 85 英里处。

影响。

罗伯茨最后一个发言。在他宣读的案件中，最高法院以 5 票对 4 票的投票结果推翻了《萨班斯-奥克斯利法案》(the Sarbanes-Oxley law)中一个不太重要的条款，该条款是在安然公司财务丑闻之后通过的。判决只涉及了经济法规的细枝末节，但罗伯茨所主笔的典型、富于雄辩的法律意见，明确指明了他希望最高法院在未来将向何处去：

> 一个政府可以运行良好，而不为政府官员所统治；它也可以从专业知识中受益，而不被专家统治。我们制定宪法的目的是，让人民通过民选领袖实现自我管理。而随着行政分支力量的增强，它现在行使着巨大的权力，并将触角伸向日常生活的各个领域，这让我们更加关注一种可能：国家可能会脱离行政分支的控制，继而脱离人民的控制。然而，异议意见中对行政国家的赞颂却在总体上忽视了这一关切。

当然，罗伯茨所指的正是布雷耶——官僚机构在最高法院最好的朋友——撰写的异议意见。布雷耶也在法官席上宣读了异议意见，他斥责罗伯茨："法律意见不是某一天登上某列火车到某个地方去的车票。它们中有一以贯之的原则。"这种说法呼应了布什诉戈尔案中的异议意见。

接下来要做的就是，向约翰·保罗·史蒂文斯说再见。罗伯茨宣读了一封信，向史蒂文斯在通往公正之路上所做的长久而尽心的努力致敬。最高法院现任所有 203
大法官，还有苏特和奥康纳，都在这封信上签上了自己的名字。"史蒂文斯大法官，我们给你时间反驳[7]，"罗伯茨微笑着说。

史蒂文斯说，当他 1975 年加入最高法院时，他会称其他大法官为"亲爱的兄弟们"。而现在："亲爱的同事们，合议与独立是我们共同工作中的重要原则。感谢你们的致辞。更为重要的是，玛丽安和我感谢你们每一个人和你们的伴侣——健在的，或已离去的——感谢你们温暖而持久的友谊。与你们八人和你们的十位前任

---

〔7〕反驳(rebuttal)：法庭用语，是罗伯茨的一种幽默。

在伟大如斯的机构里共担责任，这是一种荣耀和幸运。”史蒂文斯在中西部做了休养，他的发言没有出现停顿。最后，罗伯茨宣布最高法院休庭至10月的第一个星期一。

那天晚上安排了晚宴，现任及退休的大法官将于史蒂文斯在法官席上的最后一天向他致敬。首席大法官和史蒂文斯都提出，为了向刚刚去世的马蒂·金斯伯格表示敬意，取消这次晚宴，但金斯伯格大法官坚持晚宴应正常进行，尽管她本人并未参加。玛丽安·史蒂文斯身体不好，也没参加。总的来说，那是一个令人压抑的场合。大法官们疲惫、悲伤、烦躁和沮丧。

但没有一个人，能比桑德拉·戴·奥康纳更沮丧。

第四部分

第十六章　退休大法官发表异议意见

她仍然是最著名的大法官。虽已退休五年，但每天总有人拦住她，请她签名。207
总是——**总是**——有父母把他们的女儿介绍给桑德拉·戴·奥康纳[1]认识。有些人在流泪。最高法院有九名大法官，但人们知道最多的就是奥康纳——这并不令人感到意外，因为她是美国历史上最有影响力的女人。似乎是为了配得上这不平凡的一生，奥康纳找到了一种崭新的方式，来度过大法官的退休生活。

最近几十年里，最高法院的大法官们在退休后做了同样一件事情：他们死了，通常很快，有时稍晚。奥康纳在 2005 年时只有 75 岁，这对于大法官来说不算是太大的年纪，而且她身体健康。她爱这份工作。她醉心于自己摇摆票大法官的地位。但无论如何，她决定辞职。

她这样做是为了照顾夫君约翰·奥康纳。约翰曾是凤凰城一个颇为成功的律师，但在桑德拉被任命为大法官前，他的职业生涯从未真正腾飞。1981 年，奥康纳夫妇来到了华盛顿。即便约翰对身分转变为著名的随迁配偶曾有过反感，他也从未显露出来。他始终热情、近乎狂热地支持着妻子的事业。(像马蒂·金斯伯格为鲁斯做的那样。)然而，多年来，约翰表现出一些症状，最终被诊断为阿尔茨海默氏症。在奥康纳的家庭之外，这些症状几乎看不出来，但新千年到来后，情况加速恶化。2003 年，桑德拉开始在大多数时候带着他一同去最高法院；在她工作时，他

[1] 关于奥康纳人生经历和司法哲学的详细介绍，请见《大法官奥康纳传：改变美国联邦最高法院》，[美]琼·比斯丘皮克著，方鹏、吕亚萍译，上海三联书店 2011 年出版。

就坐在办公室外间的沙发上。到了 2004 年，约翰开始乱走——阿尔茨海默氏症患者身上常见而危险的问题。情况开始超出可控范围。

因此，2005 年春天，奥康纳去见正处于甲状腺癌恢复期的伦奎斯特。她解释说，她在考虑离开最高法院照顾约翰。奥康纳知道，无论是她还是伦奎斯特都不想同时离开最高法院，留下两个空缺。谁应该先离开呢？伦奎斯特有考虑退休吗？

这是他们不同凡响的友谊中的非凡时刻。他们彼此相识超过五十年。先是在斯坦福大学法学院同窗，后来又都决定在新兴的凤凰城安居乐业。在那里，他们与其年轻的家人又去了同一个泳池派对。机缘巧合，不可思议的局面出现了，他们都进入了最高法院：伦奎斯特是在 1972 年，奥康纳则在 9 年之后。她对中道的坚守让他错失了事业中几个最珍贵的目标，比如说推翻罗伊诉韦德案、终结平权行动。但他们之间的感情却从未黯淡。

奥康纳希望伦奎斯特说，他将离开；尽管并不了解细节，但奥康纳心知他已病重。然而，首席大法官伦奎斯特对老友说，他要坚持下去。他没有退休的计划，并希望尽快返回工作。

奥康纳陷入痛苦的两难境地。没有人比她更热爱她现在的角色，而且她对这份工作已经游刃有余。她不想走。但她知道，约翰需要她，爱情战胜了其他所有的顾虑。多年来，最高法院的多位男性大法官都有过照料卧病妻子的经历，但几乎没有人考虑过为此离开最高法院。从某种意义上说，奥康纳的这个决定让她再一次成为一名先驱者。

2005 年 7 月 1 日，奥康纳宣布了辞职的决定，该决定在继任者获得确认后生效。除伦奎斯特之外，没有哪位同事事先知情。无一例外，他们都惊呆了。

随之而来的情形，用奥康纳最喜欢的说法就是“一塌糊涂”。乔治·W. 布什提名罗伯茨来接替她。然后，在劳工节[2]前的那个周末（2005 年 9 月 3 日），伦奎斯特因癌症不治去世，于是布什提名罗伯茨接任首席大法官。罗伯茨获确认后，布

〔2〕美国的劳工节是在每年 9 月的第一个星期一。2005 年的劳工节是在 9 月 5 日。

什提名哈里特·迈尔斯接替奥康纳。迈尔斯是一个严重不合格的大法官人选,她的提名变成了一出悲喜剧,用了几个星期来开幕和收场。在奥康纳宣布辞职几个月之后,接任仍然没有完成。直到同年11月,布什将阿利托的提名提交给参议院。

奥康纳的挫折还在发酵。无尽的拖延让她抓狂。她是一个有计划的、实干的人,对种种事务有控制欲。她是那样的人,她一定要亲手安排助理们的生活、自己的生活。奥康纳希望女助理每个星期都留出三天早晨在法院楼顶的篮球场和她一起做健美操。(她经常要求男助理借助其他方式减肥。)奥康纳会安排到国家美术馆进行特殊参观,而助理们则必须参加。在亚利桑那州的时候,奥康纳曾自豪地获得了"天堂谷里长舌妇"的昵称,日后她也毫不避讳地鼓励助理们体验婚姻生活中的快乐。而现在,最终,她所希望的仅仅是离开最高法院,照顾自己的丈夫,但各种情况却像商量好的一般,一起阻止着这个愿望的实现。

现在,乔治·W.布什将重塑**她的**最高法院。布什诉戈尔案中,奥康纳站在多数派一边,但她后来认为,她和同事们为国家选择的这个总统是个灾难。待在最高法院的最后日子里,一天,奥康纳站在办公室外面,向苏特解释她为什么决定离开。"让事情变得更困难的是,"她对苏特说,"我所属的政党正在损害着这个国家。"

奥康纳开列的反对布什的明细表非常全面。"他的军事冒险正在摧毁我们的军队,而我们并未做好准备,"她是指伊拉克的战况正在恶化。"我们的政府赤字飙升,而他获得连任的唯一方式是,让各州投票赞成同性婚姻。"

"我认为共和党代表的是强大的军事实力、平衡的预算,而巴里·戈德华特(Barry Goldwater)根本不会关心你和谁睡在一起,"奥康纳继续说。"布什否决了这一切。"奥康纳的、也是苏特的共和党一去不复返。特丽·夏沃案(Terri Schiavo case)[3]更加剧了她对共和党的疏远。在该案中,国会中的共和党迫不及待地通过一项法案,以迫使联邦大法官重新检视与佛罗里达州这名病入膏肓的妇女有关的案件。这次反常的举动转向了"保护生命"政治,让奥康纳厌恶不已,因为她本人

---

〔3〕有关该案的介绍和评论,见林达:"特丽·夏沃之死,不只是安乐死",载《南方都市报》2005年4月8日。

正在为丈夫的医疗作决定。

210 经过长久的等待，2006 年 1 月 31 日，参议院确认了阿利托的提名，桑德拉·奥康纳终于可以离开最高法院去陪伴约翰了。

奥康纳怀着极其苦乐参半的心情离开了最高法院。在她宣布离开和实际退休之间的几个月里，约翰完全被病情控制。他不再认识朝夕相处了近 54 年的妻子。奥康纳和他们的三个儿子作出痛苦的决定，让约翰搬到凤凰城的一家长期护理机构。

即便是在这种境遇下，奥康纳还是有开创性的举动。2007 年 11 月，凤凰城的电视新闻记者维罗尼卡·桑切斯(Veronica Sanchez)打电话给当地疗养院，希望做关于阿尔茨海默氏症患者中“移情别恋”(mistaken attachment)的报道。患此综合征的病人甚至可能会忘记自己与配偶及其他亲人的关系，并“爱上”他们每天见到的人，通常是其他病人。到了最后关头，桑切斯的报道未能实现，她得知在另一个机构，即休格慈善生活中心(Huger Mercy Living Center)，有两个家庭愿意在镜头前说出他们的故事，而桑德拉·戴·奥康纳一家就是其中之一。

桑切斯采访到了奥康纳住在凤凰城的儿子斯科特，经他许可，电视台拍摄到了约翰和他现在爱的对象一同出现的镜头。这个报道引起了全世界的轰动。几个月后，奥康纳在参议院老龄问题特别委员会(Senate Special Committee on Aging)作证。她说，阿尔茨海默氏症“是我心中的痛，也是数百万美国家庭的痛，他们深爱并照顾着患有阿尔茨海默氏症的亲人。正如你们所知，自从 1990 年我的丈夫约翰被诊断出阿尔茨海默氏症后，我也成为这些照料者中的一员。与这种疾病作斗争，让我的整个家庭陷入了悲哀与困境”。(约翰的确诊时间之前从来没有公开过。)奥康纳请求参议员们增加拨款，加强对此疾病及其对病人家庭影响的研究。约翰·奥康纳于 2009年 11 月 11 日去世。

这样的工作当然是勇敢并令人钦佩的，政治上也毫无争议。但对于如何过一种不平凡的退休生活，奥康纳还有其他想法。

211 在一定程度上，奥康纳也做着退休大法官所做的传统工作。她继续偶尔在多个巡回上诉法院审理案件。（当她出现时，旁听席总是爆满。）她还启动了在学校里进行公民教育的事业。三分之二的美国成年人无法说出政府三大分支的名称（其余的三分之一甚至一个也说不上来），这则新闻让奥康纳震惊不已。她开始奔波于全国各地，呼吁公立学校恢复公民教育，并将其在课程安排中置于更加显著的位置。她创办了非营利性组织 iCivics，还出任其形象代言人。该组织制作旨在推进公民教育的课程计划和网页游戏。在最高法院任职期间，奥康纳就比其他同事更热衷于旅行和演讲，退休后她的日程安排也几乎没有放松过。

奥康纳还有另一项事业，她称之为“司法独立”。在某种意义上，这个问题似乎过于平淡，像文化或营养学一样，是第一夫人喜欢关注的那一类。奥康纳曾是全美最著名的大法官，人们自然会认为，她会继续站在职业立场上说话。但事实上，司法独立，尤其是奥康纳的版本，是一个激烈的党派话题，而且这位前任大法官的倾向性非常明显。

法官选任的历史牵连着美国历史中更宏大的主题。宪法赋予总统提名所有联邦法官的权力，而参议院仅有“建议和同意权”。那一制度从未发生改变。然而，在州法院，也就是绝大多数民事和刑事诉讼进行的地方，随着时间的推移，相关制度已经发生了很大变化。在南北战争前的杰克逊时代[4]，大多数州转为选举法官，这被认为是在法院落实民主的一种形式。到了进步主义时代，这种制度饱受质疑，因为选举在很大程度上被政党操纵，也经常牵扯到腐败。进步主义者开创了“择优选拔”（merit selection）制度，也就是说法官一般由州长或者独立委员会任命；这些制度中包括留任选举的规定，每隔几年选民会有权罢免不合格的法官。1940 年制定的“密苏里计划”[5]将法官提名权赋予独立委员会，且允许州长在委员会提供的 212

〔4〕杰克逊时代（the Jacksonian Era）：安德鲁·杰克逊任总统的时期，即 1829 至 1837 年，这一时代的理念是，每一位公民享有平等地位，所有人都应积极参与政府治理。

〔5〕密苏里计划（Missouri Plan）：全称为“密苏里州非党派化选任法官计划”（Missouri nonpartisan court plan）。1930 年代，政治在法官选任和司法决策过程中的突出地位，以及由此导致的司法系统滥用权力的行为日益令公众不满。法官受到选举程序中的政治因素的困扰，在竞选上花费过多时间和精力，从而导致案件积压。为此，1940 年 11 月，议员们修改了《密苏里州宪法》，制定了“非党派化选任法官计划”，这是根据公民倡议请愿（initiative petition）而对投票结果所作的规定。该计划已成为全国性的法官选任模式，被三十多个州采纳。详细介绍，请见密苏里州法院网 http://www.courts.mo.gov/page.jsp?id=297。

名单中作以选择。许多州采纳了该计划，并自行作了变通。在39个州，至少有一些法官职位是经选举产生的。

1980年代，法官选举政治发生了改变。一些共和党候选人承诺限制侵权赔偿，于是商业利益相关方立即开始在他们身后排起了长队；原告的初审律师没有那么多资源，他们则资助民主党人。选举活动，特别是涉及州最高法院的选举活动，开始吞噬着来自不同群体的、数以百万计的资金。总体而言，共和党旗开得胜，尤其是在南方。（卡尔·罗夫[6]通过竞选活动将得克萨斯州最高法院从全民主党转变成了全共和党的机构，一举成名。）后来，社会保守派加入了商业保守派，一起帮助共和党法官当选，并且推动各州的法官选任从任命制度转向选举制。

总之，在奥康纳选择司法独立的事业道路之际，就此问题，党派斗争已经划清了界线。共和党支持法官选举制；民主党则希望法官经任命产生。奥康纳站在民主党这一边，为之热情洋溢地大声疾呼。在担任大法官之初，奥康纳对这些问题的态度还是不明朗的，但她如今投身司法独立的事业，这与她在其他很多问题上"向左走"是一致的。奥康纳的热情折射出她本人作为民选官员的人生经历，这种现实经验在最高法院是极为稀缺的。她懂得如何为选举筹集资金，也知道金钱是怎样腐化司法过程的。对她来说，这不是抽象的概念。她理解政治决定是如何作出的，她可以通过独特而直接的方式描述世俗的现实。奥康纳这样敦促一个州律师协会的成员们去为法院资金进行游说，"一定要讲几个让人潸然泪下的故事。如果情况非常糟糕，就买些啤酒和墨西哥食品，把它们全吃掉"。（奥康纳自己喜欢苏格兰威士忌，却喜欢引用丈夫约翰的话："你不必喝酒才能享受快乐，但为什么不喝点试试呢？"）

奥康纳踏入了2010年全美最激烈的政治斗争。前一年，爱荷华州最高法院以一致意见判决，爱荷华州宪法允许同性恋人结婚。2010年，审理此案的法官中有三位正好面临留任选举，而一个保守的共和党社会活动家组织了一次反对他们的

---

[6] 卡尔·罗夫（Karl Rove）：生于1950年，共和党的政治顾问和政策顾问。曾在乔治W.布什的总统班子内任高级顾问和副幕僚长，还负责白宫政治事务办公室、对外联络办公室等。现为福克斯新闻网、《新闻周刊》和《华尔街日报》的政治分析师和撰稿人。罗夫的自传《我的奋斗人生》2011年由法律出版社引进出版。

运动。在有全国性知名度的公众人物中，奥康纳是唯一前往爱荷华州为三位法官辩护的。“苏特大法官和我都将法院看作是一个安全地带，人们在此可以获得公平公正的审理，并解决法律问题，我们必须保护它，”奥康纳说。“我们必须排除施加于这一安全地带的压力……让那里的法官不会公然受到报复。”尽管奥康纳尽了最大努力，但投票结果最终还是让爱荷华州的三位法官黯然离开法院。（在爱荷华州，奥康纳称自己的目标是：支持司法独立，而不是支持同性婚姻本身。当然，在同性恋权利问题上，她的观点也发生了重大变化。1986 年，奥康纳在鲍尔斯诉哈德威克案[*Bowers v. Hardwick*]中站在了多数派一边，支持乔治亚州对同性恋男子之间的合意性行为予以起诉。到了 2003 年，在劳伦斯诉得克萨斯州案中，奥康纳再一次加入支持多数派，却是为了推翻鲍尔斯案。时间到了 2010 年，无疑，奥康纳现在认为同性恋人群应享有包括婚姻权利在内的、完整的平等权。） 213

也是在 2010 年，内华达州，奥康纳深入选举政治的冒险成了一次尴尬的经历。在投票选举前夕，她去拉斯维加斯支持一项公民表决提案〔7〕，以推动该州向以任命为主的法官选任制度前进。经过一系列的混战，提案的支持者在半夜打电话给约五万名选民，并自动播放奥康纳的声音。（有一名妇女致电当地的报纸投诉，她的一个儿子正在接受重症监护，电话一响，她还以为这是来通知儿子去世的消息的。）奥康纳通过联邦最高法院公共事务办公室发表声明，澄清自己未曾授权以这样的方式使用自己的声音。无论如何，奥康纳对该项公民倡议的支持以失败告终。

奥康纳的境遇可谓风云变幻。她从全美最有权势的人之一变成了一名巡回演说家，她似乎不能确定，自己到底是一个政治家还是曾经的那个法官。奥康纳对选举活动直言不讳，从而将自己置于尴尬的境地。她已从最高法院退休，但身分仍然是联邦法官。保守主义者抱怨说，奥康纳违反了法官的职业伦理规范。她并未违反，因为规则是模糊的，但这种说法让人极不愉快。她经受了风言风语，然后继续

---

〔7〕公民表决提案（ballot initiative）：有些州称之为“提案”（proposition），是直接民主的体现，公民可以以这种方式提出立法措施或修订州宪法。一些提案旨在废除现行的某项州法。各州对将提案付诸选举投票所需要的签名人数有不同规定。在大多数、但不是在所有情况下，这些提案需经简单多数批准。

沿着自己选择的道路走下去。奥康纳本可以像大部分退休大法官那样，在某所大学拿个荣誉学位，随心地偶尔教教课。但奥康纳看到她的国家、她的联邦最高法院正在承受什么，她无法放手。

214 奥康纳在跟人谈话时，常会抛出一个不同寻常的口头禅。她将世界分为“有吸引力”和“没有吸引力”的事(或人)。这个区别与外表关系不大，但却反映出奥康纳对世间万物的一般认识。奥康纳始终保持着她对民情的政治敏感。联邦最高法院突然改变航向，推翻其先前的判决，那显然是没有吸引力的。科林·鲍威尔(Colin Powell)是有吸引力的，而约翰·阿什克罗夫特(John Ashcroft)则没有吸引力。

约翰·罗伯茨是“有吸引力”的典型。在他成为首席大法官前，奥康纳就早已认识他，知道他是最高法院里一名技艺精湛、成就颇丰的庭辩律师。罗伯茨在参议院司法委员会作证时表现出的风度和博学，令奥康纳(及其他许多人)赞叹不已。奥康纳与罗伯茨在最高法院共事的日子仅为约四个月而已(2005 年 10 月至 2006 年 1 月)，但足以让奥康纳折服于新任首席大法官的魅力。她逢人便说，罗伯茨如何优雅地更换坏掉的灯泡，她竟然还在《时代》周刊为罗伯茨撰写了一篇热情洋溢的颂词。“1955 年 1 月的那个早晨，当小约翰·罗伯茨在纽约州水牛城出生，星星必定连成了一线，因为自那以后，万事万物引导着他笔直地走向美国联邦最高法院，”她在文章的开篇写道。新任首席大法官“无缝且高效”完成了角色转换，她得出结论说：“我敢肯定，他这位首席大法官将工作足够长的时间，他将成为我国联邦最高法院以至所有联邦法院的卓越领导者。”

然后，奥康纳开始看到罗伯茨法院作出的判决。不是一个或两个，甚至也不止三个。堕胎、民权、妇女权利，似乎新法院制定了一个计划，专门用以针对奥康纳的法律遗产。1992 年，奥康纳在凯西案中投出关键一票，保全了罗伊诉韦德案的核心判决，而冈萨雷斯诉卡哈特案却轻易破坏了它。奥康纳曾在 2003 年的格鲁特尔案中保护了平权行动，而罗伯茨在社区学校家长诉西雅图第一学区案中根本没把它当回事。关于如何做一名首席大法官、如何做一名共和党人，奥康纳曾以为罗伯茨与自己持有相似的观点。但如果她更近距离地观察，她会发现，罗伯茨显然一直置身于自己的共和党时代，而不是奥康纳的。

私下里，奥康纳对她所看到的罗伯茨法院颇有微词，认为它有自己的**议程**。伦 215
奎斯特不会这样做，她说。伦奎斯特会就事论事地处理一个个案件；他也不会试图将自己的宪法观强加给最高法院。这样的评价其实是奥康纳历史修正主义的体现。伦奎斯特和罗伯茨一样保守，他不过是没能争取到足够多的票数来实现自己的议程罢了。而罗伯茨在大多数案件中争取到了。（奥康纳、苏特、金斯伯格、布雷耶乃至史蒂文斯合力营造了对威廉·伦奎斯特的一种死后崇拜，只是方式略有不同而已。**伦奎斯特是温和的！他行事公平！他尊重先例！伦奎斯特是伟大的！那些过往的好日子啊！**对伦奎斯特形象的重塑，与其说是对伦奎斯特的现实评价，不如说是这些大法官对罗伯茨的厌恶使然。）

在大多数情况下，奥康纳不会公开发表她对罗伯茨法院的观点。但是，因为她的朋友圈太广，又经常旅行，还有那般外向的性格，她的意见很难成为秘密。而联合公民案更使得她不再在公众面前对这个问题有所保留。退休的奥康纳赞成法官任命制、反对法官选举，其中最主要的考虑是，限制金钱的力量在选举活动中的作用。但在联合公民案中，最高法院抛弃了美国几十年来对竞选资金所作的限制。“谈到如何维护一个独立的司法机构，上周联合公民案的判决是成问题的，这个问题会日益严重，这会导致法官竞选活动的增加，”联合公民案判决公布数天后，奥康纳就在乔治城大学法律中心的一次会议上这样说。“如此多的资金流入政治竞选，没有一个州能从中受益。”像局部分娩堕胎案例卡哈特案（二）一样，联合公民案表明了阿利托替代奥康纳的影响。如果奥康纳仍在最高法院，那么5票比4票的结果会倒向另一方。

但是，奥康纳比任何人都清楚，自己已经离开，并且要接受自己的决定所带来的后果。她的健康状况尚好，但毕竟已是奔九十的人了[8]，较之从前，她变得更为锐利、更加缺少耐心。有两个问题是她特别不屑的，却总有人问起。第一个是关于布什诉戈尔案的。她认为她投出了正确的一票吗？“那不是世界末日，”她在阿斯

〔8〕奥康纳生于1930年。

彭[9]的某次会议上说，这是她的典型回应。“他们在媒体的监督下重新计算了四个县的选票，也没有改变选举结果。忘记这个案子吧。一切都过去了！”这番辩护引发了人们对如下问题的思考，即她对此问题的道德认知。

216 另一个问题是，她是否后悔离开最高法院。想了解奥康纳，首先要明白她不是一个与遗憾为伴的人。牧场主的女儿没有多余的大车来装载“如果怎样就好了”的哀叹。当被问及罗伯茨法院对她的法律遗产做了什么时，她曾这样说：“如果是你，会是什么感觉？我有一点点失望。如果你认为你曾有所帮助，然后成果被铲除，你会想，‘哦，天啊’。但生活还得继续，虽然它并不总是正面的。”

对照之下，苏特的退休生活却几乎总是正面的，或者说至少接近他一直希望的状态。

1990年，在乔治·H. W. 布什提名苏特为最高法院大法官几个月前，苏特被确认为第一巡回法院法官。（此前几年，他在新罕布什尔州最高法院担任法官。）如果苏特留在第一巡回法院，他的办公室会在康科德[10]，约每个月去一次波士顿参加庭审，并住在位于韦尔勒[11]镇的老房子里。这是他想要的生活。现在，二十多年过去了，苏特的心愿终于实现。

苏特回到新罕布什尔州，再也没有别的事分心，但他家那老旧的农场屋马上就要在书籍的重压下垮塌了。于是，他在离康科德更近一些的地方买下了一座新宅，并开始了搬运财产的艰苦历程。效率从来就不是苏特的强项，所以他花了几个月时间穿梭于两幢房子之间，没能安稳地住在一处。作为退休大法官，苏特有资格在第一巡回法院审理案件，而这个法院人手不足，因此苏特手头很快就有了一堆案卷。然而，联邦最高法院只给他配备了一名秘书，并且这位秘书身在华盛顿而不是康科德，所以苏特位于普莱森特大街的办公室满坑满谷散落着文件和书籍。苏特不以为意。他每天早晨在山坡上跑步。他69岁退休，而在新罕布什尔州生活的这

---

[9] 阿斯彭：科罗拉多州皮特金郡下属的一座城市。
[10] 康科德：新罕布什尔州首府，位于该州中东南部，与马萨诸塞州接近，距离波士顿约一小时车程。
[11] 韦尔勒：一个小镇，位于新罕布什尔州希尔斯伯勒县，人口约为一万。

一两年让他看起来年轻了五岁。(他确实想念在费城的朋友们,也怀念在第三巡回法院工作的日子。他想回去看看,但那是费城哎,太远了。)

苏特把联邦最高法院几乎完全抛在脑后。2010 年 5 月,他同意在哈佛大学毕业典礼上作演讲,并借此直抒胸臆。苏特早就看不惯罗伯茨了,那个罗伯茨在确认提名听证会上自比裁判,还曾说权力只限于机械适用判断好球或坏球的规则。同样,苏特用了一代人的时间对抗斯卡利亚和托马斯的绝对确定主义,后两位相信从宪法文本或原意中可以找到任何法律问题的答案。他不认为存在这样的确定性。(对前任威廉·布伦南所信奉的自由主义的确定性,他也不以为然。)苏特以宪法内在的复杂性和冲突性为基础,构筑起自己的司法哲学。 217

"宪法条款的明文规定,换句话说,可能会导致多种合法价值之间的冲突,而当冲突产生时,宪法的明文规定是无法解决的,"他援引五角大楼文件案(Pentagon Papers case)〔12〕,对哈佛的听众说,在该案中新闻自由与国家安全的价值发生了冲突。"我们必须作出选择,不是因为语言是模糊的,而是因为宪法体现了美国人民想要保护两种事物的愿望,和世界大多数国家的人民一样。"在苏特看来,原旨主义和文本主义所依据的是虚假的承诺。"即使我们不能认同制宪者观念上的所有假设,我们还是可以用他们已预见到的方式解决宪法的不确定性,我们所能倚靠的是理性,是对制宪者所写下的文字的尊重,是直面事实,还有,为活在当下的人民寻求文本的意义。"**对活在当下的人民的意义**,而不是制宪者的意图,文雅的苏特这样说,即意味着这篇演讲是战斗的檄文。从气质到生活习惯,苏特可能是大法官中最接近 18 世纪的一位,但他认识到,试图重构制宪者的世界,然后揣摩他们将如何判决,该有多么愚蠢。在所有重要的方面,苏特是一个现代人。

在哈佛大学演讲属于那极少发生的事情。苏特已经出局,他也乐于如此。当苏特还在最高法院工作时,他非常渴望能有时间阅读(其实是重读)普鲁斯特和狄更斯的作品,而他终于享受到了这样的生活。

只有一件事困扰着他。挥别华盛顿之前,他曾想从法院找样东西带走。他想

---

〔12〕有关该案的介绍和分析,请见任东来:"五角大楼文件案:公众知情权关乎社会福祉",载《法制日报》2008 年 6 月 27 日。

要一个纪念品、一个念想，让他可以回忆起自己做大法官的日子，但始终没找到合适的。

回到新罕布什尔州一段时日之后，苏特有了一个想法。当他还是一个小男孩
218 的时候，他喜欢收集邮票，那时每当新邮票发行，韦尔勒的邮局总是为他保留一套。
他还记得，在大约十一岁时，看到过一张印有最高法院大楼图片的、面值三美分的邮票。于是，苏特钻入文件堆，找到了那张邮票。他发现，在那张邮票上，他曾经使用多年的办公室的窗户占据显著位置。苏特将邮票装裱在一个相框里。对他来说，这就再好不过了。

第十七章　垒球政治

2010年4月，史蒂文斯宣布离职，没人感到意外。奥巴马对有机会填补最高法院的第二个空缺的反应，也不令人吃惊。总统认为，索托马约尔的提名和确认过程非常成功。于是，他决定这次还是使用相同的候选人名单，并以同样的方式选择第二位大法官。 219

然而，站在白宫的角度，现在的世界看起来已大为不同。提名索托马约尔之际正值奥巴马执政的蜜月期，从史蒂文斯退休的时间看，那是很早之前的事情了。美国经济经历了严重的衰退，一直没有明显的起色，而人们开始将责任推到奥巴马身上。一月，在争夺已故参议员爱德华·肯尼迪留下的马萨诸塞州的席位的过程中，共和党的斯科特·布朗[1]赢得了戏剧性的、出人意表的胜利。那次选举使民主党在参议院的席位比例降到了阻挠议事最低所需的60%以下。同月，联合公民案的判决提醒白宫，最高法院可以对他们造成多么大的伤害。考虑到自己政治上已处于弱势，奥巴马希望选对大法官，同时也希望避免在参议院引发激烈冲突。

在接替苏特法官席的终选名单上，被排除的有三个人：卡根、黛安·伍德和珍妮特·纳波利塔诺。然而，先前的情况已经表明，纳波利塔诺在国土安全部部长任上的成就注定了她无缘成为大法官。奥巴马极为欣赏她在部长职位上的表现，而

〔1〕斯科特·布朗(Scott Brown)：生于1959年，现为共和党籍联邦参议员，代表马萨诸塞州。由于马萨诸塞州民主党资深参议员爱德华在2009年去世，州政府决定在2010年1月19日举行特别选举。尽管奥巴马特意在选举前赶到波士顿为民主党打气，但布朗还是以52%对47%的优势战胜了民主党籍对手，成为该州近四十年历史上的第一位共和党籍参议员，并使得民主党在参议院100席中原有60席的绝对多数地位减为59席。

且在现有环境下，提名一个政治家为大法官这件事本身就困难重重，因为她在争议性问题上公开表达了过多的立场。排除了纳波利塔诺后，奥巴马想要增加一些人选，以备考虑。

220 梅里克·加兰(Merrick Garland)入围了候选名单。比尔·克林顿1997年任命加兰为哥伦比亚特区巡回法院法官，而加兰在十几年的时间里，在这个法院里始终是一名温和的自由主义者。他被认为是容易获得确认的人选，虽然可能不是一个政治上特别有利的选择。将要到来的中期选举充满了不确定性，奥巴马在后半任期可能将要应对民主党员在参议院比例显著降低的局面。明智的做法是将加兰作为后备人选，在需要共和党支持确认提名时，可以作此选择。“我需要一场我能在2011或2012年参加的比赛，”奥巴马对一名顾问说。

加兰读的是哈佛本科和哈佛法学院，当他可能成为候选人的消息泄露出去后，奥巴马受到了教育背景倾向的批评。随着史蒂文斯的离任，最高法院的八位大法官中五位出自哈佛法学院、三位是耶鲁的毕业生。(金斯伯格的法学学位是在哥伦比亚大学获得的，尽管她在哈佛法学院度过了前面两年。)这是一个健康的状态吗？全美只有两所法学院吗？奥巴马需要提供一些多元性。

奥巴马又在名单上加上了西德尼·托马斯(Sidney Thomas)。托马斯有一个无可挑剔的非常春藤盟校血统。他毕业于蒙大拿州立大学和蒙大拿州大学法学院，1995年，克林顿提名他为第九巡回法院法官。作为蒙大拿州资深参议员麦克斯·鲍卡斯[2]的门生，他还是美国最自由主义的上诉法院里最自由主义的法官。(谈到推举一位自由主义的“托马斯大法官”，白宫里的一些人确实对这种想法很感兴趣。)白宫透露了一个事实，托马斯曾来到白宫接受奥巴马的面试，但他从来就不是现实的选择。

又一次，真正的选择要在黛安·伍德和另一名候选人之间作出。这一次的“另一名候选人”是埃琳娜·卡根，而不再是索托马约尔。

---

〔2〕麦克斯·鲍卡斯(Max Baucus)：生于1941年，美国政治家，1978年至今任蒙大拿州民主党联邦参议员，现为参议院金融委员会主席。鲍卡斯被认为是温和的民主党人。由于蒙大拿州是传统的农牧业州，所以他在贸易政策上倾向于保护美国农业。

在这场竞争中，卡根具有一个优势，姑且称之为“约翰·罗伯茨优势”。罗伯茨在里根内阁工作过，所以他熟悉多位美国最重要的共和党法律人。罗伯茨在被任命为最高法院大法官时，的确没有写过太多东西，但这并不重要，因为这些人本来就认识他。他们曾一起在那个镀金的散兵坑里待过。罗伯茨不必证明自己的保守 221
主义、或观念上的忠诚度。因为他是内部人、自己人。

卡根也是内部人。在克林顿班子，她和现任白宫幕僚长拉姆·伊曼纽尔有过密切的工作关系。她与拜登的首席顾问辛西娅·霍根（Cynthia Hogan）一起在威廉斯与康诺利律师事务所做过普通律师。后来，霍根还曾聘请卡根协助拜登处理金斯伯格 1993 年确认听证会事宜。（这意味着拜登也认识卡根。）拜登的幕僚长罗恩·克莱因是卡根在法学院的同级校友，也是她最亲密的朋友之一。丹妮拉·格雷这个年轻的法律人负责撰写最高法院候选人的首次审查备忘录，她是卡根在哈佛时的学生。对于黛安·伍德这一方来说，白宫的副法律顾问苏珊·戴维斯的兄弟曾做过她的法官助理，但那怎么能与卡根的朋友和拥护者组成的豪华阵容相比呢。

伍德确实有一个地位显赫的支持者：巴拉克·奥巴马。他喜欢她。他欣赏她理智的天性、公允的气质。伍德在第七巡回法院成功地应对了共事的保守派，让奥巴马印象深刻。毕竟，最高法院满是共和党人，这种状况可能还会持续多年；不管奥巴马提名谁，她或他都必须建立起与他人的联盟，才能赢得案件。奥巴马开始询问身边的顾问：伍德每年能争取到多少个五比四的案件？卡根可能争取到多少？加兰呢？当然，谁也不能给出确切的答案，但这些问题说明了奥巴马重视什么。联合公民案十分清楚地证明，在这些结果难料的判决中失败将意味着什么。奥巴马不需要一个会写雄辩有力的异议意见的大法官。他需要的是一个可以赢的大法官。

那么，选伍德，还是选卡根？她们两人之中，谁也不能像索托马约尔那样讲述一个引人注目的人生故事。伍德和卡根在中产阶级家庭长大，后来成为法学教授，经历都是波澜不惊的那种。最高法院第一次有望同时出现三个女性大法官是件有吸引力的事，但对要在两人之间作出最终选择的奥巴马来说，这一点起不到什么作用。事实上，顾问们在试图找出两人的差异时，透露出越来越多的绝望，这把奥巴马逗乐了。(在回应属下支持伍德的论点时,奥巴马说,“你重点要说的是,她是一个普通人,并且**演奏室内乐**?”)

222 随着讨论的继续,奥巴马谨慎的天性显现出来。选择伍德意味着在参议院引发一场关于堕胎问题的斗争。她还曾批评过布什班子发动的反恐战争,而这些评论将被人描绘为缺点。参议院有 59 名民主党人,伍德最终还是可能会赢,但这种斗争真的有必要吗?奥巴马能否在无需提心吊胆的情况下,得到他想要的大法官?伍德到白宫进行第二次面谈时,奥巴马告诉她,“你明白,这个决定是有一个政治维度在其中的”。伍德心领神会,那并不是一句令人鼓舞的话。

卡根的支持者还打起了年龄牌。卡根生于 1960 年,刚满五十。而伍德出于 1950 年,眼看就六十了。(伍德的支持者指出,她的**母亲**健康状况依然极佳。)被提名人较为年轻,意味着其任期可能会较长,也意味着奥巴马在最高法院有更重要的影响。然而,最终打破平衡的那个人或许要说是玛格丽特·维特(Margaret Witt)。

玛格丽特·维特 1987 年加入美国空军,并成长为表现优异的空中护士,开始时属于现役军人,后来转为后备人员。和军队中的许多同性恋人士一样,她避而不谈自己的个人生活。但到了 2004 年,与维特已经分手的“丈夫”向空军报告了她的情况。经过调查,根据“不问不说”政策,维特 2007 年被勒令退伍。当时已有上校军衔的维特在她位于华盛顿州的家乡提起诉讼,成为从法律上挑战这一政策的队伍中的一员。

竞选总统时,奥巴马承诺将废除“不问不说”政策。但此项政策规定在一部法律中,奥巴马想要废除它还须经过国会批准。奥巴马忙于处理其他事情,因此在上任第一年,并没有就此问题向国会施压。维特案这类案件数量激增。维特在地区法院败诉,但随后在第九巡回法院赢得了重大胜利。现在的问题是,政府是否应该就第九巡回法院的判决向联邦最高法院提起上诉。

作为首席政府律师,卡根必须要确定政府在维特上诉案中的立场。像奥巴马班子中的大多数人一样,卡根反对“不问不说”政策。她认为,国会应该废除这部法律，但同时她心中明白，政策是合宪的。卡根认为，第九巡回法院的判决显然是错误的，政府应该请求最高法院推翻这个判决。

在司法部和白宫，有许多人，事实上是大多数人，都不同意卡根的做法。奥巴 223
马总统正面临着同性恋支持者们的指责，他们说他不信守承诺。况且，“不问不说”政策显然是不公正的。如果第九巡回法院给开除同性恋军人这件事制造点困难，那也挺好的。将案件推向上诉，只可能对总统的一些重要粉丝造成不必要的冒犯，也是对像玛格丽特·维特这样令人尊敬的军人的侮辱。因为班子内部产生了意见分歧，那么只有一个选择——由总统决定。

因此，在上任首席政府律师的第一年，卡根向奥巴马提出，他应该批准政府就第九巡回法院对维特案的判决提起上诉。朋友们都警告她说，白宫作出这个不受欢迎的选择是要担风险的。大家都知道，她是最高法院大法官的候选人，那么在像本案这样棘手的问题上不与总统保持一致，实在不值得。但卡根认为，这个争议关乎法治。想要改变法律，有正确的方法，也有错误的方法。而第九巡回法院选择的是错误的那种。

奥巴马拒绝了卡根的建议。政府不上诉，第九巡回法院的判决得以生效。但卡根打动了奥巴马。奥巴马对持不同意见的人有一种奇怪的亲和力。人们常说，在奥巴马班子中，总统对希拉里·克林顿的支持者比自己的更好。卡根对注定要失败的事业作礼貌而坚定的辩护，让总统心生共鸣。此外，她也不会碰到堕胎或国家安全方面的政治问题。她可能会很容易就得到确认。她相当年轻。（至于玛格丽特·维特，她在第九巡回法院取得胜利后，也在地区法院审理中胜诉。政府最终与她和解，全额支付了她的退休福利。2010 年 12 月，国会废除了“不问不说”政策。）

2010 年 5 月 10 日，星期一，奥巴马提名了卡根。那一刻不像提名索托马约尔那样有戏剧性，整个过程风平浪静、毫无争议。奥巴马总统称卡根是“我国最重要的法律思想家”，这就有些夸张了，毕竟她的学术成就非常一般。奥巴马还称赞她“开放地面对各种各样的观点”，秉持“公平公正的态度”。这些评价将是卡根在确
认中所使用策略的重要主题，（精确地说）也主要是基于她在缓和哈佛法学院意识 224

形态冲突中所起作用而给出的。(现任大法官一般不会向被提名人道贺,而索托马约尔打破了传统的沉默,打电话给卡根表示祝贺。)

卡根的提名成了一个独特的媒体现象。提名宣布后的次日,《华尔街日报》头版刊登了卡根1990年代初一张打垒球的大幅照片,那时她正在芝加哥大学法学院任教。两天后,也就是5月13日,与《华尔街日报》同属鲁珀特·默多克旗下新闻集团的《纽约邮报》(*New York Post*)也刊登了这张照片,通栏标题为“难道这照片暗示着,那位最高法院被提名人埃琳娜·卡根是个女同性恋?”

“打垒球”,这还要从以前的一个故事说起。1990年,苏特被提名为最高法院大法官,他与卡根一样,时年50岁,从未结婚。不久后,他的性取向问题就蔓延至各大报刊。(那时传言四起,说苏特始终和母亲住在一起。这并不是事实,但这样编排重在影射些什么。)强尼·卡森[3]当时还在主持节目,他拿苏特开了几个荒唐的玩笑。卡森说:“他一生住在同一所房子里。并且他从来没有结婚——这就解释了他为什么一生住在同一所房子里!”尽管如此,苏特私人生活的问题很快不再有人关注。那是1990年,新闻和娱乐媒体的数量相对较少,而且媒体在这些问题上比较拘谨、不敢深究,关注度逐渐消失了。

与1990年相比,2010年最大的不同是有了互联网。一旦打垒球的照片广为流传,报道本身就有了自己的生命。那就不仅仅是奥巴马的批评者猜测卡根性取向的事了。观点激烈的知名博主安德鲁·苏利文(Andrew Sullivan)本人就是同性恋,他的博文让卡根的性取向问题成为媒体关注的焦点。“如果卡根是异性恋,为什么有这么多人认定她是同性恋呢?”沙利文在一篇早期的帖子中说,“‘我是,又不真是’这样的踦墙说法不再可以应付全国性的公共舆论。”后来,他又写道,“我们知道她是犹太人,这是一个简单的事实,可以直接、公开讨论。如果她隐藏自己的犹太人身分,那就看起来过于奇怪、荒诞且不合时宜,甚至可以说是自我批判或自我憎根。然而,我们知道,许多人认为她是同性恋……却没有人会直接询问,这是不是真的,总统班子中的人绝不会告诉我们确切答案。”其他博主回应了苏利文,他本人则继续

[3] 强尼·卡森(Johnny Carson, 1925–2005):美国著名节目主持人,曾主持全国广播公司深夜时段脱口秀节目《今夜秀》。

开掘这个故事，洋洋洒洒写了数千言。在《科尔伯特报告》[4](1990年还不存在的另一个事物)中，斯蒂芬·科尔伯特嘲讽了《华尔街日报》和《纽约邮报》掀起并传 225
播卡根性取向谣言的行为，但最终起到的效果不过是让这一问题受到更多的关注。

白宫指派给卡根的顾问纠结于如何、以及是否回应这个问题。同性恋是不是一个必须要否认的“指控”？否认的姿态是否表明，同性恋在某种程度上是一种“恶”或一种“错”？对谣言的回应是否意味着太看得起造谣者了，并为谣言加入新料？一个人如何“证明”另一个人是同性恋还是异性恋？是不是什么都不说更好？而卡根对此怒不可遏。

不久，总统班子成员达成了共识：公众应当了解卡根的真实情况，她是一个异性恋者。真相是最重要的。卡根在法学院读书时期的朋友罗恩·克莱恩(Ron Klein)制定了一个披露策略，最终为白宫采纳。卡根在法学院第二年和第三年的时候，与萨拉·沃尔泽(Sarah Walzer)及其男友(现在的丈夫)约翰·巴雷特(John Barrett)是室友。他们曾写电邮给克莱恩，自告奋勇要“证明”卡根是异性恋者。克莱恩希望沃尔泽接受一次采访，谈谈卡根的个人生活。采访的内容将在《政网》(*Politico*)上发表，那是一份被政界广泛阅读、但在首都环线[5]之外罕为人知的在线出版物。沃尔泽同意了，她向《政网》的本·史密斯(Ben Smith)讲述了她的故事。

最终的报道令人苦恼但十分有效，它的标题是“埃琳娜·卡根的朋友们说：她不是同性恋”。“她成年后，我就认识她，我知道她是异性恋，”沃尔泽告诉史密斯，“我们在法学院的时候，她与男生约会，我们谈论男生，我们班里谁最聪明啦，她想和谁约会啦，女孩子之间就是这些话题。从法学院毕业后，她在哥伦比亚特区的时候绝对和男生约会过，在芝加哥也是如此。她只是还没找到合适的人。”沃尔泽在长岛建立了一家开拓性的社会服务机构，但在这篇报道中，她的角色是那种咯咯傻笑的闺中密友。沃尔泽回想起，她们曾“讨论她对谁最感兴趣，女孩子们在一起说

---

[4]《科尔伯特报告》(The Colbert Report)：美国深夜档政治讽刺类节目，创办于2005年。该节目是从《每日秀》衍生而来，主要由政治喜剧演员斯蒂芬·科尔伯特对时事进行点评。

[5]“首都环线”(Beltway)：即495号州际公路，环绕美国首都“华盛顿哥伦比亚特区”，因此又被简称为“环线”。由于哥伦比亚特区是政治中心，所以美国社会通常用“环线圈内”(Inside the Beltway)泛指联邦政府(不包括国会参众两院)的政治圈子。

悄悄话，谈论如何吸引他的注意力”。这可不是“讨论留什么样的发型”，沃尔泽说。“对极为聪明的女人来说，这是一个持续的挑战，没有多少男人愿意选择比自己聪明的女性。”报道达到了目的。性取向问题淡出了人们的视线。

至于确认提名听证会证言的准备，卡根的经历与索托马约尔的大为不同。索
226 托马约尔对白宫法律顾问办公室里那些“聪明的年轻人”很是不满，他们坚持要求她对宪法的各个领域了如指掌。索托马约尔的预备会议既紧张又艰苦，并且因脚踝受伤而一直忍受着疼痛。另一方面，卡根完全熟悉最高法院的法官助理们的世界。对于她来说，讨论案件和呼吸一样自然。

与索托马约尔那次一样，白宫团队认识到，卡根对参议员们的“礼节性拜访”其实是一次严肃的试练。经过一番适当的准备，卡根已经可以从容地回答堕胎、平权行动、联合公民案和一系列其他问题了。但这些问题都没有出现。相反，参议员一遍又一遍地询问她在持枪问题上的立场。索托马约尔也有相似的经历。远离政治体制日常运作的人很难想象，当前的共和党对持枪权问题如此痴迷。更重要的是，卡根和索托马约尔对这个问题尤为生疏，因为两人一直都生活在城市“飞地”(enclave)中，一般来说，那儿的枪支持有者不是警察就是罪犯。

在拜访参议员的过程中，共和党人在确认听证会后对索托马约尔的抨击也连累了卡根。2009 年，索托马约尔承诺参议员，对在审的麦当劳案保持开放的态度。最高法院最终以 5∶4 的投票结果判决，与联邦政府一样，州政府必须尊重个人携带武器的权利。共和党习惯了在持枪权案件中获胜——民主党基本上已经在枪支控制的问题上举了白旗——所以，看到索托马约尔竟然将票投给自由派，共和党感到非常气愤。于是，许多参议员对于卡根保持开放态度的承诺并不十分相信。在会谈过程中，卡根承认，她从来没有狩猎的经历，因此甚至有好几个参议员直接邀请她参加他们的探险。卡根婉拒了，但她承诺，如果得到确认，会去问问斯卡利亚是不是可以带上自己去尝试一下。

卡根获得提名后不久，传出了有关她的参议院投票预期的最重要新闻。全国来福枪协会宣布反对卡根，更重要的是，他们暗示，如果她获得确认，将会给参议员“减分”。一个完美的全国来福枪协会投票成绩对许多参议员来说非常重要，而现在很明显，投票给卡根会毁了自己的记录。卡根本来确实是有希望得到相当

多数量的共和党支持票的。她在白宫工作的时候，与约翰·麦凯恩和奥林·哈奇 227
(Orrin Hatch)关系不错。提名后，拜访国会山期间，卡根在国会山与理查德·卢格和林赛·格雷厄姆有过几次特别亲切的会谈。全国来福枪协会作出将投票结果记入参议员得分的决定，这扼杀了卡根赢得多张共和党人投票的可能。尤其是犹他州的哈奇和印第安纳州的卢格，他们正面临党内初选，挑战者们宣扬说，他们不是合格的保守主义者。他们没必要在这次投票中承担风险，特别是考虑到卡根看来终究会得到确认。（卢格在2012年的初选中失利；同年晚些时候，哈奇在竞选中胜出。）

卡根和索托马约尔的提名经历表明，大法官的确认提名程序已经极为政治化。毕竟，毫无疑问，卡根已经足够聪明智慧、尊重职业伦理，足以胜任最高法院大法官的职责。也许，基于这些理由，她本应在参议院赢得压倒性的支持。在晚近的确认程序中，1993年，金斯伯格获得96票，而她的背景在政治上远比卡根的富于争议，因为她曾为美国公民自由联盟做了大量工作。对阿利托的反对同样可以说明问题，阿利托的形式条件与卡根的一样好，或者说更好，也只赢得了58票对42票的结果。到了2010年，以九十多票通过的年代明显已经一去不返了。

从某种意义上说，确认提名程序的政治化是健康的，或至少是发人深省的。联邦最高法院不是聪明人的荣誉协会。它是美国最有争议的政治问题（包括枪支控制）的最终裁判者。全国来福枪协会没有义务坚持那个流传已久的迷思：对最高法院大法官来说，智慧或正直这样的品质是最重要的。金斯伯格智慧而正直；斯卡利亚也是如此。远为重要的事情是大法官的意识形态，因为这让他们以非常不同的方式理解宪法。基于现有的记录，合理的结论是，卡根将与全国来福枪协会的利益敌对。所以，反对她的确认，是全国来福枪协会的理性选择。

尽管如此，卡根在步入听证会的时候，前景一片光明。参议院59位民主党参
议员没有一丝反对的迹象，共和党人也没有谈论过阻挠议事。数字看起来对卡根 228
非常有利。与其他最近的最高法院大法官被提名人一样，卡根在作证时也没有遇到什么麻烦。

卡根采用了少说的策略，这也是后博克时代潜在的大法官们通常的做法，不过这次颇具讽刺意味。1995 年，当卡根还是一名助理教授的时候，她为《芝加哥大学法律评论》(*University of Chicago Law Review*)写了篇一万字的论文。这篇文章结结实实地预设了现在这场确认听证会的荒谬。听证会只是些“乏味而空泛的哑迷”，她说。“当参议院不再与被提名人在法律问题上进行有意义的讨论，确认程序便沉浸于空洞而滑稽的氛围，参议院不但无法正确评估被提名人，甚至也不能恰当地教育公众。”至于当下的被提名人，卡根写道：“为达到目的，最安全、最可靠的途径就是说些陈词滥调，并在法律问题上保持沉默。”

当然，那也正是卡根采取的策略。面对着自己的论文，卡根在听证会上闪烁其词。“我认为我 1995 年写的多数内容还是正确的，但在一定程度上，我有了一点点新的想法。当我说，你们知道的，即使答案可能会提供某种暗示，回应问题也是适当的做法，我偏离得太远了，”她说。“并且，我认为那是错误的。我想，特别要指出的是，我谈论自己过去判决的案件——你们知道的，把案件分个三六九等，对我来说是不适当的，因为这些案件本身可能再次出现在法庭上。”从某个侧面看，卡根 1995 年发表的论文预示了她将成为什么样的法官，因为这种流畅自然的口语化写作风格不久后就出现在了她的法律意见中。

在卡根的听证会上，参议员怎么说显然比被提名人怎么做更重要。显而易见，原旨主义已经成为共和党的官方政策，这是安东宁·斯卡利亚的巨大成就，他将这一理念实质性地推向更广阔的世界，不过是约二十年前的事。得克萨斯州参议员约翰·考宁(John Cornyn)提出了一个问题：“传统主义者”在“成文宪法、成文法律和先例”面前束手束脚，而法官们却相信“同理心，就像总统一直在说的那样，或者一部活的宪法，也就是没有固定含义的宪法”，于是宪法问题演变为两者之间的对抗。俄克拉何马州的汤姆·科伯恩(Tom Coburn)说：将“原意”排除在外的“宪法观让我国人民忧心忡忡，因为这种观点认为，我们的思考能力超越了我们最初的建

229 国文献，我们要聪明和成熟得多，制宪者当初不可能是正确的。法院如此自信，很危险”。

和奥巴马本人一样，卡根并没有对这些观念进行反击，但他们的沉默是有代价的。原旨主义未曾受到驳斥，发展为现在的样子。无人提及，18 世纪的那份文件

支持奴隶制、忽略妇女地位，还限制投票权，它不是解决当前问题的完美指引。没有人指出，在每一个条款里准确地判定制宪者的意图，也是不可能的，或者说他们自己对文本是什么意思，也往往意见不一致。没有人站出来说，宪法的价值观可能和具体的文本一样重要，或者制宪者从来就不希望或预期后人尊重他们对文本的理解，又或最高法院长期以来对文本所作的解释也是很有价值的。这些话都没有人说，阵地留给了考宁和科伯恩们。对于卡根来说，更保险的做法是平稳地通向确认。在卡根的听证会上，只有一个时刻让人印象深刻。2009 年 12 月 25 日，奥马尔·法鲁克·阿卜杜勒—穆塔拉（Umar Farouk Abdulmutallab）涉嫌进行恐怖活动，在西北航空公司飞往底特律的航班上遭到逮捕，在一段相关的尴尬介绍之后，林赛·格雷厄姆问了卡根一个问题：那个圣诞节，你在哪里？开始时，卡根不明白这个问题的意思，经格雷厄姆说明之后，她笑了起来。卡根说："你知道，和所有犹太人一样，我当时大概是在一家中餐馆用餐。"所有人都被这个答案打败了，这句话可能会被列为自 1964 年以来最高法院大法官说过的最著名的话。在 1964 年，波特·斯图尔特给"硬核色情文艺"下了一个定义："我看到它时，我就知道了。"

2010 年 8 月 5 日，卡根以 63 票对 37 票的结果获得了确认。

第十八章　茶党与大法官的妻子

230 埃琳娜·卡根获得确认，是巴拉克·奥巴马在2010年收到的最后一个好消息。为了通过医改法案而进行的立法交易得罪了不少选民。墨西哥湾的“深水地平线”钻井平台漏油事件得到控制的时间比预想的多了好几个星期。最重要的是，经济情况没有改善。而在此期间，美国的政治能量大都聚集于茶党（Tea Party）。

从某些方面看，茶党不过是反映了当代共和党的意愿：反对税收、反对监管、反对堕胎。但茶党在其他方面却很独特。最初，它主要是一场由消费者新闻与商业频道记者里克·桑塔里（Rick Santelli）无意识地号召起来的草根运动。2009年2月19日，在芝加哥商品交易所（Chicago Mercantile Exchange）大厅，桑塔里指责奥巴马的抵押贷款援助计划“鼓励不良行为”、奖赏“失败者”。7月，他呼吁成立芝加哥茶党。从这一刻起，但凡国会议员在家乡选区举行市政厅会议[1]，就会有大批保守主义者在会上大声疾呼。示威者提出了各种各样的问题，但最常见的靶子是奥巴马的医疗保险改革计划。

茶党仍然是一个分散的组织，它没有单一的领导者或纲领，但还是可以概括一下它的特别之处。它的支持者通常反对“精英”，比如高学历的总统及其班子中学

---

[1] 市政厅会议（town hall meeting）：美国的一种非正式公众会议，起源于新英格兰地区（缅因州、新罕布什尔州、佛蒙特州、罗得岛州、康涅狄格州和马萨诸塞州）的传统城镇会议。社区的每一位成员都受邀参加，在会上发表意见，就共同感兴趣的问题听取公众人物和民选官员的回应。市政厅会议没有具体的规则或指南。如果规模较大，又打算给尽可能多的人发言机会，则可以分组讨论，并指定一个人来概括所在组的讨论成果。许多公司也举行这样的会议。

历相似的专家。这个运动的成员认为，他们和其他人一样，有能力理解国家所面临的问题。西达·斯科波尔（Theda Skocpol）和凡妮莎·威廉姆森（Vanessa Williamson）通过广泛研究发现："茶党对专家的怀疑态度，是其直接民主进路的重要组成部分，他们信仰公民能动主义。"尤其要指出的是，这些社会活动家认为他们有能力解释宪法，比法学教授解释得更好。 231

茶党十分关心宪法。他们在集会时分发宪法文本。他们经常提到第十修正案（规定了州的权利）和贸易条款（限制了联邦立法的范围），喜欢援引最高法院的判决，往往是加以嘲笑。与过去几十年中的其他任何保守主义运动不同的是，茶党在宪法问题上坚守党派路线。最重要的是，茶党成员都是原旨主义者，致力于将现代美国政府恢复到18世纪制宪者构建的样子，当然是照着他们的理解。从这个方面来看，茶党反映了原旨主义的广泛胜利，这一点也体现在卡根的确认提名听证会中。原旨主义在最高法院并未取得全面胜利，但它已成为共和党的半官方法律理论。

茶党运动的许多关键人物沉迷、甚至耽溺于宪法文本及其18世纪的费城起源。广播电视界的格伦·贝克（Glenn Beck）是运动初期的典型人物，他不停地谈论宪法，并撰写了《原初的讨论：21世纪联邦党人的宪法案例》（*The Original Argument: The Federalists' Case for the Constitution, Adapted for the 21st Century*）一书。贝克在书中写道：

> 《联邦党人文集》给今天的我们提供了指引，帮助我们理解国父们的核心宪法原则、言词背后的理论，那些关于美国建国的"为什么"、"何处"以及"如何"：
>
> - 为什么更小的政府就是更好的政府？
> - 联邦政府的权力终于何处，而州权力始于何处？
> - 政府应如何组织和运作，才能最大限度地提高效率，最大限度地减少产生另一个君主国的风险？

马克·R. 莱文（Mark R. Levin）是一名电台脱口秀主持人及律师，他也是茶党运动的宠儿，写了一系列畅销书，无不是描绘他所设想的自由主义者对宪法的随意

背弃。他的第一本书出版于2005年，即《黑衣人：联邦最高法院是如何摧毁美国
232 的》(*Men in Black: How the Supreme Court Is Destroying America*)，书中引人注目的章节名有“基地组织请了个律师”、“法官席上的社会主义”以及“自由主义裹挟法院”。奥巴马当选后，莱文立即撰写了《自由与专制》(*Liberty and Tyranny*)，这是他最成功的书。莱文在书中对洛克纳时代的最高法院大为赞赏，当时的大法官们多次击溃社会福利立法。在莱文和茶党看来，小政府不仅仅是一种政策偏好，更是一个宪法命令。现代的大法官们和奥巴马本人，“是拒绝接受美国建国原则的傲慢家伙，”莱文写道。“他们教导说，宪法不应被解释为制宪者的意图……有文化的人都无法将第十四修正案理解成学术界的自由派人士声称的那个意思。”在政治领域，明尼苏达州的国会议员、茶党成员米歇尔·巴赫曼(Michele Bachmann)经常自称是“宪法保守主义者”，似乎茶党运动的观点原本就是宪法自身的要求。

其实，茶党版本的原旨主义远远超出了目前大多数大法官的理解。像1930年代的保守派大法官一样，茶党坚称，宪法禁止政府对国民经济进行调控。他们拒绝接受几十年间作出的教会与国家至少应在一定程度上分离的判例。他们认为，权力应当集中于州政府，而不是联邦，却根本无视可以追溯到一个世纪前的最高法院判例。总之，茶党的宪法解释与二战以来联邦最高法院里的每一个大法官都相冲突，惟有一人例外，他就是克拉伦斯·托马斯。

2009年9月12日，数万名奥巴马议程(特别是他提出的医保改革)的反对者聚集在国会大厦西侧进行抗议活动。前众议院共和党领袖迪克·阿米(Dick Armey)领导的自由事业基金会(FreedomWorks)协助组织了这次集会，在现场阿米充当着茶党运动的协调员，就算不是实际领导者。“不自由，毋宁死，”阿米向人群疾呼，“看吧，巴拉克·奥巴马正努力兑现他的承诺。”

9月12日的集会以至整个茶党运动，改变了弗吉尼娅·兰普·托马斯
233 (Virginia Lamp Thomas)的人生。金尼·兰普出生在内布拉斯加州最大城市奥马

哈的一个富裕家庭，父母都是共和党政界的重要人物。她在家乡的克雷顿大学读了本科及法学院，毕业后来到华盛顿，任共和党国会议员哈尔·多布(Hal Daub)的幕僚。1985年，她去了美国商会，在那里她与政府规制商业的行动作斗争。在反诽谤联盟[2]主办的一次平权行动会议上，兰普遇到了克拉伦斯·托马斯，时任里根班子中的平等就业机会委员会主席。1987年5月，他们结婚了。

在克林顿时期，金尼·托马斯开始为当时的众议院多数党领袖阿米(议长是纽特·金里奇)工作。那时，金尼已经是保守主义世界的名人。她既不是理论家，也不是作家，而是一个组织者，将从事不同工作、拥有不同思想的人联系在一起。她外向开朗，这份工作与她的气质很匹配。1998年，她前去华盛顿最重要的一个保守主义智库传统基金会(Heritage Foundation)工作。2000年，在乔治·W.布什大选获胜和宣誓就职之间的过渡时期，金尼负责将新班子的政治职位分配给合适的保守主义者。她是传统基金会在布什班子中的联系人。

在奥巴马赢得总统选举前夕，金尼·托马斯在华盛顿开始为希尔斯代尔学院[3]工作，希尔斯代尔学院是坐落于密歇根州乡村的一个不大的文理学院。学校没有正式的宗教信仰，但它被《国家评论》(*National Review*)描述为"美国保守主义的堡垒"。托马斯在华盛顿为希尔斯代尔学院筹划了一系列专题讲座，并创办了宪法研究与公民权中心(Center for Constitutional Studies and Citizenship)。在得到学院的职位后，她说，希尔斯代尔的学生"始终学习我们的西方传统、美国历史和宪法。他们在希尔斯代尔的部分所学或许正在褪色"。金尼·托马斯邀请了一些保守派的演讲者，演讲题目是"第二修正案的含义和意图"、"自由企业制度的宪政起源"，诸如此类。在华盛顿奋斗了三十年后，金尼·托马斯仍只是一个幕后活动家，知道她名字的大多是首都的其他保守主义者。

但在茶党2009年9月12日的集会之后，金尼·托马斯登上前台，担负起前所

---

[2] 反诽谤联盟(Anti-Defamation League)：一个国际性的非政府组织，成立于1913年。最初目的是保护被诽谤的犹太人，确保公平公正对待所有公民，以及制止歧视。它在全美拥有百多个下级组织，总部设在纽约。

[3] 希尔斯代尔学院(Hillsdale College)：一所四年制的本科大学，创办于1844年。它是美国第一所在办学方针中明确表明抛弃一切种族、宗教和性别等歧视的大学，也是第一所完全拒绝各级政府拨款的大学。学院规定美国宪法是必修课，通常只有军校才这么做。

未有的公众角色，亦即保守主义事业中一个热情似火、直言不讳的领导者。她告诉福克斯新闻的记者，她决定走到台前，因为她在“华盛顿 9 月 12 日的游行中，看到 234 真诚的人们自费来到华盛顿，这让自己深受鼓舞”。她创办了非营利的“自由中心”(Liberty Central)，冲在前沿，为保守主义造势。税务记录显示，创建时收到两笔捐款：一笔是 50 万美元，另一笔是 5 万美元。根据当时的法律，她没有义务披露捐款人的身分，因此她也没有这样做。自由中心有自己的网站，但在大多数时候，这个组织给人的感觉是，它存在的目的是为了支持金尼·托马斯的旅行。

2010 年，托马斯奔走全美，从东海岸到西海岸，大部分时间都花在了反对奥巴马班子的活动上。她在网站的介绍性视频上说，“如果你信奉有限政府、个人自由、企业自由、国家安全和个人责任，并感到这些原则正受到来自华盛顿的攻击，那么你就来对了地方”。在后来的一次采访中，她说，“我在华盛顿生活工作了三十年，却从没见过如此左翼的议程。这是一个激进的左翼议程，它把权力集中于华盛顿，以便让华盛顿的精英们挑选赢家和输家”。

认识克拉伦斯和金尼·托马斯的人，都知道他们彼此深深相爱。他们在国内一起旅行，通常是开着他们的房车，大法官们称之为“大巴”。克拉伦斯是忠实的橄榄球迷，有时他们会去看达拉斯牛仔队的比赛，或去看内布拉斯加剥玉米者队的比赛。(托马斯大法官爱屋及乌地喜欢上了金尼家乡的球队。)其他时候，他们只是开车兜风，一般把车停在沃尔玛超市的停车场，也仅有那里才允许这样的大型车辆过夜。

这对夫妻也分享着相同的政治观点。托马斯大法官在演讲中所表达的观点与妻子的十分相似。在佛罗里达州的一个法学院回答问题时，他说：“政府必须是有限的，于是权力必须分立，并且你拥有其他一些列举的权力，以防止政府成为我们的统治者。而我不知道，政府是不是已经成了统治者。”与大部分茶党人士相同，金尼·托马斯蔑视“精英”，这也反映在托马斯大法官的法律意见中。如格鲁特尔案，奥康纳在多数意见中支持了密歇根大学法学院的平权行动，而托马斯的异议意见这样写道，“所有法学院关心的只是，自己在那些自以为无所不知的精英心目中的形象”。2007 年，社区学校学生家长案判决西雅图和路易斯维尔的种族融合计划无效，在协同意见中，托马斯补充道，“如果我们的历史教给了我们些什么，那么一

定是让我们提防秉持种族主义理论的精英”。他在自传中这样描述自己在确认听 235
证会上经受的严峻考验，“美国的精英们傲慢地践踏了我祖父曾经为之奋斗、以及我在 43 年的奋斗中所取得的一切成就”。在所有大法官中，甚或在所有公众人物中，克拉伦斯·托马斯都是茶党运动最有力的支持者。

对于托马斯夫妇和茶党运动来说，有一个问题可以概括他们在奥巴马时代的政治观点：反对总统的医疗保险改革计划。

医疗保险改革是 2008 年总统选举中的一个重大问题。在雷曼兄弟公司破产前，它也是候选人们谈得最多的问题。这一问题是希拉里·克林顿和奥巴马之间的少数实质性分歧之一，在两人之间的多场辩论中被提及。克林顿支持“个人强制医保”方案，要求所有美国人购买医疗保险，而对于那些出不起钱的公民，政府给予补贴。奥巴马反对这种命令，在宾夕法尼亚州初选前的电视广告中，他指出：“谈到希拉里的医疗保险计划，她没有告诉你的是什么？它强迫每个人都去购买保险，即使你根本没有这个经济能力。而如果你不这样做，你就必须支付罚金。”

然而，在锁定党内提名后，奥巴马改变了看法。普林斯顿大学学者保罗·斯塔尔（Paul Starr）在其所作医保政策斗争的报告中指出，奥巴马意识到，保险业不会配合改革进程，除非有强制医保作为保障。奥巴马明白，政府不能强迫保险公司接受预有疾病（preexisting condition）的个人成为投保人，除非风险池里事实上涵盖了所有美国人；他需要推出个人强制令，来实现改革目标。奥巴马告诉克林顿的长期顾问尼拉·坦顿（Neera Tanden，她后来成为奥巴马在大选中的竞选政策主任）：“我现在有点儿认为，希拉里是对的。”

因此，当奥巴马和资深民主党人在大选后不久推出他们的医保改革思路时，这些计划无一例外地包含了个人强制令。它是计划的核心，与初选中出现的情况一样，提案引发了激烈争议。保守主义者称，该计划就是医疗领域的“政府接管”。这个问题主导了美国政治，直至 2009 年夏天。

但辩论中最重要的一面却无人提及。虽然个人强制令已是公开争议了两年之 236
久的大问题，**但却没有人提出，这个提案根本就是违宪的**。没有一个公众人物提出这个疑问。没有人写文章评论。没有人在国会发表相关主题的演讲。当然，人们满怀激情地反对奥巴马的计划。成千上万的人，包括一些全国最优秀的法政知识分子，以击败奥巴马计划为业。然而，他们中没有一个人指出，该计划是违宪的。

对这种沉默作一番分析是十分必要的。如果奥巴马计划（或克林顿计划）中的个人强制令违宪是一个合理的说法，那么按理说，在这么长的时间里早就应该**有人**提到了。但是，没有人这么做。原因是显而易见的。联邦政府与医疗行业之间，存在长期而密切的管制关系。医疗保险和医疗救助是林登·约翰逊伟大社会蓝图的核心，几十年来从未有人质疑其合宪性。一些人所称的“奥巴马医保”（Obamacare）只是联邦政府这一既定角色的延伸。

此外，个人强制令多年来一直是医疗保险提案的重要部分，特别是对保守派提出的那些来说。这个设想首度受到公众广泛关注是在1989年，当时它包含在保守主义智库传统基金会支持的一项提案中。多年来，纽特·金里奇本人就支持个人强制令。1993年，他在《与媒体见面》[4]节目中说，“我支持人民，和汽车保险的情况一样，每个人都应享有医疗保险、并且被要求拥有医疗保险”。他在2005年重提这种说法。金里奇从未提出，他的设想是违宪的。2006年，州长米特·罗姆尼（Mitt Romney）将个人强制令用作马萨诸塞州医疗保险改革计划的核心，也没有引发关于其合宪性的争议。

但是，最后，当奥巴马计划的争论达到高潮时，有人提出了合宪性问题。彼得·乌尔班诺维奇（Peter Urbanowicz）曾是乔治·W. 布什内阁健康和人类服务部的副总法律顾问，2009年夏，他的身分是华盛顿的医疗保险顾问。媒体辩论过后，他意识到有一个角度被忽略了。乌尔班诺维奇决定把自己的想法写出来，放在联邦主义者协会的网站上。乌尔班诺维奇的合作者是丹尼斯·G. 史密斯（Dennis G. Smith），也曾在健康和人类服务部工作，现在供职于传统基金会。2009年7月10
237 日，两位作者发布了“‘医疗保险改革’中个人强制令的宪法意涵”（*Constitutional Implications of an ‘Individual Mandate’ in Health Care Reform*）一文。文章称：

〔4〕《与媒体见面》（*Meet the Press*）：全国广播公司（NBC）制作的一档新闻访谈节目。该节目于1947年11月6日首映，持续播出至今，是美国收视率最高的晨间访谈节目。

"个人强制令,如获通过,将是一个前所未有的联邦指令,根据国会征税权或州际贸易'规制'权,可能会引发行动的合宪性问题。"

发表于联邦党人协会的这篇论文约为三千字,字斟句酌、充斥着法律术语,但对医保辩论的影响可以说是"一石激起千层浪"。小戴维·B. 里夫金(David B. Rivkin Jr.)与李·A. 凯西(Lee A. Casey)曾在里根和乔治·W. 布什班子里工作,他们合写了一篇社论,刊登在《华盛顿邮报》(*The Washington Post*)上。他们所做的工作其实就是将乌尔班诺维奇与史密斯合著的论文转换成更口语化的语言。奥巴马的提案违宪,乔治城大学的法学教授兰迪·巴尼特(Randy Barnett)很快就成了这种主张的代言人。共和党国会议员则将该主张加入了他们反对个人强制令的诉求事由明细书(bill of particulars)。

但是,在反对奥巴马计划这件事上,没有人比弗吉尼娅·托马斯抱有更大的热情。

2010 年 2 月,弗吉尼娅·托马斯说:"我们都知道,我们处于历史上的一次大斗争之中,而我想冲在斗争的最前线。我在智库工作,始终在幕后出谋划策,但我的确想成为茶党运动中的一员,也的确想与运动中同样具有正直天性的人们站在一起。"同年 3 月,奥巴马签署了医疗保险法。4 月,金尼·托马斯说:"让我告诉你们,一场战争正在进行,华盛顿希望让它显得非常复杂、非常专业。它实际上没那么复杂,也没那么专业……你知道它最终会带来什么?我们到底是像以'我们人民'开头的宪法规定的那样自治,还是被那些希望'从摇篮到坟墓'控制我们生活的精英们统治?"5 月,在福克斯新闻网的报道中,金尼又补充道:"在限量及交易、医疗保险、经济刺激计划中,我们见证了对权力的狂妄攫取,简直烂到根子里去了。这是一次前所未有的权力攫取。华盛顿挑选赢家和输家;这是对我们建国原则的无礼挑衅。"8 月,在科罗拉多州的汽船研究所(Steamboat Institute),她说:"我们需要做一次宪法审计,来建立一个制度,以便国会可以重新考虑其他职能、计划和机构……我认为我们需要大幅减少支出,避免增加新的税收……我认为,我们需要撤销'奥巴马医保'。"在佛罗里达州,为了强调对共和党中期选举的支持,她声称,"我 238

们支持更拥护宪法的候选人”。

偶尔，特别是在电视采访中，金尼会被问起丈夫对自己所从事活动的看法。在达拉斯的一次露面中，她说：“我丈夫和我正在做的事情完全不同，顺便说一下，我们结婚时，婚礼现场外正刮着龙卷风。上帝知道，两个麻烦制造者走到了一起。我关心的是政策，他关心的是法律，他的领域我根本不懂。我很高兴，上帝没有让我去做他的工作，因为我不知道该怎么做。”同样，托马斯大法官在被问及妻子的工作时，也常常要区分政策与法律。事实上，托马斯夫妇都夸大了金尼对法律事务的无知。毕竟，她做过律师，也总是援引宪法规定来证明小政府观点的权威性。

2010 年中期选举活动进行到高潮时，金尼 · 托马斯的活动十分引人注目，引起了新闻媒体的注意。10 月 9 日，星期六，《纽约时报》的头版标题即是“托马斯妻子的行动主义可能引发司法问题”（*Activism of Thomas's Wife Could Raise Judicial Issues*），文章直截了当地批评了金尼的政治活动。

当天上午 7 点 31 分，金尼决定打个电话。

第十九章　托马斯法院

至今，克拉伦斯·托马斯—安妮塔·希尔听证会仍是晚近美国史上的一桩大 239
事件。就算过去了二十年，人们对其情节还是耳熟能详。耶鲁大学法学院毕业生安妮塔·希尔曾是托马斯任职教育部期间的下属，后跟随托马斯去了平等就业机会委员会。根据安妮塔·希尔的证词，托马斯对她进行了一系列粗暴的侵犯，其中包括谈论丹尼尔·亚瑟·米德主演的色情电影，以及提出“谁把阴毛放到我的可乐里了”等诸如此类的问题。托马斯断然否认了她的指控，并且谴责听证会“对敢于有一点点自我思考的黑人执行了一场高科技私刑”。1991 年 10 月 15 日，托马斯以 52 票对 48 票的结果在参议院得到确认。

无论是司法委员会，还是其他政府机构，都认为不应当重新审查这场争议，哪怕随后出现了很多关于事件主角及其证词的证据。听证会接近尾声时，其他几位曾为托马斯工作的女性愿意站出来，证实希尔的证词：托马斯曾谈论私人生活和性，让女性下属感到不适。她们中有安吉拉·莱特（Angela Wright），罗斯·茹尔丹（Rose Jourdain）及苏可瑞·哈德内特（Sukari Hardnett）；托马斯的其他同事，如凯·萨维奇（Kaye Savage）和弗雷德·库克（Fred Cooke），愿意宣誓证明被提名人托马斯对色情文艺一直很有兴趣，再次证实了希尔的说法。但是，司法委员会主席约
瑟夫·拜登（Joseph Biden）决定不传唤这些证人。在托马斯遇到金尼前，莉莲·麦 240
克尤恩（Lillian McEwen）曾与他有过一段长期恋爱关系，2011 年，在华盛顿做律师的麦克尤恩出版了回忆录《哥伦比亚特区：撕下面具和衣服》（*D. C. Unmasked & Undressed*）。书中评论道，托马斯大法官“对色情文艺兴趣浓厚”。她还证实，大法

官试图使某些同事成为未来的性伴侣。总之，听证会后浮出水面的几乎所有证据都证实了希尔的证词。

在过去二十年中，克拉伦斯和金尼·托马斯成功地让自己的生活远离了那些令人烦恼的回忆。他们在受保护的空间里，进行着他们的社会和政治生活。金尼作过很多演讲，但只选择支持自己的保守主义听众。托马斯大法官则在法学院和联邦党人协会的活动上讲话，在那里他一般都会受到热烈的欢迎。在华盛顿，托马斯夫妻是保守主义运动的中流砥柱，从社会关系和职业角度来看都是如此。他们在家中举办派对，邀请志同道合的朋友和熟人。托马斯夫妇在自己家中操办了拉什·林博(Rush Limbaugh)的第三次婚礼，而且大法官亲自担任主持人一职。(第四次婚礼，大法官也出席了，只是没有主持。)托马斯的其他朋友，包括电台脱口秀主持人马克·莱文。托马斯与哈兰·克罗[1]也十分接近，他是达拉斯的一名商人、保守主义事业的支持者，还在托马斯故乡乔治亚州的"针尖镇"[2]捐资修建了一座博物馆。据《政网》报道，当初也正是克罗捐款50万美元建立了金尼的茶党组织——自由中心。查尔斯·科赫[3]和戴维·科赫[4]兄弟是茶党运动的主要金主，而联邦党人协会的一个活动也属于受他们资助的保守派投资者大会的项目，人们看到，托马斯大法官在此活动上发表演讲。此外，大法官也是北加州"波西米亚树林"[5]的常客，波西米亚俱乐部每年在此举行完全由男性参加的年度秘密会议。在社交生活方面，托马斯显然不同于他经常的盟友斯卡利亚；斯卡利亚与金斯伯格

---

〔1〕据《福布斯》杂志报道，在2012年美国大选中，哈兰·克罗(Harlan Crow)向罗姆尼和罗夫提供政治捐款250万美元，是本次大选中捐款最多的四十位富豪之一。

〔2〕"针尖镇"(Pin Point)：位于乔治亚州萨瓦那市附近。

〔3〕查尔斯·科赫(Charles Koch)：生于1935年，美国企业家、慈善家，科氏工业集团董事长兼首席执行官，著有《成功的科学》。2012年个人资产达到250亿美元。他向多个公共政策和慈善组织提供财政支持，还是加图研究所的联合创办人之一。

〔4〕戴维·科赫(David Koch)：生于1940年，美国企业家、慈善家、政治活动家及化学工程师，科氏工业集团执行副总裁。他是美国非常重要的一名艺术赞助人。

〔5〕波西米亚树林(Bohemian Grove)：位于加利福尼亚州蒙特里奥波西米亚大道20601号的一个营地，占地约2700英亩，属于旧金山一个名为"波西米亚俱乐部"的私人艺术俱乐部。每年7月中旬，全世界最有权势的一些男人都会来到这里宿营。阴谋论者认为，右翼老男孩们在这里策划有关世界新秩序的诡计。

波西米亚俱乐部成立于1872年，据《名利场》杂志文章，2009年时成员约为2500人。其最著名的成员和访客包括：马克·吐温、罗斯福、艾森豪威尔、克林特·伊斯特伍德、赫伯特·胡佛、迪克·切尼、沃伦大法官、柯林·鲍威尔、里根、拉姆斯菲尔德、布什父子。

结下了众所周知的友谊，他们在观念上是对立的，但都爱好歌剧。（“事实上，我真的不算是华盛顿那类人，”托马斯在一所法学院公开露面时说。“我不太喜欢出去听歌剧或做类似的事情。”）即使在目前高度两极化的政治环境中，许多国会成员也保持着超越派性的友谊。但托马斯夫妇选择住在与世隔绝的泡影中，在那里，人人都认为托马斯在 1991 年所言不虚。事实上，金尼可能真的以为，世界上的所有人都相信托马斯说的是真话。

唯有如此，方能解释金尼为何在 2010 年 10 月 9 日打那个电话。那天上午 7 点 31 分，金尼发了一个语音邮件，收信人是在布兰代斯大学任教的安妮塔·希尔，邮件是发到办公室的。“安妮塔·希尔，我是金尼·托马斯。我只是想穿越这么多年的时间及媒体的是是非非，来请求你考虑一个意见。我希望你可以在某个时候道歉，并详细解释你为什么要对我的丈夫做那样的事情。”她继续说：“那么，考虑考 *241*
虑吧。当然，最好也祷告一下，有一天你会帮助我们理解你为什么这样做。好吧，祝你度过愉快的一天。”

希尔就此事向布兰代斯大学校警报案，语音邮件的内容随即就泄露给了媒体。由离奇语音邮件引发的新闻激起了人们的兴趣，让人们重又关注已沉寂多年的托马斯—希尔事件；许多人注意到，大量证据表明，在听证会上说了实话的人是希尔、而不是未来的大法官。很多媒体人拿金尼的来电开涮。每日电讯（Daily Caller）是一家保守主义网站，金尼后来成为其“特约记者”，在接受该网站采访时，金尼坚持说那个语音邮件属于“私人事务”，“就我这方面而言，可能是个错误”。

这次争议，特别是外界对妻子的调侃，伤害了托马斯大法官的感情。2011 年 2 月，他在弗吉尼亚大学法学院参加了联邦党人协会的活动，很明显地表露出内心的情绪。“这关乎我们的国家，我想要做的一件事是，在我走进坟墓的时候，心中坦然：我已经做了一切可以做的，让我们的国家走上正路。而我希望你们，特别是还在读书的你们，也尽你们最大的努力，”托马斯说。“我看到我的新娘创办了她的组织，看到她也在做同样的事情，每周七天，每天 24 小时都奉献给捍卫自由的事业。你们知道，也许这就解释了为什么我们依然年轻，为什么我们深爱对方，因为我们怀抱同一热忱、分享同一信仰。所以，与我的妻子和身边的人一起，我看到了，我们捍卫自由、无比专注。为此，我佩服她，我爱她，她让我有勇气一路走下去。”最后，他说，“我的新娘与我站在一起，她就是弗吉尼娅·托马斯，你们中可能有人认识她。但我特地说出这些事情的原因是：今天，为了捍卫你们的宪法，我们要付出代价。”

许多人对托马斯的印象仍然定格在二十多年前的那次确认提名听证会，在他们看来，大法官现在的样子令人吃惊。他乌黑的头发几乎完全变白了，且胖了许多。（很久以前，他受了一次伤，在最高法院楼顶的篮球生涯就此终结。）他步态沉重，看起来根本不像年仅 65 岁。

242 对于广大普通公众来说，他们只知道，托马斯有两件事情广为流传。第一件当然是他与希尔的摊牌戏。第二件就是他在法官席上的沉默。2006 年 2 月，托马斯在言词辩论中问了该开庭期最后一个问题。在最高法院的现代历史上，没有一位大法官是在整整一年中只问一个问题的；而托马斯已经这样连续工作了七年。在公众场合露面时，托马斯经常被问及保持沉默的原因，有时他会主动提及这个问题。随着时间的推移，他也改进了答案。托马斯经常解释说，他认为其他大法官问的问题太多了，律师应该有机会做一段不被打断的发言。2007 年，托马斯出席了希尔斯代尔学院在华盛顿举行的晚宴，他说：“我的同事们应该闭嘴！”在 2010 年的一次法学院讲座中，有人问托马斯，什么情况可能会改变他对某个案件的观点。“如果我的同事给我说话的机会，”他微微一笑，接着说，“而那是不可能的。”

托马斯说得有道理。在他任职期间，其他大法官都明显过于激进，律师有时几乎插不进话。就连首席大法官也这么认为，2011 年，他在西弗吉尼亚州露面时表示，他和同事们可能说得太多、打断得太频繁了。“我可能是首犯，”罗伯茨说。不过，托马斯对这个问题的反应显然过于极端了。假如他试图提问，他一定会得到机会。

托马斯在法庭上的所作所为，让他的沉默更引人注目，特别是到了最近几年。大法官们都坐在高背的真皮转椅上，而托马斯却向后仰着，看起来几乎是躺在椅子上。他要么盯着天花板，揉搓着自己的脸，根本不像在听；要么闭着眼睛，似已进入梦乡。托马斯的整个样子如果还称不上轻蔑，至少是不礼貌的。

人们通常认为，托马斯之所以沉默，是因为他没什么好说的。许多人认为，相比同为原旨主义者的斯卡利亚来说，托马斯无足轻重。其他人则心想，他压根不胜任这项工作。

从任何方面来看，这种陈规定型的认识都实在是错得一塌糊涂。

1993年，在克林顿任期之初，国会通过了一项枪支控制法，即《布雷迪法案》。这个法案很复杂，其中收入了一个临时性的条款，规定州和地方官员对将来有可能购 243
买手枪的人进行背景调查。1997年，这部分内容受到质疑，最终最高法院以5∶4的投票结果认定其违宪。这就是普林茨诉美国案（*Printz v. United States*），斯卡利亚为最高法院起草法律意见，他的结论是，整部法律是联邦对州权所作的不可容忍的侵犯。

托马斯加入了斯卡利亚代表的多数意见，但却独立撰写了协同意见，从另一个角度审视本案。托马斯的意见筑基于第二修正案，自1939年的米勒案以来，最高法院从未涉足该修正案；而且，在整个诉讼程序中，普林茨案的当事人并未提出基于第二修正案的请求。但托马斯还是想利用这个案件，对第二修正案进行一次全面的探讨，以表明《布雷迪法案》可能是违宪的，因为“持有和携带武器的权利是一项个人权利”。

在普林茨案的法律意见中，托马斯抓住并推进了对第二修正案作全新解读的思想潮流。他大张旗鼓地支持个人权利理论，不由得刺激了其他大法官、学者和政治家，让他们觉得应当更认真地对待这一观点。第五巡回法院那些怀有同样想法的法官在爱默生案中援引了托马斯的意见。创造了海勒案的罗伯特·莱维和他的同事们，在某种意义上也是因托马斯而受到启发的。后来，在这个问题上，就连奥巴马也紧随托马斯的观点。经过了十一年时间，联邦最高法院才完全接受了托马斯对第二修正案的解释。2008年，斯卡利亚在海勒案中代表最高法院起草法律意见，由此推翻了哥伦比亚特区的枪支控制法，并采纳了关于第二修正案的新观点；但第一个将此问题提上最高法院议程的，是托马斯。

在许多法律领域，托马斯都曾扮演过保守主义思想破冰人的角色。托马斯对竞选资金管制抱有敌意，对第一修正案持绝对主义的观点，这就预示了他在联合公民案中的表现。与继承其衣钵的茶党人士一样，托马斯对政府试图在政治舞台上制造公平竞争环境的做法，怀有特殊的敌意。在这位大法官看来，宪法所规定的是一个自由放任的政府。任职早期，在麦金太尔诉俄亥俄州选举委员会案（*McIntyre v. Ohio Elections Commission*）中，托马斯首次提出了他对言论自由的观点。1988年，玛格丽特·麦金太尔（Margaret McIntyre）在俄亥俄州一个小镇的公开集会上，
244 分发未署名的传单。根据俄亥俄州的选举法，她应当在散发的所有材料上署名，最终麦金太尔因违法被处以一百美元的罚金。1995 年，史蒂文斯代表七位大法官起草多数意见，其中判定，鉴于罚金侵犯了麦金太尔的言论自由权，最高法院将予以推翻。史蒂文斯代表最高法院权衡了州在保护竞选活动公正性中的利益、与个人表达自己的权利，得出结论说，州所作的限制走得太远了。

托马斯撰写了协同意见，这份意见成了他自此沿用的范本，在一定程度上最高法院亦是如此。这份法律意见是原旨主义的杰作，它全面地讨论了美国宪法的制定者们所设想的匿名言论。“分发匿名文章和小册子是制宪者的普遍做法，”托马斯写道，考虑到这一点，很明显，“这种活动是新闻言论自由不可或缺的组成部分，是制宪者们共有的信念。对匿名言论的管制不过是新近的创举罢了。”

托马斯认为，第一修正案禁止对竞选广告、捐款或支出进行管制。2000 年，最高法院在判决中支持了密苏里州的一项法律，该法规定个人向地方竞选活动所作捐款总额不得超过 1075 美元。托马斯在该案的异议意见中明确阐释了自己的立场。“在我看来，宪法完全将竞选交给了公民和候选人，让他们决定谁应该说话，以何种方式说话，以及什么样的言论足以提供信息并说服别人，”他写道。

时间到了 2010 年，在联合公民案中，主笔法律意见的是肯尼迪，但胜利属于托马斯。肯尼迪采用了托马斯的几个说法：根据第一修正案，公司和自然人在言论自由方面享有相同的权利，而限制经济支出则等同于限制言论自由。值得注意的是，托马斯希望收获更多。肯尼迪的意见支持了如下规则：要求公司和个人披露对政治竞选所作捐助的数额；托马斯却说，这样的规则也是对第一修正案的非法侵入。托马斯回到了他 15 年前最初在麦金太尔案中提出的主题，他在联合公民案的独立意见中说，第一修正案保护言论自由，同样也保护匿名权。托马斯对当代保守主义政治发展的敏感，不亚于对 18 世纪历史的关注。2008 年，禁止同性婚姻的加州 8

号提案[6]拥有不少捐助者，托马斯断言，对他们的骚扰显示了强制披露带来的危险。“后来发生的反击事例充分说明，为什么本院应宣布强制披露和报告的规定无效，”他写道。在这个问题上，托马斯尚未说服他的多数同事。 245

托马斯不属于传统上那种有影响力的大法官。比如说，他不像肯尼迪和奥康纳（或罗伯茨或史蒂文斯）那样，为最高法院撰写过什么重要的法律意见。伦奎斯特和后来的罗伯茨认识到，托马斯的观点非常极端，他们不能将争议性案件分配给他，因为如果分给他，就不能期望多数同事达成一致。事实上，托马斯在最高法院的影响力体现为，他向同事们引入了新的观念。靠着一股子纯粹的倔强，当然，还有观点相近的大法官们——尤其是罗伯茨和阿利托——的到来，托马斯看到自己的意见（即使不一定是按他的原话）逐渐变成法律。

托马斯乐于激怒意识形态上的对手。第八修正案禁止残忍且不寻常的惩罚，而他在这个问题上的观点极为古怪，以至于在如此保守的最高法院也没有市场。2008年，在巴泽诉里斯案（*Baze v. Rees*）中，最高法院的意见严重分裂，但最终还是支持以注射方式执行死刑。罗伯茨在主导意见（lead opinion）中说，案中证据显示，注射死刑不是“残酷和不人道的”，因此不违反第八修正案。

托马斯的附议意见像是在谈论一部恐怖的杀人魔电影。一如往常，他在开头声称，对宪法相关条文必须“根据当时的历史背景理解，要明白制宪者为什么会将其写入《权利法案》”。为此，托马斯研究了18世纪的死刑执行情况，显然，即便在当时，死刑的执行也是残忍和不寻常的。有火刑，有绞刑，有将犯人悬挂在铁笼里、任其肉体在众目睽睽之下腐败的刑罚，还有“公开解剖”。托马斯接着说，“但这些都还不算罪犯所能碰到的最悲惨的命运。最惨的刑罚是为最危险、最邪恶的罪犯——叛徒——准备的”。针对他们的刑罚包括“活埋、斩首和分尸”。英国的一份

[6] 加州8号提案：加利福尼亚州2008年11月的一项州宪法修正投票提案。该提案旨在将加利福尼亚州内婚姻关系的定义限定于异性之间，从而否定同性婚姻。根据该提案，州宪法第一条将新增一款：“在加利福尼亚州，只有一男与一女的婚姻是合法和受到认可的。”2008年11月4日，8号提案以52%的投票率获得通过，并于次日正式生效。8号提案的支持者与反对者在投票战中各花费了3580万美元和3760万美元，是当时各州资金最高的投票提案，其花销超过以往除总统选战外所有的拉票战。

2009年1月7日，8号提案的支持者提起一宗联邦诉讼，要求禁止公开他们捐助的信息。他们诉称自己的生命受到威胁并遭到其他形式的骚扰，请求加州州务卿移除网站上的捐款信息。

死刑判决书上写道，罪犯应当被“装上囚车，运到刑场，绞死，但不能死透；被一块块活割，肠子应取出当面烧焦——之后，被斩首和分尸。”

246 托马斯罗列这些怪诞的刑罚，只是为了说明第八修正案禁止的死刑执行方式实属酷刑——仅此而已。托马斯提出这样一个标准，说明他忽视了几十年以来的先例。多年来，最高法院禁止强迫从事“艰辛而痛苦的劳动”、废除了与未成年人犯罪不相称的刑罚、废除了强奸罪的死刑，并且决定不对犯谋杀罪以外的少年犯判处终身监禁。按照托马斯对第八修正案的狭隘解读，所有这些判例都是错误的；要是照着他对遵循先例原则的理解，它们都得被推翻。

这就是托马斯对遵循先例原则的态度，在这一点上，他与同事们（其中甚至包括斯卡利亚）产生了最大的分歧。“你要记住，我们是终审法院，”在近日发表于佛罗里达州的一个演讲中，他告诉学生们。“我总是问人们，‘你会如何对待已有六十年历史的普莱西诉弗格森案？’”从 1896 年起，那个判例确立了隔离但平等的种族原则，直到 1954 年它在布朗诉教育委员会案中被推翻。“如果它是错误的，终极的先例即是宪法。宪法不是我们说是什么就是什么，而是宪法实际上说了什么，我认为我们必须谦卑地说，我们以前错了，”托马斯说。

所有大法官都希望看到一些先例被推翻，当然，现在人们也都认同，最高法院通过布朗案推翻普莱西案是十分正确的。托马斯与同事们的差异表现在，想要推翻多少判例。比起最高法院中的所有其他人，他都更不尊重先前的判决。他说，“如果它是错的，它就是错的，我们有责任重新审视它”。

这不同于传统的保守主义立场，保守主义强调遵循先例、依赖先例的重要性。正如罗伯茨在他的确认听证会上所说，“遵循先例促进了公平公正，提高了稳定性和可预期性，而这些都是法律制度中极为重要的价值”。（至于身为首席大法官的罗伯茨事实上是否尊重这种说法，那是另一个问题。）而托马斯从不假装倚重同事和前辈说过的话，只要他们的解释与他自己对宪法文本的理解相冲突。

从托马斯进入最高法院那一刻起，他就是一个坚定的原旨主义者；他认为，对
247 宪法应按照起草人的理解进行解释。“如果宪法原则与一系列完全远离宪法文本、历史和结构且不合理的判例之间形成冲突，我们应该毫不犹豫地根据宪法的原初含义来解决这些冲突，”托马斯在 2005 年的一份法律意见中写道。斯卡利亚是与

这一思想流派联系最密切的人物，但他自称“怯懦的原旨主义者”。斯卡利亚的意思是，在自己对制宪者意图的理解之外，其他因素、特别是长久确立的先例也影响着他对宪法纠纷的解决。“如果宪法的权威语言是错误的，托马斯会说，让我们纠正它，”斯卡利亚 2004 年如是告诉记者。“我不会那样做。他不相信先例，话就说到这儿吧。”换句话说，托马斯在自己的宪法信念面前从不怯懦。他对制宪者意图的理解，胜过一切。

托马斯对第八修正案的态度揭示出其宪法解释方法、及原旨主义中存在的一些问题。只有托马斯和斯卡利亚这两位大法官将自己的司法哲学筑基于原旨主义之上（其中一位还很怯懦），如果要全面接受原旨主义，则需毁灭几十甚至几百个先例。此外，尽管托马斯认为宪法有着持久的确定性，但想要确定制宪者对现代世界的情况如何看待，还是非常困难的。（阿利托是一个保守主义者、一个不绝对的原旨主义者，在涉及加利福尼亚州禁止暴力视频游戏法的言词辩论中，他很好地把握住了这个问题。在斯卡利亚提了一系列问题之后，阿利托大法官对律师说，“我认为，斯卡利亚大法官想知道的是，詹姆斯·麦迪逊对视频游戏怎么看，他会喜欢它们吗？”）另外，制宪者们彼此之间的观点也往往是存在根本差异的，这让人们更加难以析出宪法文本的单一原意。宪法共有二十七条修正案，每一条都出自不同的制宪者，这也导致了观点的重叠。说到底，托马斯秉持的信念是，原旨主义其实不过是一种宪法解释方法，揭示了制宪者、也可以说是他本人的意图。

金尼·托马斯公开批评奥巴马、尤其是他的医保计划，这引发了新一轮对托马斯大法官职业伦理的质疑。鉴于金尼从事的这些活动，74 位国会议员提出，托马斯应当回避所有挑战医保计划的法律诉讼。更糟糕的是，他还被迫要修改好几年的财务公开申报表。这些表格是最高法院大法官每年都必须提交的。申报表要求，大法官披露其配偶的所有收入来源。而托马斯却没有列出金尼在希尔斯代尔学院和传统基金会的工作。 248

事实上，联邦最高法院处在一个特殊的伦理低地。联邦法律对司法利益冲突的规定，仅适用于下级法院的法官。关于回避问题，法律明确规定，这完全由托马斯决定;最高法院在这方面的实践根本上是基于荣誉制度。大法官们的传统做法是,尽一切可能避免回避的发生。因为在最高法院适用回避原则,可能会带来令人讨厌的 4 票对 4 票平局,而与下级法院不同的是,最高法院没有引入替补机制。

显然,对于那些要求回避医保案件的呼吁,托马斯有权忽略。几十年来,金尼·托马斯始终是一名政治活动家,甚至在她遇到克拉伦斯·托马斯前就是。这是她的工作,她没必要因为丈夫担任大法官就放弃自己的事业。托马斯夫妇与医保案的判决结果没有明显或直接的经济利益关系。推动托马斯回避这类案件的是政治动机。民主党认为托马斯是医疗保险法的反对者,所以试图排除他的投票。(托马斯运气挺好,主导推动回避的是众议员安东尼·韦纳[Anthony Weiner],他不久后就因性丑闻被迫辞职。)至于托马斯未曾在申报表中列出金尼的工作,这个错误似乎是因为草率,而不是蓄意。金尼的工作广为人知,无论如何,法律并未规定犯这种错误要受到惩罚。

即便金尼的活动不影响丈夫审理相关案件的资格,它们也是极其重要的——它们与托马斯大法官在法官席上的议程是相互补充的。金尼和克拉伦斯·托马斯以各自的方式,协助建立了反对奥巴马议程的思想基础。当医疗保险计划进入国会投票表决时,金尼使出浑身解数让计划无法通过。当法案的问题诉至最高法院,托马斯大法官又有机会对其施加影响。医疗保险案甚至比枪支控制、竞选活动规制的案件更能反映托马斯司法事业的核心。

——

249 早在新政时期,最高法院推翻了罗斯福总统的几项标志性立法,因为法院认为它们违反了宪法中的贸易条款。用宪法第一条的话说,如果一项法律没有直接影响“数州之间”的商业活动,最高法院认为,国会就无权予以通过。面对这些挫折,罗斯福回以恶劣的法院改组计划;但是,在 1937 年,欧文·J. 罗伯茨大法官转变了思维,之后罗斯福也在最高法院任命了自己的大法官,从而改变了最高法院对那一宪法条款的理解。通过一系列判例,最高法院的大法官们赋予了国会几乎无限的权力,让其规制国家经济。1942 年,在威卡德诉费尔本案(*Wickard v. Filburn*)

中，最高法院说，联邦政府可以调整农场种植小麦的数量，即使这些小麦没有进入州际交易，甚至不做任何交易。这份法律意见指出，小麦产量在总体上影响了州际贸易，因此允许对其进行调控。此后的数十年间，贸易条款的问题几乎在最高法院的案件受理表上消失了——直到托马斯和茶党又将它带了回来。

茶党人士支持前新政时期法院的观念，并拒绝威卡德案和随后几十年的判例。记者凯特·泽尔尼克(Kate Zernike)在其所著《极度疯狂：茶党美国内幕》一书中写道："按照原旨主义者及茶党的观点，宪法的变态从富兰克林·德拉诺·罗斯福总统任期内就开始了。"

在这个问题上，托马斯一如既往地走在前面，保守主义运动追随其后。1995年，根据首席大法官伦奎斯特起草的法律意见，最高法院最终以违反贸易条款为由，推翻了一项法律。在美国诉洛佩兹案中，法院驳回一项立法，该法规定在学校附近携带枪支构成犯罪。[7] 伦奎斯特的意见指出，究其本质，仅仅是在一所学校附近携带枪支的行为与国民经济完全无关，国会无权禁止。

托马斯表示同意，而且不仅仅是同意而已，他有话要说。在协同意见中，托马斯说："我撰写独立意见，是为了观察，为什么我们的判例法远离了对贸易条款的原初理解。在未来的案件中，我们应该调整我们的贸易条款法理。"就连伦奎斯特也承认，一系列的判例认为，如果涉诉商业活动"实质性地影响"州际贸易，贸易条款即可 250
适用。在特有的冗长和详尽的法律意见中，托马斯还表示，新政初期的最高法院——被昵称为"九老"(Nine Old Men)——很正确，以后六十年中的所有大法官都是错误的。"从宪法批准到1930年代中期，众所周知，宪法授予国会的权力是有限的，贸易条款也不例外，"他写道。如果多数大法官同意托马斯，那么罗斯福时期的社会保障法和《全国劳动关系法》可能就是违宪的，更不用说医疗保险和医疗救助法了。

2010年3月23日，奥巴马总统签署了他的医疗保险法，正式名称为《患者保护及可负担医疗法案》(Patient Protection and Affordable Care Act)，简称"ACA"。就在同一天，弗吉尼亚州总检察长肯尼斯·库奇奈利(Kenneth Cuccinelli)提起针

---

〔7〕这项被驳回的立法是联邦法律《枪械免入校园区域法案》(Gun Free School Zone Act)。

对这一法案的首宗诉讼，很多相似的诉讼随之而来。全国各地的联邦法官开始了对“奥巴马医保”合宪性的审理和判决。最早而且肯定是最严厉的判决出自彭萨科拉的联邦地区法院法官罗杰·文森。他彻底否决了法案的全部内容，在判决书中数次援引托马斯在洛佩兹案中的协同意见。文森说，奥巴马班子的立场将允许联邦政府“渗透到家庭生活的细节，全方位地控制个人的私密行为”。当然，这些话既与金尼·托马斯的演讲契合，也与她丈夫的意见相符。

第二十章 “民主不是一场比赛”

2010年11月2日，共和党在中期选举中打败了民主党。共和党获得63个席位，赢得了众议院的控制权，并在参议院中把民主党与自己的差距削减为53席比47席。这个结果等同于否决奥巴马的议程。 *251*

第二天早上，大法官们审理了罗伯茨时代的一个典型案件。它为联邦最高法院提供了弱化教会与国家之间壁垒的机会，并且最高法院还可以将其用程序机制确定下来。亚利桑那州的一项州法对在教区学校支付学费的个人给予税收优惠。当地的一些纳税人对此法律发起诉讼，他们认为这种优惠等同于政府为宗教提供财政支持，有违第一修正案。亚利桑那州基督教学校学费组织诉温案（*Arizona Christian School Tuition Organization v. Winn*）的具体争点是，纳税人是否有挑战该法的诉讼资格。这起诉讼也是对保守主义所做的讨厌事的挑战。1968年，在弗拉斯特诉科恩案（*Flast v. Cohen*）中，沃伦首席大法官发表了著名的法律意见。沃伦认为，如果纳税人认为一些法案实际上构成政府对宗教的支持，违反了第一修正案，那么他们有权对此提起诉讼。

亚利桑那州基督教案是右翼削弱弗拉斯特案的最新机会。在言词辩论中，安东尼·肯尼迪的调子像是在抗议茶党：“我必须要说，我碰到一些困难，因为政府没有从我手中拿走的钱，仍是政府的钱。”案件的结果可想而知，5票比4票，纳税人不具诉讼资格。最高法院仅有四个自由派，但其中两个是新手，这一点不可避免地改变了九位大法官之间相互影响的动力机制。

252 在无需裁断案件的其他时候，最高法院的运作有点像大学里的一个学院。作为院长，首席大法官成立委员会，让各位联席大法官参加到法院的行政事务中来。最令人向往的是建筑委员会，很容易理解，因为大法官们为卡斯·吉尔伯特建造的这座美观、耐用的大理石杰作而感到自豪。在这个委员会中，奥康纳和苏特多年来致力于移去走廊上碍眼的消防通道标志。肯尼迪与国会大厦的建筑师斗争了很久，原因是糟糕的国会游客中心破坏了最高法院和国会大厦之间的街景。计算机爱好者托马斯则很喜欢他在技术委员会里的工作。

毫无疑问，人人都知道最不受欢迎的工作是什么。总得有一位大法官要服务于食堂委员会，纠缠于地下室那个无窗的、正餐风格的孤立餐厅。按照传统，这一任务会分配给资历最浅的大法官。布雷耶有十一年处于这个位置，所以他在自助餐厅的事务上花了很多时间。布雷耶以其特有的认真处事方式，率先引入三明治卷，这寄托着他对波士顿法院餐厅的深情回忆。他还调和了社会阶层方面的冲突：任职于最高法院的警官喜欢肉饼和土豆泥，而法官助理们则希望吃到豆腐。这种努力给最高法院带来挥之不去的财政赤字，为了让世人知道赤字的存在，布雷耶尝试着安排旅游团来自助餐厅那美味诱人的区域看看，当然结果是成败参半。

卡根来了，成为资历最浅的大法官，她则另辟蹊径。她曾为哈佛大学法学院带去了“乐享食物”的理念，现在也想在最高法院做个类似的实验：她为食堂购置了冷冻酸奶机。如此一个小小的改进就得到了热烈的欢迎，这或许也证明了联邦最高法院生活的沉闷与无趣。就连罗伯茨也多次在演讲中向卡根带来的冷冻酸奶表示致敬。

卡根有时自称冷冻酸奶大法官，但她的存在同时让人们感到，她在最高法院的司法哲学中拥有重要地位，当然这在很大程度上要归因于她与金斯伯格的关系。
253 金斯伯格可能注定了要将卡根接纳为自己的门徒。因为两人都是来自纽约市的世俗犹太人，在人生的大部分时间里都在做法学教授。金斯伯格的女儿简只比卡根大五岁，简也是哥伦比亚大学的法学教授。卡根与简不同，她热情洋溢且外向，与马蒂·金斯伯格很像，卡根来到最高法院时，马蒂刚刚去世。鲁斯·金斯伯格经常约卡根一起去听歌剧。就卡根而言，她履行了对参议员的承诺，自愿与斯卡利亚一起去狩猎。出乎她本人意料的是，她发现自己（和斯卡利亚一样）喜欢枪，并成绩斐然，迅速从打泥鸽的练习中毕业，开始实际猎鸟。相形之下，歌剧很快就黯然失色。

金斯伯格现在取代了史蒂文斯，成为自由派一方的资深大法官，所以在最高法院以可预见的方式分裂时，她来负责指派谁来写主要异议意见。她将亚利桑那州基督教案分给了卡根，在此案中最高法院将会第一次见识卡根最具影响力的一面——写作。卡根的文风很直白、很口语化，几乎像是在聊天。她在异议意见中抨击了最高法院对宗教学校税收抵免（允许）和直接补贴（不允许）所作的区分。“如果州政府希望给予犹太人——比如说每年 500 美元——因为他们对宗教的虔诚，”卡根写道。“如果州政府允许犹太人抵免税收，而不是每年支付给他们一些津贴，那么纳税人的关切是否应有性质上的不同？或者，假设州政府希望补贴十字架的持有者。它是不是可以购买一批这样的宗教物件，并分发给所有想要的人？或者，它是不是可以向自行购买并提供了收据的人，寄送报销支票。又或，它是不是可以授权购买人申请与货品对价相等的税收抵免？现在，说句实话——州政府选择了这三个选项中的最后一个，难道纳税人就没有理由抱怨吗？本院今天指出，他们确实有理由抱怨，但那是错误的。”随后，她写道：“关于纳税人指称税收支出违反确立宗教条款的诉讼，我找到了 14 个相关的独立判例（涉及 20 个上诉法院和地区法院）。我想，我还漏掉了很多。”

卡根的意见读起来很轻松愉快，但它到底只是一份异议意见。在最高法院当前的情况下，卡根可能还会撰写更多类似的意见。

———

另一方面，阿利托迅速成为保守主义多数派中有影响力的一员。在公民权利、 254
联合公民案和枪支控制这样的重大问题上，阿利托是罗伯茨团队中可靠的一票，尽管他有自己的法学方法，与罗伯茨有一定分歧。斯卡利亚和托马斯都曾在与自由主义的对阵中接连取得胜利，尤其是在第一修正案的相关案件中，但阿利托坚守美国右翼的威权主义传统。在这个意义上，阿利托大法官更像伦奎斯特，而不是罗伯茨。

斯卡利亚和托马斯对制宪者所处的18世纪的世界近乎痴迷，罗伯茨关心的是公司在共和党权力结构中的优先性，而阿利托大法官的关注却侧重于另外的方面：1960年代的反文化[1]。2006年来到华盛顿时，阿利托几乎谈不上具有公众形象，但他将自己改造成了一名文化战士。阿利托在校际研究协会[2]之类的团体发表演讲。校际研究中心是一个学生领导力组织，旨在“告诉未来的领袖们那些让美国保持自由和繁荣的永恒原则，让他们了解自由市场、美国建国、西方文明背后的核心价值，那些在教室里很少听到的内容”。阿利托还在《美国观察者》(*American Spectator*)的筹款会上发表演讲。这是一家右翼杂志，所刊登的最著名文章是对安妮塔·希尔的批评、及对比尔·克林顿性生活的调查。

在这次演讲中，阿利托开玩笑说，《美国观察者》是“右翼大阴谋的中心”，但这个描述实际上非常贴切。阿利托把美国划分为两个世界：保守主义英雄罗纳德·里根的世界、自由主义者及其法学院的世界。(这位大法官还一再嘲笑副总统拜登多年前的剽窃行为。)在罗纳德·里根举行州长就职典礼的同时，阿利托在旧金山参加了第一次‘筑有集会’[3]。“1967年10月26日，约翰·麦凯恩的飞机在北越上空被击落，”阿利托说。“11月30日，尤金·麦卡锡宣布，他将争取民主党总统候选人的提名，向人们承诺恢复希望、带来变化，”阿利托接着往下说，他对奥巴马2008年竞选口号的影射引发听众会意的笑声。(像其他大法官一样，阿利托不受正式职业伦理规则的约束。然而，如果他仍然还在下级法院做法官，那么为《美国观察者》作筹款演讲就会构成不适当的行为。无论如何，阿利托大法官的行为比托马斯的更过分，虽说托马斯受到了更多的关注和批评。)

阿利托反感于凡事皆可的自由主义，在涉及言论自由的案件中，这一点表现得

---

[1] 反文化(counterculture)：一种背离、反对主流社会价值观和规范的亚文化。在1960年代的美国，反文化运动中的年轻人拒斥父母那一代的文化标准，表现为反对种族隔离、反对越战及核武器竞赛。

[2] 校际研究协会(Intercollegiate Studies Institute)：1953年由记者弗兰克·乔多洛夫创立，该协会的第一任主席是小威廉·F. 巴克利。今天，协会在全美的150所大学拥有超过一万名学生会员。该协会是一个非营利的、无党派的、免税的教育组织，在财政上依靠普通公众的支持，不接受各级政府的资助。

[3] 筑有集会(be-in)：1967年1月14日在旧金山金门公园举行的一次活动，它是旧金山“爱之夏”的序曲，也让伯里区成为美国反主流文化的标志。

尤为明显。多年来,人们就粗俗或不受欢迎的言论展开辩论,为最高法院一些最著名也最有争议的判决提供了观念上的储备。但在罗伯茨的领导下,最高法院达成了共识:在这个领域,政府拥有较小的规制权力,或根本无权。两个判例证明了这一点。2010 年,最高法院大法官推翻了禁止出售"碾碎视频"(crush videos)的联邦法律。在这些视频中,女人赤脚或用细高跟鞋杀死一些小动物,受害者通常是林地动物。最高法院表示,国会可以禁止残酷行为本身,但限制对其的**描述**,侵犯了言论自由。在另一个案件中,下级法院判决托皮卡的西坡罗浸信教会(Westboro Baptist Church,一个狂热反对同性恋的边缘宗教团体)成员赔偿数百万美元给受害人,因为他们在一名阵亡于伊拉克的海军陆战队队员的葬礼上抗议。按照与上述相似的思路,最高法院于 2011 年推翻了这一判决,因为抗议活动发生在公共领域,并且在葬礼参加者的目力或听力所及范围之外,最高法院认为,损害赔偿金侵犯了言论自由的权利。

这两项判决都以 8 票对 1 票通过,只有阿利托提出了异议。阿利托养了一只史宾格犬,给它起名"宙斯",在"碾碎视频"案件中,他对视频的恐怖细节注视良久。例如:"一只小猫被固定在地面上,眼看着一个女人用她的高跟鞋刺入自己的身体,它在痛苦中尖叫,而女人接着将鞋后跟踩进小猫的眼睛和嘴巴,头骨脆裂的声音清晰可闻,而重踏一次又一次地落在了小猫的头上。"阿利托大法官的结论是:"这种罪行所造成的危害远远超越了任何'描绘'所包含的琐碎价值。"

说真的,阿利托对葬礼案件,即斯奈德诉菲尔普斯案(*Snyder v. Phelps*)〔4〕中同事们的判决更为愤怒。(对西坡罗浸信会的古怪行为,有线电视新闻网的观众一定非常熟悉。尽管该组织用"浸信会"命名,但被告根本不属于"浸信会",甚至不是教会,只是一个名叫弗雷德·菲尔普斯[Fred Phelps]的、有个人魅力的疯子带领的大家族。他的女儿玛吉[Margie]是一名律师,在最高法院为家庭案件提供辩护,工作成绩值得称赞。)"原告阿尔伯特·斯奈德(Albert Snyder)并不是一名公众人物,"阿利托在异议意见中写道。"他只是一位父亲,他的儿子海军一等兵马修·斯奈德(Matthew Snyder)在伊拉克战争中牺牲。斯奈德先生想做的肯定是任何遇到

〔4〕有关本案的详细介绍,见林达:"一票反对的意义",载《东方早报》2011 年 4 月 3 日。

这样无法估量损失的父母所应得的：安静地埋葬他的儿子。但被告人西坡罗浸信会的成员剥夺了这个基本权利。他们先是在媒体发出新闻，让马修的葬礼成为喧
256
嚣的媒体事件，接着又在马修的家人感情极为脆弱的时候，对马修及其家人进行恶毒的语言攻击。"他继续说，"即便是为了保护一个可以公开、激烈辩论公共问题的社会，也没有必要让像原告一样无辜的受害者受到戕害。"

罗伯茨代表多数派大法官发表对此案的意见，决定了案件的结果，他的论述像往常一样雄辩："言论极为强大。它可以激起人们的行动，可以让他们流下欢乐或悲伤的泪水，也可以像本案中的情形那样造成巨大的痛苦。就摆在我们面前的事实来说，我们不能因为这种痛苦而惩罚言论者。因为作为一个国家，我们选择了一条不同的道路——在公共问题上保护言论自由，即使它是有害的，以确保我们不会压制公开辩论。这一选择要求，我们在此案中不能判定西坡罗浸信会就在外抗议承担侵权责任。"（首席大法官在印第安纳州的家人实际检验了这一判例。罗伯茨的妹夫强调说，他同意阿利托的观点。）

2011 年 3 月 2 日，斯奈德诉菲尔普斯案宣判，判决最大程度上体现了罗伯茨的观点。而在当月的另一个案件亚利桑那州自由企业俱乐部诉班尼特案（*Arizona Free Enterprise Club v. Bennett*）的言词辩论中，首席大法官的观点却被最大程度地否定了。

自从 2010 年的联合公民案以来，俱乐部案意味着最高法院第一次重返竞选资金的主题。但公众还没有看清判决的全部意义。2010 年选举的竞选财务报告大部分尚未提交或被人们了解。2011 年 3 月 28 日的言词辩论明确显示出，保守派大法官知道他们在联合公民案中已经取得了什么，并希望继续推进自己的立场。

该案涉及选民 1998 年投票通过的《亚利桑那州公民干净选举法》（Arizona Citizens Clean Elections Act）的合宪性。这部法案是为了解决该州沉疴般的、令人震惊的政治腐败。改革措施相当温和，它只是为州的某些公务职位确立了可选竞选公共资金制度。也就是说，在竞选中，如果对手的私人资助超过了一定支出限额，那么候选人就可以选择获得公共资金的一笔额外资助。基本的理念很简单：面

对私人资助的候选人在支出上极大地超越公共资金资助的候选人的情况，保持选举活动中的竞争性。本案系争问题是，第一修正案是否允许政府提供这种补贴。

在向挑战该法案的律师威廉·毛雷尔(William Maurer)提问时，卡根主导了局面。她的观点非常直接，法案并未侵犯任何人的言论自由权。她说："对此没有任何限制；不管怎么说，言论不是更多了吗？" 257

"我不能同意您的说法，尊敬的法官阁下，"毛雷尔回答。"在这里有一处限制。独立支出团体或私人资助候选人的每一次开支，都是在表达一种态度，而当支出超过一定金额时，政府设立制度否定了这种政治表达，事实上这是一种罚金。"

"好吧，但州政府实际上不是仅仅给予了选择性的补贴吗？"卡根继续说。"这不是罚金，而只是说，为了公共资金系统的有效运行，当你说的情况发生时，我们要提供一些额外的补贴。因此，要说引发什么，也不是引发了罚金；只是引发了补贴。"

在毛雷尔辩论时，罗伯茨什么也没说，而当亚利桑那州的律师布拉德利·菲利普斯(Bradley Phillips)站起来为该法案辩护时，首席大法官连续向他提出了很多问题。罗伯茨首先提出了有关候选人竞选的几个假想(多数比较牵强)，并指出法案可能会如何惩罚私人资助的候选人。然后，罗伯茨瞄准了联合公民案与其他案件的区别，这种区别反映出，最高法院关于竞选资金的判决造成了怎样的一种混乱。

自从西奥多·罗斯福时代以来，让公司远离政治，这背后的理念就是为了创造公平的竞争环境。如果没有这个限制，公司将掌握过多政治权力。1990年，在奥斯丁诉密歇根州商会案(*Austin v. Michigan Chamber of Commerce*)中，最高法院作出明智的判断：对公司竞选捐助的限制遏制了"大财团对政治的腐蚀和扭曲，这些财团以公司的形式聚集，却很少或根本不是公众政治观念的反映"。不过，奥斯丁案也属于联合公民案所推翻的判例之一，肯尼迪在法律意见中提出，国会**从来都不可以**在竞选资金方面试图创造公平的竞争环境；那种理路现在已被禁止。而竞选法唯一能被允许的目的是打击腐败，最高法院已对此目的作出极为严格的限定。国会仅有权立法禁止交换式贿赂，仅此而已。

在如此混乱、且在很大程度上没有意义的背景下，罗伯茨在言词辩论中设下了一个陷阱。

"律师，你是否认同，根据我们的先例，为候选人创造公平的竞争环境并非州政

258 府的正当目的?”罗伯茨询问首席政府律师办公室的律师威廉·杰伊(William Jay),他代表奥巴马班子为亚利桑那州的法律作辩护。

“我们是这样认为的,首席大法官先生,”杰伊说。“当然,这并不是我们这里要讨论的问题。”

罗伯茨猛扑上去。“好吧,我今天上午检查了公民干净选举委员会的网站,”他说,“网站上说,制定这部法案的目的是,在公务职位竞选中,用网站的原话说,‘创造公平的竞争环境’。它是违反宪法的,难道证据还不明显吗?”

这是律师般的巧舌如簧,也是首席大法官的精彩时刻。但外行人会觉得有些荒谬。亚利桑那州想要创造公平的竞争环境,换句话说,是希望做大多数人都视为正确的事情。

杰伊尽力挽回局面。“好吧,首席大法官先生,不管公民干净选举委员会在其网站上说了什么,我都认为不能以此界定亚利桑那州选民在通过提案时的所思所想,”他说。“自从巴克利诉瓦雷奥案(*Buckley v. Valeo*)以来,最高法院就已承认,为竞选提供公共资金是有效的反腐手段,它之所以能够达到反腐的目的,是因为它消除了私人捐助对接受公共资助的候选人的影响。”杰伊试图按照首席大法官的思路说话,但显然是徒劳无功的。

这个时刻表明,失去了桑德拉·戴·奥康纳对最高法院意味着什么。不仅因为她是亚利桑那人,理解州政府为什么尝试通过细微的改变来净化政治环境;还因为奥康纳在那里实际竞选过政治职位(而罗伯茨法院中没有人有过这种经历)。她明白在竞选支出上给予个人和公司无限自由是多么危险。但罗伯茨的目标是,在美国政治领域解除管制。而且,首席大法官握有足够的选票。

关于这一点,没人比斯蒂芬·布雷耶看得更清楚。此时,布雷耶已经72岁,对于最高法院大法官来说,他不算老,但也不算年轻。他与奥康纳之间的重要合作,已经是六年前的事情了。作为他职业生涯基础的理念是,在美国,政府可以是向善的力量。值得一提的是,他写了《积极自由》一书,其中说限制竞选捐助是维护民主价值的最好方式。而现在他看到最高法院正在拆除这些限制,能赶早就不赶晚。布雷耶终于道出了他的无奈。

“让我们把它看作……一个一般性问题,怎么样?如果你想回答,就回答。如果不想，就不回答。对方，你们也是这样，”布雷耶在亚利桑那州案接近尾声的时候结结巴巴地说。“但是，当我听到这些争论的时候，我脑海里浮现的是，我们正在深入一个非常复杂的法案的细节。《麦凯恩-法因戈尔德法》长达几百页，我们不可能检验每一条款是否平衡了什么，或刺激了什么，或做了其他什么，要知道，这些条款与其他条款是相互关联的。即使我们这样做了，通常的答案也只能是，我们不知道。”布雷耶看到，罗伯茨和其他大法官正在对所有竞选资金法进行这般严格的审查，它们无一能够幸存。 259

布雷耶继续说。“我们最好还是承认，将这些条款割上一千刀并宣判死刑，这完全是非法的，因为当我们胡乱修补其中某个条款的时候，我们也不知道之后会发生什么。在我听你们讨论的过程中，这种想法闪过我的大脑。如果你们愿意，可以评论我的说法。”

法庭爆发出一阵笑声，但笑声中充满了紧张。大法官经常以提问的形式发表意见，但这次却是一个演讲式的表述。没有人知道该说些什么。当天的情况是，卡根仍然在法庭上战斗，但布雷耶已经认输了。**就放弃对竞选资金做的所有限制吧。就让美国政治重归弱肉强食的丛林法则吧。**

表决结果是惯常的 5 票对 4 票，最高法院宣布亚利桑那州的法律违反第一修正案。这份意见让人们得以管窥最高法院未来 25 年的格局：罗伯茨代表多数意见，而卡根则领导异议意见（这是金斯伯格安排的）。和联合公民案一样，亚利桑那州自由企业案显示了保守派的一些改变。罗伯茨是一名现代的共和党人，而不是（哈伦、斯图尔特、鲍威尔或奥康纳那样）老派的、信奉司法克制的共和党人。与他们不同，罗伯茨完美地实践了司法能动主义，推翻了亚利桑那州选民的意志，以服务于自己新发明的法律理论。而且，最显而易见的是，首席大法官对现代共和党惟命是从，他们憎恨竞选资金改革；另一方面，卡根却为支持改革的民主党代言。

“‘创造公平的竞争环境’听起来像是做好事，”首席大法官在多数意见中写道。“但在一个民主国家，公职竞选不是一场比赛。它是一种极为重要的言论表达形式。第一修正案体现了我国的选择，当涉及此类言论时，指导原则是自由——‘自由地交流思想’，而不是哪个州对公平的理解。”

卡根正如任命她的总统奥巴马一样，力图限制最高法院的权力，并将其交还民

260 主选举产生的政府分支。和其他诸多案件一样，本案显示了自 1960 年代以来，两党如何在最高法院上演驴象之争。曾经有一段时间，民主党信奉能动主义，凭己方喜好推翻法律，而现在则是共和党在这样做。卡根在异议意见中写道："这个案件的出现，是因为亚利桑那人希望州政府代表本州全体人民而工作。"贿选四处横行，政治丑闻甚嚣尘上，亚利桑那州通过法律，只是为了杜绝政治候选人对大额捐助者的依赖。新制度没有歧视任何观点，也没有妨害任何言论。事实上，通过提高选举的竞争性，以及帮助更广泛的候选人表达自己的意见，新制度实现并提升了第一修正案的价值。减少腐败，增加言论。健全的竞选活动将选举代表之事交托给多数人，而不是任由少数人操控。亚利桑那州的人民会对这些目标表现出高贵的尊重。而今天，他们却不明白……说真的，民主不是一场比赛。"

第五部分

第二十一章 “你应该去”

奥巴马把他的总统大任都押在了医保改革上。他牺牲了包括气候变化、能源和移民方面的其他所有立法，也要拖拽着《可负担医疗法案》（ACA）冲过终点线。总统的政治对手深谙其中的重要性，于是也想方设法否定这部法案。直到参众两院最后的票数公布前，国会的投票结果一直云苫雾罩。 263

《可负担医疗法案》法案通过后，保守派显然会诉至法院，进行挑战。二十年来，个人强制令的合宪性从未受到过质疑。现在，不过是短短数月时间，如下这一点成了共和党的信条：根据贸易条款，个人强制令是非法的。反对《可负担医疗法案》的人争先恐后地希望成为第一个在联邦法院发起挑战的人。经过了几十年的时间，自由派和保守派在进行法律之争时发生了角色互换，医保改革方面的诉讼就是明确的象征。自由主义者曾是司法能动主义的使徒，这次却信奉司法克制，并表示尊重民主选举产生的政府分支；“在法官席上立法”是乔治·W.布什的名言，保守主义者长期以来一直拿这句话反对如此行事的法官，此番却努力试图说服法官来“立法”。甚至早在针对《可负担医疗法案》的首宗诉讼提起之前，每个人都明白最高法院将会是最后的决定者。而当案件真的来到大法官面前，一切的一切——法律论证、政治策略、公众呼吁——对法案的最终命运施加的影响，都不及一封仅有四个字的电子邮件。

———

甚至在国会对法案进行最终投票之前，奥巴马政府的律师就已经开始组织对 264

法案的辩护了。根据官僚机构的典型做事方式，一些副手会举行一次启动会议，而高级官员则决定是否亲自参加。2010年1月8日上午10:54，司法部副部长托马斯·佩雷利[1]的一名助手，发电邮给副首席政府律师尼尔·凯泰尔，告诉他，他们正在安排会议“讨论如何为正在等待通过的医保法案提供辩护，因为对它的挑战将是不可避免的”。

三分钟后，凯泰尔热情地回复了这封电邮：“做得绝对正确。让我们击败他们。我会和埃琳娜说，并派人去。”

与此同时，凯泰尔将最初的邀约邮件转发给了首席政府律师埃琳娜·卡根，问她是否希望加入相关团队。“如果你觉得妥当，我本人很乐意参加。”凯泰尔在邮件中说。

凯泰尔做的是自己的本职工作，询问老板是否想要参加一次战略会议，事关司法部将要面临的重大法律问题。在某种意义上，这只是一次关于谁应该参加会议的日常沟通，而卡根只简略地回复了四个字。2010年1月8日上午11:01，她写信给凯泰尔：“你应该去。”这次沟通跟成千上万次发生在办公室里的日常交流没什么两样。（结果，一月份的会议没有召开。共和党人斯科特·布朗在月末赢得了特别选举，取代爱德华·肯尼迪成为马萨诸塞州的联邦参议员，从当时的情况看，医保法案毫无通过的希望。所以，司法部也就没必要讨论如何去为它辩护。）

但这部法案起死回生了，2010年3月，奥巴马及民主党终于让《患者保护及可负担医保法案》获得通过。3月21日（星期日）众议院以219对212票通过修订方案，一切终于尘埃落定。[2] 同一天，佩雷利写电邮邀请凯泰尔和其他人参加医保法案诉讼规划组。当晚18:19，凯泰尔将邀请函转发给卡根，并写道，“我觉得你应

[1] 托马斯·佩雷利（Thomas Perrelli）：曾任《哈佛法律评论》管理编辑，与时任主编的奥巴马共事，1991年以极优成绩毕业于哈佛法学院。曾在克林顿班子中任职。在加入奥巴马班子前，是简博律师事务所（Jenner & Block）的管理合伙人，专注于版权、媒体、宪法诉讼，以及涉及公共政策或规制的复杂诉讼。《国家法律杂志》（*National Law Journal*）曾将他评为全美40岁以下最具潜力的40名律师之一。2012年2月，佩雷利辞去司法部副部长一职，回归简博。

[2] 该法案是1960年代以来最重要的社会立法之一。新法案实施后，将使得95%的美国人有保险，增加近3000万人。其中1600万人将有资格获得联邦政府对低收入户提供的医疗保险；对另外一半人，政府将会强制他们购买私人保险；对所得稍微高而不符联邦穷人医疗保险的低收入户，政府将会提供补助购买私人保险。政府增加的支出是透过提高对富有者的税收。见张铁志：《时代正在改变：民主、市场与想象的权力》，广西师范大学出版社2013年版，页216—218。

该去，不是吗？我会去，但我觉得这宗诉讼具有独特的重要性”。一分钟后，卡根回复了凯泰尔的电邮，询问他的手机号码。

卡根当晚致电凯泰尔，说她已决定远离医保法案的相关诉讼——她在两个月前写邮件告诉凯泰尔说，“你应该去”，这就是原因。卡根根本不希望参与其中，甚 265
至不想了解这个问题的进展。他们没再说什么，而让卡根作出这个决定的原因是显而易见的。2009 年，她已进入苏特席位继任者的终选名单。现在，史蒂文斯暗示，他将在数周内离开。卡根极有可能会被提名为最高法院大法官，而医保法案迟早会摆在大法官面前。她希望保留参与该案的机会。如果能当上大法官，卡根可不希望自己必须申请回避，是以她不会参与任何与医保诉讼有关的计划。

后来，对医保法案的挑战最终诉至最高法院，一些自由主义者主张，鉴于金尼从事的那些政治活动，托马斯应该主动回避。保守主义者随即展开反击，声称卡根也应回避，因为她在担任首席政府律师时必定参与了为法案辩护的计划。这些说法看似合理。毕竟，凯泰尔自己曾说，本案具有“独特的重要性”，而首席政府律师实际上扮演着司法部首席法律策略师的角色。电邮显示，凯泰尔认为，卡根应该为这次辩护提供帮助。

凭借后续的情节，卡根的四字电邮“你应该去”成了美国历史上最重要的此类邮件之一。因为它是当时留下的证据，证明了这位大法官没有参与为法案辩护的计划。凯泰尔对他们那次交流的回顾，也印证了卡根的说法。如果卡根去了，就算仅参加一次讨论医保法案辩护的会议，就算只是坐在那里，一个字也不说，作为最高法院大法官，她也会被要求回避。（大法官不受联邦法官一般司法伦理规则的约束，但出席这样的会议属于明显应当回避的情形。）后来的进展也证明，如果没有卡根的那一票，她所在的阵营就会失败。如果她不能参与案件，那么至少《可负担医疗法案》中的个人强制令会被宣布无效。那封电邮让卡根得以留下。

但还有一个问题，司法部应该如何为法案提供辩护。甚至在起始阶段，奥巴马 266
的律师就分裂为两大阵营。内部差异主要源自代际分歧。

医保改革法案的主要宪法基础是宪法第一条中的贸易条款，该条款授权国会

"规制合众国……各州之间的贸易"。1937 年以后，最高法院接受了富兰克林·罗斯福的宪法观，大法官们对贸易条款下的国会权力几乎不加任何限制。1942 年，在著名的威卡德诉费尔本案中，最高法院支持国会，判定其有权对农民种植小麦的数量进行规制，即使他的小麦不是拿来出售的，而只是用来饲养自己的牲畜。"如果允许我们冷酷地直说，"威卡德案法律意见的起草人罗伯特·杰克逊大法官在案件宣判之后不久，写信给他的一位朋友，"我怀疑，但凡国会认为什么事项会对州际贸易产生影响，最高法院都会接受这个判断。"

贸易条款差不多成了开给国会的空白支票。到了 1960 年代的沃伦法院时代，大法官们一般认为，贸易条款不对国会权力构成有意义的限制。1964 年，最高法院在支持《民权法案》的一份法律意见中指出，检验标准是试图予以规制的行为是不是"涉及范围多于一个州，并与国家利益实质相关的贸易"。几十年来，国会的每个法案都通过了这项检验标准。

这不仅仅是抽象的法律问题。贸易条款承载着重大的政治意义。自由主义者们认为，一个广义的贸易条款是行动主义的政府所不可或缺的宪法基础。这种情绪在司法部尤为强烈，在起始阶段负责为医保法作辩护的律师也十分认同。贸易条款的既定解释伴随着他们成长，任何对这些解释形成威胁的东西，他们都认为是对自己整个世界观的挑战。

而尼尔·凯泰尔却不这么看。

医保法案诉讼开始时，凯泰尔刚满四十岁，本案可能是他职业生涯中最重要的事情。凯泰尔是印度移民的孩子，在芝加哥长大成人，他母亲是医生，父亲是工程
267 师。凯泰尔是法律界的天才。他曾是达特茅斯的冠军辩手，还在耶鲁大学法学院取得了辉煌的成就，这一切为他赢得了给斯蒂芬·布雷耶做助理的机会。他曾在克林顿班子中任职，后来成为乔治城大学法律中心的终身教授。他从来都很走运，偶尔有些不顺，始终自信满满。而他的律师生涯则完全属于保守主义称霸最高法院的新时代。

凯泰尔本人是民主党人，也是奥巴马班子引以为傲的一名成员，他决心维护总统

的事业。但是,他想以让各个法院保持原样——满是保守派——的方式达到自己的目的,而不是将它们改造成自己喜欢的样子。这使得他与司法部的同事们发生了冲突。

自由主义者喜欢一个广义的贸易条款;保守派则无比讨厌它,而且在最近打了几个大胜仗。1995 年,伦奎斯特拼凑起五位大法官的多数派,否决了一项基于贸易条款的联邦法律,这是几十年来的第一次胜利。在美国诉洛佩兹案中,最高法院认为,国会不可以将在学校附近持有枪支定为联邦法上的犯罪。五年后,在美国诉莫里森案(*United States v. Morrison*)中,又是这五位大法官表示,性暴力的受害者不能在联邦法院提起针对袭击者的诉讼。在这两个案件中,多数派大法官都表示,国会试图规制的行为与实际的州际贸易基本上无关,所以立法是违宪的。洛佩兹案和莫里森案都是原旨主义的判决,也就是说,保守主义的多数派是以制宪者制定贸易条款时的意图为指导进行判决的。

为了给医疗保险法作辩护,凯泰尔在自由主义的正统思想中加入了一点"异端邪说"。他接受了洛佩兹案和莫里森案的判决,尽管司法部的很多人仍然视它们为对贸易条款真正意涵的邪恶背离。更具争议的是,凯泰尔本人也成了一个原旨主义者。他认为,保守主义者无权声称制宪者是专属于他们的政治先驱。他认为,自由主义者也可以继承制宪者的衣钵,他希望在医保案的辩护中就这样做。

即便是对于律师来说,这些抽象理论的意义也非常小,但在凯泰尔这里,它们却在医保法案的辩护中转化为明确的挑战。具体而言,凯泰尔认为,奥巴马班子只有在回答了如下两个简单的问题之后,才能赢得案件:根据贸易条款,国会的行为是否受到限制? 如果医保法是合宪的,是否这也意味着,国会有权强制要求每一个美国人吃西兰花? 268

2010 年,大概有二十多宗挑战《可负担医保法案》的诉讼在各地提起。有一些案件明显准备不足,但也有一些获得了雄厚的资金支持,并在庭辩中表现出非凡的技巧。在奥巴马签署这部法案当天,佛罗里达州总检察长比尔·麦科勒姆[3]代表

---

〔3〕比尔·麦科勒姆(Bill McCollum):生于 1944 年,美国政治家,在海军后备队任职超过 23 年。2010 年曾竞选佛罗里达州州长,在共和党的初选中败北。

佛州向联邦法院提起诉讼，随后另外 25 个州相继提起诉讼。麦科勒姆精心地选择了法院，他在彭萨科拉市提起诉讼，因为那里有全美国最保守的法官。也正是在那里，里根总统 1983 年任命的法官罗杰·文森[4]宣布整部法案违宪。文森写道，根据政府的理论，"国会可以要求人们每隔一段时间购买和消费西兰花，不仅因为这种消费会为州际贸易带来积极影响，还因为吃健康食物的人往往身体更健康、更富有创造性，这样医保系统的压力也减轻了"。在全国范围内，有一些法官支持了这部法案，而另一些法官则认为它部分无效，从而启动了巡回法院的上诉审。（民主党总统任命的地区法官几乎无一例外地支持这部法案，而共和党总统任命的法官则加以否定。）

2010 年 5 月，卡根被提名为联邦最高法院大法官，此时凯泰尔担任代理首席政府律师，并负责为上诉至巡回法院的医保法案件作辩护。法律理由书的起草在司法部内部是一个有争议的过程。在贸易条款的限制方面，传统的自由派不想作出任何让步；凯泰尔却认为，他们得承认，时移世易，洛佩兹案和莫里森案现在是可以接受的。第六巡回法院总部设在辛辛那提，2011 年 6 月 1 日，凯泰尔在那里为法案进行辩护。那次他碰到的是其后辩护中遇到的典型问题。

"我听过你对贸易条款下国会权力的辩论，但根据你的定义，我很难看出对此权力有什么限制，"受指派在上诉法院审理的地区法官詹姆斯·L. 格雷厄姆[5]说。"我的前提是，人类所做的几乎所有事，我能想到的每个人的行为，都会引发一定的
269 经济后果。"这是最关键的问题：贸易条款的限制是什么？

凯泰尔认为，答案就在洛佩兹案和莫里森案中。这两个案件都与州政府职责中核心的非经济活动相关：两个案件都没有涉及任何实际的经济活动。凯泰尔告诉法官："洛佩兹案和莫里森案判定，它必须具有经济性质，不能只是一大堆非经济活动的集合。零加零加零永远等于零。下面就是**我们要**说的：在这个（医保）市场

---

[4] 罗杰·文森（Roger Vinson）：生于 1940 年，佛罗里达州北区联邦地区法院资深法官。1997 至 2004 年任首席法官，以严厉著称。

[5] 詹姆斯·L. 格雷厄姆（James L. Graham）：生于 1939 年，1962 年获俄亥俄州立大学法学院法律博士学位。1962 至 1986 年为私人执业律师。1986 年里根总统提名他担任俄亥俄州南区联邦地方法院法官。和许多资深地位（senior status，联邦或州法院法官的半退休状态）的联邦地区法官一样，格雷厄姆偶尔会轮换到上诉法院处理案件。

上，我们说，国会调节的不是买不到某种东西的状况，而是未能为每个人都要买的东西提供安全的资金保障。”每个美国人都会在生命中的某些时候购买医疗保险；《可负担医保法案》只是为了调节在这种购买行为发生前后进行的那些交易。

凯泰尔也遇到了“西兰花问题”。法案的反对者说，如果国会可以强制人们购买保险，议员们会强迫人们购买通用公司的汽车、手机或西兰花，或其他什么东西。

医疗保险与那些东西不同，凯泰尔答道。“国会进行了具体的调查，没买保险的人让每个家庭的保费增加约一千美元，你我概莫能外，因为医院必须收治他们，”他说。“这使得医疗保险市场与我们谈论的许多例子不同。真正的问题是，对于一个人人参与其中的市场，即医疗保险市场，国会是否有权规制？”

“这种情况是普遍存在的，”杰弗里·萨顿[6]说，他属于保守派，曾做过斯卡利亚的助理。“食品、交通、住房市场也是一样。”

“这只是问题的一个方面，但让医保成本转移的原因不仅仅是每个人都需要它，也在于供应商无法选择不提供，”凯泰尔说。“在食品和运输市场上，我不可能走进卖西兰花的商店，不带钱，然后对店员说，‘给我来点西兰花’。”这是一次引人注目的、胜利的辩论，足以令纯正的保守主义者萨顿执笔撰写支持法案的法律意见。

尽管如此，司法界的政治分歧最终还是体现在了对医疗保险法所作的各个判决上。第六巡回法院、哥伦比亚特区巡回法院等支持了法案，第四巡回法院基于程序方面的理由驳回了案件。但第十一巡回法院的一个三人合议庭判决，个人强制令是违宪的，于是最高法院不可避免地将要受理这个案件。（如果巡回法院判决一部联邦法律违宪，那么大法官几乎总是会签发调卷令。） 270

作为代理首席政府律师，凯泰尔对如何处理医保案作出了最后一个重要决定。现在的问题是时机。政府几乎总是可以想出办法来拖延上诉，甚至有办法让案件

〔6〕杰弗里·萨顿(Jeffrey Sutton)：生于1960年，1992至1995年、1998至2003年期间为私人执业律师，1995至1998年任俄亥俄州政府律师，并曾执教于俄亥俄州立大学及哈佛大学，研究兴趣为州宪法。萨顿被视为第六巡回法院保守主义运动的智囊，主笔了许多代表保守主义多数派的法律意见。但在2011年6月，他成为共和党任命的法官中首位支持医疗保险法中的个人强制令的。

无法进入最高法院，再不济也能拖延到2012年大选后。但凯泰尔征询了他在卫生与人类服务部、及其他联邦机构的同侪，发现他们每月正在花费数千万美元为实施《可负担医保法案》作准备。让法案在这种不确定的状态下徘徊，是不负责任的做法。法案有效与否，多个政府机构需要得到一个明确的答案。所以凯泰尔在与白宫协商后，决定把案件向前推进。2011年11月14日，大法官们同意审查第十一巡回上诉法院的判决，合并所有其他的上诉，并安排案件在第二年的春天进行辩论。

但凯泰尔却不会出现在庭审辩论中了。

2010年5月，卡根被提名为最高法院大法官，并于8月获得确认。在这几个月和随后的一段时间里，奥巴马并未提名继任者。凯泰尔想得到首席政府律师这个职位，但最终他明确得知自己与此无缘。

凯泰尔曾代理关塔那摩囚犯萨利姆·哈姆丹，在联邦最高法院进行了一次孤独却成功的征程，直到现在，这依然是他闻名遐迩的原因。当首席政府律师职位出现空缺后，前副总统的女儿利兹·切尼(Liz Cheney)攻击凯泰尔，说他是“基地组织七人组”的一员。“七人组”指的是司法部的几位律师，他们在布什时期从法律层面质疑反恐战争，并无偿做了一些工作。当然，在鼓励代理不受欢迎的客户方面，律师职业有着长期而辉煌的历史。共和党的一些法律人，如特德·奥尔森，也站出来指责切尼非难坚守这一传统的律师。但切尼的攻击还是让凯泰尔陷入了争议。

无论如何，在首席政府律师的人选上，奥巴马有一个更保险的选择。唐·维里利[7]来到华盛顿想做点有益的事，并且做得很好。在出色地完成了耶鲁大学和哥
271 伦比亚大学法学院的学业之后，他先后担任自由派的两位传奇人物——哥伦比亚

〔7〕唐·维里利(Don Verrilli)：生于1957年，曾任《哥伦比亚法律评论》主编，1983年获哥伦比亚大学法律博士学位。在简博律师事务所期间，他专长于电信业、媒体和第一修正案。他参与了诉至最高法院的一百多个案件，并亲自辩论了其中17个，其中包括在两个被告权利领域极为著名的、无偿代理的案件。2009年初，维里利被提名为副司法部长，在此职位上，他协助制定了司法部审查诉讼的规则，规定对有可能暴露国家秘密的法律诉讼应予以驳回。2010年，任奥巴马的副法律顾问。

特区巡回法院的J. 斯凯利·莱特[8]和最高法院的威廉·布伦南——的法官助理。随后,维里利到简博律师事务所工作,并时刻期待着去做些公益服务。与大多数公司律师不同的是,维里利在整个职业生涯中都坚定地献身于公益事业,甚至在最高法院辩论过五个死刑案件,但人到中年,他发现自己依然没有实现初抵华府时的理想。奥巴马当选总统后,维里利发誓说,一定要去司法部工作,哪怕是去打扫走廊。

事实证明,他没必要如此屈尊纡贵。维里利先是担任副司法部长,然后调到白宫,做他的朋友白宫法律顾问鲍勃·鲍尔的副手。维里利在最高法院辩论过十几个案件。他的公司法背景使他在参议院非常容易得到确认。与凯泰尔不同的是,维里利没有敌人。最后,在犹豫不决了足足八个月后,奥巴马于 2011 年 1 月 26 日提名维里利为首席政府律师。五个月后,维里利获得确认。奥巴马在医疗保险案中有了自己的律师。

---

[8] J. 斯凯利·莱特(J. Skelly Wright):美国法官,做过检察官、海岸警卫队上尉,也曾私人执业。1949 至 1962 年,怀特任路易斯安那州东区联邦地区法院法官,在此期间领导了反对新奥尔良各个学校种族隔离的斗争。1960 年,他推翻了路易斯安那州议会制定的 29 项种族隔离法。怀特坚定地执行布朗案的判决,这让他成为新奥尔良白人政商界的敌人,甚至他的整个家庭都受到孤立。

1962 年,肯尼迪总统提名怀特为哥伦比亚特区巡回法院法官。在此席位上,怀特致力于保护非裔美国人的权利、阻止对穷人的压迫,还创造了"宜居性默示担保"的概念。1978 至 1981 年,怀特任首席法官,1986 年,成为资深地位法官。在他去世后,布伦南大法官在《哈佛法律评论》发表纪念文章,而耶鲁法学院则设立了以他的名字命名的教授席位。

第二十二章　西兰花

272 在联邦最高法院宏伟壮丽的外观之下，法庭本身却有一种亲切感。律师的讲台在首席大法官席前不足十英尺的地方；索托马约尔在罗伯茨的最右边，而她的座位十英尺开外就是媒体席；听众席靠近最左边的卡根。听众席完全坐满的时候（这很少发生），总共也只有约五百人，这些人挤在一起，让法庭里充满了压抑、不稳定的气氛。室内有些吵闹。大法官也注意到了这一点。

在重大案件中，大法官表现得更为真我，有过之而无不及。紧张的关系、激增的肾上腺素、利害冲突——所有一切都促使他们将性格中的乖张之处更夸张地表现出来。最高法院于2012年3月26日（星期一）开庭，这是医疗保险法案诉讼——各位大法官所审理过的最重要案件——三天庭审的第一天。三千万人的医疗保险，更不消说，美国总统的政治前途，都与该案的判决结果息息相关。庭上的五位大法官曾审理过布什诉戈尔案，但在2000年12月11日（星期一）那个案件审理时，最高法院已经投票决定停止佛罗里达州的重新计票。法庭辩论的结果总体上已有定论。而医疗保险案却非如此。根据最高法院的规则，最高法院大法官在庭审前相互之间不能讨论案件。因此，没有人——包括大法官们本人——知道这一次的结果会如何。

首先，有一个序曲。罗伯茨已经按主题对辩论进行了划分，第一个主题是最
273 模糊的。当针对《可负担医保法案》的诉讼提起时，政府认为，1867年的一个不起眼的法律，即《反禁令法》（Anti-Injunction Act）禁止这种诉讼。概括说来，这部法律禁止在税收正式开征前，对其合法性提起诉讼。在最早的一批案件中，政府

声称，个人因为不遵守个人强制令、拒绝购买医疗保险而必须支付的费用，是一种税。政府那时主张，在税收实际开征前，诉讼不能继续进行，而征税将是2015年的事了。但在凯泰尔作为代理首席政府律师主导诉讼策略的时候，他改变了政府的立场。政府现在的立场是，根据《反禁令法》的目的，医疗保险法规定的不是税，而是罚金。因此，最高法院现在可以审理针对其合宪性的诉讼。新任首席政府律师维里利坚持了这一立场，但这相应地让案件更趋复杂了。

2012年3月26日，星期一，维里利在法庭上主张，《可负担医保法案》规定的不是税，而是罚金。但第二天，最高法院将会考量个人强制令的合宪性之时，那时维里利又会说，法案规定的是一种税。和凯泰尔一样，维里利将大部分精力（和法律理由书中的大部分篇幅）都花在了贸易条款上，即认为《可负担医保法案》是国会合法行使其贸易条款下的权力的行为。但他同时还主张，根据宪法第一条的另一款"国会有权规定并征收税金"，也可以证明法案的正当性。

像往常一样，最老到的提问者阿利托揭露出政府立场中的这一明显自相矛盾之处。"今天你说，是罚金而不是税，"阿利托在星期一对维里利说。"明天你却要折回来，争辩说罚金就是一种税。最高法院是不是以前就这样判决过，为了适用宪法的征税权，它就是税，而为了适用《反禁令法》，它就不是税？"

不完全如此，维里利说，但他仍然回应了这个提问。"明天的问题是，根据征税权，国会是否有权制定这部法案，文字的组织形式对那一分析并没有决定性的影响。"他说，"而今天，我们是在解释法律文本，所以确切的用词确实会对分析产生决定性的影响。"

不是第一次也不是最后一次，本案的争议像是一个语义学问题。是税，还是罚金？为了一个目的，是税，而为了另一个目的，又不是？诉讼早期阶段是税，而其后又不是？每个主张都有一定道理（至少对律师来说），但如此重要的立法的命运要取决于朝生暮死的概念，这不免令人沮丧。在星期一简短的辩论之后，罗伯茨试图 274
揭穿这个人为的假象，只是当时没有几个人意识到了这一点。

"案件整体的问题是防止收取罚金，"罗伯茨对起诉法案的律师格列高利·卡察斯[1]说。

“是税，首席大法官先生，”卡察斯纠正说。

“嗯，防止征税。但区分个人强制令是罚金还是税，似乎并没有太大意义。这是一个命令。个人强制令是一个命令。现在的问题是，如果命令的背后什么也没有，那么它就像……好吧，如果你不遵守这个命令，会发生什么？如果答案是什么也不会发生，那么将惩罚和犯罪区分开来就显得十分虚伪，”罗伯茨说，稍后他又补充道，“为什么你要制定一个不具强制力的命令？你知道，要么买保险，否则……否则会怎样？否则什么也不会发生吗？”首席大法官在暗示，税和罚金实际上是一回事。

不过，在星期一的辩论过程中，大法官们似乎或多或少地站在了同一阵线，他们看起来已经相信，《反禁令法案》不能阻止他们对本案是非曲直的考量。他们将决定《可负担医保法案》是否违宪——而关键性的辩论将会在第二天早上进行。

·

“尊敬的首席大法官先生，尊敬的法庭，”维里利开始辩论，“《可负担医保法案》解决的是我们医疗保险制度和经济中最根本和长期的问题。在我国，保险已经成为支付医疗费用的主要手段。”他顿了顿，又重复道：“保险已经成为我国支付医疗费用的主要手段。对于大多数美国人，对于超过80%的美国人来说，保险制度的确提供了有效的解决路径。对不起。”维里利停下来，喝了口水，却似乎呛到了。简单地说，他错失了原来的思路。而就在些时，攻击开始了。*

斯卡利亚：“为什么联邦政府不能直接解决那些问题呢？”

肯尼迪：“你能创造其中的贸易因素，从而对其进行规制吗？”

斯卡利亚：“如果我进入一个市场，而我在这个市场上没有购买东西，我就因此成了被规制的对象？”

275 维里利有些晕头转向。好几次，他都尝试说明，医疗保险市场是独特的，因为，

---

[1] 格列高利·卡察斯(Gregory Katsas)：众达律师事务所合伙人，专长于行政法、反垄断法、宪法等领域的复杂诉讼。2001至2009年，卡察斯在美国司法部担任助理司法部长等职，2009年以其杰出服务被授予司法部最高荣誉埃德蒙·伦道夫奖。

* 本书作者图宾在此说：“在辩论刚刚结束后，对维里利的表现非议得最厉害的就是我，而我也极其错误地估计了这件事对大法官们的影响。”

正如他所说："实际上，每个人都在这个市场中，或将会进入这个市场，其显著的特征是，一般来说，人们不可能决定自己何时进入这个市场，或者他们在这个市场里需要什么。"

罗伯茨："好吧，在我看来，都是一样的，比方说，你说的情况也适用于紧急服务市场：警察、消防、救护、道路援助等等。你不知道什么时候会需要它；你也不确定你会需要。但医疗也是这样。你不知道，你是否需要做心脏移植手术，或者你什么时候需要。因此，总有这么一种市场。在某种程度上，我们都参与其中。"

"所以，"罗伯茨继续说，"政府可以要求你买一部手机，因为它将在你需要紧急服务时有利于求助吗？你可以用它直接拨打911，无论你在哪里？"

辩论持续了不到十分钟，维里利就已被最高法院保守派敌意的洪流冲刷得狼狈不堪。在辩论前的那几个星期，传统观点认为，最高法院可能会支持《可负担医保法案》，视其为贸易条款下的国会权力的合法践行。毕竟，第六巡回法院的萨顿和哥伦比亚特区巡回法院的劳伦斯·西尔伯曼〔2〕这些受人尊敬的保守主义者都刚刚作出了此种判决。但这种共识显然很快就被证明是错的。猛烈的攻击甚至震惊了四位自由派大法官，他们僵坐原地，一言不发。

阿利托也发起了攻击："你认为存在一个殓葬服务市场吗？"

"是的，阿利托大法官，我认为存在，"维里利回答。

"好的，"阿利托继续说。"假设你和我午餐时间在华盛顿市中心闲逛，看到两个身体健康的年轻人，然后我们叫住他们，并对他们说：'你们知道你们在做什么吗？你们在为自己的殡葬服务融资，因为你们最终会死，并且有人将要为此付费，如果你们没有购买殡葬保险，并且也没有为此存足够的钱，这笔费用就会转嫁给别

---

〔2〕劳伦斯·西尔伯曼（Laurence Silberman）：生于1935年，哥伦比亚特区巡回上诉法院资深法官。1957至1958年在美国军队服役，1961年毕业于哈佛法学院，曾就职于律师事务所、银行、劳工部，担任过副首席政府律师、美国驻南斯拉夫大使等。1985年由里根总统提名至哥伦比亚特区巡回上诉法院。西尔伯曼曾任乔治城大学、纽约大学、哈佛大学的兼任教授多年，并分别在联邦党人协会乔治城大学和哈佛大学分部获得终身成就奖（2006）和杰出贡献奖（2009）。2008年获总统自由勋章。

西尔伯曼是托马斯大法官的朋友，他于1989年鼓励年轻并有抵触情绪的托马斯出任哥伦比亚特区巡回上诉法院的联邦法官。他在帕克诉哥伦比亚特区案中判定，哥伦比亚特区对注册和携带武器的禁令违反了第二修正案"持有和携带武器"的权利。

人。'这种谈话方式是不是非常可笑?"

"不是这样——"维里利刚开口,阿利托大法官就打断了他。"如果那一点是成立的,那么就是说,一个人在医疗方面根本什么也不做,就正在为医疗服务融资?这不是一样可笑吗?"

276 一如既往,在最高法院,问题比答案更重要。一会儿工夫,四位提问的保守派就已达成默契,他们将在贸易条款的辩论中团结起来反对个人强制令。(托马斯依然保持着习惯性的沉默,但鉴于他对贸易条款的成见,他必定会投票推翻这部法案。)

然后,肯尼迪提出了一个非常特别的问题,反映出他那法官中心主义、近乎弥赛亚的法律进路。"你能不能帮我个忙,"他对维里利说。"假设(个人强制令)是前所未有的,那么医保法将是超越先例的一个措施,商界将为此承担确定的责任。如果是这样的话,你难道不是负有重大的举证责任(heavy burden of justification)吗?"

肯尼迪这番话让宪法整整后退了75年。当年(1937年),大法官们曾多次承认,国会通过的法律被推定为合宪,特别是在经济领域。事实上,那时的人们认为,非民选的法官推翻民选政府分支的意志是罕见的事情。但现在肯尼迪的意思是,立法机关有证明医疗保险法合宪的"重大责任"。根据几十年来的既定法律,正是最高法院的大法官,包括肯尼迪在内,承担着证成干涉政治过程的重大责任。但肯尼迪并不这么看。在睥睨其他政府分支方面,他比别的大法官都更为自信或更傲慢。有时候,肯尼迪推翻歧视同性恋的法律,那份对权力的渴望为左翼所欣赏;而更多时候,比如在联合公民案中,肯尼迪受到右翼的欢迎。"司法谦抑",罗伯茨的那个著名表述,从来就不适用于安东尼·肯尼迪。

然而,与平日一样,斯卡利亚在辩论中赢得了最多的关注。两个星期前,他迈入了人生的第76个春秋,与很多人一样,岁月让他暴烈的性格更为暴烈。他的好战到了令人讨厌的地步,在他的参照系中,政治因素越来越多,司法因素越来越少。斯卡利亚明显地蔑视国会,法院应适当尊重代表人民的国会,对此他连伪装的意思都没有,比肯尼迪有过之而无不及。在某个问题中,斯卡利亚说,"如果我们没有推翻这部法案的任何内容,但对那个所谓'内布拉斯加人回扣'(Cornhusker

Kickback)条款[3]，好吧，我们判决，它违反了禁止受贿的宪法规定，是吧？”斯卡利亚这样说道，听众笑了起来。斯卡利亚接着说：“如果我们推翻了这部分内容，国会很显然就无法通过法案。这是获得参议院最后一张必不可少的投票的手段。你却告诉我们，整部法案都会崩塌，因为内布拉斯加人回扣是不好的。” 277

斯卡利亚这番话属于即兴发挥，其对事实的扭曲到了令人吃惊的地步。2009年末，国会领导人确实修改过提案，增加了几条旨在吸引内布拉斯加州联邦参议员本·纳尔逊的条款；这几条被称为“内布拉斯加人回扣”。但这些改动造成了糟糕的社会影响，国会领导人就将相关条款从法案中完全删除了。立法的定稿中根本不含“内布拉斯加人回扣”，因此，斯卡利亚所提问题的前提就不成立。所谓“禁止受贿的宪法规定”也不存在；这仅仅是他对国会所作的不负责任的攻击。斯卡利亚只是在复述保守主义的观点，而不是尊重案件的事实情况。

斯卡利亚提出了另外一个问题，它饱含了右翼流行文化的悠久历史。“每个人迟早都要购买食物，”他说，“如果你说的市场是食品市场，每一个人也在市场中；于是，您就可以强制人们去购买西兰花。”在专栏文章、博客和网络视频，乃至佛罗里达州的文森法官的法律意见中，西兰花都成了针对奥巴马计划的归谬法的典型例子。（在第六巡回法院的辩论中，凯泰尔就已回答过西兰花问题。）鉴于问题源自保守主义政界，斯卡利亚在同事们面前提出西兰花问题，不足为奇。

维里利磕磕巴巴地回答：“不，两者完全不同。它们非常不同。食品市场，虽然每个人都身在其中，但你对这个市场的参与往往不是不可预测和非自愿的。它不是一个你在进入前通常不知道自己需要什么的市场，它也不是这样一个市场：只要进入，不管是否有支付能力，都可以获得产品或服务。”（维里利没有注意到凯泰尔发现的一点：国会已经做过一项具体的调查，因为要支付未购保险者的治疗费用，每个人的医疗保险费都在上涨；但不可能有人得出结论，也不可能有这样的事实，即：有些人不肯吃西兰花，从而导致食品成本上涨。）

---

〔3〕医保法案最初拟豁免内布拉斯加州十年免交高达一亿元的扩展“联邦医疗补助计划”费用。共和党认为，这是参院民主党领袖使出利诱手法，“收买”内布拉斯加州民主党参议员本·纳尔逊，使其投下通过法案所必需的支持票，此举构成“贪腐”，而且违宪。

终于，在此时，最高法院的自由派打破了震惊导致的沉默，开始为维里利和医疗保险法进行辩护。维里利犹疑的表现让金斯伯格非常气愤，她试图接过辩护的重担。79岁的金斯伯格耐心很有限，不论是在法庭里，还是在法庭外。（人们知
278 道，金斯伯格经常放逐那些令她失望的法官助理，尽管她在名义上仍雇着他们。）如果维里利打不赢官司，她会替他完成任务。

“维里利先生，我认为你的主要观点是，医疗市场不像食品和任何其他市场，如果你选择不买保险，即使尽到了自我保险的所有努力，为此存钱，当灾难袭来的时候，你可能还是没有足够的钱，”金斯伯格说。“最看得见摸得着的结果是，我们知道有一份法律理由书说，马里兰州医院因为这些得不到补偿的成本，而向普通患者多收取7%以上的费用，也就是说，如果没发生这些得不到补偿的成本，每个患者家庭可以少支付一千美元以上的费用。我认为，医疗市场是独特的，因为在那里不是由我来选择是否要购买产品保持健康，实际情况是，如果我不购买产品，就会强迫其他人承担成本。”维里利谦卑地表示同意。

肯尼迪又把视线转向本案的关键问题：“好吧，那么你的问题是，贸易条款是否有限制。你是否可以为我们指出一些对贸易条款的限制？”

正是在这个问题上，凯泰尔和维里利之间的差异表现得最为显著。凯泰尔在保守派占主导地位的世界中成长起来，他知道如何取悦他们。他承认，贸易条款下的国会权力确实是有限制的。他告诉上诉法院，国会不能调节典型属于地方性和非经济性质的政府行为。禁止在学校附近持有枪支的刑事法律，像洛佩兹案中的那种，就超出了贸易条款下国会权力的范围。根据贸易条款，凯泰尔说，国会可以规制全国性的经济事务，如医疗保险，但不能规范地方性的事务，比如在学校附近持枪。

但维里利几乎未能向大法官们指出关于贸易条款的、有意义的限制。肯尼迪告诉他，“如果国会说，州际贸易受到影响，根据你的观点，这是不是分析的底线？”维里利说不是，但真正的答案似乎是“是”。维里利重提新政时期对贸易条款的理解，就像罗伯特·杰克逊在1942年向朋友描述的那样：“但凡国会认为什么事项会对州际贸易产生影响，最高法院都将接受这一判断。”太显然了，2012年的罗伯茨法院绝不会那样做。

斯卡利亚具有党派倾向，肯尼迪专横，阿利托犀利，金斯伯格苛刻（而且心怀不满）。保罗·克莱门特（Paul Clement）曾任乔治·W. 布什班子的首席政府律师，星期二，当他出来挑战贸易条款时，斯蒂芬·布雷耶接受了挑战。 279

与（比如说）金斯伯格不同，布雷耶不是一个线性思维的思想家，有时他甚至会发现自己陷入了弯弯绕的精深学问之中。但是，在这个法律领域，没有人比布雷耶更精通。他试图从专业角度来告诉人们最高法院正在进行的激进计划。首席大法官约翰·马歇尔在 1819 年著名的麦卡洛克诉马里兰州案（*McCulloch v. Maryland*）中支持了国家银行的建立；在威卡德案中，最高法院认为贸易条款允许对用于私人消费的小麦的种植进行规制；在 2005 年的冈萨雷斯诉赖希案（*Gonzales v. Raich*）中，最高法院认为贸易条款支持了针对使用自产大麻的禁令。

“我想，如果我们回顾历史，我们会看到，国会有时可以无中生有地创造贸易因素，”布雷耶说。“比如说国家银行，它本来就是无中生有，又可以无中生有地创造出贸易因素。我回顾历史，很清楚地看到，如果什么事物对州际贸易产生实质性影响，国会就有权采取行动。”

“我看了看在自己房子边上种植大麻的人，又看了看种植自食自用小麦的农民。种小麦似乎带来的都是些实质性响。那么，这是贸易吗？好吧，在我看来，种小麦比种大麻更接近贸易。我的意思是，它实际上能不能被规制？好吧，为什么不呢？如果创办一家银行可以，这又为什么不呢？”

布雷耶看似漫无目的地说着，这是他的习惯，但他指出了一个严肃的问题。保守主义者倡导的理念是，政府不可以强迫任何人进行平权行动，或创造什么东西。但布雷耶指出，最高法院已经支持了许多法律法规，它们对州际贸易的影响远不如《可负担医保法案》。

“然后你说，啊，但归根结底有一点是不同的，那就是你在强迫别人做一些事情，”布雷耶继续说。“我说，嘿，国会难道不能强迫人们在公路上以不低于每小时 45 英里的速度行驶吗？难道他们没有让农民卖掉自己种植的小麦，然后购买别人的小麦来喂牛吗？难道他们没有强迫赖希夫人，如果她嫁给了一个在她的地下室种大麻的人，她不是必须去铲除它们吗？平权行动？我的意思是，这些区别从何而来？这听起来就像是说，有时可以，有时却不可以，毫无规律。”布雷耶一生致力于
280 《可负担医保法案》的核心理念：政府可以帮助人民解决问题。宪法禁止这种努力的想法，对他来说不啻咒语。

假设“一种疾病正席卷美国，4000 万人疑似受到感染，其中 1000 万人将死于这场瘟疫；那么，联邦政府是不是可以决定，所有 4000 万人都必须进行接种？”布雷耶在得出最终结论前继续说道。“而在现实中，我们有一个 4000 万人的群体，其中 57％的人寻求急诊或其他医疗服务，而我们正在为此承担成本。22％的人因此将支付超过 10 万美元。国会认为，他们正在设计这个重要制度。我们只是让他们设计的制度合理化。”

“所以，到此为止，你已经阐释了所有论点，我希望你可以告诉我——”

这时，鉴于布雷耶的问题过于冗长，斯卡利亚忍不住要拿同事开个玩笑。他说：“你可以按倒序回答这些问题。”

“哦，不，这是一个问题，”布雷耶说，他因为被打断而恼火。“这是对历史的回顾。我可以看到的是，你对某些人说，去买吧。那么，为什么不可以适用贸易条款，有什么不一样？”

索托马约尔试着帮忙。但与布雷耶不同，索托马约尔关注的是实际和实践。在言词辩论中，她有时会脱离主题，探究案件事实的细节问题，这让同事们在惊讶之余，只能无趣地慢慢沉到大椅子里。不过，这一次，她只问了些简单的问题。州政府强制个人购买汽车保险。“你觉得，如果有些州决定不制定保险强制规范，”索托马约尔问克莱门特，“联邦政府是否有权立法并要求每个人购买汽车保险？”

反对个人强制令的核心论点在于，它是对联邦政府过往行为的极端背离。然而，各州政府经常提出联邦政府此次提出的要求——要求个人购买保险——并且无人质疑其效力。这真的那么无法容忍吗？克莱门特在回答中闪烁其词，但不管他说什么，都不会让最高法院的保守派高兴。没有什么会让他们高兴。他们与对方僵持着。当然，事实证明，有一人例外。

———

281 到了星期三，大法官们开始发力。大多数案件的言词辩论，只需一个小时。对

于某些重要案件，他们花更多一些时间。联合公民案的第二次辩论用了一个半小时。但医疗保险案在三天里一共占用了法庭 6 个小时，这在最高法院最近 45 年的历史上是绝无仅有的。(奇怪的是，1967 年，最高法院在一个不起眼的、如今早已被遗忘的案件上花了 8 个小时，那是发生在得克萨斯州西部和新墨西哥州东南部的天然气价格案。)

星期三早上辩论的是可分性(severability)问题。如果最高法院认定，个人强制令违宪，那么法案在多大程度上归于无效——全部无效，还是部分无效？自由派认识到，前一天的对抗对己方非常不利，所以他们不无绝望地宣称，最高法院至多可以宣布法案的其中一部分无效。正如金斯伯格所说，"克莱门特先生，该法案中有这么多内容毫无疑问是没有问题的。我想你会承认，重新授权《印第安人医疗保险改善法案》(Indian Healthcare Improvement Act)、改善尘肺病患者的福利都是对的，那么为什么还要让国会重新再为此立法呢？……那么，我们要说，这是在你所要求的毁灭行为与挽救行为之间作选择。较为保守的做法是挽救，而不是把一切都扔掉。"

布雷耶几乎是在苦苦兜售他最喜爱的一种解决方案：达成"切实可行的"妥协。因为部分法案显然是有争议的，而另一部分则没有，那么律师们就不能把两个部分加以区分吗？

在这个阶段的案件辩论中，代表政府的是副首席政府律师埃德温·尼德勒[4]，布雷耶对他说："你认为你和克莱门特先生可不可能，在一起研究这一问题，并达成一致"——法庭上的听众忍不住笑起来——"我的意思是，在你们认为无关紧要的一系列问题上达成一致。然后，你们可以聚焦于那些你们中一个人认为不重要、而另一个人认为重要的事项上。这样一来，我们要讨论的问题可能比现在想象的要少很多……"尼德勒婉拒了，似乎是认为这个建议无害、但有点怪。

又一次，肯尼迪表现出，他对自己所掌握权力有着令人惊叹的敏感。尼得勒很有根据地认为，司法克制原则表明，最高法院应推翻法案违宪的部分。换句话说，最高法院应该清除法案的违宪部分(如果有的话)，而保留其他。肯尼迪反对这个观点。

---

[4] 埃德温·尼德勒(Edwin Kneedler)：生于 1946 年，副首席政府律师。1974 年毕业于弗吉尼亚大学法学院，1975 年考取俄勒冈州律师资格。在司法部任职多年，迄今在联邦最高法院辩论过一百多个案件。

282 “当你说‘司法克制’的时候，你呼应了较早的前提，即：推翻法案的其他部分，是司法权力扩张的表现，”肯尼迪说。“而我认为，情况可能是完全相反的。假如我们只推翻一部分法案，法案的其他部分还将给保险公司带来风险，而这些风险是国会最初没有想到的，那样的话，我们才是滥用了司法权。如果最高法院这样做了，我们就会涉足一个国会未作规定、也没有考虑过的权力领域。在我看来，比起推翻整部法案，这至少可以说是对司法权更极端的践行。”

“我——我不这么认为，大法官阁下，”尼得勒结结巴巴地说，他有点不相信自己的耳朵。只有安东尼·肯尼迪会这样主张：推翻较多、而不是较少明确合宪的法案，代表了“司法克制”。（还有一点值得注意，肯尼迪特别关注的是，法案对保险公司的影响，而不是保险覆盖的数百万人。）

在一天结束的时候，斯卡利亚只希望法庭里多点笑声。尼得勒合理地提出建议，指出联邦最高法院应该区分法案中的合宪部分和违宪部分，这时，斯卡利亚回应说，“尼得勒先生，还记得第八修正案吗？你真的希望我们把这两千七百页一页页看过去？”换句话说，让他们审查这么多内容在很大程度上是“残忍且不寻常的惩罚”。斯卡利亚继续说，“你真的希望最高法院这样做吗？或者说，你希望我们把这个任务交给我们的助理？”法庭中爆发出更多的笑声。“这难道不是完全不现实的吗？我们一条条地通读这卷帙浩繁的法案，并判定每一条的合宪性？”

这时，斯卡利亚的话听起来有些刺耳，首席大法官不得不终止这个搞笑节目，他说：“好了，‘轻松一刻’到此为止。”

当六个小时的辩论将要落下帷幕的时候，讨论涉及医疗救助的扩张是否让各州承担了超出宪法规定的责任。在这一点上，罗伯茨和斯卡利亚之间的差异不仅仅是文体层面的。斯卡利亚利用每一个机会，宣示他对这部法案的敌意，他表示相信，整部法案，而不仅仅是个人强制令，必须被宣布为无效。肯尼迪、阿利托则对国会及奥巴马班子的工作几乎到了蔑视的地步。可以肯定的是，罗伯茨的调子听起来与他的四个自由派同事不同（他们显然是拥护法案的），却也并未公开表示要将医保法案置于死地。

2012 年 3 月 28 日（星期三）下午 14：24，罗伯茨说：“案件提交投票。”

第二十三章 “有效”辩论

2012 年 3 月 30 日(星期五),罗伯茨召集起八位同事,到他的会议室为医疗保 283
险案投票。

最高法院实际上在考虑,将来自巡回法院的多个医疗保险案合并进行判决。其中最著名的是全国独立企业联盟诉西贝利厄斯案(*National Federation of Independent Business v. Sebelius*),在该案中,第十一巡回上诉法院判决推翻个人强制令。遵照最高法院的惯例,首席大法官负责介绍案情,界定系争问题,并宣布讨论开始。根据非正式规则,在所有大法官都有机会发言之前,已发过言的大法官不再说话。最后,按资历顺序,罗伯茨让每个大法官进行投票。

斯卡利亚:维持。

肯尼迪:维持。

托马斯:维持。

金斯伯格:推翻。

布雷耶:推翻。

阿利托:维持。

索托马约尔:推翻。

卡根:推翻。

四票对四票。

首席大法官罗伯茨将决定案件的结果。

在会议室里，罗伯茨有时会若有所思地看着查尔斯·埃文斯·休斯的巨大办
284 公桌，以及它靠着的那面墙。休斯偶尔会在这张办公桌前主持会议，而他的同事们围坐在桌边，如同一群祈求者。罗伯茨的掌控力自然不能与休斯相提并论。他甚至无法控制会议桌本身，更别说在那里作出的决定（对他的想法，总会有人提出异议）。罗伯茨冒失地决定将会议桌旋转九十度，作为最高法院改造工程的一部分，史蒂文斯在其回忆录《五位首席大法官》（*Five Chiefs*）中全面抨击了新首席的决定。“有些人可能会认为这个改变没什么大不了，”史蒂文斯写道，而他在随后的几页文字中极力贬低了这个举动。史蒂文斯说，调整后，桌子留下的空间不够堆放大法官研究材料的推车进出；桌子离电话太远；留给咖啡和烘焙食品的空间更少了；它使大法官在集体照上同时签名更困难了；音响效果也更差了。

罗伯茨在医疗保险案中的投票，重要性更胜联合公民案，这是他职位的象征。联合公民案界定了罗伯茨法院的公众形象，正如布什诉戈尔案是伦奎斯特法院的标志，两者都深陷党派政治的泥沼。在公众观念中，医疗保险案代表了这个法律三部曲的第三部，最高法院将再次闯进政治丛林。与布什诉戈尔案和联合公民案不同，这个新案件与选举没有直接关联，但其主题更刺激：共和党主导的最高法院将对民主党总统的核心成就进行评判。

罗伯茨告诉同事们，正如他曾在言词辩论中表示的那样，他认为个人强制令已超越了贸易条款下的国会权力范围。这一立场与肯尼迪、斯卡利亚、托马斯和阿利托的相一致。而同事们所不清楚的是，首席大法官对其他问题怎么看。最重要的是，关于贸易条款的判断对作为一个整体的医疗保险法意味着什么？它是否意味着仅仅推翻个人强制令？抑或推翻整部法案？那么，法案要求各州扩大医疗救助覆盖范围的规定会怎么样？它会获得许可吗？会议上的讨论是在较为全局性的层面进行的。细节则体现在法律意见中。罗伯茨自己承担了全国独立企业联盟诉西贝利厄斯案法律意见的起草工作。同事们将在约一个月后看到意见书的草稿，这也是起草重大案件法律意见的正常期限。

---

285 罗伯茨和其他大法官不能一心扑在医疗保险案的解决上。他们还必须处理其

他案件。2012 年 4 月 25 日，当年开庭期言词辩论的最后一天，大法官们审理了亚利桑那州移民法[1]的诉讼，这部移民法包含了关于限制非法移民、查处无证居留者的多项规定。该法案被称为“SB 1070”，很多批评者认为，它可能会对拉美裔美国人的生活产生负面影响，但奥巴马班子基于非常技术化的理由来挑战它：州政府侵犯了专属于联邦政府的职权。

亚利桑那州案的辩论结束后，罗伯茨加入了肯尼迪、金斯伯格、布雷耶和索托马约尔，形成了一个折衷判决。（卡根没有参加。）大法官们判定，法案中的三项规定为早前的联邦法律所禁止，其中包括禁止无证移民寻找工作的规定。但有五名大法官还是支持了“SB 1070”法案中最有争议的部分，即所谓“请出示你的证件”的规定，它扩张了州执法者审查移民身分的权限。

斯卡利亚表示出强烈的异议。近年来，他的热情从学术转移到了政治。他的关注重点，如非法移民等主题，与福克斯新闻网越来越像。（奥巴马本人也是斯卡利亚的研究对象。）所有大法官都有自己的政治观念和法律哲学，这是总统选择他们的首要原因，但斯卡利亚更加公开地将两者合并起来。虽然他没有明确提出要求，但他还是暗示包括首席大法官在内的各位同事，希望他们分享自己的这份热情。

与此同时，斯卡利亚明确表示，他认为罗伯茨对医疗保险案的态度应该是推翻整部法律，而不仅限于否决个人强制令。根据言词辩论的情况，这种结果显然是有可能出现的，但罗伯茨需要再三掂量这一决定的影响。法案包括几十个条款，其中许多是没有争议的，也有不少是联邦政府和全部 50 个州政府相关事务持续运作的关键。（例如，按照法案规定，数以百万计的联邦政府资金已经被转移给各州政府，用于支付现有的医疗救助系统的费用；如果法案彻底被推翻，整个系统将陷入一片混乱。）

罗伯茨是一个保守主义者，一个矢志不渝的、讲派性的共和党人。首席大法官 286
对奥巴马没有特别的好感。罗伯茨在首席大法官任期内的双重目标是——推动实现自己的意识形态议程；维护联邦最高法院受人尊敬的国家争端最终仲裁者的形象。斯卡利亚将大法官的角色看作反对总统的角斗士，这让罗伯茨深感不安。在

[1] 2010 年 4 月 23 日，亚利桑那州通过《支持执法工作和安全社区法》（Support Our Law Enforcement and Safe Neighborhoods Act）。它被认为是美国几十年来最苛刻的移民法案，一经通过即遭到各界人士的激烈反对。

总统大选前夕，宣布整部医疗保险法无效，会将最高法院置于选战的中心，如果多数派仅由共和党任命的五位大法官组成，更是如此。民主党人，或许还有奥巴马本人，都会声讨最高法院，这将损害最高法院的道德权威，如果说还不能伤及其法律权威的话。身为首席大法官的罗伯茨认为，自己有义务保护最高法院的机构利益，而不仅仅是关心自己的司法哲学议程。

渐渐地，也是日益紧迫地，罗伯茨开始找寻一个出口。

唐·维里利把出口送到了罗伯茨面前。维里利一直很喜欢征税权的论点。没有人怀疑，国会享有征税的宪法权力，即使有个别判例否定了它，那一判决也可能是夹带政治私货的。2010 年，当第一批针对医疗保险法的诉讼提起时，白宫律师对征税权的论点非常谨慎。奥巴马曾承诺，《可负担医保法案》并不意味着税负的增加，在更一般的意义上说，政客从来也不想与税收有什么瓜葛。但是，当大法官开始重视贸易条款问题的时候，政客开始屈服于律师，并允许他们使用征税权的论点。

维里利决定在言词辩论中提出征税权论点。在为个人强制令作辩护的尾声，维里利试图将话题从罗伯茨的一个问题转到自己的主题，他说："首席大法官先生，请让我来回答这个问题，如果可以的话，我还想转而谈谈征税权的问题。"

斯卡利亚用另一个俏皮话打断了他，法庭里又是一阵哄笑。随后，罗伯茨、斯卡利亚、阿利托马上又插进了许多问题，直到最后，索托马约尔才将维里利救了出来，她说，"首席政府律师先生，你可以谈谈征税条款吗?"

"当然，"维里利说。

287 不过，斯卡利亚马上又开腔了，他似乎是在企图羞辱奥巴马总统。"总统先生说，这不是征税，他不是这样说过了吗?"斯卡利亚问维里利。"这是征税，或不是征税？总统认为它不是。"

维里利胸有成竹："总统说，这不是**加重**税负，因为它应被理解为一种促使人们购买保险的激励措施。我认为，由此推断这是不是征税权的行使，是不公平的。"

随后的一个回合，虽然过程短暂，但意义极为重大。"那么，为什么国会不称其为税收呢?"罗伯茨问。

"嗯……"维里利开始说。

"你告诉我，他们认为它是一种税，他们辩护说，它基于征税权。那么他们为什么不称它是税呢?"

维里利回答说:"他们可能认为，法官阁下，称它是一种罚金，可能会更**有效**地实现其目标。但它规定在《国内收入法典》(Internal Revenue Code)中，并且由国内收入署(IRS)于4月15日开征。我不认为在这种情况下，还可以说……"

"有效"这个词逗乐了首席大法官。"好了，这就是原因，"罗伯茨说，脸上绽放出灿烂的笑容。"他们认为，如果称它为罚金，可能会更'有效'。"维里利说"有效"，是指这个费用将迫使人们购买保险。而华盛顿的老将罗伯茨心里明白，奥巴马和民主党在国会中没有用"税"这个词的真正原因——因为避免使用它将在政治上更"有效"。

无论如何，征税的论点将为首席大法官所用。

到了2012年四五月份，其他大法官越来越明显地感到，罗伯茨在是否推翻法案的问题上"摇摆不定"。在法庭公开宣布判决前，投票从来就不是终局性的。严格说来，会议上的投票只是一种试探。大法官在法律意见传阅期间改变想法，是可以接受的行为。无论如何，这种情况很少发生。但这一次，它似乎发生在了首席大法官罗伯茨身上，在他面对任内最重要的案件之际。

接下来发生的事情，在最高法院晚近的历史上是前所未有的。对尚未审结的案件，最高法院近乎完美地避免了信息泄漏。但是，最高法院的保守派，尤其是法官助理 288
们，他们觉得罗伯茨有可能会背叛己方阵营，感到非常愤怒，于是开始发出声音。

窃窃私语弥漫着整个法院，不久后，著名的保守派人士决定挑战罗伯茨，让他在医疗保险案中坚守己方立场。2012年5月22日，《华尔街日报》在一篇社论中提到了参议员帕特里克·莱希[2]最近的言论，他说:"你可以看出，联邦最高法院

[2] 帕特里克·莱希(Patrick Leahy):生于1940年，美国民主党政治家，现任参议院临时议长、司法委员会主席。1964年毕业于乔治城大学法学院，获法律博士学位。自1975年起就在参议院代表佛蒙特州。

快要作出对'奥巴马医保'的历史性判决了，因为左翼正对大法官们进行最后的恐吓。最近这方面的努力包括嘲弄首席大法官约翰·罗伯茨，说如果最高法院推翻了这部法案的任何部分，他将永远被定义为党派'能动主义者'。"就在同一天，《华盛顿邮报》保守派专栏作家凯瑟琳·帕克[3]写道："小说家约翰·格里沙姆[4]几乎编不出更具挑衅性的小说：总统和他的代理人发起了声势浩大的运动，恐吓美国的首席大法官，暗示他应该在一个关键的案件中，顺从执政党的愿望，否则就会遭到毁灭和嘲讽。但愿这仅仅是虚构的小说。"

保守派专栏作家"大佬"乔治·威尔[5]从一个法科学生那里听说，有一名法官助理观察到，罗伯茨在这个案件中举棋不定。于是，5 月 25 日，他写道，形形色色的进步主义者"正在发起一场公开、而又令人尴尬的运动，他们希望（罗伯茨）顶住反对的压力，并宣布奥巴马医保合宪"。威尔总结说："这种笨拙的、企图令人屈服的尝试，反而最能显示出首席大法官乃铁骨铮铮之人。"

一周后，谣言变成了公开传言，如果说普林斯顿大学校友聚会上的讨论算是公开的话。6 月 2 日，在聚会上，《国家评论》资深编辑、1995 届的拉梅什·珀努鲁[6]说：

> 基于我所了解的最高法院，通过理性判断而进行猜测是——好吧，其实我可以肯定的是，人们都知道，在上周五的言词辩论后，本周会有一次初步投票。我了解到的信息是，结果是 5 票对 4 票推翻个人强制令，也许还包括其他一些

---

[3] 凯瑟琳·帕克(Kathleen Parker)：生于 1951 年，著名专栏作家，经常做客电视节目，著有《拯救男人》(*Save the Males*)等书，2010 年获普利策新闻奖评论奖。图宾所提到的这篇专栏名为"对约翰·罗伯茨的公开审判"(The public trial of Justice Roberts)。

[4] 约翰·格里沙姆(John Grisham)：生于 1955 年，知名畅销小说作家。从 1990 年代初直到今天，约翰·格里沙姆都是美国及世界上最受欢迎的畅销小说作家。他的作品大多是情节紧张、结局出人意料，但又不失深度的法律悬念小说，娓娓道来美国法律、政治世界的多种层面、各色人物。帕克提到的这部小说应是格里沙姆 2008 年出版的《上诉》(*The Appeal*)。

[5] 乔治·威尔(George Will)：生于 1941 年，专栏作家、记者和作家，曾凭借保守主义的政治评论获得普利策奖，著有《一个人的美国》(*One Man's America*)等十余部著作。1986 年，《华尔街日报》称他"可能是美国最有权力的记者"。尽管威尔是保守派，但他经常批评保守主义政治家的做法。

[6] 拉梅什·珀奴鲁(Ramesh Ponnuru)：生于 1974 年，印度裔美国人，专栏作家，《国家评论》(*National Review*)高级编辑，也为《时代》、《纽约时报》和《华盛顿邮报》多家报刊等撰稿。1995 年毕业于普林斯顿大学，获历史学专业文学士学位。

相关规定，但不会推翻整部法案。然而，有意思的是，之后，似乎出现了一些新想法。但这人不是肯尼迪大法官，而是首席大法官罗伯茨，他似乎有点左右摇摆。所以，现在，我会说，（案件的结果）似乎还悬而未决。

《时代》周刊的作者巴顿·格尔曼（Barton Gellman）发了一条关于珀奴鲁言论的推特。（《纽约客》驻华盛顿记者瑞安·利兹[Ryan Lizza]转发了格尔曼的推特，转发这条推特的人还有很多。）或许这只是个谣言，但事实证明它是非常准确的谣言。消息就这样泄露了。 289

四位保守派大法官过高地估计了己方与罗伯茨的联合，他们坚持要求罗伯茨推翻整部医疗保险法，以促使他寻求中间立场。与此对照，自由派欢迎首席大法官的任何提议。与四位保守派同事一样，罗伯茨认为，扩大医疗救助侵犯了各州的权利。尽管布雷耶和卡根在言词辩论中曾极力为扩大医疗救助辩护，但他们最终还是同意加入罗伯茨，推翻这个部分，从而为首席大法官提供宝贵的政治掩护。在医疗救助问题上，罗伯茨现在已手握七票。

六月初，罗伯茨将自己的法律意见交由众人传阅。意见认为，国会的个人强制令违反了贸易条款，但鉴于个人强制令是对征税权的行使，还是应予以支持。首席大法官努力把肯尼迪拉到自己一边。罗伯茨将肯尼迪在言词辩论中提的一个问题一字不差地写进了自己的意见书。肯尼迪曾告诉维里利："政府说的是，联邦政府有责任告诉每个公民，它必须采取行动……这在根本上改变了联邦政府与公民个人的关系。"罗伯茨写道："如果接受政府的理论，那么将会赋予国会规制我们不可以做什么的权利，这将从根本上改变公民与联邦政府之间的关系。"但两人都不肯让步。

解决医疗保险案的一个线索清楚地摆在那里，可所有人都没看到。6 月 15 日，金斯伯格在美国宪法学会（American Constitution Society，联邦党人协会的自由派对手）全国代表大会上发表演讲。在大部分时间里，她将演讲限定于对最高法院此前的判决作一番稳妥的评论，但她也警告说，之后的分歧将会非常锐利。金斯伯格说，总体而言，这一年的任务"比往常更为**繁重**（taxing）"。

———

斯卡利亚被首席大法官激怒了。2012 年 6 月 25 日（星期一），亚利桑那州移 290

民案的判决公布，斯卡利亚大法官宣读了异议意见，这标志着他从保守主义思想家变成了右翼怪杰。在法官席上，他谈及了当代的诸多争议，不管他们与亚利桑那州案有无关联。他指出，比如说，最近奥巴马用行政命令来实现《梦想法案》[7]的一些目标，以使某些年轻人免于被驱逐出境的命运。(这个决定发生在亚利桑那州案辩论之后，在法律上可以认为它与系争问题并不相关。)“在谈及国会未能通过总统班子提议的《移民法案》修订案时，奥巴马总统在新闻发布会上说，新计划是‘有待去做的正确的事情’，”斯卡利亚说。“也许是这样，但亚利桑那州政府可能并不这么认为。但是，如果像最高法院说的那样，亚利桑那州政府因为执行了总统拒绝实施的《移民法》，所以违反了联邦法，那就令人费解了。”斯卡利亚没有给出解释，为什么拒绝将这些人驱逐出境，就让他难以理解。

“问题是明摆着的，”他接着说。“联邦行政机关拒绝实施我国的《移民法》，享有主权的各州政府是否要听命于它？回答这个问题的好办法是发问：如果宪法本身包含联邦最高法院的这个判决，各州是否还会心悦诚服地加入联邦？”如果这是制宪者的原初观点，“制宪会议的代表肯定早就从独立厅[8]的出口跑掉了。”换句话说，斯卡利亚想表达的是，如果亚利桑那州早知道他的同事们2012年所作的判决，根本就不会加入联邦。其他州也不会加入。根据斯卡利亚的说法，亚利桑那州案的判决会在美国诞生之前就将它毁灭。

斯卡利亚对移民案的结果确实非常不满，但过分乖戾的法律意见除发泄不满外，还会导致他在医疗保险案中的失败(虽然这个失败还不为公众所知)。

联邦最高法院开庭期的最后几周，总是紧张而混乱。只有最具争议的案件仍

---

[7]《梦想法案》(DREAM Act)：全称为《外来少数族裔发展、救济、教育法案》(The Development, Relief and Education for Alien Minors Act)，规定16岁以前赴美、且过去五年连续在美居住的无证高中毕业生在上大学或从军两年后可以获得合法身分。2010年12月18日，《梦想法案》在参议院受挫。

[8]独立厅(Independence Hall)：位于宾夕法尼亚州费城的一栋红砖建筑。建于1732至1753年之间。最初由宾夕法尼亚殖民议会批准修建，作为州议会的议场。1776年7月4日，北美十三州的代表在这里签署了《独立宣言》。1787年，美国宪法也在此制定。在1790至1800年费城作为首都的这段时间，该建筑是国会所在地。

在处理。法律意见的草稿在办公室之间飞来飞去。评论法律意见的备忘录，加上修改建议，反过来又导致了更多的意见交换。大法官之间的目标始终是相同的：接到同事的备忘录，上面写着最高法院的专门用语，“请加入我”。这就是大法官联署其他人法律意见的方式了。 291

在最高法院晚近的历史上，2012 年 6 月的狂躁来得最为猛烈。全国独立企业联盟诉西贝利厄斯案的结果仍旧疑云重重，超出了通常的期限。罗伯茨起草了一份法律意见。金斯伯格起草了异议意见。当罗伯茨仍在观望的时候，斯卡利亚、肯尼迪、托马斯、阿利托部分采纳了首席大法官的部分主张，一方面这表示他们可能会成为异议者，另一方面他们希望以此诱导罗伯茨，形成多数派。（异议意见通常是由一名大法官起草，其他大法官在后副署。四位大法官在一份异议意见上以共同作者身分联署是罕见的，虽然这种情况以前也发生过。）因为这些变化，法律意见之间的交叉引用发生了混乱。斯卡利亚这一派（Scalia & Co.）的法律意见将金斯伯格的意见作为异议意见引用，而除了医疗救助条款事项外，金斯伯格的意见最终却**并不是**异议意见。当然，从当时的情况看，金斯伯格的意见确实会成为“异议意见”。同样，斯卡利亚这一派的法律意见在大部分篇幅中并没有涉及罗伯茨代表最高法院起草的法律意见，这对于异议意见来说是极不寻常的。

不过，到了 6 月的最后一个星期，这个命运多舛的法案终于抵达了终点。最高法院以 5 票比 4 票的结果，支持了《可负担医保法案》的核心部分。所以，接下来的工作就是告诉世人这个结果。

2012 年 6 月 28 日（星期四）上午十点，大法官准时出现在法庭上。三幅红色帘幕徐徐升起，像是看不见的手在拉动，九位大法官三人一组走了出来：罗伯茨、斯卡利亚、肯尼迪在中间；索托马约尔、布雷耶和托马斯在一边；金斯伯格、阿利托、卡根在另一边。这一天，他们显出了从未有过的憔悴、疲惫和颓废。索托马约尔因为劳累而弯着腰；阿利托的头发显然需要打理；卡根显得单薄、憔悴。（这也是她刻意减肥的结果；她在过去一年中减去了三十磅。）斯卡利亚的心情就如他七年前站在威廉·伦奎斯特灵柩边一样：痛若丧亲、伤心欲绝、怒发冲冠。

虽然看到了那些饱受折磨的面容，但在听到罗伯茨声音的时候，人们还是大吃
292 一惊。轻快的、满怀中西部人特有自信的声音消失了，取而代之的是悲伤而难以听清的低语。这对于他来说是一次极为不快的任务。我们要再过几分钟，才能明白其中的原因。他从贸易条款开始说起，而结论几乎就是言词辩论内容的打印稿。罗伯茨写道，个人强制令“并没有规制现有的商业活动。相反，它推动了个人在商业中更为活跃地购买产品，因为如果他们不这样做，将会影响州际贸易。倘若把贸易条款解释为，允许国会仅仅**因为**个人不作为，而对个人的行为进行规范，那就会为国会打开一个崭新的、有巨大潜力的权力空间。人们每天不去做的事情是无限多的”。他接着说，“对于经济学家来说，作为和不作为也许没有什么区别；两者都对贸易产生可衡量的经济影响。但作为与不作为之间的区别并没有被制宪者们遗忘，因为他们是‘务实的政治家’，而不是形而上的哲学家”。在那一刻，个人强制令和医疗保险法案与被宣判了死刑无异。

“问题还没有结束，”首席大法官接着说。“鉴于贸易条款并不支持个人强制令，我们有必要转向政府的第二个论点：个人强制令可能是国会在行使‘规定和征收税金’的权力。”人们惊讶不已，慢慢地开始面面相觑，他们明白，罗伯茨支持了个人强制令是税收的观点。“《可负担医保法案》规定，个人如果没有购买医疗保险，就必须支付罚金，这可以合理地理解为税金，”他写道。“因为宪法允许征收这样的税金，我们也不应当禁止它，或判断其合理性或公正性。”

罗伯茨的结论中没有宏大绚丽的言辞，听起来更像是一次致歉。“但是，本院并未对《可负担医保法案》的智慧发表任何意见，”罗伯茨说。“根据我国宪法的规定，这个判断应该留给人民。”

作为少数派中的资深大法官，斯卡利亚理应在法官席上宣读异议意见。但不知是因为太累、太气愤，还是过于紧张，以致无法承担这个责任，他将任务交给了肯尼迪。“在我们看来，”肯尼迪简单地说，“我们面前的法案完全无效。”

金斯伯格最后发言。她在法庭上宣读的内容，与她的法律意见的打印稿存在
293 显著差异。在她撰写意见的时候，最高法院看起来很可能会推翻个人强制令，乃至整部法案。金斯伯格的意见犀利刻薄，堪称愤愤不平。但到最高法院宣布判决的时候，当然啦，金斯伯格发现自己赢了。因此，她对罗伯茨的批评温和了许多。

比起其他大法官，金斯伯格似乎更纠结于所谓“西兰花噩梦”，所以她一定会说上一说。“虽然一个人可能会在某一天买一辆车或一个西兰花，但没有人能确定她会这样做，”金斯伯格写道。“但如果她想要得到汽车或西兰花，她则有义务到柜台支付价款，才能得到汽车或西兰花。她不可能迫使另一个消费者支付虚高的费用，从而得到免费的交通便利或食物。”（“西兰花”这个词在大法官们的全部法律意见中共计出现了 12 次。）

金斯伯格在法庭上所作的陈述中，有一句话是她的书面意见里没有的，而这句话很适合作为这一史诗般案件的铭文。“最终，”她说，“《可负担医保法案》幸存了下来，筋骨未伤。”

尾声　罗伯茨法院

294 医疗保险案判决宣布的次日，罗伯茨启程去宾西法尼亚州参加司法会议。会上，有人问起罗伯茨夏天的打算。他说不久后会去马耳他教两周的课。“正如你们所知，马耳他是一个坚不可摧的要塞、岛国。”罗伯茨说，“去那儿上课看起来是个不错的主意。”

保守主义者满怀仇恨，他们迅速展开对罗伯茨的攻击。写于判决公布当日的《华尔街日报》社论用以下词语形容首席大法官的法律意见：“糟透了”、“混乱不堪”、“未作真正的约束”、“悲剧”，并且“有损联邦最高法院这个机构的公正性”。《国家评论》高级编辑（兼消息特别灵通的普林斯顿校友）拉梅什·珀努鲁则称罗伯茨“表现得不像法官，更像政客，而且是狡猾的那种”。米特·罗姆尼早前曾承诺会提名罗伯茨那样的人去最高法院任职，他现在改变了论调。“好吧，我当然不会提名那样的人，如果我明知他会作出我极度反对、或者说强烈反对的判决，”罗姆尼告诉一位采访者，“而（罗伯茨）得出了一个结论，我认为，那是一个不准确、不合适的结论。”

保守主义者的愤怒之情是可以理解的。共和党提名的大法官在当下的案件中投下了这出乎预料的一票，让保守主义运动最为珍视的一个目标打了水漂。有可比性的、最近的例子是1992年凯西案，当时（共和党提名的）奥康纳、肯尼迪和苏特加入了（也是共和党提名的）史蒂文斯、哈里·布莱克门，保全了罗伊诉韦德案的核心内容，从而维护了堕胎权。在某种意义上，罗伯茨的背叛更令保守主义阵营痛苦
295 不已。与凯西案三人组成员（奥康纳、肯尼迪和苏特）不同的是，罗伯茨从未在重大

的争议性案件中支持过自由派。而且，在医疗保险案中，罗伯茨甚至是赞成保守主义者在贸易条款上的主要论点的。胜利近在咫尺！

但接下来，在最后一刻，罗伯茨采纳了一个有关征税权的、辅助性的论点，当事人对此论点只是轻描淡写带过，他却借此改变了案件结果。首席大法官对个人强制令是税而非罚金的描述往好了说，是似是而非。（关于这一点，在诉讼中，别的法官无一基于这个理由支持《可负担医保法案》。）当然，在同一法律意见中，罗伯茨一方面说，出于宪法目的，《可负担医保法案》**是**一种税，另一方面又说，出于《反禁令法案》的目的，这项法案**不构成**税。面对这种令人无语的失败，保守主义者的一些批评看起来是合乎情理的。

事实上，对于罗伯茨个人以至保守主义事业的大局来说，他在医保案中的投票和法律意见是一种很讲策略的行为。人们无法确切地知道，未来的法院将会如何解释全国独立企业联盟案，但罗伯茨至少在贸易条款的范围上表明了立场。正如金斯伯格在自己的意见中指出的，罗伯茨"对贸易条款的僵化解读导致理解上的不完整，也是惊人的倒退"，他甚或是在主张退回到 1937 年之前，那时最高法院经常宣布经济规制无效。罗伯茨的法律意见有给保守主义运动带来远期成果的潜力。

从短期来看，至少在可预见的未来，罗伯茨带领最高法院促成了民主党的议程。奥巴马总统除了在 2010 年的参众两院联席会议上抱怨过联合公民案之外，从未表现出要拿反对最高法院作为政治武器的兴趣；医保案的判决更是一份保证，奥巴马在 2012 年选举期间会避免谈及最高法院。除此之外，罗伯茨给自己、给未来的判决创造了巨大的政治空间。在最高法院 2012 至 2013 年的开庭期，大法官们将要处理与上一年一样多的敏感问题。他们将在一个涉及得克萨斯州立大学的案件中对大学招生中的平权行动作出判决，那可能会导致奥康纳在 2003 年格鲁特案中的标志性成就被推翻。如果有可能的话，他们将会检视 1965 年《投票权法案》第五条的未来，长期以来，这一条规定大多数南方州在对选举规则作出任何改变前， 296
必须获得司法部的许可。罗伯茨以往的记录表明，他深刻地怀疑政府对种族因素所作的任何考虑。最高法院还可能会决定《婚姻保护法案》的命运，这是罗伯茨法院在同性恋权利问题上的第一次大考。与联合公民案相关的争议将会以其他形式回归。在这些林林总总的案件中，罗伯茨可以推进保守主义运动，而且，医保案过后，他再让最高法院涉足党派政治，就不会承担任何风险。

罗伯茨最近这次在医保案中的转向，会损害他与保守派大法官的同盟吗？那是极其不可能的。

2012年6月28日，就在最高法院宣布判决的当晚，托马斯参加了耶鲁法学院华盛顿校友会举办的晚宴。（2011年12月，托马斯最终结束了与母校长期失和的关系，高高兴兴地访问了纽黑文。）在与出席者进行的问答环节中，托马斯不吝赞美地对罗伯茨处理医保案的方式表示致敬。考虑到案件的复杂性和抗衡的压力，托马斯说："他处理得真对。"数天后，肯尼迪在阿斯彭研究所的一个集会上发表演讲，他公开为大法官在尚未审结的案件中改变想法的权利而辩护。他说自己就经常这样做。斯卡利亚怒不可遏，但关于这位资深大法官，又有什么会让罗伯茨觉得可怕呢？说到底，事已至此，斯卡利亚也不准备通过转向左翼来惩罚首席大法官。无论如何，即便是按照最高法院的标准，斯卡利亚也是老人了，而罗伯茨依然年轻。判决前后发生的消息泄露更有可能是任性的法官助理们干的，而不可能是他们的老板所为。大法官们知道最高法院的权力维系于何处，他们明白对同事发泄不满几乎是不值得的。

保守派和自由派，在院内的和退休的，所有的大法官都认识到了医保案的真正意义：这是首席大法官展现领导力的行为。现在是罗伯茨法院的时代了。

"下午好，"奥巴马总统在白宫东厅说，"今天早些时候，联邦最高法院支持了《可负担医保法案》的合宪性，这是我们两年前通过的医保改革。最高法院这样做，
297 是在重新确认一项基本原则：在美国，在地球上这个最富足的国度，疾病或事故不应导致任何家庭的财政承受毁灭性打击。"他只字未谈判决，而是继续宣传医保改革计划自身的好处。

奥巴马班子体现出当代共和党和民主党的根本差异。从罗纳德·里根开始，经过两位布什总统，共和党人表现得无比忠诚于自己的宪法观。对于改变，共和党有一个司法议程：扩张行政权力、终结意在帮助非裔美国人的种族偏好、提高死刑执行的速度、禁止一切形式的枪支控制、欢迎宗教进入公共领域、解除对政治选举

活动的管制，以及那个最重要的目标：推翻罗伊诉韦德案，允许各州禁止堕胎。共和党的司法哲学是：原旨主义。共和党的各任总统公开谈论这一议程。他们促使包括下级法院在内的法官提名成为共和党事业的重中之重。共和党议员力保本党的法官被提名人，并阻止、阻挠民主党的被提名人进入法院，哪怕他们是毫无争议的人选。

巴拉克·奥巴马不仅仅是一名优秀的法科学生、一名执业律师，而且正如他在第一次总统竞选中经常指出的一样，他还是一位宪法教授。在白宫，他也很高兴看到下属们折服于他对法律问题的精通。（在跟法律顾问办公室的代表们打招呼时，他有时会开玩笑说："哦，律师们！现在是我一天中**最轻松**的一刻了！"）但在椭圆办公室之外，奥巴马很少谈及宪法。

奥巴马把两位优秀的法律人送到了联邦最高法院，他理应对此成就感到骄傲。但他对提名法官的兴趣看起来几乎是始于索尼娅·索托马约尔，终于埃琳娜·卡根。奥巴马在提名下级法院法官这一事务上的懈怠到了惊人的地步。2012 年夏天，参议院差不多就要关闭确认提名程序、到大选后再启动了，联邦法院此时有 77 个空缺席位，而联邦法官的总人数不过是 874。这时，奥巴马甚至没有对 43 个法官席位提交提名，而共和党将阻止奥巴马的 34 位被提名人中的多人进入投票程序。在奥巴马的总统任期内，共和党人以前所未有的比例阻碍了奥巴马的法官提名；他们进行着、或威胁说要进行阻挠议事，其频率高于民主党在布什时期的所作所为。但是，因为奥巴马首先就没提名，所以也不能指责共和党阻碍他们出任法官。而且，既然奥巴马几乎从不公开讨论这个问题，共和党对于拖延或阻碍确认提 298
名程序也就不承担任何政治后果。在奥巴马执政的早期，或许还可以把这种不作为归咎于格雷格·克雷格或卡桑德拉·巴茨这些幕僚；但在任期的后期，唯一的原因只能说是，总统本人选择了不在这个问题上花费时间和精力。

对于奥巴马乃至一般意义上的民主党来说，这种在法律问题上的不作为不仅仅表现在法官席位上。如果说当代的自由主义者有自己的议程，那么它也不外乎是对现状的维护：保全罗伊案和平权行动。（就普遍存在于自由主义者中的消极情绪而言，对同性恋权利的支持可以说是一个例外。奥巴马确实指示他的内阁成员去主张，《婚姻保护法案》违反了平等保护条款，并宣布自己支持同性婚姻。）在补充法官席位方面，比尔·克林顿和奥巴马还表现出对多元性的偏好，在他们的被提名人中，女性和少数族裔的比例比共和党总统的高得多。但很难说，民主党的这些法官代表了谁的利益。

即便在医保案之后，也很容易指出约翰·罗伯茨是代表谁的利益的。在实现共和党议程方面，他仍旧是熟练的、强有力的倡导者；他依然是一个（身穿法袍的）代表变革的候选人。罗伯茨的确退缩了，没去支持他的保守派同事在医保案中表现出的前所未有的极端主义；就此而言，首席大法官的行为像是一位真正的保守主义者，尊重政府的民选分支在与管理经济相关的问题上的决策，正如法官们75年来所做的那样。但是，如果说罗伯茨已找到了内心的中庸之道，那就是愚不可及的。罗伯茨不曾改变，他只是比以前更有权力了。关于2013年1月20日，唯一能确定的事情是，约翰·罗伯茨会是总统宣誓就职仪式的主持人。

保守主义者支持原旨主义，这事有点反讽，斯卡利亚和其他人坚持认为，宪法是“死的”、不会改变的。随着他们的成功，在人民、观念和金钱的推动下，保守主义者证明了，宪法可以在多大程度上发生改变，而且的确已经变了。从奥巴马和民主党的作为看，宪法是静止不动的；他们希望宪法及其背后的价值以某种方式照顾好自己。那种情况从未发生，也不会发生。美国宪法活着，这一点从未改变、不可回避。

致谢

感谢道布尔戴出版社的各位朋友，首先是我的编辑比尔·托马斯(Bill Thomas)。菲莉丝·葛兰[1]也给予了慷慨的关注，并极大地提升了本书的品位。感谢科拉莉·亨特(Coralie Hunter)、罗斯林·施洛斯(Roslyn Schloss)、托德·道蒂(Todd Doughty)和贝蒂·亚历山大(Bette Alexander)。这是我与我的代理人埃丝特·纽伯格[2]合作的第六本书，是她把我引向正确的道路。感谢圣约翰大学法学院的约翰·Q. 巴雷特(John Q. Barrett)及纽约大学法学院的塞缪尔·伊沙查罗夫(Samuel Issacharoff)对初稿所作的有益的评价。感谢莉拉·比奥克(Lila Byock)、亚历克斯·伯恩斯坦(Alex Bernstein)和阿维·曾尼曼(Avi Zenilman)为本书所做的事实核查和研究助理工作。感谢西尔维娅·贝林斯坦(Silvia Berinstein)。在写这本书时，我的女儿艾伦·图宾和儿子亚当·图宾在外地上大学，但他们给我的启发是无时不在的。 *299*

在《纽约客》工作是我的荣幸，戴维·雷姆尼克是一位慷慨的上司、忠诚的朋友。我很幸运地能与多萝西·威肯登(Dorothy Wickenden)[3]、约翰·贝内特

---

〔1〕菲莉丝·葛兰(Phyllis Grann)：哥伦比亚大学商学院金融与经济学专业兼任教授。曾任企鹅普特南出版公司首席执行官和总裁、道布尔戴出版社资深编辑。

〔2〕埃丝特·纽伯格(Esther Newberg)：国际创新管理公司(International Creative Management)高级副总裁，该公司被《纽约邮报》称为“文学界最强大的代理公司之一”。在1968年的总统竞选中，纽伯格是罗伯特·F. 肯尼迪的助手。

〔3〕多萝西·威肯登(Dorothy Wickenden)：《纽约客》执行编辑(1996年至今)，为《纽约客》、《华尔街日报》、《新共和》、《华盛顿邮报》和《威尔逊季刊》撰稿。威肯登为1988—1989年哈佛尼曼学者，曾先后任职于《新共和》、《新闻周刊》等。

(John Bennet)和埃米·戴维森(Amy Davidson)诸位共事。

埃米·麦金托什(Amy McIntosh)是我挚爱的贤妻。她也是一位好编辑。

注释

本书主要是基于我对联邦最高法院的各位大法官、及他们的四十余位助理所作的访谈。这些访谈是在不具名的基础上进行的，也就是说，我可以使用他们所提供的信息，而无需直接援引或标明来源。

除了正文和下文引用的著作，我还受益于联邦最高法院记者团所做的日常报道，尤其是如下诸位：亚当·李普塔克〔1〕、莱尔·丹尼斯顿〔2〕、戴利亚·利思维克〔3〕、托尼·莫罗〔4〕、戴维·萨维奇〔5〕、尼娜·托滕伯格、皮特·威廉斯以及我在CNN的同事比尔·米尔斯(Bill Mears)。感谢联邦最高法院公共信息办公室及其优秀的网站www. supremecourt. gov，感谢在那里工作的凯西·阿伯格(Kathy Arberg)、帕特里夏·麦凯布·埃斯特拉达(Patricia McCabe Estrada)和斯科特·马克利(Scott Markley)。

最高法院的法律意见大都已经上线。我一般依赖于康纳尔大学创办的www. law. cornell. edu/supct/。至于最高法院言词辩论的文本和录音，芝加哥肯特法学院杰里·戈德曼(Jerry Goldman)教授所创办的www. oyez. org是不可或缺的。我也经常浏览记录最高法院的博客www. scotusblog. com，及http://howappealing. law. com。

---

〔1〕亚当·李普塔克(Adam Liptak)：生于1960年，《纽约时报》联邦最高法院通讯记者，为《纽约客》、《名利场》和《滚石》等杂志撰稿，并执教于耶鲁法学院、哥伦比亚大学新闻学院等。

〔2〕莱尔·丹尼斯顿(Lyle Denniston)：报道联邦最高法院五十余载，被称为"联邦最高法院记者团名誉团长"。著有《记者与法律：报道法院的技术》(*The Reporter and The Law: Techniques of Covering the Courts*)等。

〔3〕戴利亚·利思维克(Dahlia Lithwick)：《新闻周刊》和网络杂志Slate的编辑。曾在律师事务所工作。

〔4〕托尼·莫罗(Tony Mauro)：任职于《国家法律杂志》，1979年至今报道联邦最高法院。

〔5〕戴维·萨维奇(David Savage)：1986年至今任《洛杉矶时报》联邦最高法院通讯记者。

序篇 誓言

页 1 "仅在一个条款",感谢耶鲁法学院的阿希尔·里德·阿玛教授,他向我介绍了誓言的历史。尤其要指出的是,我在此依据的是他《美国宪法》(*America's Constitution*)一书页 177—178。

页 3 "他是否说过至今仍存有疑问。"关于华盛顿就职典礼的生动介绍,见 Ron Chernow, *Washington: A Life*, ch. 46。

页 3 "一个 13 岁的小姑娘写信给首席大法官告知此事。"*Time*, March 25, 1929, http://www.time.com/time/magazine/article/0,9171,846311,00.html#ixzz1WAMUAeom.

页 16 "站在历史的对立面,呼喊着'停下'。"William F. Buckley Jr., "Publisher's Statement," *National Review*, Nov. 19, 1955, p. 5.

第一章 政治家的道路

页 23 朋友和同事们发现奥巴马更擅长分析而不是对峙。David Remnick, *The Bridge*, pp. 163-67.

页 26 "你究竟想吃爆米花不?"Remnick, *The Bridge*, p. 189.

页 27 "我不过是已经发生的诸多变革的一个象征。"Remnick, *The Bridge*, pp. 207-08.

页 32 有关警方进行种族调查方面的一个审慎的妥协方案。Remnick, *The Bridge*, pp. 350-51.

第二章 "代表与弱者相对的强者一方"

页 36 你投票支持的这位大法官可能会推翻罗伊诉韦德案。David Remnick, *The Bridge*, p. 434.

页 40 "那些下注 15 到 20 分钟的人赢了钱。"Roger Parloff, "On History's Stage: Chief Justice John G. Roberts Jr.," *Fortune*, Jan. 3, 2011, http://management.fortune.cnn.com/2011/01/03/on-historys-stage-chief-justice-john-roberts-jr/.

页 41 罗伯茨成为他那一代人中的顶尖人物。见 http://www.scotusblog.

com/2006/03/the-expansion-of-the-supreme-court-bar/

第三章　相安无事

页 49　“如果你确实在领导军事法庭的辩护团队，我写这封信是为了给你提供帮助。”Jonathan Mahler, *The Challenge*, ch. 4.

页 55　“两边都植入了假体，总体积达三品脱。”Dan P. Lee, “Paw Paw & Lady Love,” New York, June 5, 2011, http://nymag.com/news/features/anna-nicole-smith-2011-6/.

第四章　附录 E 的遗产

页 58　只有男人才能参加有人数规定的正式祈祷者组成的祈祷班。Abigail Pogrebin, *Stars of David*, p. 19.

页 60　“这是没道理的。”2007 年 8 月 27 日，鲁斯・巴德・金斯伯格在第十巡回法院召开的会议上所发表的演讲。见 http://www.c-spanvideo.org/program/295217-1。

页 65　“文明人最为珍视的权利。”布兰代斯大法官在如下案例中的异议意见，*Olmstead v. United States*, 277 U.S. 438(1928)。

页 65　“靠的不是法律推理，而是命令。”Robert Bork, *The Tempting of America*, p. 114.

页 65　“女性在整个生命历程中的自主义务，以及她作为一个独立、自立、平等的公民与男性、社会乃至国家的关系。”Ruth Ginsburg, “Some Thoughts on Autonomy and Equality in Relation to Roe v. Wade,” 63 *North Carolina Law Review* 375(1985).

页 65　“一个高个子的医生与需要他给予帮助的小妇人。”http://www.nytimes.com/2009/07/12/magazine/12ginsburg-t.html?_r=2&pagewanted=all.

页 69　“日后的判决可能纠正错误，回归持有异议的法官认为法院已背离的轨道。”Charles Evans Hughes, *The Supreme Court of the United States* (1936), p. 68，转引自 Ruth Bader Ginsburg, “The Role of Dissenting Opinions,” 95

Minnesota Law Review 1(2010), http://www.minnesotalawreview.org/wp-content/uploads/2011/07/Ginsburg_MLR.pdf.

页 69 "如我们所知,宪法已死。"John Q. Barrett,"Commending Opinion Announcements by Supreme Court Justices," http://www.stjohns.edu/media/3/55c14b0772794f148fec48e3c14851a7.pdf. 参见 James F. Simon, *FDR and Chief Justice Hughes*, p. 256。

页 69 威廉·布伦南和威廉·伦奎斯特在漫长的任期内,都仅仅宣读了一次异议:感谢得克萨斯大学的威廉·布莱克,他向我分享了他的研究。见 William D. Blake and Hans J. Hacker, "The Brooding Spirit of the Law: Supreme Court Justices Reading Dissents from the Bench," *Justice System Journal* 31(1):1 - 25 (2010)。

第五章 莉莉·莱德贝特之歌

页 72 "公法诉讼":Abram Chayes, "The Role of the Judge in Public Law Litigation," 89 *Harvard Law Review* 1281(1976)。

第六章 反先例之战

页 82 "自由派四人组"仅在四分之一的案件中成为多数方:这些数据的来源是 scotusblog.com 所做的年度汇编。

第七章 猎人

页 100 年轻的安东宁随身携带他的来福枪(一把 0.22 英寸口径的卡宾枪)乘地铁。Joan Biskupic, *American Original*, pp. 21 - 22.

页 100 他在被指认犯下了一系列偷盗银行的事情后,提供了对同犯不利的证据:如下这篇文章揭示出米勒故事中的有趣细节。Brian L. Frye, "The Peculiar Story of United States v. Miller", *NYU Journal of Law & Liberty* 3(1):48 - 82 (2008).

页 101 殖民地居民召集民兵。Adam Winkler, *Gunfight*, pp. 103 - 04.

页 103　1972 年的共和党纲领是支持控枪的，但 1976 的却成了反对。Reva B. Siegel，"Dead or Alive：Originalism as Popular Constitutionalism in Heller，" 122 *Harvard Law Review* 191（2008）.

页 103　"第二修正案学会"在各种会议和研讨会上呼吁从个人权利的角度解读第二修正案。Winkler，*Gunfight*，pp. 67，97.

页 103　"美国公民享有以和平方式持有和携带武器的个人权利，用以保护自身、家庭以及个人自由。"转引自 Siegel，"Dead or Alive"。

页 103　斯蒂芬·马克曼后来成为里根班子中司法部的一员。来源同上。

第八章　律师、枪和钱

页 107　查尔斯·库珀，曾在里根时期的司法部任职并与保守主义运动有紧密联系。Adam Winkler，*Gunfight*，p. 57.

页 108　毒贩出于报复目的，打破她的车窗并驶入她的后院。Brian Doherty，*Gun Control on Trial*，p. 29.

页 113　史蒂文斯更紧密地分析了制宪者们实际进行的辩论。见如下博文：Jack Rakove，http://balkin.blogspot.com/2008/06/thoughts-on-heller-from-real-historian.html。

页 113　他们对自己工作的意义持不同的观点，批准他们工作成果的州立法者们也是如此。对原旨主义所作的批评中，迄今为止被引用次数最高的仍然是下文：Paul Brest，"The Misconceived Quest for Original Understanding，" 60 *Boston University Law Review* 204（1980）.

页 113　他们从没表示，他们的意图应阻碍未来世代的视野。H. Jefferson Powell，"The Original Understanding of Original Intent，" 98 *Harvard Law Review* 885，903（1984）.

页 113　真正的原旨主义者会去确定制宪者所要保护的是何种武器，并找到它们在 21 世纪的对应物。Winkler，*Gunfight*，pp. 283－86. 参见 Nelson Lund，"The Second Amendment，Heller，and Originalist Jurisprudence，" 56 *UCLA Law*

Review 1343(2009)。

第九章　巴拉克·奥巴马:未得到回报的两党合作

页 116　罗伯茨表现得特别礼貌,因为三年前奥巴马和拜登都在他的确认听证会上投了反对票。见托尼·莫罗 2009 年 1 月 14 日发表于 *Legal Times* 的博客 http://legaltimes. typepad. com/blt/2009/01/a-chat-around-the-fireplace-for-obama-biden-and-the-supreme-court. html

第十章　明智的拉美裔女性

页 130　"这样后人才能够根据自己的需要和用途对其进行解释和应用。" Diane P. Wood, "Our 18th Century Constitution in the 21st Century World," http://www. scotusblog. com/wp-content/uploads/2009/05/80_nyulr_1079_5-13-09_1224. rtf.

页 130　更糟糕的是 2001 年的全国妇女组织诉沙伊德勒案。关于本案的一个清晰讨论,见埃米莉·贝兹伦[6]发表于 *Slate* 杂志的评论,网址 http://www. slate. com/articles/news _ and _ politics/jurisprudence/2010/04/defining _ radical _ down. html.

页 132　年仅 42 岁的老胡安·索托马约尔猝死于心脏病。Antonia Felix, *Sonia Sotomayor: The True American Dream*, pp. 12 - 14.

页 132　"否则我也不能在那些机构里取得成功。"转引自 Felix, *Sonia Sotomayor*, p. 39。

页 133　她与一些拉丁裔社会活动家一道参观了以色列。Lauren Collins, "Number Nine," *New Yorker*, Jan. 11,2010, p. 48.

页 134　其中包括她牙医的儿子。Collins, "Number Nine," p. 48.

第十一章　钱说了算

页 146　"他理解了韦特,却超前地创造了自己的宪法法。"Jack Beatty, *Age*

[6] 埃米莉·贝兹伦(Emily Bazelon):生于 1971 年,Slate 杂志资深编辑,耶鲁法学院高级研究员。

of Betrayal: *The Triumph of Money in America*, 1865 – 1900, p. 176. 杰克·比蒂指出，戴维斯的可信度是值得怀疑的，因为卡尔·马克思(!)抱怨说戴维斯在一份报告中错误地引用了他。关于圣克拉拉案，参见 Morton J. Horwitz, *The Transformation of American Law*, 1870 – 1960, pp. 66 – 71。

页 147 “管得最少的政府才是好政府。” Horwitz, *The Transformation of American Law*, p. 33.

页 148 “后来他就不听话了”：弗里克在记者奥斯瓦尔德·加里森·维拉德(Oswald Garrison Villard)面前说这番话的，维拉德在自己的《斗争岁月：一个自由派编辑的回忆录》(*Fighting Years*: *Memoirs of a Liberal Editor*)〔7〕页 181 中记下了此事。

页 149 《联邦竞选法》设定了广泛的竞选捐助和开支强制公开制度。Samuel Issacharoff, Pamela S. Karlan, and Richard H. Pildes, *The Law of Democracy*, p. 334.

页 149 沃伦·伯格、波特·斯图尔特(Potter Stewart)、路易斯·鲍威尔和伦奎斯特也参与了撰写。Seth Stern and Stephen Wermiel, *Justice Brennan*: *Liberal Champion*, p. 442.

页 150 国会曾试图建立一个严格控制竞选资金的制度。参见 Frank J. Sorauf, *Inside Campaign Finance*: *Myths and Realities*, pp. 238 – 239.

第十二章 塞缪尔·阿利托的问题

页 159 布朗委任博西为“首席研究员”，两人将精力聚焦于比尔·克林顿和希拉里·克林顿的个人和财务事务。Joe Conason and Gene Lyons, *The Hunting of the President*: *The Ten-Year Campaign to Destroy Bill and Hillary Clinton*, pp. 72 – 75.

页 159 博西转而将黑尔介绍给华盛顿各大媒体的记者，这些记者于是把黑尔的指控通过纸媒或电台传播出去。Sidney Blumenthal, *The Clinton Wars*,

---

〔7〕 这本书出版于 1939 年。

pp. 76 – 77.

页 159　伯顿发现博西为了删除有利于希拉里·克林顿的信息，而篡改了一些文件的副本，就把他开除了。Howard Kurtz, "Some Reporters Heard Unedited Tapes," *Washington Post*, May 11, 1998. 参见 Blumenthal, The Clinton Wars, pp. 443 – 44。

页 160　"这是一个右翼大阴谋，一个自从他宣布就任总统那一天开始就在积蓄的阴谋。" Jeffrey Toobin, *A Vast Conspiracy: The Real Story of the Sex Scandal That Nearly Brought Down a President*, pp. 254 – 56.

第十三章　新手

页 174　格洛丽亚在五六年级教语言学和社会研究。有关格洛丽亚·卡根从前的一个学生的回忆，见 Blake Eskin, "The Ghost of Mrs. Kagan," http://www.newyorker.com/online/blogs/newsdesk/2010/05/the-ghost-of-mrs-kagan.html。

第十四章　约翰·保罗·史蒂文斯：九十页的天鹅之歌

页 186　问题出现了，史蒂文斯家是否应当动用保险公司的资金来支撑起酒店。Bill Barnhart and Gene Schlickman, *John Paul Stevens: An Independent Life*, p31.

页 186　他们强迫一个孩子去打开一楼书房里的一个保险柜。Barnhart and Schlickman, *John Paul Stevens*, pp. 32 – 33.

第十五章　"怀着对三权分立的适当尊重"

页 195　近年来，出席参众两院联席会议的大法官往好里说也是时多时少。全国广播公司新闻部的皮特·威廉斯编纂了数据，网址 http://firstread.msnbc.msn.com/_news/2011/01/25/5914956-will-chief-justice-roberts-be-in-attendance-after-all. 参见 Adam Liptak, "For Justices, State of the Union Can Be a Trial," *New York Times*, Jan. 23, 2012, http://www.nytimes.com/2012/01/24/us/state-of-the-union-can-be-a-trial-for-supreme-court-justices.html.

页 198　斯卡利亚在出席联邦党人协会的一次活动时，说那次会议是"幼稚的奇观”。Adam Liptak，“Six Justices to Attend State of the Union，” Jan. 25，2011，New York Times，http://www.nytimes.com/2011/01/26/us/politics/26justices.html? _r=3.

第十六章　退休大法官发表异议意见

页212　“如果情况非常糟糕，就买一些啤酒和墨西哥食品，把它们全吃掉。”http://www.abajournal.com/news/article/oconnor_lawyers_judges_need_to_wake_up_to_judicial_funding_threat_prep_for_/

页213　电话一响，她还以为这是来通知儿子去世的消息的。http://www.lvrj.com/news/robocall-mishap-shows-nevadans-dont-want-any-questions-at-l-a-m—105738278.html? ref=278

页215　“忘记这个案子吧。一切都过去了！”Jeffrey Rosen，“Why I Miss Sandra Day O'Connor，” July 1，2011，http://www.tnr.com/article/politics/91146/sandra-day-o-connor-supreme-court-alito

页216　“生活还得继续，虽然它并不总是积极的。”Joan Biskupic，“O'Connor Says Rulings Being 'Dismantled，'” Jan. 5，2010，http://www.usatoday.com/news/washington/judicial/2009-10-05-sandra-day-oconnor_N.htm.

第十七章　垒球政治

页228　这篇文章结结实实地预设了现在这次确认听证会的荒谬。Elena Kagan，“Confirmation Messes，Old and New，” 62 *University of Chicago Law Review* 919 (1995)，http://lawreview.uchicago.edu/archive/Front%20Page/Kagan/ConfirmationMessesOldAndNew.pdf.

页229　“我看到它时，我就知道了。”出自斯图尔特大法官在如下案件中的协同意见：*Jacobellis v. Ohio*，378 U.S. 164，197(1964)。

第十八章　茶党和大法官的妻子

页231　“他们信仰公民能动主义。”Theda Skocpol and Vanessa Williamson，

The Tea Party and the Remaking of Republican Conservatism, p. 53.

页 231 "最大限度地减少产生另一个君主国的风险?"Glenn Beck, *The Original Argument*, p. xxv.

页 232 "有文化的人都无法将第十四修正案理解成学术界的自由派人士声称的那个意思。" Mark R. Levin, *Liberty and Tyranny: A Conservative Manifesto*, pp. 57,60.

页 233 (金尼的)父母都是共和党政界的重要人物。Jane Mayer and Jill Abramson, *Strange Justice: The Selling of Clarence Thomas*, pp. 144 - 45.

页 235 "如果你不这样做,你就必须支付罚金。"转引自 Paul Starr, *Remedy and Reaction*, p. 87。

页 235 他需要推出个人强制令,来实现改革目标。Starr, *Remedy and Reaction*, pp. 87 - 88.

页 236 这个设想首度受到公众广泛关注是在 1989 年,当时它包含在保守主义的传统基金会支持的一个提案中。这个提案是斯图亚特·巴特勒(Stuart Butler)和埃德蒙·黑索麦尔(Edmund Haislmaier)拟定的,见 http://online.wsj.com/article/SB1000142405 2970204618704576641190920152366.html.

页 236 他在 2005 年重提这种说法。Josh Hicks, "Newt Gingrich's Changing Stance on Health-Care Mandates," Dec. 12, 2011, http://www.washingtonpost.com/blogs/fact-checker/post/newt-gingrichs-changing-stance-on-health-care-mandates-fact-checker-biography/2011/12/09/gIQAVl0lkO_blog.html.

页 237 两位作者发布了"'医疗保险改革'中个人强制令的宪法意涵"。http://www.fed-soc.org/publications/detail/constitutional-implications-of-an-individual-mandate-in-health-care-reform.

页 237 他们所做的其实就是将乌尔班诺维奇与史密斯合著的论文转换成更口语化的语言。David B. Rivkin Jr. and Lee A. Casey, "Constitutionality of Health Insurance Mandate Questioned," *Washington Post*, Aug. 22, 2009, http://www.washingtonpost.com/wp-dyn/content/article/2009/08/21/AR2009082103033.html.

第十九章 托马斯法院

页 240 当初也正是克罗捐款 50 万美元建立了金尼的茶党组织——自由中心。Kenneth P. Vogel, Marin Cogan, and John Bresnahan, "Justice Thomas's Wife Virginia Thomas Now a Lobbyist," *Politico*, Feb. 4, 2011, http://www.politico.com/news/stories/0211/48812.html; Mike McIntire, "Friendship of Justice and Magnate Puts Focus on Ethics," *New York Times*, June 18, 2011, http://www.nytimes.com/2011/06/19/us/politics/19thomas.html?pagewanted=all.

页 240 查尔斯·科赫和戴维·科赫兄弟是茶党运动的主要金主。Eric Lichtblau, "Common Cause Asks Court about Thomas Speech," *New York Times*, Feb. 14, 2011, http://www.nytimes.com/2011/02/15/us/politics/15thomas.html. 人们对托马斯和斯卡利亚在科赫兄弟举办的活动上露面的具体情境不得而知。在财务公开申报表上,托马斯列出了参加联邦党人的活动所报销的项目,在时间和地点上与科赫兄弟举办的活动重合。

页 241 "今天,为了捍卫你们的宪法,我们要付出代价。"托马斯此次演讲的录音最早由《政网》披露的。Kenneth P. Vogel, "Defiant Clarence Thomas Fires Back," *Politico*, Feb. 27, 2011, http://www.politico.com/news/stories/0211/50277.html.

页 247 "他不相信先例,话就说到这儿吧。"Ken Foskett, *Judging Thomas: The Life and Times of Clarence Thomas*, pp. 281-82.

页 249 "宪法的变态从富兰克林·德拉诺·罗斯福总统任期内就开始了。" Kate Zernike, *Boiling Mad: Inside Tea Party America*, p. 70.

第二十章 "民主不是一场比赛"

页 254 如果他仍然还在下级法院做法官,那么为《美国观察者》筹款而演讲就会是不适当的行为。关于阿利托为《观察者》所作的多次演讲,见 Lee Fang, "Exclusive: Supreme Court Justice Sam Alito Dismisses His Profligate Right-Wing Fundraising as 'Not Important,'" Nov. 10, 2010, http://thinkprogress.org/politics/2010/11/10/129395/sam-alito-republican-fundraiser/。参见 http://lawprofessors.

typepad. com/conlaw/2010/11/alito-and-ethics. html.

第二十一章 “你应该去”

页 266 “但凡国会认为什么事项会对州际贸易产生影响，最高法院都会接受这个判断。”John Q. Barrett，“Wickardv. Filburn (1942)，” http://www. stjohns. edu/media/3Z638cd994e8484fd3bdb841f31b11952f. pdf? d=201.

页 271 维里利发誓说，一定要去司法部工作，哪怕是去打扫走廊。Nina Totenberg，profile of Donald Verrilli，NPR，http://www. npr. org/2012/03/22/148947199/the-man-behind-the-defense-of-obamas-health-law.

第二十二章 西兰花

页 277 “于是，您就可以强制人们去购买西兰花。”关于在医保案中拿西兰花举例的前因后果，见 James B. Stewart，“How Broccoli Landed on Supreme Court Menu，” *New York Times*，June 14，2012，http://www. nytimes. com/2012/06/14/business/how-broccoli-became-a-symbol-in-the-health-care-debate. html? pagewanted=all.

第二十三章 “有效”辩论

页 284 “有些人可能会认为这个改变没什么大不了。”Stevens，*Five Chiefs*，p. 212.

页 284 罗伯茨认为个人强制令已超越了国会贸易条款下的权力范围。除了我本人所做的报道之外，我依据如下资料来对最高法院的审议过程作以描述：Jan Crawford，“Roberts Switched Views to Uphold Health Care Law，” July 1，2012，http://www. cbsnews. com/8301-3460_162-57464549/roberts-switched-views-to-uphold-health-care-law/? tag = contentMain; contentBody，以及 Paul Campos，“Roberts Wrote Both Obamacare Opinions，” *Salon*，July 3，2012，http://www. salon. com/2012/07/03/roberts_wrote_both_obamacare_opinions/. 参见 http://www. volokh. com/2012/07/03/so-now-we-have-supreme-court-leaks-disagreeing-with-supreme-court-leaks/； http://www. volokh. com/2012/07/03/more-on-the-supreme-court-leak/。

页 288 “(案件的结果)似乎还悬而未决。”转引自 http://www.volokh.com/2012/07/03/more-on-the-supreme-court-leak/。

页 289 这在根本上改变了联邦政府与公民个人的关系。最早提出这种关联性的是简·克罗福特(Jan Crawford),见 http://www.cbsnews.com/8301-3460_162-57464549/roberts-switched-views-to-uphold-health-care-law/?tag=contentMain;contentBody。

参考书目

Abraham, Henry J. Justices, *Presidents, and Senators*. Rev. ed. New York: Rowman & Littlefield, 1999.

Amar, Akhil Reed. *America's Constitution: A Biography*. New York: Random House, 2005.

Atkinson, David N. *Leaving the Bench: Supreme Court Justices at the End*. Lawrence: University Press of Kansas, 1999.

Barnhart, Bill, and Gene Schlickman. *John Paul Stevens: An Independent Life*. Chicago: Northern Illinois University Press, 2010.

Beatty, Jack. *Age of Betrayal: The Triumph of Money in America, 1865 -1900*. New York: Vintage, 2008.

Beck, Glenn. *The Original Argument: The Federalists' Case for the Constitution, Adapted for the 21st Century*. New York: Threshold Editions, 2011.

Biskupic, Joan. *American Original: The Life and Constitution of Supreme Court Justice Antonin Scalia*. New York: Farrar, Straus and Giroux, 2009.

________. *Sandra Day O'Connor: How the First Woman on the Supreme Court Became Its Most Influential Justice*. New York: Ecco Books, 2005.

Blumenthal, Sidney. *The Clinton Wars*. New York: Farrar, Straus and Giroux, 2003.

Bork, Robert. *The Tempting of America: The Political Seduction of Law*. New

York: Free Press, 1990.

Brady, Diane. *Fraternity*. New York: Spiegel & Grau, 2012.

Breyer, Stephen. *Active Liberty: Interpreting Our Democratic Constitution*. New York: Knopf, 2005.

__________. *Making Our Democracy Work: A Judge's View*. New York: Knopf, 2010.

Calabresi, Steven G., ed. *Originalism: A Quarter-Century of Debate*. Washington, D. C.: Regnery, 2007.

Chernow, Ron. *Washington: A Life*. New York: Penguin, 2010.

Conason, Joe, and Gene Lyons. *The Hunting of the President: The Ten-Year Campaign to Destroy Bill and Hillary Clinton*. New York: St. Martin's Press, 2000.

Doherty, Brian. *Gun Control on Trial*. Washington: Cato Institute, 2009.

Feldman, Noah. *Scorpions: The Battles and Triumphs of FDR's Great Supreme Court Justices*. New York: Twelve, 2010.

Felix, Antonia. *Sonia Sotomayor: The True American Dream*. New York: Berkley, 2010.

Foskett, Ken. *Judging Thomas: The Life and Times of Clarence Thomas*. New York: Harper Perennial, 2005.

Greenburg, Jan Crawford. *Supreme Conflict*. New York: Penguin, 2007.

Horwitz, Morton J. *The Transformation of American Law, 1870 - 1960*. New York: Oxford University Press, 1992.

Issacharoff, Samuel, Pamela S. Karlan, and Richard H. Pildes. *The Law of Democracy*. 3rd ed. New York: Foundation Press, 2007.

Klarman, Michael J. *From Jim Crow to Civil Rights: The Supreme Court and the Struggle for Racial Equality*. New York: Oxford University Press, 2004.

Kramer, Larry D. *The People Themselves: Popular Constitutionalism and Judicial Review*. New York: Oxford University Press, 2004.

Levin, Mark R. *Liberty and Tyranny: A Conservative Manifesto*. New York: Threshold Editions, 2009.

Mahler, Jonathan. *The Challenge: How a Maverick Navy Officer and a Young Law Professor Risked Their Careers to Defend the Constitution — and Won*. New York: Picador, 2009.

Manaster, Kenneth A. *Illinois Justice: The Scandal of 1969 and the Rise of John Paul Stevens*. Chicago: University of Chicago Press, 2001.

Margulies, Joseph. *Guantanamo and the Abuse of Presidential Power*. New York: Simon & Schuster, 2006.

Maroon, Suzy, and Fred J. Maroon. *The Supreme Court of the United States*. New York: Thomasson-Grant & Lickle, 1996.

Mayer, Jane, and Jill Abramson. *Strange Justice: The Selling of Clarence Thomas*. Boston: Houghton Mifflin, 1994.

Obama, Barack. *The Audacity of Hope*. New York: Three Rivers Press, 2006.

O'Brien, David M. *Storm Center: The Supreme Court in American Politics*. 6th ed. New York: Norton, 2003.

Peppers, Todd C. *Courtiers of the Marble Palace: The Rise and Influence of the Supreme Court Law Clerk*. Stanford: Stanford University Press, 2006.

Pogrebin, Abigail. *Stars of David: Prominent Jews Talk about Being Jewish*. New York: Broadway, 2005.

Posner, Richard A. *Not a Suicide Pact: The Constitution in a Time of National Emergency*. New York: Oxford University Press, 2006.

Rehnquist, William H. *The Supreme Court: How It Was, How It Is*. New York: Morrow, 1987.

Remnick, David. *The Bridge: The Life and Rise of Barack Obama*. New York: Knopf, 2010.

Rosen, Jeffrey. *The Most Democratic Branch: How the Courts Serve America*. New York: Oxford University Press, 2006.

———. *The Supreme Court*. New York: Times Books, 2007.

Savage, David G. *Turning Right: The Making of the Rehnquist Supreme Court*. New York: Wiley, 1993.

Scalia, Antonin. *A Matter of Interpretation: Federal Courts and the Law*. Princeton: Princeton University Press, 1997.

Schwartz, Bernard. *A History of the Supreme Court*. New York: Oxford University Press, 1993.

Shesol, Jeff. *Supreme Power: Franklin Roosevelt vs. the Supreme Court*. New York: Norton, 2010.

Simon, James F. *The Center Holds: The Power Struggle inside the Rehnquist Court*. New York: Simon & Schuster, 1995.

———. *FDR and Chief Justice Hughes: The President, the Supreme Court, and the Epic Battle over the New Deal*. New York: Simon & Schuster, 2012.

Skocpol, Theda, and Vanessa Williamson. *The Tea Party and the Remaking of Republican Conservatism*. New York: Oxford University Press, 2012.

Slaughter, Anne-Marie. *A New World Order*. Princeton, NJ.: Princeton University Press, 2004.

Sorauf, Frank J. *Inside Campaign Finance: Myths and Realities*. New Haven, Conn.: Yale University Press, 1994.

Starr, Kenneth W. *First Among Equals: The Supreme Court in American Life*. New York: Warner Books, 2002.

Starr, Paul. *Remedy and Reaction*. New Haven, Conn.: Yale University Press, 2011.

Stern, Seth, and Stephen Wermiel. *Justice Brennan: Liberal Champion*. New York: Houghton Mifflin Harcourt, 2010.

Stevens, John Paul. *Five Chiefs: A Supreme Court Memoir*. New York: Little, Brown, 2011.

Stohr, Greg. *A Black and White Case: How Affirmative Action Survived Its*

Greatest Legal Challenge. Princeton, N. J.: Bloomberg Press, 2004.

Stone, Geoffrey R. *Perilous Times: Free Speech in Wartime*. New York: Norton, 2004.

Sunstein, Cass R. *One Case at a Time: Judicial Minimalism on the Supreme Court*. Cambridge, Mass.: Harvard University Press, 1999.

________. *Radicals in Robes: Why Extreme Right-Wing Courts Are Wrong for America*. New York: Basic Books, 2005.

Teles, Steven M. *The Rise of the Conservative Legal Movement*. Princeton, N. J.: Princeton University Press, 2008.

Thomas, Clarence. *My Grandfather's Son: A Memoir*. New York: Harper, 2007.

Toobin, Jeffrey. *A Vast Conspiracy: The Real Story of the Sex Scandal That Nearly Brought Down a President*. New York: Touchstone, 1999.

Tribe, Laurence H. *God Save This Honorable Court: How the Choice of Supreme Court Justices Shapes Our History*. New York: Random House, 1985.

Tushnet, Mark. *A Court Divided: The Rehnquist Court and the Future of Constitutional Law*. New York: Norton, 2005.

Villard, Oswald Garrison. *Fighting Years*. New York: Harcourt, Brace, 1939.

Ward, Artemus, and David L. Weiden. *Sorcerers' Apprentices: 100 Years of Law Clerks at the United States Supreme Court*. New York: New York University Press, 2006.

Winkler, Adam. *Gunfight: The Battle over the Right to Bear Arms in America*. New York: Norton, 2011.

Woodward, Bob, and Scott Armstrong. *The Brethren: Inside the Supreme Court*. New York: Simon & Schuster, 1979.

Yarbrough, Tinsley E. *David Hackett Souter: Traditional Republican on the Rehnquist Court*. New York: Oxford University Press, 2005.

Zernike, Kate. *Boiling Mad: Inside Tea Party America*. New York: Times Books, 2010.

图片来源

以下诸位摄影师和各家机构许可本书使用相关图片，谨致谢意。

1 Master Sgt. Cecilio Ricardo, U. S. Air Force

2 Win McNamee/Getty Images

3 Pete Souza/The White House/Getty Images

4 Photo by Pete Souza

5 Ron Edmonds/AP

6 Jewel Samad/AFP/Getty Images

7 Jose Luis Magana/AP

8 Official Whitehouse Photo by Pete Souza

9 Evan Vucci/AP

10 Official White House Photo by Pete Souza

11 Alex Wong/Getty Images

12 Courtesy of the University of Chicago Law School

13 Steve Petteway, Collection of the Supreme Court of the United States

14 Steve Petteway, Collection of the Supreme Court of the United States

15 Official White House Photo by Pete Souza

16 Jeff Malet Photography/Newscom

17 Charles Dharapak/AP

18 Melissa Golden/Redux

19 Chip Somodevilla/Getty Images

索引

（说明：注释和索引中所涉及页码均系英文原著页码，在中文版中以边码标注）

B

C

D

E

F

G

H

I

J

K

L

M

N

O

P

Q

R

S

T

U

V

W

Y

Z

图书在版编目(CIP)数据

誓言:奥巴马与最高法院/(美)图宾著;于霄译—上海:上海三联书店,2013.8(2014.1重印)
ISBN 978-7-5426-4237-0
(法政文丛/何勤华　贺卫方　李秀清　主编)

Ⅰ.①誓…　Ⅱ.①图…②于…　Ⅲ.①最高法院—研究—美国—现代　Ⅳ.①D971.262

中国版本图书馆CIP数据核字(2013)第123942号

誓言:奥巴马与最高法院

著　　者/[美]杰弗里·图宾(Jeffrey Toobin)
译　　者/于　霄

责任编辑/王笑红
装帧设计/豫　苏
监　　制/吴　昊
责任校对/张大伟　张向玲

出版发行/上海三联书店
(201199)中国上海市都市路4855号2座10楼
网　　址/www.sjpc1932.com
邮购电话/021-24175971
印　　刷/上海肖华印务有限公司

版　　次/2013年8月第1版
印　　次/2014年1月第2次印刷
开　　本/787×1092　1/16
字　　数/360千字
彩　　插/4
印　　张/22
书　　号/ISBN 978-7-5426-4237-0/D·220
定　　价/48.00元

敬启读者,如发现本书质量问题,请与印刷厂联系,电话021-56475597